重型卡车维修技术手册

发动机分册

ZHONGXING KACHE
WEIXIU JISHU SHOUCE
FADONGJI FENCE

瑞佩尔　主编

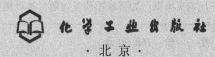

·北京·

内 容 简 介

"重型卡车维修技术手册"内容以国四、国五车型技术为主,所涉及的车型品牌国内国外相结合。在系统构造及功能原理讲解时,主要以奔驰、斯堪尼亚及沃尔沃车型为主,在介绍部件分解拆装、系统检测与故障排除与诊断时,主要以一汽解放、重汽豪沃及陕汽德龙等重卡车型为主。

本书为发动机分册,讲解结构、功能与原理的示例机型主要为奔驰 OM471、OM457LA,沃尔沃 D13C,斯堪尼亚重卡用发动机;讲述部件分解、总成拆装及故障检测、诊断与排除的示例机型主要有潍柴 WP12/WP13,锡柴 CA6DM3,大柴 BF6M1013,日野 E13C、P11C,重汽 MT13 等。

本书图文并茂,内容实用,在重卡维修技术资料稀缺的情况下,实为广大重卡维修售后技术工作人员宝贵的学习与参考资料。同时,本书也可供各汽车职业院校与培训机构作为教学资料使用。

图书在版编目(CIP)数据

重型卡车维修技术手册. 发动机分册/瑞佩尔主编.
—北京:化学工业出版社,2022.1
ISBN 978-7-122-40145-8

Ⅰ.①重… Ⅱ.①瑞… Ⅲ.①重型载重汽车-发动机-技术手册 Ⅳ.①U469.207-62

中国版本图书馆 CIP 数据核字(2021)第 215827 号

责任编辑:周 红　　　　　　　　　　　装帧设计:王晓宇
责任校对:杜杏然

出版发行:化学工业出版社(北京市东城区青年湖南街 13 号　邮政编码 100011)
印　　装:北京盛通数码印刷有限公司
880mm×1230mm　1/16　印张 23½　字数 766 千字　2022 年 4 月北京第 1 版第 1 次印刷

购书咨询:010-64518888　　　　　　　　售后服务:010-64518899
网　　址:http://www.cip.com.cn

凡购买本书,如有缺损质量问题,本社销售中心负责调换。

定　价:168.00 元　　　　　　　　　　　　　　　　　版权所有　违者必究

前言

得益于我国近年来大规模的基础设施建设和物流业的快速发展，我国重型卡车（以下简称重卡）市场正处于一个前所未有的鼎盛时期。同时，随着机电一体化技术的推广以及汽车高端电子技术的广泛应用，以前一些只在小汽车上才可以见到的设备和技术也逐步出现在重卡上，如电控发动机、自动变速器、自动空调、DVD影音、ABS制动控制、电动助力转向、CAN总线集中控制等。这些需要我们通过更加专业、更为详尽的资料来了解及掌握它。

国四、国五重卡相对国三重卡来说是个质的飞跃，电子技术的应用对服务人员技能、维修手段和工具、配件供应等都提出了非常高的要求，必须经过一个复杂的学习过程，因而对服务技术的普及也会带来种种意想不到的困难。因此，对柴油电喷发动机如高压共轨、电控单体泵、后处理等技术的掌握及资料信息服务都必须紧紧跟上。

目前系统全面地介绍重卡维修技术的图书较为紧缺，因此我们组织相关专业技术人员编写了"重型卡车维修技术手册"。该手册分为发动机、变速器、底盘与电气四个分册。

本手册内容以国四、国五车型技术为主，将国内外品牌的车型相结合。在系统构造及功能原理讲解时，主要以奔驰、斯堪尼亚及沃尔沃车型为主；在介绍部件分解拆装、系统检测和故障排除与诊断时，主要以一汽解放、重汽豪沃及陕汽德龙等重卡车型为主。

维修技术一般分理论与实践两部分。系统的组成、总成的构造、部件的功能、整个机构或系统的运行流程与工作原理，这些都属于理论。通过理论的学习与研究，可以明白维修对象"长什么样""做什么用""如何作用"，这对确定检修思路，从而"对症下药"十分重要。因为我们知道产品的故障即功能缺失，只要修复该故障部件即可。至于部件分解、总成拆装、电路检测、机件检修、故障诊断这些工作，则需要丰富的实践经验。

本书为发动机分册，示例讲解结构、功能与原理的机型主要有奔驰OM471、OM457LA，沃尔沃D13C，斯堪尼亚重卡用发动机；示例讲述部件分解、总成拆装及故障检测、诊断与排除的机型主要有潍柴WP12/13、锡柴CA6DM3、大柴BF6M1013、日野E13C、P11C、重汽MT13等。

秉持"原理、维修、数据"三合一的编写原则，本书在讲解维修技术的原理、拆装、检测与诊断的同时，也提供了一些维修数据资料、故障码信息、电路图以及端子定义等，供维修查阅参考。书中各连接器端子定义凡表示预留或未连接的，一概省略未列。

本书由广州瑞佩尔信息科技有限公司组织编写，瑞佩尔主编，此外参加编写的人员还有朱其谦、杨刚伟、吴龙、张祖良、汤耀宗、赵炎、陈金国、刘艳春、徐红玮、张志华、冯宇、赵太贵、宋兆杰、陈学清、邱晓龙、朱如盛、周金洪、刘滨、陈棋、孙丽佳、周方、彭斌、王坤、章军旗、满亚林、彭启凤、李丽娟、徐银泉。在编写过程中，参考了大量国内外相关文献和厂家技术资料，在此谨向这些资料信息的原创者们表示由衷的感谢！

由于编者水平有限，书中不足之处在所难免，恳请广大读者朋友及业内行家批评指正。

编者

目录

第1章
发动机概述 ………………………… 1
1.1 发动机类型与技术参数 …………… 1
1.1.1 重卡用发动机与动力系统类型 …… 1
1.1.2 解放重卡发动机技术参数 ……… 5
1.1.3 重汽豪沃发动机技术参数 ……… 8
1.1.4 潍柴柴油发动机技术参数 ……… 11
1.1.5 华菱重卡汉马柴油发动机 ……… 13
1.1.6 沃尔沃柴油发动机 ……………… 16
1.2 柴油发动机基本构造与原理 ……… 16
1.2.1 柴油发动机基本构造 …………… 16
1.2.2 柴油发动机工作原理 …………… 17

第2章
柴油发动机机械维修 ………………… 18
2.1 发动机曲柄连杆机构 ……………… 18
2.1.1 机体组部件 ……………………… 18
2.1.2 曲柄组与连杆组部件 …………… 39
2.2 发动机配气机构 …………………… 52
2.2.1 配气机构部件 …………………… 52
2.2.2 气门正时调整 …………………… 67
2.3 发动机冷却系统 …………………… 80
2.3.1 发动机冷却系统结构与原理 …… 80
2.3.2 发动机冷却系统部件拆装 ……… 94
2.4 发动机润滑系统 …………………… 102
2.4.1 发动机润滑系统结构与原理 …… 102
2.4.2 发动机润滑系统部件拆装 ……… 114
2.5 发动机进排气系统 ………………… 124
2.5.1 进排气系统部件功能 …………… 124
2.5.2 进排气系统部件拆装 …………… 129
2.6 发动机燃油供给系统 ……………… 145
2.6.1 燃油供给系统功能 ……………… 145
2.6.2 燃油供给系统拆装 ……………… 156
2.7 动力输出系统 ……………………… 171
2.7.1 附件驱动系统 …………………… 171
2.7.2 空气压缩机 ……………………… 180
2.7.3 取力器总成 ……………………… 185

第3章
柴油发动机电气系统 ………………… 194
3.1 起动机 ……………………………… 194
3.1.1 起动机结构 ……………………… 194
3.1.2 起动机电路检测 ………………… 197
3.1.3 启动系统故障排除 ……………… 199
3.2 发电机 ……………………………… 200
3.2.1 发电机结构 ……………………… 200
3.2.2 交流发电机电路检测 …………… 204
3.2.3 充电系统故障排除 ……………… 206

第4章
柴油发动机电控系统 ………………… 207
4.1 电控共轨系统 ……………………… 207
4.1.1 电控共轨系统原理 ……………… 207
4.1.2 共轨系统故障检测 ……………… 217
4.2 电控单体泵系统 …………………… 225
4.2.1 单体泵系统控制原理 …………… 225
4.2.2 单体泵系统故障检测 …………… 232
4.3 发动机电控系统故障排除 ………… 242
4.3.1 柴油机电控系统维修概述 ……… 242
4.3.2 常见故障排查方法 ……………… 245
4.3.3 发动机电控系统电路与故障诊断 ………………………………… 247

第5章
柴油发动机后处理系统 ……………… 250
5.1 EGR系统 …………………………… 250

  5.1.1 系统组成与原理 …………… 250
  5.1.2 系统部件分解 ……………… 254
 5.2 博世 DOC-DPF-SCR 系统 ………… 256
  5.2.1 系统组成与原理 …………… 256
  5.2.2 系统故障排除 ……………… 278
 5.3 天纳克 SCR 系统 ………………… 288
  5.3.1 系统功能与原理 …………… 288
  5.3.2 系统故障排除 ……………… 292

第6章
柴油发动机故障检修 ……………… 313
 6.1 柴油发动机维修方法与思路 ……… 313
  6.1.1 常用诊断方法 ……………… 313
  6.1.2 常见故障原因分析与排除
     方法 ………………………… 313
 6.2 柴油发动机常见故障排除 ………… 316
  6.2.1 锡柴 CA6DM3 柴油发动机故障
     排除 ………………………… 316
  6.2.2 大柴 BF6M1013 发动机常见故障
     排除 ………………………… 319

第7章
气体发动机 ………………………… 324
 7.1 气体发动机构造与原理 …………… 324
  7.1.1 气体燃料特性 ……………… 324

  7.1.2 气体发动机主要组成 ……… 326
  7.1.3 气体发动机工作原理 ……… 330
 7.2 气体发动机的保养与维修 ………… 332
  7.2.1 气体发动机供气系统保养 … 332
  7.2.2 气体发动机主要总成拆装 … 334
  7.2.3 气体发动机故障检修 ……… 337

第8章
重卡发动机维修数据汇总 ……………… 342
 8.1 潍柴柴油发动机 …………………… 342
  8.1.1 WP12/WP13 欧六柴油发动机 … 342
  8.1.2 WP9H/WP10H 欧六柴油
     发动机 ……………………… 345
  8.1.3 WP6 国五柴油发动机 ……… 347
 8.2 重汽气体与柴油发动机 …………… 349
  8.2.1 重汽 MT13 气体发动机 …… 349
  8.2.2 重汽 MC11 柴油发动机 …… 353
  8.2.3 重汽 MT07 气体发动机 …… 358
 8.3 其他品牌柴油发动机 ……………… 361
  8.3.1 日野 E13C 发动机技术数据 … 361
  8.3.2 日野 P11C 发动机技术数据 … 363
  8.3.3 沃尔沃 D13C460 发动机技术
     数据 ………………………… 364

第1章 发动机概述

1.1 发动机类型与技术参数

1.1.1 重卡用发动机与动力系统类型

1.1.1.1 柴油发动机

柴油发动机以柴油为燃料。由于柴油的蒸发性和流动性都比汽油差,因此柴油发动机不可能像汽油发动机那样在气缸外形成可燃混合气,柴油发动机的混合气只能在气缸内部形成,即在接近压缩行程终点时,通过喷油器将柴油喷入气缸内,柴油油滴在炙热的空气中受热、蒸发、扩散,并与空气混合形成可燃混合气,最终自行发火燃烧。如图 1-1 所示为潍柴 WP13 柴油发动机实体。

由于采用压燃的点火方式,柴油发动机在热效率方面要高于汽油发动机,而且由于柴油本身的密度较大,等速行驶工况的燃油消耗量要小得多。作为柴油发动机的传统优势,低速大扭矩是汽油发动机无法比拟的,而通过新技术的运用,柴油车功率不足、提速慢的缺点也得以改善。

1.1.1.2 燃气发动机

与一般的汽油或柴油等发动机相比,燃气发动机有以下特点:

① 燃气发动机在一般工作状态下压缩比较柴油发动机低;

② 燃气发动机的容积效率一般比汽油发动机低,而工作压缩比高于汽油发动机;

图 1-1　潍柴 WP13 柴油发动机实体

③ 燃气发动机燃烧温度比柴油发动机高,一般柴油发动机排气口温度为 300℃ 左右,天然气汽车的排气歧管温度高达 482～649℃。

如图 1-2 所示为重汽豪沃 MT13 天然气发动机实体。

燃气汽车的最大优点是显著减少排放物造成的污染。一般发动机排出物主要是 CO_2、N_2、NO_x、CO、

图 1-2 重汽豪沃 MT13 天然气发动机

HC 和氧化硫、硫化物颗粒，天然气发动机中排出的 CO 下降 80%，NO_x 降约 40%。

据相关统计，天然气汽车的燃料费用约为汽车的 75%，可大大节省燃料费用。由于天然气密度是空气的 0.58~0.62 倍，在泄漏时可在极短的时间内散失，引起爆炸的机会较小，比较安全。

燃气汽车供气系统主要由气体燃料的储备、供给和控制三大系统组成。由于 CNG 与 LNG 本身无润滑，进、排气阀及阀座易磨损，因而其材料有所改变，并对润滑油有一定的特殊要求。

① 储备系统：由充气阀、储气瓶、截止阀、高压接头及高压管线组成，负责高压天然气的充装和储备。

② 供给系统：由减压阀、混合器组成。高压天然气经过一系列的减压、调节后，依靠发动机运转时混合器喉管部位产生的真空，吸入减压阀中的低压天然气，并与过滤后的新鲜空气混合均匀，为各种工况提供不同浓度的可燃混合气。

③ 控制系统：由点火时间转换器、燃料转换开关、汽油电磁阀、气量显示器和压力传感器组成，对燃油和燃气进行选择、控制和计量。以 CNG 发动机为例，天然气发动机控制系统原理如图 1-3 所示。

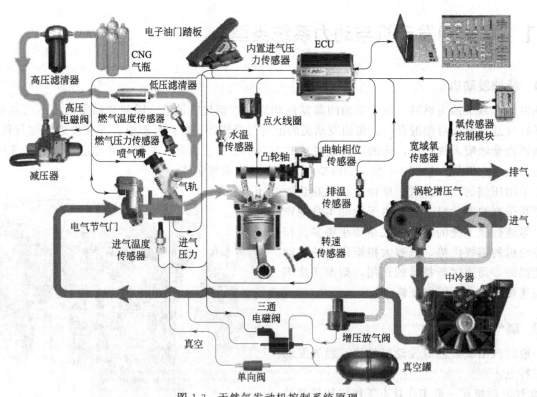

图 1-3 天然气发动机控制系统原理

1.1.1.3 油气混合燃料发动机

2009 年，沃尔沃卡车在全球首先推出了由天然气和柴油共同驱动的柴油发动机。这款发动机能够完全满足当年颁布的欧 V 排放标准。解决方案以沃尔沃卡车欧 V 柴油发动机为基础，当发动机转换到燃气驱动状态时，液化天然气（LNG/LBG）或压缩天然气（CNG/CBG）罐将被载入。另外，带有气体喷射装置的单独燃料系统将被添加到进气歧管中。

少量柴油经过喷射和压缩点燃后,随之点燃天然气和空气混合气体。这样一来则不需要火花塞进行点燃,同时又可以充分利用柴油的高效性。因此,这款发动机的动力和性能完全可以与传统的柴油机媲美。

在天然气燃尽后,卡车可以继续使用柴油行驶,这就是沃尔沃技术的独特之处。安装在卡车上的处理器将持续计算当前驾驶模式下的燃料比率。在持续稳定的驾驶过程中,可以实现天然气使用的最优化。如图1-4所示为沃尔沃G13C天然气/柴油发动机实体。

陕汽重卡德龙新M3000 6×2油气混合动力双燃料牵引车是国内首家使用柴油和天然气混合动力的重卡,是陕西重汽新研发的又一款新能源节能重卡。此车型是通过在原柴油发动机车辆上加装一套天然气供给及电控喷射装置,利用进入发动机气缸的微量柴油引燃气缸内天然气和空气的混合气体,可在柴油-天然气混燃状态下运行。混燃模式下,柴油只作为引燃和部件润滑剂使用,天然气主要提供所需动力。

图1-4 沃尔沃G13C天然气/柴油发动机实体

双燃料系统是在原机基础上加装一套燃气供给系统,燃气经过安装在进气总管上的预混器进入进气总管,形成均质可燃混合气后进入发动机气缸。天然气与空气预混压缩至上止点附近,喷入少量柴油,柴油压燃后引燃天然气。

根据行车需求,有两种控制模式:原机(仅柴油)模式和双燃料模式。两种模式间可自动切换,以应对燃气耗尽或者燃气系统故障的状况,也可以根据驾驶习惯,由司机随时切换。双燃料控制系统原理如图1-5所示。

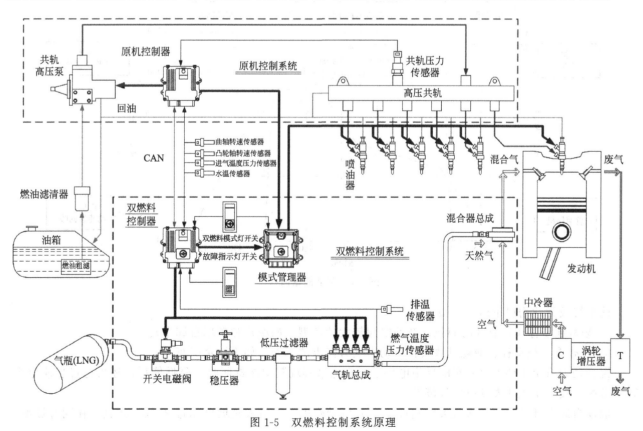

图1-5 双燃料控制系统原理

1.1.1.4 油电混合动力系统

混动重卡的动力系统,以"单电机+AMT"的并联混合动力为主,根据整车运行场景要求,可选择插电或不插电方案;车辆具备纯电动、常规动力和混合动力三种驱动模式。

采用电机起步,缩短车辆起步时间;通过电机助力,提高车辆的加速能力和运营效率;车辆减速制动时,电机回收制动能量(储存至动力电池,可再次用于驱动),可节省燃油消耗,提升车辆的运营效益。下面以绿控传动的混动重卡动力系统为例进行介绍。混动系统动力总成与控制系统组成如图1-6所示。

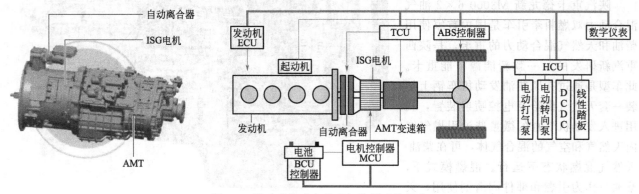

图1-6 混动系统动力总成与控制系统组成

① 在低速起步阶段,离合器分离,发动机怠速或者熄火,电机单独驱动车辆。

② 在中高速阶段,离合器结合,由发动机驱动;若动力需求强烈,则由电机提供助力转矩,多余的发动机转矩还可用于电机发电。

③ 在减速阶段,离合器分离,发动机怠速或熄火,由电机进行制动回收,见图1-7。

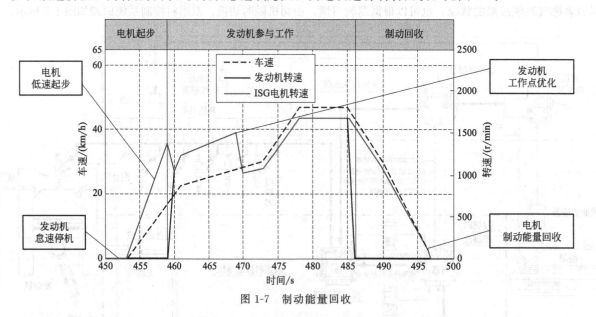

图1-7 制动能量回收

此系统较为适用以下运营车型。

① 频繁起步停车、怠速时间长、节油空间较大的车型(如城建和矿用自卸车)。

② 大载重、长里程、油耗基数大且对动力性有需求的车型(如干线牵引车)。

混合动力系统主要通过刹车时反拖电机进行充电来实现制动能量回收,降低能耗;还可通过怠速停机、转矩分配等技术来优化发动机的经济性。

混动自卸车和矿卡,最大爬坡度超过45%;混动牵引车,最大爬坡度超过30%。而且,在同等坡度上的车速,均比传统车型更快。

另外,油电混合的重卡车辆起步更快,具备辅助加速功能和急加速超车模式,搭载400ps（1ps＝735.5W,下同）发动机即可短时爆发出700ps的动力,平均车速快、运输更高效。

混动重卡在下坡制动时会回收能量,这时电机的工作状态与液力缓速器非常相似,不但能提高整车的下坡制动力、减少刹车系统的磨损,还可以通过电机对蓄电池进行充电。

另外,配备ASL主动限速功能,还能避免车辆下坡时车速失控。

1.1.1.5 纯电动系统

纯电动重卡,现阶段更适用于港口、城建、环卫、矿山及固定路线的短途城际运输等细分市场领域。

特斯拉于2017年11月17日发布了旗下首款纯电动重卡Semi,如图1-8所示,新车最大续航里程可达到500mile（约804km）,并且在快充模式下充电30min可行驶400mile（644km）。

这款由特斯拉打造的重卡其后轴搭载4个独立电机,并且采用了独立前悬挂设计。车体重心更低,有利于防止侧翻。该车没有搭载传统的变速箱,而是采用了单级变速的传动方式,车辆最大总重为36.29t,满载下0～96km/h的加速时间为20s,最高时速为105km/h。

图1-8 特斯拉Semi电动卡车

1.1.2 解放重卡发动机技术参数

1.1.2.1 锡柴柴油发动机型号编号规则

锡柴柴油发动机型号编号规则见图1-9。

1.1.2.2 锡柴CA6DM3柴油发动机技术参数

锡柴CA6DM3柴油发动机技术参数见表1-1。

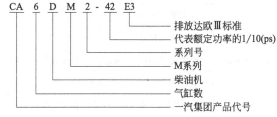

图1-9 锡柴柴油发动机型号编码规则

表1-1 锡柴CA6DM3柴油发动机技术参数

系统	项目	参数
常规	型号	CA6DM3-50E5
	型式	直列、四冲程、液冷、四气门、增压中冷
	燃烧室型式	直接喷射、W型
	气缸数	6个
	气缸直径	126.5mm
	活塞行程	166
	压缩比	17∶1
	活塞总排量	12.52L
	额定功率	370kW
	净功率	367kW

续表

系统	项目	参数
常规	额定转速	1800r/min
	最大扭矩	2300N·m
	最大扭矩转速	1000～1400r/min
	燃油供给系统	电控高压共轨
	排气污染物	符合 GB 17691—2005 第Ⅴ阶段
	发火顺序	1-5-3-6-2-4
	气门间隙(冷态)	进气:0.3～0.35mm;排气:3.1～3.15mm
	急速转速	600±50
	启动方式	电启动
	曲轴旋转方向(面向飞轮端)	逆时针
	外形尺寸(长×宽×高)(不带风扇)	1365mm×773mm×1202mm
	净质量	1068kg
润滑系统	急速时机油压力(允许的最低压力)	>150kPa
	额定转速时机油压力(允许的最低压力)	400kPa
	主油道调压阀开启压力	480kPa
	机油温度(标定转速时)	90～110℃
	油底壳容量(机油标尺"低至高")	29～35L
	润滑系统总容积	42L
冷却系统	调温器开启始点温度	83℃
	调温器全开时温度	95℃
	冷却液容量(仅柴油机)	20L
燃油供给系统	输油泵出口最大压力	900kPa
	燃油滤清器阻力(流过滤清器的最大压力降)	120kPa
	高压油泵回油口最大背压	120kPa
进排气系统	允许的最大进气阻力(指带空气滤清器芯)	7.5kPa
	涡轮增压器出口允许的最大阻力	10kPa
	中冷器允许的最大压力降	10kPa
	空滤器允许的最小流量(CA6DM3-50E5)	1800m³/h
电气系统	推荐的最小蓄电池容量	150A·h/180A·h
	起动机	24V,7.5kW
	交流发电机	28V,75A
	机油压力传感器(主油道上)	报警压力:(70±7)kPa 指示压力:0～1000kPa
	水温传感器(节温器体上)	报警温度:105～107℃ 指示温度:40～120℃
	空调压缩机(电磁离合器)	24V,42N
	空气加热器	24V,3.6kW

1.1.2.3 大柴 BF6M1013 柴油发动机技术参数

大柴 BF6M1013 柴油发动机技术参数见表 1-2。

表1-2　大柴BF6M1013柴油发动机技术参数

系统	项目		参数
常规	型号		BF6M1013-28E4
	型式		直列、四冲程、液冷、两气门、增压中冷
	气缸数		6个
	缸径		108mm
	行程		130mm
	排量		7.146L
	额定功率		209kW
	额定转速		2300r/min
	最大扭矩		1050N·m
	最大扭矩转速		1400r/min
	排放		国Ⅵ
	质量		650kg
润滑系统	机油压力	怠速时(允许最低的压力)	≥160kPa
		标定转速时(允许最低的压力)	≥400kPa
	开启压力	主油道限压阀	(400±25)kPa
		机油滤清器旁通阀	(250±25)kPa
		机油冷却器旁通阀	(210±35)kPa
	更换里程	机油滤清器	10000km
		机油	10000km
		油气分离器	无须更换
	油底壳容量	机油标尺上限	17.5L
		机油标尺下限	14.5L
	机油温度(标定转速)		110℃
	机油携出量		4g/h
燃油系统	输油泵吸油最大阻力		65kPa
	输油泵出口最大压力		900kPa
	燃油滤清器阻力(流过燃油滤清器的最大压力降)		35kPa
	燃油回油最大背压		500kPa
	单体泵总成	制造商	亚新科南岳(衡阳)有限公司
		型号	NDB110/14R
		最高喷油压力	1600bar
	高压油管	制造商	上海白井发动机零部件有限公司
		名称外径×内径	6mm×1.8mm
		油管长度	196mm
	喷油器	制造商	北京亚新科天纬油泵油嘴股份有限公司
		孔数×夹角	7个×147°
		流量(40MPa/10s)	520mL
		油嘴伸出高度	1.5mm

续表

系统	项目	参数
冷却系统	调温器开启始点温度	(83±2)℃
	调温器全开时温度	95℃
	冷却液容量(柴油机内冷却容积)	9.8L
	冷却液检查和更换里程	10万千米
	冷却液检查和更换年限	2年
电气系统	起动机	24V,6kW
	发电机	28V,55A

1.1.3 重汽豪沃发动机技术参数

1.1.3.1 发动机型号编号规则

豪沃MT13天然气发动机型号编号规则见图1-10。

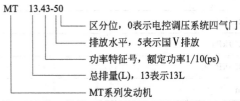

图1-10 豪沃MT13天然气发动机型号编号规则

1.1.3.2 重汽MT13天然气发动机技术参数

重汽MT13天然气发动机是在重汽MC13柴油机的基础上开发和设计的完全拥有自主知识产权、电控、稀燃、增压中冷、四气门发动机，采用美国Econtrols电控调压系统，主要在柴油机基础上对供气系统和点火系统进行了重新设计，拥有良好的节气性能和很高的可靠性，性能优异，发动机重量轻、气耗低，排放水平达到欧Ⅴ标准，充分满足中型、重型载重车及各类型客车的配套需求。MT13系列发动机技术参数见表1-3。

表1-3 MT13系列发动机技术参数

项目	机型		
	MT13.36-50	MT13.40-50	MT13.43-50
气缸数	6个		
缸径	126mm		
行程	166mm		
每缸气门数量	4个		
总排量	12.419L		
压缩比	11.5:1		
最大额定净功率	265kW	294kW	316kW
额定转速	1900r/min		
最大扭矩	1800N·m	1900N·m	1900N·m
最大扭矩转速	1100~1400r/min		
最高空车转速	(2150±50)r/min		
怠速转速	(550±50)r/min		
发火次序	1-5-3-6-2-4		
进气门间隙(冷态)	(0.50±0.03)mm		
排气门间隙(冷态)	(0.80±0.03)mm		

续表

项目	机型		
	MT13.36-50	MT13.40-50	MT13.43-50
EVB调节间隙（冷态）	(0.60±0.03)mm		
油底壳容量	42L		
净质量（不含后处理部分）	975kg		
曲轴旋转方向	顺时针（从自由端看）		
最低燃气消耗率	190g/(kW·h)		
排放水平	国Ⅴ		

1.1.3.3 重汽MC11柴油发动机技术参数

MC11发动机技术完全源于MAN D20发动机，德国MAN公司在2004年推出的全新设计的发动机，采用了提升扭矩而不是提升功率的设计理念，模块化设计，拥有良好的节油性能和很高的可靠性，性能优异，发动机重量轻、油耗低，排放水平达到欧Ⅴ标准。MC11系列国4和国5发动机主要技术参数见表1-4及表1-5。

表1-4　MC11系列国4发动机主要技术参数

项目	机型			
	MC11.44-40	MC11.40-40	MC11.36-40	MC11.32-40
气缸数	6个			
缸径	120mm			
行程	155mm			
每缸气门数量	4个			
总排量	10.518L			
压缩比	19∶1			
最大额定净功率	324kW	294kW	265kW	235kW
额定转速	1900r/min			
最大扭矩	2100N·m	1900N·m	1800N·m	1600N·m
最大扭矩转速	1000～1400r/min			
总功率试验最低燃油消耗	≤186g/(kW·h)			
额定工况燃油消耗率	≤210g/(kW·h)			
最高空车转速	(2150±20)r/min			
急速转速	(550±50)r/min			
发火次序	1-5-3-6-2-4			
进气门间隙（冷态）	(0.50±0.03)mm			
排气门间隙（冷态）	(0.80±0.03)mm			
EVB调节间隙（冷态）	(0.60±0.03)mm			
油底壳容量	40L			
净质量（不含后处理部分）	975kg			
曲轴旋转方向	顺时针（从自由端看）			
最高允许发动机制动转速	2400r/min			

续表

项目	机型			
	MC11.44-40	MC11.40-40	MC11.36-40	MC11.32-40
冷启动(不带进气预热)	−20℃			
冷启动(带进气预热)	−40℃			
最大倾斜角(横向)	15°			
最大倾斜角(纵向)	15°			

表 1-5　MC11 系列国 5 发动机主要技术参数

项目	机型			
	MC11.44-50	MC11.40-50	MC11.36-50	MC11.32-50
气缸数	6个			
缸径	120mm			
行程	155mm			
每缸气门数量	4个			
总排量	10.518L			
压缩比	19∶1			
最大额定净功率	324kW	294kW	265kW	235kW
额定转速	1900r/min			
最大扭矩	2100N·m	1900N·m	1800N·m	1600N·m
最大扭矩转速	1000～1400r/min			
总功率试验最低燃油消耗率	≤186g/(kW·h)			
额定工况燃油消耗率	≤210g/(kW·h)			
最高空车转速	(2150±20)r/min			
急速转速	(550±50)r/min			
发火次序	1-5-3-6-2-4			
进气门间隙(冷态)	(0.50±0.03)mm			
排气门间隙(冷态)	(0.80±0.03)mm			
EVB调节间隙(冷态)	(0.60±0.03)mm			
油底壳容量	40L			
净质量(不含后处理部分)	975kg			
曲轴旋转方向	顺时针(从自由端看)			
最高允许发动机制动转速	2400r/min			
冷启动(不带进气预热)	−20℃			
冷启动(带进气预热)	−40℃			
最大倾斜角(横向)	15°			
最大倾斜角(纵向)	15°			

1.1.3.4　重汽 MC05 柴油发动机技术参数

重汽 MC05 柴油发动机技术参数见表 1-6。

表1-6 重汽MC05柴油机技术参数

项目	机型			
	MC05.14-40	MC05.16-40	MC05.18-40	MC05.21-40
气缸数	4个			
缸径	108mm			
行程	125mm			
每缸气门数量	4个			
总排量	4.58L			
最大净功率	100kW	115kW	129kW	148kW
额定转速	2400r/min			
最大扭矩	535N·m	610N·m	700N·m	830N·m
最大扭矩转速	1200～1700r/min	1300～1700r/min	1400r/min	1400r/min
总功率试验最低燃油消耗率	≤202g/(kW·h)			
最高空车转速	(2640±20)r/min			
急速转速	(700±50)r/min			
发火次序	1-3-4-2			
净质量(不含后处理部分)	458kg			
曲轴旋转方向	顺时针(从自由端看)			
冷启动不带进气预热	-15℃			
冷启动带进气预热	-35℃			

1.1.4 潍柴柴油发动机技术参数

1.1.4.1 发动机型号编号规则

潍柴柴油发动机型号编号规则见图1-11。

1.1.4.2 WP12/WP13柴油发动机技术参数

WP12柴油发动机技术参数见表1-7。

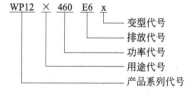

图1-11 潍柴柴油发动机型号编号规则

表1-7 WP12柴油发动机技术参数

机型	WP12		
	460E63	430E63	400E63
发动机型式	直列、水冷、四冲程、直喷		
进气方式	增压中冷		
缸径×行程	126mm×155mm		
总排量	11.596L		
标定功率	338kW	316kW	294kW
额定转速	1900r/min		
最大扭矩	2110N·m	2060N·m	1920N·m
最大扭矩转速	1000～1400r/min		
最高空车转速	(2150+10)r/min		
急速	(600±50)r/min		
净质量	(1050±50)kg		

WP13 柴油发动机技术参数见表 1-8。

表 1-8　WP13 柴油发动机技术参数

机型	WP13			
	550E63	530E63	500E63	480E63
发动机型式	直列、水冷、四冲程、直喷			
进气方式	增压中冷			
缸径×行程	127mm×165mm			
总排量	12.54L			
标定功率	405kW	390kW	368kW	353kW
额定转速	1900r/min			
最大扭矩	2550N·m	2500N·m	2400N·m	2300N·m
最大扭矩转速	1000～1400r/min			
最高空车转速	(2150+10)r/min			
急速	(600±50)r/min			
净质量	(1050±50)kg			

1.1.4.3　WP9H/WP10H 柴油发动机技术参数

WP9H/WP10H 柴油发动机技术参数见表 1-9。

表 1-9　WP9H/WP10H 柴油发动机技术参数

项目		WP10H375E62	WP10H400E62	WP9H350E62
型式		四冲程,水冷,电控高压共轨		
进气方式		增压中冷		
缸径×行程		116mm×150mm		116mm×139mm
气缸数		6个		
排量		9.5L		8.8L
额定功率		276kW	294kW	257kW
最大扭矩		1800N·m	1900N·m	1700N·m
最大扭矩转速		1000～1400r/min	1200～1300r/min	1000～1400r/min
平均有效压力		1835kPa	1953kPa	1772kPa
压缩比		17.5:1		
发火顺序		1-5-3-6-2-4		
燃油系统		电控高压共轨		
每缸气门数		4个		
排放水平		欧Ⅵ		
额定转速		1900r/min		
进气门间隙(冷态)		(0.40±0.03)mm		
排气门间隙(冷态)		(0.50±0.03)mm		
配气相位	进气门开上止点前	(23±3)°CA		
	进气门闭下止点后	(29±3)°CA		
	排气门开下止点前	(54±3)°CA		
	排气门闭上止点后	(25±3)°CA		

续表

项目		WP10H375E62	WP10H400E62	WP9H350E62
启动方式		电启动		
润滑方式		压力润滑		
冷却方式		水冷强制循环		
机油压力	额定点	100～320kPa		
	怠速点	370～580kPa		
允许纵倾度	前面/后面	长期 17°/17°	短期 30°/30°	
允许横倾度	排气管侧/进气管侧	长期 15°/30°	短期 35°/35°	
柴油进油温度		(38±3)℃		
排气温度		≤550℃		
润滑油油底壳容量		30L		
曲轴旋转方向(从风扇端看)		顺时针		
最高空车速度		2150r/min		
怠速转速		600r/min		
活塞漏气量		≤165L/min		
排放检查限值		$(NO_x+HC)≤0.82, PM≤0.016, CO≤2g/(kW·h)$		
最低冷启动温度	不带辅助启动装置	－5(极限－10)℃		
	带辅助启动装置	－25(极限－30)℃		
发动机质量		815kg	804kg	
发动机外形尺寸(长×宽×高)		1196mm×1093mm×1133mm		
排气温度		≤550℃		
背压		≤30kPa		
中冷后进气温度		(45±5)℃		

1.1.5 华菱重卡汉马柴油发动机

1.1.5.1 发动机型号编号规则

汉马动力柴油发动机型号共13位，其编码见图1-12。

发动机型号说明如下。

① 第1、2位是汉马动力公司缩写：用2位大写英文字母CM表示。

② 第3位是发动机气缸数：用1位阿拉伯数字表示，6表示6缸。

③ 第4位是燃料名称代号：用1位大写字母表示。D代表柴油；T代表天然气。

④ 第5、6位是缸径代号：用2位阿拉伯数字表示，18表示118mm，28表示128mm。

⑤ 第7位是点号。

⑥ 第8～10位是发动机额定功率（公制马力）：用3位阿拉伯数字表示，425表示425ps。

⑦ 第11位是1个空格。

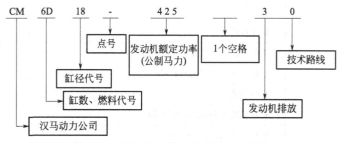

图1-12 汉马动力柴油发动机型号编码

⑧ 第12位是发动机排放：用1位阿拉伯数字表示，如3表示欧3。
⑨ 第13位是技术路线：用1位阿拉伯数字表示，如0表示基本型。
⑩ 发动机排放与技术路线符号和含义见表1-10。

表1-10 发动机排放与技术路线符号和含义

符号	含义
30	国Ⅲ（高压共轨）
31	国Ⅲ（内置EGR）
40	国Ⅳ（高压共轨+SCR）

1.1.5.2 汉马CM6D18发动机技术参数

汉马CM6D18发动机技术参数见表1-11。

表1-11 汉马CM6D18发动机技术参数

系统	项目	参数	
常规	机型	CM6D 18.420 40	CM6018.405 40
	型式	直列、四冲程、水冷、四气门、增压中冷、单顶置凸轮轴、后置齿轮室	
	燃烧室型式	直按喷射、W型	
	气缸数	6个	
	缸径×冲程	118mm×150mm	
	压缩比	17∶1	
	排量	9.84L	
	额定转速	1900r/min	
	额定功率	309kW	298kW
	最大扭矩	1840N·m	1810N·m
	最大扭矩转速	1100~1500r/min	1100~1500r/min
	额定功率点平均有效压力	18.87bar	
	燃油供给系统	电控高压共轨（CM6D18.×××30/CM6D18.×××40系列）	
	排气污染物	符合CB 17691—2005第Ⅳ阶段	
	发火次序	1-5-3-6-2-4	
	气门间隙（冷态）	进气（0.30±0.05）mm；排气（0.65±0.05）mm；制动间隙（4.40±0.05）mm	
	急速转速	(600±50)r/min	
	最低工作稳定转速	(800±50)r/min	
	最低工作稳定转速时转矩	≥1287N·m	≥1067N·m
	启动方式	电启动	
	曲轴旋转方向（面向飞轮端）	逆时针	
	外形尺寸（长×宽×高）	1334mm×625mm×1136.4mm	
	净质量	980kg	
润滑系统	急速时主油道机油压力（允许的最低压力）	220kPa	
	额定转速时主油道机油压力（允许的最低压力）	450kPa	
	主油道调压阀开启压力	(475±50)kPa	

续表

系统	项目	参数
润滑系统	机油温度(标定转速时)	≤120℃
	机油滤清器容量(单个)	1.8L
	油底壳容量[机油标尺(低至高)]	27.0～34.5L
	系统总容积(油底壳和新型机油滤清器)	39.5L
冷却系统	节温器开启始点温度	85℃
	节温器全开时温度	95℃
	冷却液容量(仅发动机)	45.7L
	推荐的压力盖最低压力	50/90kPa(高原)
	最小加注速度(无低液位报警)	19L/min
	最大排气时间	25min
	顶部水箱最大温度	106℃
燃油供给系统	输油泵吸油最大阻力	12kPa
	输油泵出口最大压力	900kPa
	燃油滤清器阻力(脏滤清器条件下通过滤清器的最大压力降)	70kPa
	燃油回油最大背压	120kPa
	发动机最低启动转速	200r/min
进排气系统	允许的最大进气阻力(指带空气滤清器芯)	6.23kPa
	涡轮出口允许的最大阻力(排气阻力)	10kPa
	中冷器允许的最大压力降(额定点)	13～14kPa
	空滤器允许的最小流量	1800kg/h
电气系统	推荐的最小蓄电池容量	150A·h
	起动机额定电压	24V
	起动机额定功率	7.5kW
	发电机额定电压	28V
	交流发电机额定电流	70A
	机油压力传感器(主油道上)参数报警压力	小于250kPa,大于800kPa
	水温传感器(水泵上)参数报警温度	104℃
	空调压缩机额定电压	24V
	空调压缩机(电磁离合器)脱离转矩	34.3N·m
	空气加热器额定电压	24V
	冷启动空气加热器额定功率	1.9kW
压缩空气系统	气缸数	2个
	1250r/min转速时压缩机的扫气量	636cm^3
	活塞排量	0.2544cm^3
	缸径	85mm
	冲程	56mm
	工作转速(最大)	3000r/min
	超速转速(不超过4s)	3900r/min
	冷却	发动机冷却液
	润滑	发动机机油

1.1.6 沃尔沃柴油发动机

1.1.6.1 发动机型号编号规则

例如发动机完整名称 D13C460 的含义为：D 表示柴油；13 表示气缸容积（L）；C 表示产品代次；460 表示型号（功率输出，单位：ps）。

发动机标识位置如图 1-13 所示。为便于识别各个发动机型号，有两个标签（1 和 2）贴在气门盖左侧。有关发动机控制系统的数据（包括零件号）也可在位于控制单元后部的一个标签上看到（3）。靠近缸体顶部左侧刻印有发动机序列号（4）；在同侧底部则铸有缸体铸造日期及其他数据（5）。

标签 1 包含：发动机型号（例如 D13C460）；排放等级（例如 EUV=欧 V，EEV）；某些发动机数据；排气制动类型（例如 EPG、VEB、VEB+）。

标签 2 包含：底盘号（车辆）。

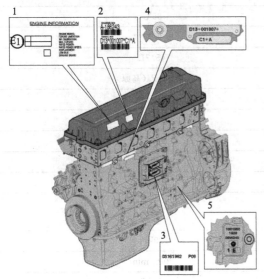

图 1-13 发动机标识位置

1.1.6.2 沃尔沃 D13C 发动机简介

沃尔沃 D13C 发动机是在 13L D13A 发动机上进一步开发而成的，该机型于 2009 年推出，其外观如图 1-14 所示。这是一款直列六缸直喷柴油发动机，配有涡轮增压器、中冷器和发动机管理系统（EMS）。发动机有五种功率输出型号可供选择：380hp、420hp、460hp、500hp 和 540hp（1hp=745.7W，下同）。

D13C 发动机型号满足欧 V 排放要求，并且对于 420hp、460hp 和 500hp 的输出等级，符合 EEV 标准（增强环保型汽车）。目前已引入 EEV 标准，因为其低于欧 V 的排放水平是某些市场所要求的。EEV 标准在颗粒物和烟雾方面的要求比欧 V 更加严格。

D13C 与 D13A 的主要区别如下。
① 使用所谓的蝶阀而不是 AT 调节器对排气气门进行可变控制。
② 机油滤清器壳体经过改进，带有电控阀。
③ 新的电控双速冷却液泵。
④ 位于发动机前端长期安装的吊耳。

D13C 的制造遵循基本理念：后部的正时齿轮、单缸盖、顶置凸轮轴、单体泵喷油器以及 EPG、VEB 或 VEB+ 发动机制动。

该款发动机的第一气缸位于曲轴减振器的旁边。

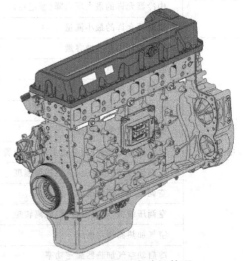

图 1-14 D13C 发动机外观

1.2 柴油发动机基本构造与原理

1.2.1 柴油发动机基本构造

柴油机由两大机构与四大系统组成。两大机构是指曲柄连杆机构与配件机构，四大系统则由燃油供给系统、滑润系统、冷却系统和启动系统组成。

曲柄连杆机构主要由构成机体组、活塞连杆组、曲轴飞轮组等组成。

由发动机的工作循环可知，混合气在气缸内燃烧产生的高压是通过活塞、连杆、曲轴而变为有用的机械能输出的；反之，工作循环的准备过程也是由曲轴通过连杆和活塞做往复运动来实现的。可见，曲柄连杆机构是发动机维持工作循环，实现能量转换的核心。

配气机构主要由气门和控制气门开闭的凸轮轴及其他传动件等组成。为使发动机的工作循环能够连续进行，必须定时地开闭气门，以便向气缸内充入新鲜气体和排出废气。该机构就是承担这个任务的。

柴油机的燃料供给系统主要由燃油箱，喷油泵，喷油器，进、排气歧管等组成。从发动机的工作循环可知，柴油机要向气缸内提供纯空气并在规定时刻向气缸内喷入燃油。另外，需要将燃烧完的废气按规定的管路导出。

发动机内部有很多高速运动的摩擦表面，为了减小摩擦阻力和减缓磨损，需要向这些摩擦表面提供润滑油。润滑系统主要由油底壳、机油泵、油道、滤清器等组成。

发动机工作时，气缸内气体燃烧的热量在使气体膨胀做功的同时，不可避免地将会加热与它相接触的机件，为了保持正常的工作温度，需将机件的多余热量散发出去。冷却系统分水冷和风冷两种，水冷系统主要由散热器、风扇、水泵、水套等组成；风冷系统主要由风扇、散热片等组成。卡车用多缸柴油发动机都采用水冷方式进行冷却。

发动机开始运转的第一个工作循环的准备过程，必须有外部动力带动曲轴旋转，启动系统主要由起动机及其附属装置等组成。

1.2.2 柴油发动机工作原理

发动机的功能是将燃料在气缸内燃烧并将热能转换成机械能，从而输出动力。能量的转换是通过不断地依次反复进行"进气-压缩-做功-排气"四个连续过程来实现的，每进行这样一个连续过程就叫做一个工作循环。

（1）进气冲程　活塞由曲轴带动从上止点向下止点运动，此时排气门关闭，进气门开启。活塞移动的过程中，气缸内的容积逐渐增大，形成一定的真空度，于是经过滤芯的空气通过进气门进入气缸。直至活塞到达下止点时，进气门关闭，停止进气。

（2）压缩冲程　进气冲程结束时，活塞在曲轴的带动下，从下止点向上止点运动，气缸容积逐渐减小，由于进排气门均关闭，气体被压缩，气缸内温度上升，直至活塞到达上止点时，压缩结束。

（3）做功冲程　在压缩冲程末期，高压油嘴喷出高压燃油与空气混合，在高温、高压下混合气体迅速燃烧，使气体的温度、压力迅速升高而膨胀，从而推动活塞由上止点向下止点运动，再通过连杆驱动曲轴转动做功，至活塞到下止点时，做功结束。

（4）排气冲程　在做功冲程结束时，排气门被打开，曲轴通过连杆推动活塞由下止点向上止点运动，废气在自身剩余压力和活塞的推力作用下被排出气缸，直至活塞到达上止点时，排气门关闭，排气结束。排气冲程终了时由于燃烧室容积存在，气缸内还存少量废气，气体压力也因排气门和排气管的阻力而仍高于大气压。

第2章

柴油发动机机械维修

2.1 发动机曲柄连杆机构

2.1.1 机体组部件

2.1.1.1 潍柴 WP12/WP13 发动机机体组拆装

(1) 机体组　机体组部件分解如图 2-1 所示。

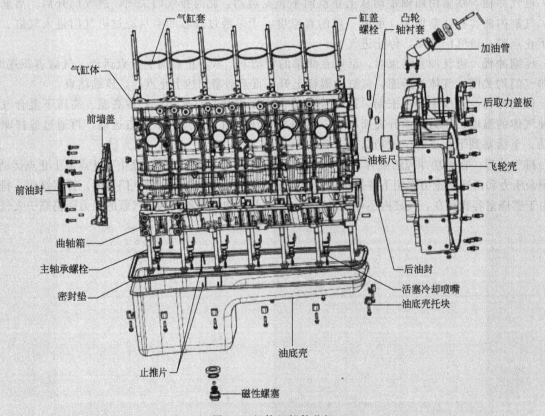

图 2-1　机体组部件分解

① 机体组拆卸步骤如下：

a. 拆卸油底壳；

b. 拆卸油尺；

c. 拆卸加油管；

d. 拆卸飞轮壳；

e. 拆卸后油封；

f. 拆卸前端盖；

g. 拆卸前油封；

h. 拆卸气缸盖副螺栓、凸轮轴衬套；

i. 拆卸主轴承螺栓和曲轴箱紧固螺栓，拆卸曲轴箱；

j. 拆卸油道螺塞等；

k. 拆卸止推片；

l. 拆卸活塞喷嘴。

② 机体组装配步骤。装配步骤与拆卸步骤相反。

（2）气缸体预装配 气缸体预装配部件分解如图2-2所示。

① 气缸体预装配拆卸步骤：

a. 拆卸内螺纹圆柱销；

b. 拆卸凸轮轴衬套；

c. 拆卸主轴承螺栓；

d. 拆卸曲轴箱。

② 气缸体预装配检查维修。

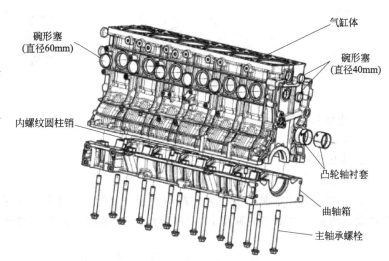

图2-2 气缸体预装配部件分解

使用专用工具拆卸凸轮轴衬套，拆卸过程中，注意保护其他衬套。

装配前仔细检查凸轮轴衬套内表面是否有划痕，必要时更换。凸轮轴衬套油孔对准机体凸轮轴底孔油孔。

装配前注意清洁曲轴箱上平面及气缸体下平面，曲轴箱上平面需涂密封胶。

装配主轴承螺栓时按图2-3顺序对称拧紧。装配前在曲轴箱的支撑面及主轴承螺栓的螺纹部位上涂刷清洁润滑油。

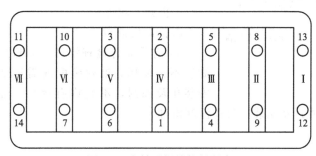

图2-3 主轴承螺栓拧紧顺序

扭矩控制：第1次用低扭矩风动扳手拧紧；第2次达到80N·m；第3次达到140N·m；第4次按次序旋扭70°；第5次按次序再旋扭70°；第6次按次序再旋扭70°。

③ 气缸体预装配装配步骤。与气缸体预装配拆卸步骤相反。

（3）活塞喷嘴拆卸与装配 活塞喷嘴部件分解如图2-4所示。

① 活塞喷嘴拆卸步骤：

a. 拆卸空心螺栓；

b. 拆卸喷嘴总成；

c. 拆卸弹性圆柱销。

② 活塞喷嘴检查维修。空心螺栓拧紧力矩为（30±3）N·m；装配前检查定位销是否缺损，必要时更换。将定位销对准机体销孔，用铜锤轻敲喷嘴体，使定位销完全装入机体销孔。

③ 活塞喷嘴装配步骤。活塞喷嘴装配顺序与拆卸相反。

(4) 止推片拆卸与装配　止推片部件分解如图2-5所示。

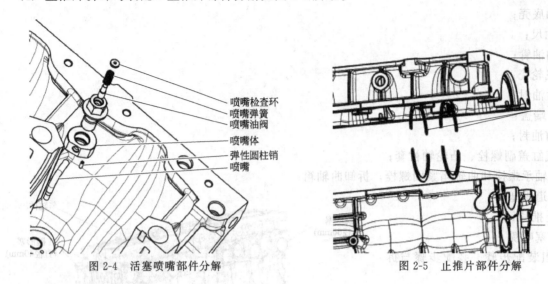

图2-4　活塞喷嘴部件分解　　　　图2-5　止推片部件分解

① 止推片拆卸步骤：

a. 拆卸曲轴箱；

b. 拆卸曲轴；

c. 拆卸止推片。

② 止推片检查维修。止推片需配对使用。装配时，先将曲轴装入机体，安装上止推片（无耳朵），下止推片涂润滑脂，黏附于曲轴箱上，与曲轴箱一同装配。止推片油槽侧指向曲柄臂侧。

③ 止推片装配步骤：

a. 装曲轴；

b. 装上止推片；

c. 装下止推片。

(5) 前后油封拆卸与装配　前后油封部件位置见图2-6。

① 前后油封拆卸步骤：

a. 拆卸前端盖；

b. 拆卸前油封；

c. 拆卸飞轮壳；

d. 拆卸后油封。

② 前后油封检查维修。油封拆卸后不再使用；油封装配前需清洁安装孔及油封，不允许有污物。油

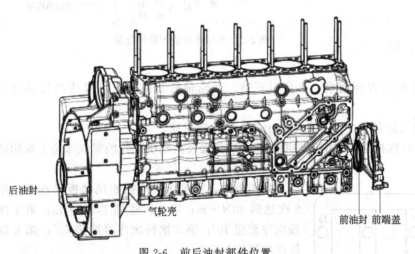

图2-6　前后油封部件位置

封装配时使用专用工具，将油封平稳压入。装配前，油封及压装工具需涂润滑油。

③ 前后油封装配步骤：

a. 装配前端盖；

b. 装配前油封；

c. 装配飞轮壳；

d. 装配后油封。

(6) 端盖拆卸与装配　前端盖部件分解如图2-7所示。

① 前端盖拆卸步骤：

a. 拆卸前端盖紧固螺栓，拆下前端盖；

b. 拆卸前端盖定位圆柱销；

c. 拆卸前油封。

② 前端盖检查维修。前端盖紧固螺栓使用预涂胶螺栓；在气缸体与前端盖结合面上涂均匀密封胶，严防前端盖与机体和油底壳贴合面磕碰伤。

③ 前端盖装配步骤：

a. 装入定位圆柱销；

b. 装入前端盖，安装紧固螺栓；

c. 压入前油封。

(7) 飞轮壳拆卸与装配　飞轮壳部件分解如图 2-8 所示。

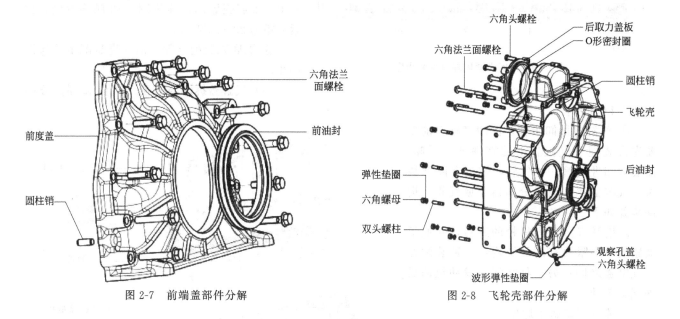

图 2-7　前端盖部件分解　　　　图 2-8　飞轮壳部件分解

① 飞轮壳拆卸步骤：

a. 拆卸后取力盖板紧固螺栓，拆下后取力盖板；

b. 拆卸观察孔盖紧固螺栓，拆下观察孔盖；

c. 拆卸飞轮壳外沿双头螺柱；

d. 按照对角拧松顺序拆卸拆下飞轮壳紧固螺栓；

e. 拆下飞轮壳、圆柱销及后油封。

② 飞轮壳检查维修。飞轮壳螺栓预涂胶，对称顺序拧紧，装配前在螺栓法兰面涂油，飞轮壳螺栓可重复使用两次；安装时在气缸体与飞轮壳结合面上涂均匀密封胶，涂胶应连续均匀。吊装飞轮壳严防磕碰伤。飞轮螺栓在螺纹及承压面加润滑油后，装入螺纹孔对角拧紧，拧紧力矩为 110~140N·m。

③ 飞轮壳装配步骤：

a. 装入定位圆柱销，吊装飞轮壳至合适位置；

b. 装入螺栓，按照对角拧靠顺序拧紧飞轮壳紧固螺栓；

c. 安装飞轮壳外沿双头螺柱；

d. 安装后取力盖板；

e. 压入后油封；

f. 安装观察孔盖。

(8) 油底壳拆卸与装配　油底壳部件分解如图 2-9 所示。

① 油底壳拆卸步骤：

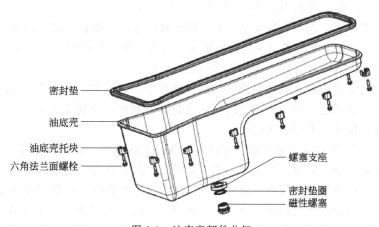

图 2-9　油底壳部件分解

第 2 章　柴油发动机机械维修

a. 翻转柴油机，油底壳向上；
b. 拆卸油底壳紧固螺栓；

c. 拆卸油底壳托块；
d. 拆卸油底壳及密封垫；
e. 拆卸磁性螺塞、密封垫圈及螺塞支座。

② 油底壳检查维修。油底壳拆卸前应先将机油放干净。将盛机油容器放在油底壳放油螺塞下方，使用螺塞扳手松开放油螺塞，将机油放出。油底壳紧固螺栓按图 2-10 顺序拧紧，拧紧力矩为 22~29N·m。

③ 油底壳装配步骤。油底壳装配步骤与拆卸相反。

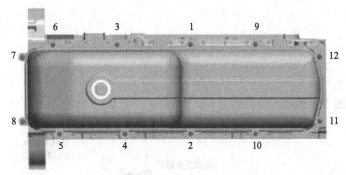

图 2-10 油底壳紧固螺栓拧紧顺序

（9）气缸盖拆卸与装配　气缸盖部件分解如图 2-11 所示。

① 气缸盖拆卸步骤。拆卸气缸盖前需要先将装配于气缸盖上的零件进行拆卸，需要拆卸进气管、排气管、燃油管路及线束，气缸盖罩、油气分离器、放气管。拆卸步骤如下。

a. 松开气缸盖副螺栓的螺母，并取下夹紧块，夹紧块有两种结构：一种装配在两气缸盖之间；另一种装配在发动机前后侧气缸盖处。

b. 松开气缸盖主螺栓。

c. 拆卸喷油器，由于喷油器喷头凸出气缸盖底平面，因此在拆卸气缸盖前一定要确保喷油器已经拆下，否则在放置气缸盖时易碰伤喷油器头部。

d. 拆卸气缸盖，将拆卸下的气缸盖放在纸板上，以免磨损燃烧室上表面以及其他密封面。如需要拆卸多个气缸盖，应在气缸盖上标明气缸序号，以便后续进行问题分析。

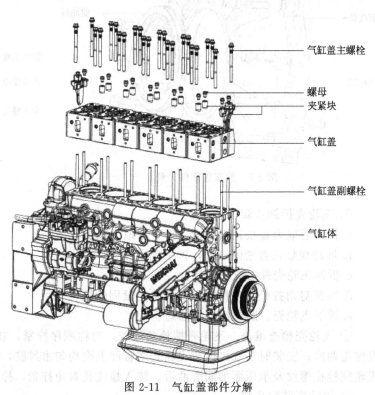

图 2-11 气缸盖部件分解

e. 拆卸气缸盖垫片。如果拆卸多个气缸盖垫片，应在气缸盖垫片上注明气缸序号，以便后续进行问题分析。

f. 如果气缸盖副螺栓需要更换，或者需要进行检查，则拆卸气缸盖副螺栓。

g. 拆卸摇臂座、进排气门等配气机构。

h. 若需检查或者更换气门阀杆密封套，则拆卸气门阀杆密封套。拆卸气门阀杆密封套可以使用专用工装，或者使用钳子夹紧气门阀杆密封套外侧壁，旋转上提并取下气门阀杆密封套，拆卸后的气门阀杆密封套即报废，不可多次使用。

② 气缸盖检查维修。拆卸气缸盖前先查看气缸盖与机体结合处有无漏水、漏油、漏气的痕迹以及其他异常现象。若有此类问题，更换新气缸盖垫片查看问题是否得到解决。

检查气缸盖外观，仔细检查气缸盖变色和裂纹，则如果发现裂纹，则进行着色探伤检查。

拆卸配气机构前检查气门下沉量，气门下沉量为气门底面距离气缸盖底平面的垂直距离，气门下沉量测量值与气门下沉量要求值的差可以间接体现气门与气门座的磨损程度。可以使用深度千分尺测量气门下沉量，如图 2-12 所示。

气门下沉量要求值见表 2-1，如果气门下沉量超过允许范围，需要确认气门及气门座的磨损情况。可通过安装未使用过的气门后检测气门下沉量来查看气门座的磨损情况。如果气门下沉量仍然超过要求值，则需要更换气缸盖以保证柴油机的可靠性。如果气门下沉量未超过允许值，则拆卸气门，检查气门及气门座圈密封面，查看气门及气门座密封面有无明显磨损以及异常损伤。

图 2-12　深度千分尺

表 2-1　气门下沉量要求值

部件	气门下沉量要求值/mm
进气	±0.2
排气	±0.2

拆卸配气机构后，查看有无漏水现象，若有此类问题需要清洗后进行着色确认，如有必要更换新气缸盖。

清洗气缸盖，重点清洗燃烧室表面、阀座、进排气门、进排气道，除掉表面积炭和黏胶等，并检查表面状况。

检查气门导管内径，气门导管内径为气门导管与气门运动的接触面，如果气门导管内径由于磨损超过允许值，则会影响气门的导向效果，使柴油机工作的可靠性降低。测量气门导管内径尺寸可以使用内径千分尺，如图 2-13 所示。气门导管内径值允许范围为 9~9.015mm，超过允许范围需要更换气缸盖以保证柴油机工作的可靠性。

图 2-13　内径千分尺

拆卸气缸盖垫片，并查看气缸盖垫片有无可见损坏并分析原因，无论气缸盖垫片是否有问题，只要拆卸均需要更换新垫片。

拆卸前查看气门阀杆密封套橡胶唇口处有无破损、弹簧有无失效等其他异常现象，但只要拆卸就需要更换新气门阀杆密封套。

③ 气缸盖装配步骤。

a. 装配气缸盖副螺栓（图 2-14）。

b. 气缸盖副螺栓允许使用 3 次，使用 3 次后应更换新件；气缸盖副螺栓旋入端（螺纹较短的一端）涂厌氧型螺纹锁固剂 262。

c. 清洁气缸体上的螺纹孔；拧紧螺栓，拧紧力矩为 (25±3)N·m。

d. 装配气缸盖垫片（图 2-15），气缸盖垫片只能使用一次，如遇返修，必须更换新件。

e. 擦净气缸套内壁并涂清洁润滑油，擦净机体上平面，然后按照对应销孔放好气缸盖垫片。

f. 查看气缸盖垫片上各孔与气缸机体上各孔是否对齐，检查气缸盖垫片装配是否正确。

g. 装配气门阀杆密封套（图 2-16），气门阀杆密封套只允许使用一次，如遇返修必须更换新件。

图 2-14　气缸盖副螺栓

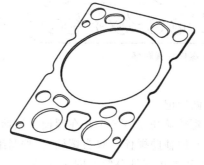

图 2-15　气缸盖垫片

图 2-16　气门阀杆密封套

h. 检查气门阀杆密封套有无缺陷，气门阀杆密封套弹簧是否完好。

i. 在气门导管上安装气门阀杆密封套。

j. 在气门阀杆密封套唇缘处涂润滑油。

k. 使用气门阀杆密封套装配工具和橡胶槌砸装气门阀杆密封套，见图2-17。

l. 装配气缸盖，认真擦净气缸盖，确保没有灰尘、碎屑、砂子等污垢，进一步擦净气缸盖下平面。

m. 检查气缸盖气道、水道内没有异物，检查气缸内无异物，气缸盖垫片及气缸盖下平面清洁；气缸盖螺栓紧固以前，缸盖采用销-面定位。

n. 装配夹紧块，擦净夹紧块。

o. 在夹紧块支撑面上涂清洁润滑油后，依次装夹在气缸盖上，涂油要适量，避免润滑油流到气缸盖之间的缝隙中。

p. 装夹夹紧块时要让槽的方向与气缸盖间缝隙方向相同。

q. 用手将气缸盖副螺栓的螺母拧入。

r. 装配气缸盖螺栓，气缸盖主螺栓（图2-18）允许使用3次。

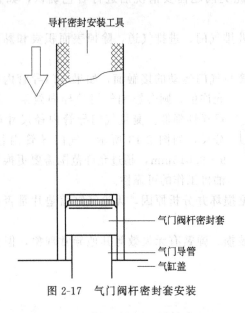

图 2-17 气门阀杆密封套安装

图 2-18 气缸盖主螺栓

s. 按顺序将气缸盖对中，在气缸盖主螺栓螺纹、肩部承压面及带肩螺母上涂适量的清洁润滑油后分别装在气缸盖、气缸盖副螺栓和夹紧块上。气缸盖螺栓拧紧顺序见图2-19。

t. 使用扭矩扳手将气缸盖主螺栓紧到（60±6）N·m，将气缸盖副螺栓和螺母拧紧到（25±3）N·m。

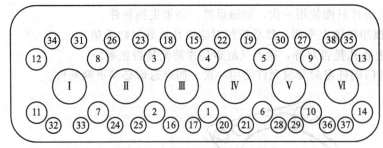

图 2-19 气缸盖螺栓拧紧顺序

u. 敲击各夹紧块，使其全部落座到位。

v. 使用扭矩扳手，副螺栓的螺母按次序旋扭120°±5°并在螺母上做标记。

w. 使用扭矩扳手，主螺栓按次序旋扭120°±5°并在螺栓上做标记。

x. 使用扭矩扳手，按次序将辅助螺栓的螺母旋扭120°±5°并在螺栓上做标记。

y. 使用扭矩扳手，按次序将主螺栓旋扭120°±5°并在螺栓上做标记。

拧紧编号为1～14的M12×1.5的辅助螺栓（双头螺柱）；拧紧编号为15～38的主螺栓。

（10）气缸盖罩拆卸与装配　气缸盖罩部件分解如图2-20所示。

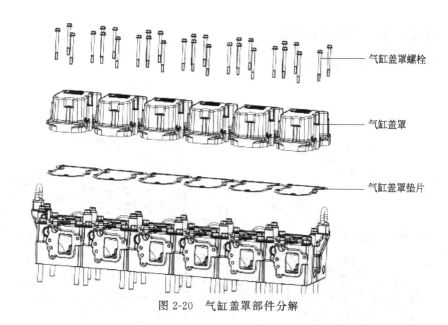

图 2-20 气缸盖罩部件分解

① 气缸盖罩拆卸步骤。依次松开气缸盖罩螺栓，垂直向上取出气缸盖罩及气缸盖罩垫片。

② 气缸盖罩检查维修。查看气缸盖罩本身有无裂纹、较大磨损等损伤，若有裂纹则需要更换新气缸盖罩。

气缸盖罩垫片处若有渗漏油现象，则需要检查气缸盖垫片的失效情况以及气缸盖上平面和气缸盖罩下底面密封面的表面磨损程度。若有渗漏油现象，需更换新气缸盖罩垫片，再查看是否仍然渗漏油。

③ 气缸盖罩装配步骤。气缸盖罩衬垫只允许使用一次，返修时进行更换新件。安装气缸盖罩垫片前先检查新气缸盖罩垫片没有制造及使用缺陷及损伤。

a. 擦净气缸盖上表面，依次正确装配气缸盖垫片。

b. 擦净气缸盖罩，依次正确安装在气缸盖上。

c. 安装气缸盖罩螺栓并拧紧。

(11) 发动机吊环拆卸与装配　发动机吊环部件位置如图 2-21 所示。

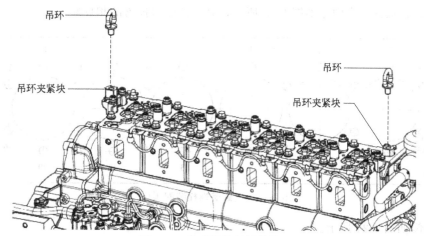

图 2-21　发动机吊环部件位置

① 发动机吊环拆卸步骤。吊环采用螺纹连接固定于吊环夹紧块之上，用于起吊发动机。拆卸时松开螺纹，即可取下吊板。

② 发动机吊环检查维修。拆卸检查吊环有无裂纹、较大变形等失效形式。若存在以上类型失效形式，为防止出现安全事故，需要更换新件进行装配。

③ 发动机吊环装配步骤。发动机吊环安装顺序与拆卸相反。

2.1.1.2 锡柴 CA6DM3 发动机缸体组拆装

发动机气缸盖与气缸盖罩部件分解如图 2-22 所示。

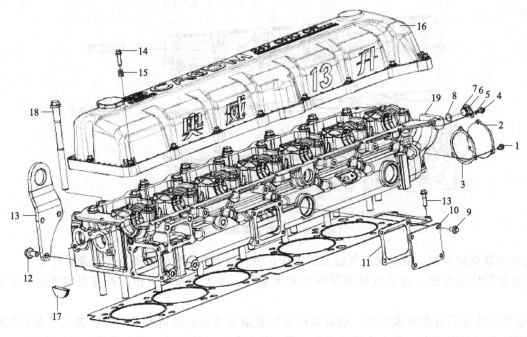

图 2-22　发动机气缸盖与盖罩部件分解（图中序号即分解顺序）

1—齿轮室盖板螺栓；2—齿轮室盖板；3—齿轮室盖板衬垫；4—凸轮轴传感器盖板螺栓；5—铜垫圈；6—凸轮轴传感器盖板；7—凸轮轴传感器堵塞；8—O 形橡胶密封圈；9—进气箱盖板螺栓；10—进气箱盖板；11—进气箱盖板衬垫；12—前吊耳螺栓；13—前吊耳；14—气缸盖罩盖螺栓；15—气缸盖罩盖；16—半圆形垫块；17—气缸盖螺栓；18—气缸盖；19—气缸盖垫片

装配顺序：按照与分解的相反顺序。

拧紧力矩：部件 17——转矩转角法拧紧 90N·m→210°→240°。

检修说明：部位 19——气缸盖垫片更换，在每次维修需要拆卸气缸盖时，必须更换气缸盖垫片。

拧紧顺序：气缸盖螺栓装配顺序如图 2-23 所示，分解按照与拧紧的相反顺序。

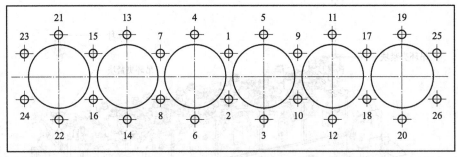

图 2-23　气缸盖螺栓装配顺序

气缸体部件分解如图 2-24 所示。

装配顺序：按照与分解的相反顺序。

拧紧力矩：部位 22——螺栓-活塞冷却喷嘴总成一次拧到 (27±5)N·m；部位 30——主轴承螺栓，扭矩转角法，第一次 130N·m，第二次 210°。采用扭矩转角法的螺栓只能使用三次，当反复使用超过三次应予以更换；采用扭矩转角法拧紧时，当第一次拧紧到规定力矩后，用记号笔在螺栓头部和被连接件上划一条线，以帮助判断角度。

润滑剂施用部位及规格见表 2-2。

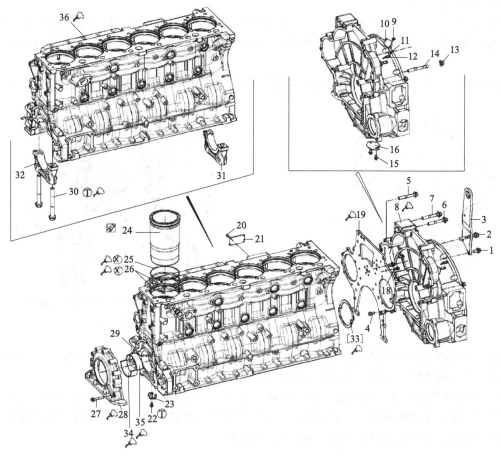

图 2-24 气缸体部件分解（图中序号即分解顺序）

1，4，6，7，9，13，15，17，18，27—六角法兰面螺栓；2—六角法兰面螺栓（细杆）；3—后吊耳；5—螺栓（中间正时齿轮轴）；8—齿轮室罩盖（飞轮壳）；10—飞轮壳橡胶堵塞；11—十字槽盘头螺钉；12—指针（飞轮壳）；14—双头螺栓（飞轮壳）；16—盖板（飞轮壳）；19—齿轮室罩盖盖板；20—标牌铆钉；21—铭牌；22—螺栓（活塞冷却喷嘴总成）；23—活塞冷却喷嘴总成；24—气缸套；25，26—O形橡胶密封圈；28—曲轴前油封座；29—气缸体部件；30—主轴承螺栓；31—后轴承盖；32—主轴承盖；33—止推片；34—下主轴瓦；35—上主轴瓦；36—气缸体

表 2-2 润滑剂施用部位及规格

部件	涂抹位置	规定的润滑剂
8	齿轮室罩盖（飞轮壳）与齿轮室罩盖盖板密封面；气缸体、齿轮室罩盖（飞轮壳）与齿轮室罩盖盖板三者结合处上表面与气缸垫密封面	硅橡胶平面密封剂
19	齿轮室罩盖盖板与齿轮室罩盖（飞轮壳）密封面；齿轮室罩盖盖板与气缸体密封面；气缸体、齿轮室罩盖（飞轮壳）与齿轮室罩盖盖板三者结合处上表面与气缸垫密封面	硅橡胶平面密封剂
25	O形橡胶密封圈的内外表面	清洁的机油
26	O形橡胶密封圈的内外表面	清洁的机油
28	曲轴前油封座与气缸体密封面	硅橡胶平面密封剂
30	主轴承螺栓的螺纹上和法兰下端面	清洁的机油或二硫化钼
33	止推片与缸体贴合面	清洁的机油
34	下主轴瓦内表面	清洁的机油
35	上主轴瓦内表面	清洁的机油
36	齿轮室罩盖盖板与气缸体密封面；气缸体、齿轮室罩盖（飞轮壳）与齿轮室罩盖盖板三者结合处上表面与气缸垫密封面；曲轴前油封座与气缸体密封面	硅橡胶平面密封剂

拆检方法与注意事项如下。

（1）齿轮室罩盖（飞轮壳）8 的安装　飞轮壳上的两个定位销孔应插入缸体上的定位销中；齿轮室罩盖（飞轮壳）8 与齿轮室罩盖盖板 19 涂胶方法如图 2-25 所示；安装飞轮壳时，连接飞轮壳与缸体的螺栓要对角拧紧。

（2）齿轮室罩盖盖板 19 的安装　齿轮室罩盖盖板 19 与气缸体 36 密封面涂胶方法如图 2-26 所示。

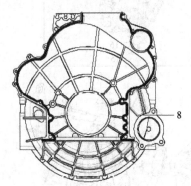

图 2-25　齿轮室罩盖（飞轮壳）与齿轮室罩盖盖板涂胶方法

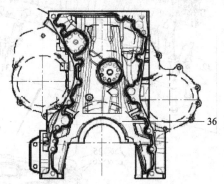

图 2-26　齿轮室罩盖盖板与气缸体密封面涂胶方法

（3）活塞冷却喷嘴总成 23 的安装　装配活塞冷却喷嘴之前，先装配活塞连杆组件；活塞冷却喷嘴总成装入气缸体后，必须检查喷口方向。活塞冷却喷嘴部件如图 2-27 所示。

（4）气缸套 24 的拆卸安装　拆气缸套需要用到专用工具：发动机缸套拉压工具，如图 2-28 所示。

安装缸套时，缸套上的密封圈（1 道）和缸体上的阻水圈（两道）均需更换，且需要涂抹机油；装缸套时，缸体要直立放置，且听到清脆的声音表示缸套安装到位。

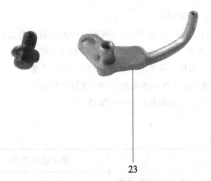

图 2-27　活塞冷却喷嘴部件

图 2-28　发动机气缸套拉压工具

（5）主轴承盖 32 的安装

① 装配主轴承盖时应注意配对记号，前后不得装反。

② 主轴承盖的紧固，应从中央挡开始向两端分两次循序均匀拧紧各主轴承螺栓，如图 2-29 所示。

③ 主轴承盖上轴瓦与缸体上轴瓦的瓦口应在同一侧，即瓦口对瓦口。

（6）止推片 33 的安装　安装主轴承盖上的止推片时，注意止推片油道要安装正确（如图 2-30 中圆圈位所示），保持油路通畅。

发动机油底壳部件分解如图 2-31 所示。

装配顺序：按照与分解的相反顺序。

拧紧力矩：部位 2——放油塞，80N·m；部位 3——组合螺栓（M12），70N·m；部位 4——组合螺栓（MS），18～34N·m。

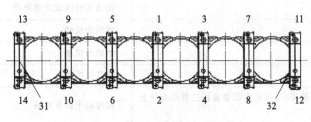

图 2-29　主轴承盖螺栓紧固顺序

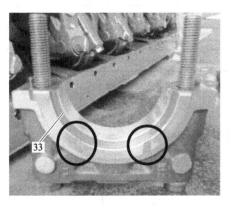

图 2-30 安装止推片

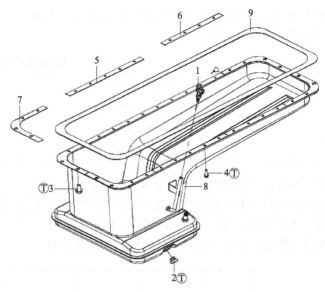

图 2-31 油底壳部件分解（图中序号即分解顺序）

1—机油标尺；2—放油塞；3—组合螺栓（M12）；4—组合螺栓（MS）；
5—中间垫板1（油底壳）；6—中间垫板2（油底壳）；
7—转弯垫板油底壳；8—机油盘；9—油底壳密封垫片

2.1.1.3 大柴BF6M1013发动机机体组拆装

气缸盖与罩盖组件分解如图2-32所示。

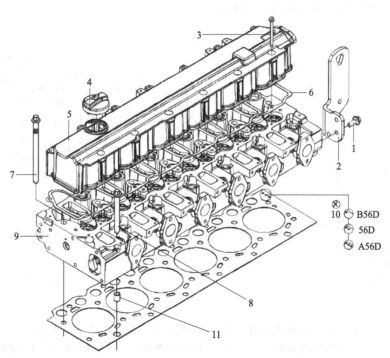

图 2-32 气缸盖与罩盖组件分解（图中序号即分解顺序）

1—六角头凸缘螺栓；2—后吊耳（气缸盖）；3—六角头凸缘螺栓；4—加机油口盖总成；5—气缸盖罩盖总成；6—垫密片（气缸盖罩盖）；
7，8—气缸盖螺栓；9—气缸盖分总成（带气门座圈）；10—气缸垫总成；11—弹性圆柱销；⊗不可重复使用的零件

装配顺序：按照与分解的相反顺序。

注意：安装气缸盖时，在气缸盖螺栓上涂些润滑油并用手拧入。在正常使用情况下，缸盖螺栓最多可

以重复使用5次。气缸垫的密封面表面必须清洁、无油。

气缸盖螺栓拧紧力矩见表2-3。

表2-3 气缸盖螺栓拧紧力矩

部位	被拧紧的零件	拧紧力矩
1	六角头凸缘螺栓	(40.5±6.0)N·m
3	六角头凸缘螺栓	(11±1)N·m
7、8	气缸盖螺栓	50N·m+130N·m+90°

拆装方法：气缸盖螺栓的装配和分解如下。

气缸盖螺栓装配顺序如图2-33所示，分解按照与拧紧的反顺序。

第一步拧紧力矩为50N·m，第二步拧紧力矩为130N·m，第三步旋转90°。

在每次需要拆卸气缸盖时，必须更换气缸盖垫片。

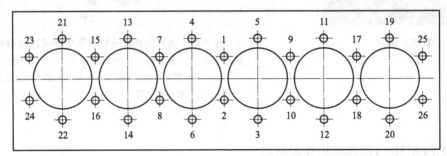

图2-33 气缸盖螺栓装配顺序

发动机气缸体与飞轮壳组件分解如图2-34所示。

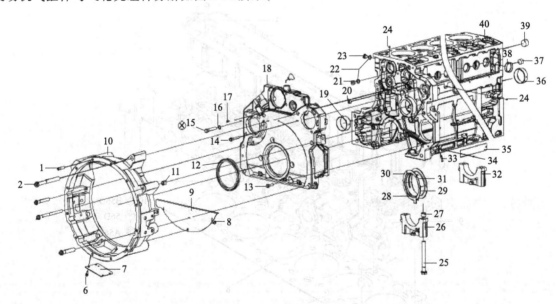

图2-34 发动机气缸体与飞轮壳组件分解（图中序号即分解顺序）

1—双头螺柱CQ1201035；2—六角梅花凸缘螺栓；6、8、15—六角头导颈螺栓；7—飞轮壳盖板；9—飞轮壳防尘盖板；10—飞轮壳；11—飞轮壳定位套；12—曲轴后油封总成；13、14—六角头凸缘螺栓；16—垫圈；17—紧定螺钉；18—齿轮室罩盖总成；19—凸轮轴衬套（飞轮端）；20、21、23、37、39—螺塞；22—密封垫；24—钢球；25—主轴承螺栓；26—止推主轴承盖；27—主轴承盖定位套；28—下止推片；29—下主轴瓦；30—上止推片；31—上主轴瓦；32—主轴承盖；33—活塞冷却喷嘴；34—铆钉；35—发动机铭牌；36—凸轮轴衬套；38—碗形塞片；40—气缸体；⊗ 不可重复使用零件

装配顺序：按照与分解的相反顺序。

拆装方法如下。

(1) 活塞冷却喷嘴 33 的安装

① 使用辅助工具将活塞冷却喷嘴尽可能深地压入气缸体轴承座的安装孔中，见图 2-35。

② 活塞冷却喷嘴的尾部的锥面应该和安装孔内的锥面贴合。

(2) 止推片 28、30 的安装　安装主轴承盖上的止推片时，注意止推片的油槽面向外，油槽面应朝向曲轴止推面安装，如图 2-36 中圆圈所示，以保持止推面的油路通畅。

油底壳与机油尺部件分解如图 2-37 所示。

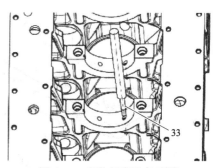

图 2-35　安装活塞冷却喷嘴

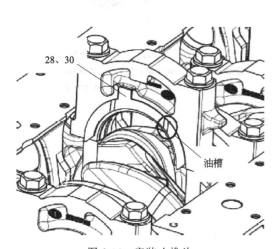

图 2-36　安装止推片

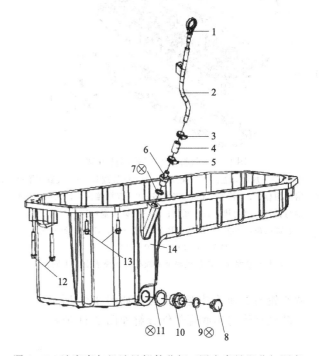

图 2-37　油底壳与机油尺部件分解（图中序号即分解顺序）
1—机油标尺总成；2—机油标尺管总成；3—小型蜗杆传动式软管夹拖；
4—连接胶管；5—小型蜗杆传动式夹拖；6—机油标尺管接头；
7,9,11—密封圈；8—放油螺塞；10—放油螺塞座；
12,13—六角法兰面螺栓粗杆；14—油底壳；
⊗ 不可重复使用的零件

装配顺序：按照与分解的相反顺序。

油底壳螺栓拧紧力矩见表 2-4。

表 2-4　油底壳螺栓拧紧力矩　　　　　　　　　　　　　单位：N·m

部位	被拧紧的零件	拧紧力矩
6	机油标尺管接头	40
8	放油螺栓	60
10	放油螺塞座	180
12、13	六角法兰面螺栓粗杆	40±4

2.1.1.4　日野 E13C 发动机机体组分解

气缸盖与罩盖部件分解如图 2-38 所示。

发动机曲轴箱前端部件分解如图 2-39 所示。

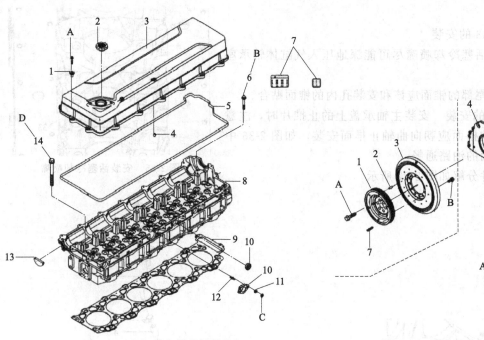

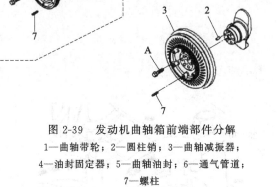

图 2-38 气缸盖与罩盖部件分解

1—阻尼器；2—加油口盖；3—气缸盖罩；4—螺旋键套；5—气缸盖罩衬垫；
6—附加螺栓；7—警告牌；8—气缸盖；9—气缸盖衬垫；10—喷射管
油封；11—密封垫；12—螺柱；13—气缸头塞；14—缸盖螺栓

上紧扭矩：A 为 25N·m；B 为 108N·m；C 为 25N·m；
D 为 118N·m+90°+90° ♯

♯表示紧固前，添加机油至螺纹处与支座表面，下同。

图 2-39 发动机曲轴箱前端部件分解

1—曲轴带轮；2—圆柱销；3—曲轴减振器；
4—油封固定器；5—曲轴油封；6—通气管道；
7—螺柱

上紧扭矩：A 为 78N·m+90° ♯；B 为 98~118N·m；
C 为 28.5N·m。

调速轮与调速轮外壳部件分解如图 2-40 所示。
发动机缸体与油底壳部件分解如图 2-41 所示。

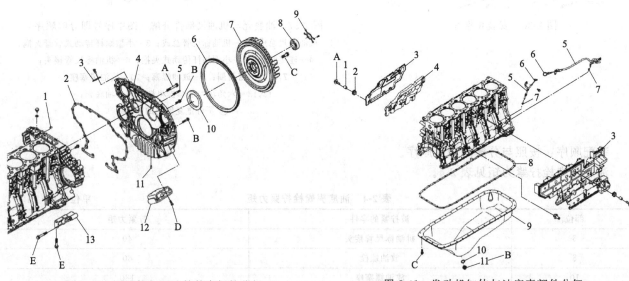

图 2-40 调速轮与调速轮外壳部件分解

1—销子；2—调速器外壳密封垫；3—灰尘盖；4—调速轮外壳；5—螺柱；
6—环形齿轮；7—调速轮；8—球形齿轮；9—轴承挡块；
10—后油封；11—螺旋键套；12—发动机安装
（尾部）；13—调速器外壳支架

上紧扭矩：A 为 M16，225N·m；B 为 M12，125N·m；
C 为 345N·m♯；D 为 200N·m；E 为 225N·m。

图 2-41 发动机缸体与油底壳部件分解

1—垫圈；2—橡胶金属胶节；3—外壳盖（如果配备）；4—隔声装置
（如果配备）；5—油位表导向装置；6—油位表；7—O 形圈；
8—油盘密封垫圈；9—油盘；10—软垫圈；11—排水塞子

上紧扭矩：A 为 25N·m；B 为 44N·m；C 为 59N·m。

2.1.1.5 日野 P11C 发动机机体组部件分解

发动机气缸盖与罩盖部件分解如图 2-42 所示。

发动机缸体与油底壳部件分解如图 2-43 所示。

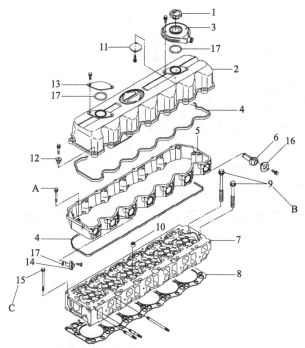

图 2-42 发动机气缸盖与罩盖部件分解

1—加油口盖；2—气缸盖罩；3—通风设备；4—气缸盖罩衬垫；5—气缸盖罩组件；6—喷射管油封；7—气缸盖；8—气缸盖衬垫；9—气缸盖螺栓；10—阀杆油封；11—气缸盖防尘罩；12—阻尼器；13—法兰；14—终端组件；15—气缸盖螺栓（附加）；16—板材；17—O 形环

上紧扭矩：A 为 54N·m；B 为 118N·m+90°+90°#；C 为 69N·m#。

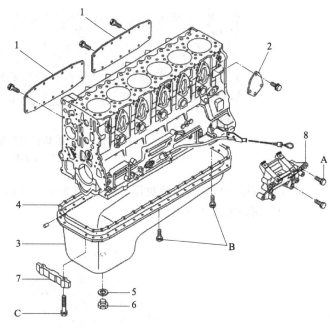

图 2-43 发动机缸体与油底壳部件分解

1—推杆套；2—水道盖；3—油底壳；4—油底壳衬垫；5—软垫圈；6—闷头；7—加强杆；8—油泵支架

上紧扭矩：A 为 74N·m；B 为 25N·m；C 为 44N·m。

2.1.1.6 奔驰 OM471 发动机机体组部件

气缸盖罩 1 由塑料制成，一方面，其可防止水和异物进入阀门组中；另一方面，其使用人造橡胶密封件 4 将凸轮轴外壳对外密封，从而防止用于润滑气门机构的发动机机油流出。

粗滤器 2 集成在气缸盖罩 1 中。漏出气体流至曲轴箱通风系统的机油分离器之前，粗滤器 2 将由气门机构搅动并与漏出气体混合的发动机油粗略分离出来。

人造橡胶元件 3 插入用于将气缸盖罩 1 固定到凸轮轴外壳上的所有孔中，用于气缸盖罩 1 的声讯退耦。人造橡胶元件 3 将噪声排放和因振动导致的可能损坏降至最低。气缸盖罩部件如图 2-44 所示。

发动机 470、471 和 473 具有一体式气缸盖。在每个气缸的气缸盖中有两个进气门和两个排气门。窄式发动机设计意味着可以形成整车气门的对称位置，这种对称气门模式可优化燃烧。

为了确保安装气缸盖时螺栓使用正确无误，每个螺栓

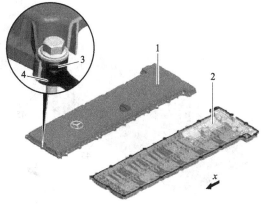

图 2-44 气缸盖罩部件（发动机 471.9）

1—气缸盖罩；2—粗滤器；3—人造橡胶元件；4—人造橡胶密封件；x—与动力输出端侧相反

头均有印记，标明相应气缸盖螺栓（1～38）螺纹强度的信息。

所有气缸盖螺栓（1～38）必须根据规定的拧紧模式分四个阶段拧紧，位置见图2-45。由于装配的原因，气缸盖螺栓（1～38）会拉长，因此对于每个已用过的螺栓，在重新装配之前，要先测量其杆长度，如果超出允许的杆长度，必须更换相关的螺栓。

图 2-45 气缸盖螺栓的拧紧模式（发动机 471）
1～38—气缸盖螺栓；39，40—螺栓

进气口与排气口安装位置见图2-46及图2-47。冷却液收集油轨位置见图2-48。进排气门与喷油孔位置见图2-49。润滑油道位置见图2-50。

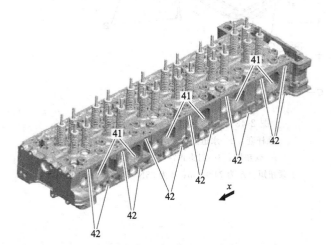

图 2-46 进气口
41—进气口；42—增压空气歧管固定用螺纹孔；
x—与动力输出端侧相反

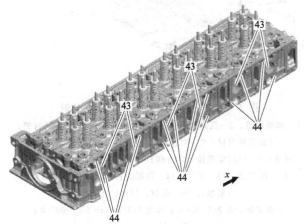

图 2-47 排气口
43—排气管；44—增压空气歧管固定用螺纹孔；
x—与动力输出端侧相反

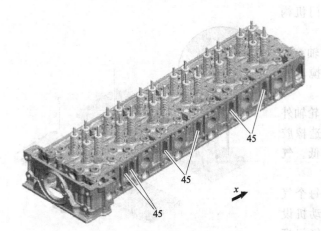

图 2-48 冷却液收集油轨位置
45—冷却液收集油轨连接；
x—与动力输出端侧相反

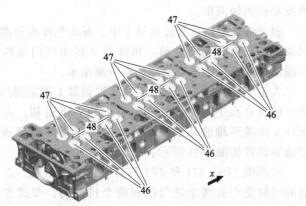

图 2-49 进排气门与喷油器孔位置
46—进气门；47—排气门；48—喷油器孔；
x—与动力输出端侧相反

气缸盖装配了分离冷却液护套，这意味着冷却液在冲洗气缸后会流至气缸盖中的进口侧和出口侧。其优势是冷却液首先冲洗气缸盖的下部冷却平面 53 的喷油器和气门座圈，然后冷却液流入气缸盖的上部冷却平面 54 中并冷却气门导管。在此处冷却液被收集并被向外引导。冷却液连接口位置见图 2-51。冷却液液面位置见图 2-52。

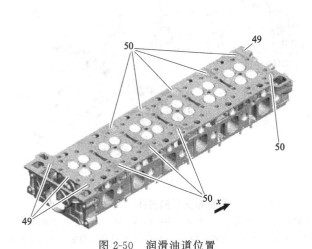

图 2-50　润滑油道位置

49—连接曲轴箱到气缸盖的机油输送孔；50—连接气缸盖到曲轴箱的机油回流口或机油回流孔；x—与动力输出端侧相反

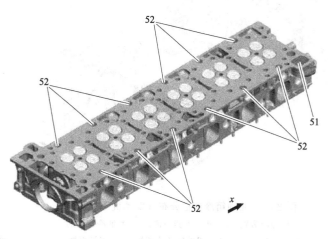

图 2-51　冷却液连接口位置

51—连接气缸盖到曲轴箱的冷却液短路管；52—连接曲轴箱到气缸盖的冷却液输送孔；x—与动力输出端侧相反

气缸盖衬垫由许多层不锈钢组成。在发动机机油供给口（OD）和冷却液供给口（WZ）处，气缸垫增加了人造橡胶元件，从而改善了气缸盖和曲轴箱之间的密封性，如图 2-53 所示。

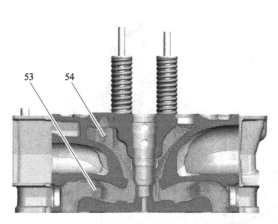

图 2-52　冷却液液面位置

53—下部冷却平面；54—上部冷却平面

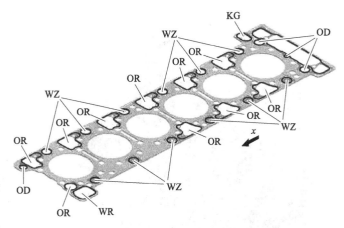

图 2-53　气缸盖密封件上侧（发动机 471.9）

OD—发动机机油供给口；OR—发动机机油回流口；WR—冷却液短路管口；WZ—冷却液供给口；KG—曲轴箱通风系统漏出管口；x—与动力输出端侧相反

曲轴箱由铸铁制成并且具有以下特性：由于垂直和水平加强件以及回油的设计而产生的高刚性和低噪声排放；由于气缸孔间距较小而产生的紧凑型设计。

此外，曲轴箱在气缸盖的密封表面处，气缸盖的冷却道 6.20 处有 1.5mm 的凹槽，用于支撑气缸垫中的相应人造橡胶元件。曲轴箱冷却道分布见图 2-54。

曲轴箱由以下主总成和部件组成：右侧部件——涡轮增压器，起动机，曲轴箱通风系统油分离器；左侧部件——机油/冷却液模块，发动机管理系统（MCM）控制单元，燃油滤清器模块，燃油系统高压泵，压缩机，动力转向泵。

曲轴箱润滑油道及油孔位置分布见图 2-55～图 2-57。

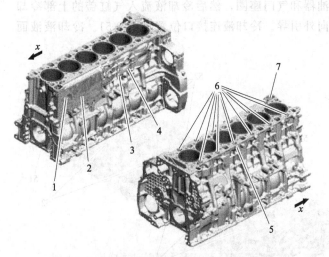

图 2-54 曲轴箱冷却道分布（发动机 471.9）
1—冷却液旁路；2—热交换器凹槽；3—燃油冷却器的冷却液连接；4—压缩机的冷却液连接；5—废气再循环调节器的冷却液连接；6—至气缸盖的冷却道；7—自气缸盖的冷却液回流；x—对置输出端侧

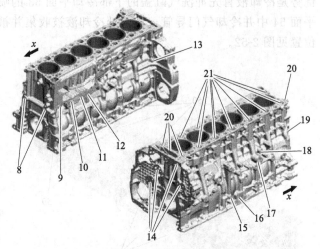

图 2-55 曲轴箱油道俯视图（发动机 471.9）
8—密封的纵向油孔；9—机油压力传感器连接；10—自机油滤清器的回油（适用于机油滤清器更换）；11—自机油/冷却液模块（自机油滤清器）到曲轴箱的回油；12—自曲轴箱（自机油泵）到机油/冷却液模块的回油；13—密封的横向油孔；14—齿轮驱动装置的供油孔；15—曲轴通风系统机油分离器的离心机供油连接；16—自曲轴通风系统的机油分离器的回流管；17—自涡轮增压器的回流管；18—涡轮增压器的供油连接；19—密封的横向油孔；20—至气缸盖的冷却道；21—自气缸盖的回流管；x—对置输出端侧

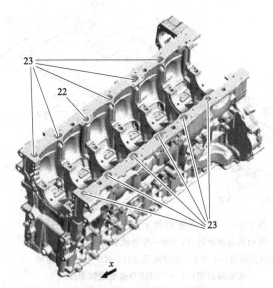

图 2-56 曲轴箱油道仰视图（发动机 471.9）
22—至机油/冷却液模块的供油管；23—至油底壳的回流管；x—对置输出端侧

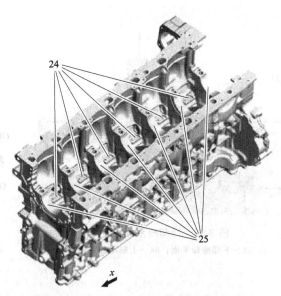

图 2-57 曲轴箱油孔仰视图（发动机 471.9）
24—喷油嘴的供油口；25—主轴承、曲轴和连杆轴承的供油口；x—对置输出端侧

2.1.1.7 沃尔沃 D13C460 发动机机体部件

铸铁气缸盖为整体制造部件，可为顶置凸轮轴提供稳定的安装支架。凸轮轴安装在七个水平分隔的轴承支架上，轴承支架的轴承壳可更换。后轴承支架中的轴承壳也设计为推力轴承。冷却液恒温器壳体直接加工到气缸盖 1 的右前角。各个气缸的进气口和排气道口分别在气缸盖的不同侧 2，被称为"横流式"。喷

油器的低压燃油通道利用每个喷油器 3 周围的圆形机加工空间纵向穿透气缸盖钻孔。导向通道（6）前方有一个塞子 4，用于测量摇臂机构中的机油压力。通道 5 将润滑油导向凸轮轴和摇臂。该通道位于气缸盖左侧中央位置。下部轴承上的销 7 为硬性部件，可更换。缸盖部件位置见图 2-58。

单体泵喷油器垂直置于气缸中心上方，位于四个气门之间，并通过轭 2 固定，见图 2-59。单体泵喷油器的下部由一个铜套相对冷却液护套固定，铜套底部中空，由一个 O 形环在顶部密封。各喷油器周围的环形空间由安装在喷油器上的两个 O 形环密封。

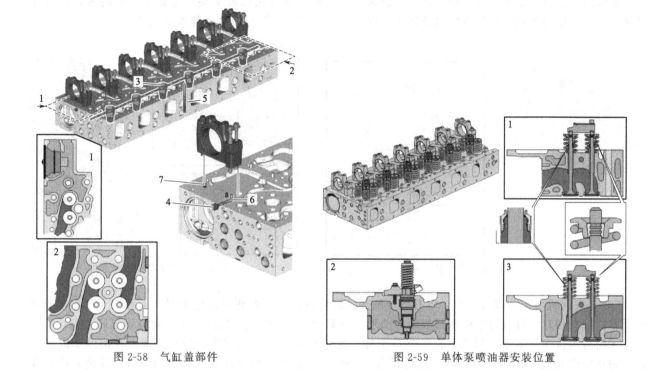

图 2-58　气缸盖部件　　　　　　　　图 2-59　单体泵喷油器安装位置

为了实现最佳冷却效果，气缸盖中的冷却液空间有一道水平内壁，迫使冷却液通过气缸盖下部最热的部分。

配气机构带有双进气门和排气门。排气门有两个气门弹簧 1，而进气门只有一个弹簧 3。气门通过浮动气门卡钳成对连接，卡钳将摇臂在凸轮轴上的移动传递至气门组。此为新型气门，带有三道沟槽和相应的气门锁夹。气门锁夹的设计允许气门在阀座上旋转。为了更好地耐热和导热，排气门头部中材料增多，且直径较进气门更小。气门导管由铸铁合金制成，所有气门的气门杆都有高效的油/气密封。气门座由硬化的特殊钢材制成并可更换，但不能进行加工。

气缸体由铸铁整体铸造制成。气缸体上有两条沿纵向开槽的润滑油系统通道。气缸体左侧是主润滑油通道，右侧是活塞冷却通道。两个通道都通过配有 O 形环的塞子插入缸体的前边缘进行封堵。在后边缘处，活塞冷却通道被正时齿轮盖覆盖，并且主润滑油通道向铸入式通道打开，该通道向发动机正时齿轮供应机油。气缸体上的润滑油道分布如图 2-60 所示。

气缸体在各气缸处的凸出部分为发动机缸体提供了良好的扭转强度和隔声性能。如图 2-61 所示，垂直剖面部分显示的是缸体中气缸套和冷却套的位置。

为防止主轴承盖安装错误，它们由非对称的铸造凸键 1 引导至正确位置，发动机缸体上有相对应的凹槽 2。

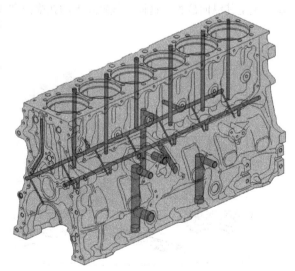

图 2-60　气缸体上的润滑油道分布

主轴承盖由球墨铸铁制成，为单个安装件。为防止安装错误，它们按照从发动机前方向后的顺序编号并标记为 1~6。中央和最后的主轴承盖形状特殊，无须标记。

为减少气缸体中的震动并降低发动机噪声，缸体下方安装有加强底架 1。加强底架由 6mm 的钢板制成，通过螺栓紧固至缸体的下表面 3。标准油底壳 2 为模制的塑料（复合材料），但有压制钢件用于特殊应用。

塑料油底壳的密封垫由一根制成一体的橡胶条组成，并安装于上边缘的一个凹槽中。油底壳由 22 个弹簧加载的钢制螺栓 4 紧固。塑料油底壳的放油塞 5 拧至可更换的钢制加强件上。

钢板油底壳由平整的橡胶垫相对发动机缸体密封，橡胶垫片由橡胶卡夹固定就位。钢制油底壳通过和塑料油底壳所用的相同类型但更短的弹簧加载钢制螺钉紧固。底架与油底壳部件如图 2-62 所示。

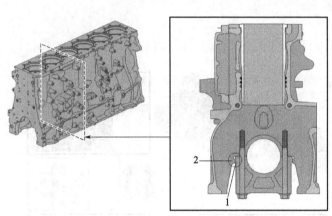

图 2-61 气缸套与冷却套位置

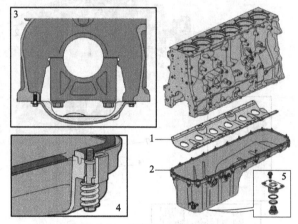

图 2-62 底架与油底壳部件

D13C 发动机所配为湿式缸套，以有效地散热。缸套通过橡胶圈相对缸体密封。上环位于气缸套凸缘 1 的下方。缸套相对气缸盖衬垫的密封表面为凸形。在 D13C 发动机上，气缸套导向套位于套肩上方。

下密封为位于气缸体 2 凹槽中的三个 O 形环。这些 O 形环由不同的橡胶材料制成，并按照不同颜色标记，防止错误安装。两个上 O 形环（黑色）由 EPDM 橡胶制成，耐冷却液，而下 O 形环（紫色）由氟橡胶制成，耐油。

气缸盖、气缸体和气缸套之间的衬垫 3 为钢制，并装有硫化橡胶插件密封冷却液和润滑油通道。为在安装气缸盖时保护橡胶密封，O 形环具有多个供气缸盖滑动的凸起区域。上述凸起区域在气缸盖拧紧后被压平。发动机气缸体密封部件位置如图 2-63 所示。

安装气缸盖无须任何专用工具。为了便于安装并精确地将气缸盖安装至发动机缸体，发动机左侧有三个导向垫圈——两个在发动机缸体 1 上，一个在气缸盖 2 上。上述垫圈决定了气缸盖的横向位置，同时正时齿轮盖 3 决定其纵向位置。这样，气缸盖上的在横向和纵向上均可精确定位。气缸盖上的定位导向装置见图 2-64。

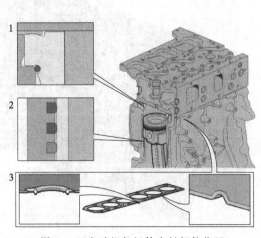

图 2-63 发动机气缸体密封部件位置

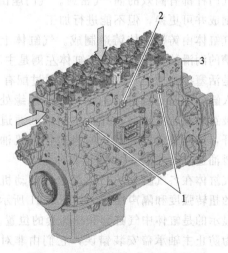

图 2-64 气缸盖上的定位导向装置

气缸盖衬垫上的凸饰确保气缸盖可以在衬垫上移动，而不会损坏橡胶密封插件。

2.1.2 曲柄组与连杆组部件

2.1.2.1 潍柴 WP12/WP13 发动机曲柄连杆部件拆装

曲轴连杆机构部件分解如图 2-65 所示。

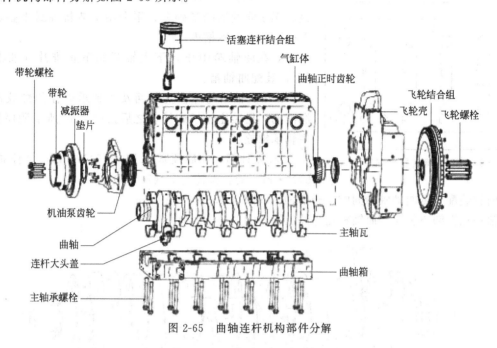

图 2-65 曲轴连杆机构部件分解

（1）曲轴拆卸与组装

① 曲轴拆卸步骤。

a. 将发动机曲轴箱朝上，拆下主轴承螺栓，并按顺序放好。

b. 拧下飞轮螺栓，取下飞轮和飞轮端轴承，取出前后止推片，取出油封。

c. 拧出前端带轮螺栓，取下带轮、减振器。将曲轴放置于托架上（如放置时间过长，曲轴应垂直放置）。

d. 将拆卸下来的所有部件按要求归类放置。

② 曲轴检查维修。曲轴主轴颈、连杆颈的圆角部位是否有裂纹；曲轴与轴瓦结合部的检查；检查疏通油道，看是否有裂纹等异常。

检查主轴颈、连杆颈的磨损情况，有无出现线条状磨纹、金属剥落和裂纹。

检查油封处的磨损情况。

检查主轴承螺栓有无螺纹破坏等失效模式。

曲轴法兰面螺栓孔处是否有裂纹。

曲轴轴颈磨损量，曲轴弯曲、扭曲情况。

③ 曲轴装配步骤。

a. 将曲轴吊放在支撑架上，避免磕碰伤。

b. 在曲轴后端销孔中打入圆柱销。

c. 加热机油泵齿轮 10s，然后将其压入曲轴前端。保证齿轮外端面到曲轴前端面的尺寸（26.5±0.3）mm。

d. 检查曲轴各配合面有无磕碰伤，必要时清除或更换。用压缩空气吹净油道内腔，使油道内干净通畅。

e. 打磨气缸体下平面，并用清洁剂除油，然后用毛巾擦净。应确保气缸体与曲轴箱结合面干净、清洁、无毛刺。

f. 用清洁剂清洗并用毛巾擦净气缸体主轴承底孔，然后将主轴承上瓦压入底孔内。

g. 吊起曲轴部件，用压缩空气吹净油道，并用毛巾擦净主轴颈及连杆轴颈，然后轻轻落入气缸体，使主轴颈落入轴瓦处。装入曲轴前，上轴瓦涂润滑油。吊装前仔细检查曲轴各摩擦副有无磕碰伤，必要时予以清除。吊装时严禁磕碰伤。装入前应确定各油道孔、摩擦副干净清洁。

h. 装入两个上止推片，注意止推片油槽朝外（朝向曲轴）。止推片装入前与轴承盖结合面涂润滑油。

i. 各主轴颈涂清洁润滑油。

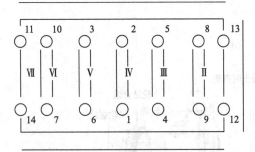

图 2-66 主轴承螺栓拧紧顺序

j. 气缸体下平面涂胶，保证胶线连续均匀。在保证油封平整、无扭曲变形的基础上，用专用工装将油封平整放入气缸体下平面的密封圈槽内。

k. 在曲轴箱中压入下主轴瓦和下止推片（油槽朝向曲轴侧），装配曲轴箱。

l. 在曲轴箱的螺栓支承面及主轴承螺栓的螺纹部位涂清洁润滑油，松装主轴承螺栓，之后按图 2-66 所示顺序预拧紧全部主轴承螺栓。

m. 先拧靠，然后预紧到 $(80\pm5)N\cdot m$，再拧紧到 $(140\pm5)N\cdot m$，最后再转 3 个 $(70\pm5)°$。

n. 完成曲轴装配。测曲轴轴向间隙，合格轴向间隙为 0.06~0.25mm。

（2）曲轴轴瓦拆卸与装配　曲轴轴瓦部件位置如图 2-67 所示。

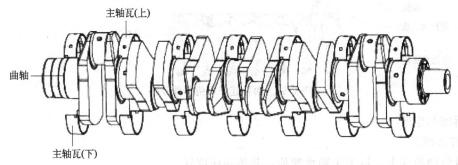

图 2-67 曲轴轴瓦部件位置

① 曲轴轴瓦拆卸步骤。用手从侧面将轴瓦推出，并将拆卸下来的轴瓦做上标记，与机体和曲轴箱的座孔对应。

② 曲轴轴瓦检查维修。

a. 清洁轴瓦，检查轴瓦的磨损情况。

b. 检查轴瓦有无出现金属剥落、定位唇损伤及横向裂纹。

③ 曲轴轴瓦装配步骤。

a. 将主轴瓦及装配底孔清洗，擦拭干净。

b. 若没有换新轴瓦，装配时按原轴瓦拆下时候的顺序分别装入气缸体（上瓦）和曲轴箱（下瓦），注意区分上下瓦，带油槽的为上瓦；若换新瓦，则直接安装。安装时注意唇口对齐，并涂以少量机油。

（3）飞轮及齿圈拆卸与装配　飞轮部件分解如图 2-68 所示。

① 飞轮拆卸步骤。拆卸步骤与装配步骤相反。

② 飞轮检查维修。飞轮螺栓有无螺纹破坏等失效模式；飞轮表面有无压溃；飞轮齿圈有无

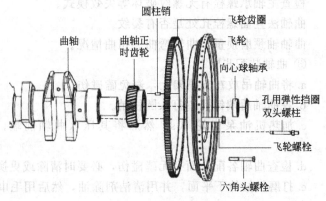

图 2-68 飞轮部件分解

损坏。

③ 飞轮装配步骤。

a. 通过六角头螺栓将飞轮齿圈与飞轮拧紧固定。

b. 将曲轴后油封装在曲轴齿轮上,并用压入后油封工装将后油封压入。

c. 在曲轴正时齿轮上打入圆柱销,将圆柱销打到底。

d. 在曲轴螺栓孔中插入飞轮导向棒后,安装飞轮部件并对角预紧飞轮螺栓。

e. 在飞轮螺栓的螺纹及承压面涂润滑油。

f. 拧紧飞轮螺栓。飞轮螺栓 M14×1.5(9根)用手拧紧。飞轮螺栓在螺纹及承压面加润滑油后,装入螺纹孔对角拧靠,拧紧力矩为 105～125N·m;然后转(270±5)°。扭转角度后达不到力矩要求的,更换飞轮螺栓。

(4) 活塞连杆机构拆卸与装配 活塞连杆机构部件分解如图2-69所示。

① 活塞连杆机构拆卸步骤。小心清除气缸顶部的积炭,不要损坏气缸内部。将发动机倾斜放置,转动曲轴使活塞处于下止点处,拆掉连杆螺栓和连杆盖。然后转动曲轴使活塞至上止点,用木槌把活塞敲出去。小心操作,以免连杆大端卡住缸体。按原先顺序摆放轴瓦和连杆盖。

② 活塞连杆机构装配步骤。使用孔用挡圈钳将一个孔用弹性挡圈装到活塞挡圈环槽中,并转动挡圈,确保完全装入。

将连杆小头送入活塞内腔,并使连杆小头与活塞销孔对正,然后装入活塞销,最后将另一侧活塞销挡圈装入。挡圈开口在活塞中心线偏移30°位置,两挡圈错开60°。注意连杆斜切口方向要与活塞冷却油道进油孔方向相同,连杆小头孔及活塞销装配前涂适量清洁润滑油。

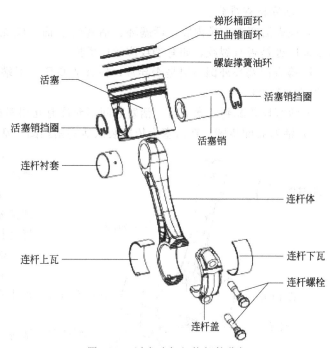

图2-69 活塞连杆机构部件分解

将组装好的活塞连杆按缸号顺序挂到托盘上,使用活塞环安装钳将螺旋撑簧油环、扭曲锥面环、梯形桶面环依次装入活塞环槽中。保证活塞环应平行装配在环槽内,不允许出现扭曲。活塞环的"TOP"面朝上,而且环在环槽中应转动灵活。

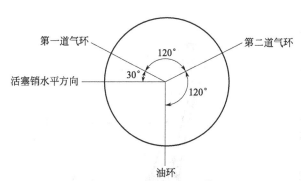

图2-70 活塞环安装角度

调整各环开口方向:第一道环开口装在活塞销中心线偏移30°的位置,第二道环开口与第一道环开口位置错开120°,油环开口分别与第一、第二道气环开口错开120°,并在活塞销中心线的垂直平分线位置,如图2-70所示。

擦净气缸内壁、曲轴拐臂及活塞连杆部件,并在各运动副部位涂清洁润滑油。

转动曲轴使1、6缸处于下止点位置附近,在把活塞上箭头前端朝向气缸体前端的同时,把活塞和连杆总成轻轻放到气缸套中。握住活塞环压缩器使其紧靠气缸套。把活塞通过压缩器推入气缸套中,然后向下拉连杆把它装到曲轴轴颈上。

连杆螺栓:手拧紧时先拧靠,再用 115N·m 的力矩对称拧紧,最后各转(90±5)°;自动扳手拧紧时先拧靠,再用 80N·m 的力矩对称拧紧,最后各转(153±5)°。

注意活塞缸次号与缸次相同，连杆盖与连杆体配对使用，连杆螺栓装入前涂清洁润滑油。依照同样方法安装其余缸次。

(5) 活塞拆卸与装配

① 活塞拆卸步骤。

a. 使用孔用挡圈钳小心仔细地拆卸活塞两侧弹性挡圈，并将活塞销推出，取下连杆体，将活塞按缸号分别编号，按顺序摆放。

b. 使用活塞环安装钳分别拆卸一环、二环、油环，并分别做标记。

② 活塞检查维修。

a. 检查活塞表面及内腔、活塞环、活塞销表面，应无毛刺、油污及磕碰伤；检查燃烧室喉口处圆角、活塞销座处是否有裂纹，如有裂纹应予以更换。

b. 检查活塞环外圆磨损是否异常；检查活塞环上下端面磨损是否异常。同一台发动机活塞重量分组标识"G"应一致。

c. 活塞环装配到活塞上后，活塞之间不允许有互相碰撞现象发生。

③ 活塞装配步骤。在活塞上依次装入活塞销挡圈、活塞销及连杆体。

(6) 连杆组拆卸与装配 连杆组件分解如图2-71所示。

① 连杆拆卸步骤。使用孔用挡圈钳小心仔细地拆卸活塞两侧弹性挡圈，并将活塞销推出，取下连杆体。将连杆体分别编号，按顺序摆放。

② 连杆检查维修。

a. 检查连杆大、小头端不得有毛刺及磕碰伤，并检查小端轴瓦的油孔周边不得有裂痕、变形和变色。

b. 检查连杆侧面磨损是否异常，检查连杆杆身弯曲情况。

c. 检查连杆衬套合金层是否磨损正常，是否有剥落现象等。

d. 连杆体与连杆盖上的缸序号必须一致；同一台发动机连杆重量分组标识"G"应一致。

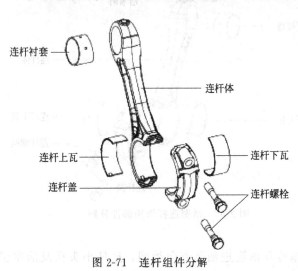

图 2-71 连杆组件分解

e. 如果连杆或连杆盖其中之一出现磨损或损坏，则必须将两者一起更换。

f. 如果连杆的杆身有刻痕或损坏，应更换连杆。

g. 连杆螺栓不允许重复使用。

③ 连杆装配步骤。

a. 在专用台具上压入连杆衬套，检查油孔的对准情况。

b. 把连杆瓦分别装到连杆和连杆轴承盖中。保证连杆瓦上的定位唇正好装入连杆大头和连杆盖上的凹槽内。

c. 将连杆小头送入活塞内腔，并使连杆小头与活塞销孔对正，然后装入活塞销，最后将另一侧活塞销挡圈装入。

(7) 连杆瓦拆卸与装配 连杆瓦部件分解如图2-72所示。

① 连杆瓦拆卸步骤。对连杆轴瓦施加径向力和切向力，使轴瓦脱离装配位置，取下轴瓦。注意按缸号编号，并按顺序摆放。

② 连杆瓦检查维修。

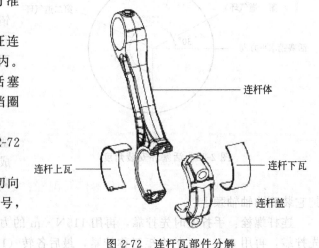

图 2-72 连杆瓦部件分解

a. 检查轴承瓦表面是否有刻痕或毛刺。
b. 连杆轴瓦安装前,将底孔和瓦清洁干净,底孔和瓦的背面处不得有润油。
c. 若连杆轴瓦表面出现腐蚀、穴蚀、剥蚀及擦伤情况,则需要更换。
d. 检查连杆轴瓦磨损情况,合金层是否有变色、剥落、滑移等现象。

③ 连杆瓦装配步骤。对连杆轴瓦施加径向力和切向力,使轴瓦避开连杆盖端面及连杆大头的边缘进入装配位置,以免造成钢背的划伤。保证连杆轴瓦上的定位唇正对中连杆大头和连杆盖上的凹槽。注意安装后在轴瓦内面涂润滑油。

(8) 减振器、曲轴带轮拆卸与装配　减振器、曲轴带轮部件分解如图 2-73 所示。

① 减振器、曲轴带轮拆卸步骤。拧下带轮螺栓,取下带轮和减振器,然后拧下六角头螺栓,依次取下曲轴带轮和扭振减振器。

② 减振器、曲轴带轮检查维修。
a. 检查减振器是否有磕碰、变形等。
b. 检查带轮是否有损坏,螺栓拧紧处是否有压溃。
c. 检查带轮螺栓是否损坏。

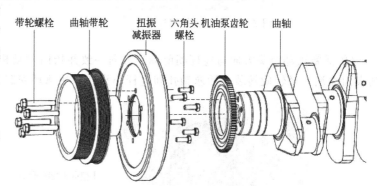

图 2-73　减振器、曲轴带轮部件分解

③ 减振器、曲轴带轮装配步骤。在安装好机油泵齿轮后,先通过六角头螺栓将扭振减振器和曲轴带轮固定在一起,然后通过带轮螺栓将扭振减振器和曲轴皮带轮拧紧到曲轴法兰上。

2.1.2.2　锡柴 CA6DM3 发动机曲柄连杆机构拆装

活塞连杆组件分解如图 2-74 所示。

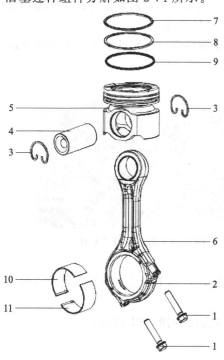

图 2-74　活塞连杆组件分解(图中序号即分解顺序)
1—连杆螺栓;2—连杆盖;3—活塞销卡环;4—活塞销;
5—活塞;6—连杆体;7—上压缩环;8—中压缩环;
9—螺旋撑簧油环总成;10—上连杆轴瓦;
11—下连杆轴瓦

装配顺序:按照与分解的相反顺序。

$\begin{matrix}7\\8\\9\end{matrix}\Big\} \to 5 \to 6 \to 4 \to 3 \to 10 \to 11 \to 2 \to 1$

检修标准:部件 1,测量包含螺栓头部的总长度,标准值为 (82.9 ± 0.1)mm,极限值为 83.7mm。采用扭矩转角法拧紧的强力螺栓只能使用 3 次,反复使用超过 3 次或长度超过使用极限的螺栓应予以更换。

拧紧力矩:部件 1,连杆螺栓,(60 ± 5)N·m,$(150\pm50)°$。

润滑部位如表 2-5 所示。

表 2-5　润滑部位

部位	涂覆位置	规定的润滑剂	数量
1	连杆螺栓的螺纹部分	锡柴牌、APICH-4 多级润滑油	适量
4	活塞销外表面	锡柴牌、APICH-4 多级润滑油	适量
10,11	连杆轴瓦内表面	锡柴牌、APICH-4 多级润滑油	适量

拆装方法如下。

① 转动曲轴至某缸活塞连杆组下止点,松开连杆螺栓,拆下连杆盖及上连杆轴瓦,如图 2-75 所示。

② 如图 2-76 所示,用木质或橡胶槌将活塞连杆组件推出缸筒。

图 2-75 松开连杆螺栓

图 2-76 推出活塞连杆组件

③ 活塞顶部箭头方向与连杆朝前标记方向一致并指向发动机前端，各活塞环开口夹角互成120°，活塞销表面涂油，轻轻旋转装入活塞销孔和连杆小头孔。活塞环安装位置见图2-77。

(a) 活塞顶部箭头方向

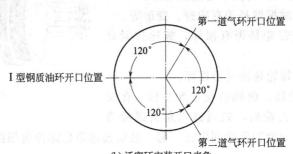
(b) 活塞环安装开口夹角

图 2-77 活塞环安装位置

④ 如图2-78所示，将连杆上、下轴瓦分别装入连杆盖和连杆体大头孔中，使定位唇置于瓦座相应的定位槽中，并使瓦背靠牢连杆大头孔座面上，在轴瓦内表面涂以适量的润滑油。

⑤ 如图2-79所示，从缸体顶部将活塞连杆组放入缸体，安装活塞环部位，用活塞卡子卡住导入缸体。

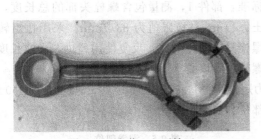
图 2-78 安装上、下轴瓦

图 2-79 安装活塞入缸体

图 2-80 安装连杆螺栓

⑥ 转动曲轴至某缸活塞连杆组下止点，按照安装要求拧紧连杆螺栓，见图2-80。

发动机曲轴飞轮组部件分解如图2-81所示。

装配顺序：

```
11
14    9        8
12→5→4→3→7→2→1
13    10       6
```

检修标准如下。

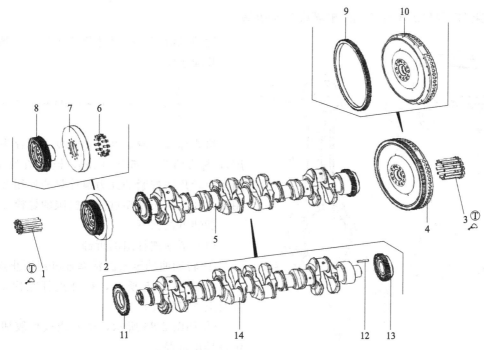

图 2-81 发动机曲轴飞轮组部件分解（图中序号即分解顺序）

1—减振器螺栓；2—多模带轮及减振器总成；3—飞轮螺栓；4—飞轮；5—曲轴总成；6—六角法兰面螺栓；7—硅油减振器总成；8—多模带轮；9—齿环；10—飞轮；11—机油泵驱动齿轮；12—主动齿轮及飞轮定位销；13—曲轴正时齿轮；14—曲轴

部件1：测量包含螺栓头部的总长度标准值为（120.3±0.1）mm，极限值为121.6mm。

部件3：测量包含螺栓头部的总长度标准值为（104.3±0.1）mm，极限值为105.3mm。

说明：采用扭矩转角法拧紧的强力螺栓只能使用3次，反复使用超过3次或长度超过使用极限的螺栓应予以更换。

拧紧力矩：部件1减振器螺栓，（60±5）N·m，（240±5）°；部件3飞轮螺栓，（75±5）N·m，（180±5）°。

滑润部件：减振器螺栓的螺纹部分与飞轮螺栓的螺纹部分应使用适量锡柴牌、APICH-4多级润滑油。

拆装方法如下。

① 如图2-82所示，安装多模带轮及硅油减振器总成时使用扭矩扳手，每次按对角方向成对拧紧。

② 如图2-83所示，安装飞轮附带齿环总成时使用扭矩扳手，每次按对角方向成对拧紧，曲轴总成装配前应仔细清理润滑油道孔、吹净，各轴颈上不允许存在外来物。

图 2-82 安装曲轴减振器

图 2-83 安装飞轮附带齿轮总成

③ 在已装好的上主轴瓦内表面上，滴3~5滴润滑油，把清洗过的曲轴总成吊起，轻轻地将其主轴颈置于主轴承座上，并轻轻地转动两周，使润滑油分布曲轴主轴径表面。

第2章 柴油发动机机械维修　45

2.1.2.3 大柴 BF6M1013 发动机曲柄连杆机构拆装

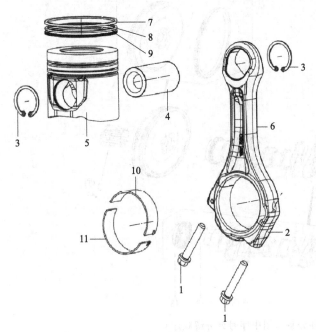

图 2-84 发动机活塞连杆组件分解（图中序号即分解顺序）
1—连杆螺栓；2—连杆盖；3—孔用弹性挡圈；4—活塞销；5—活塞；
6—连杆体；7—第一道气环；8—第二道气环；9—螺旋撑簧油环总成；
10—上连杆轴瓦；11—下连杆轴瓦

发动机活塞连杆组件分解如图 2-84 所示。

装配顺序：

$\left.\begin{array}{c}7\\8\\9\end{array}\right\} \rightarrow 5 \rightarrow 6 \rightarrow 4 \rightarrow 3 \rightarrow 10 \rightarrow 11 \rightarrow 2 \rightarrow 1$

检修标准：测量部件 1 长度（螺栓头部以下的长度），标准值为 (55±5)mm，极限值为 56.5mm。采用扭矩转角法拧紧的强力螺栓只能使用 3 次，反复使用超过 3 次或长度超过使用极限的螺栓应予以更换。

拆装方法如下。

(1) 活塞连杆组的拆卸

① 转动曲轴至某缸活塞连杆组下止点。

② 如图 2-85 所示，松开连杆螺栓 1，拆下连杆盖及上连杆轴瓦。

③ 如图 2-86 所示，用木质或橡胶槌将活塞连杆组件推出缸筒。

④ 如图 2-87 所示，用弹性挡圈钳子拆卸孔用弹性挡圈 3。

⑤ 旋转顶出活塞销 4，以分离活塞总成和连杆总成。

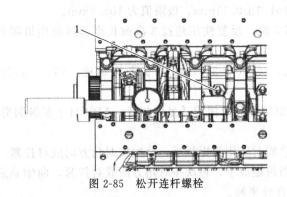

图 2-85 松开连杆螺栓

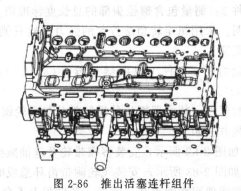

图 2-86 推出活塞连杆组件

(2) 活塞连杆组的安装

① 如图 2-88 所示，用活塞环钳子将活塞环撑开，依次将油环总成 9、第二道气环 8、第一道气环 7 装至活塞 5 上。

② 在三个活塞环和活塞环槽上淋少许机油，灵活转动各活塞环，使机油均布于活塞环槽和活塞环上下端面。

③ 转动各活塞环，使其开口夹角互成 120°，如图 2-89 所示。

④ 活塞销 4 表面涂油，轻轻旋转装入活塞销孔和连杆小头孔，以组成活塞连杆组。

注意活塞和连杆的装配朝向，装配时活塞上方向标识（图 2-90 中圆圈所示）中的矩形端指向发动机飞轮端，连杆大头的圆点状凸起标识指向发动机皮带轮端。

⑤ 如图 2-90 所示，将连杆上轴瓦 10、下轴瓦 11 分别装入连杆盖 2 和连杆体 6 大头孔中，使定位唇置于瓦座相应的定位槽中，并使瓦背靠牢连杆大头孔

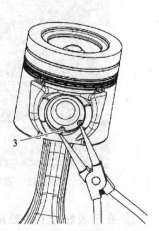

图 2-87 拆卸弹性挡圈

座面上。

图 2-88 安装活塞环

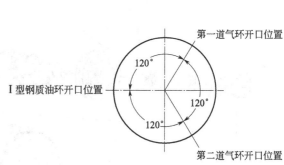

图 2-89 活塞环安装开口角度

⑥ 在轴瓦内表面涂以适量的润滑油。

⑦ 装配时连杆朝前标记（图 2-90 中圆圈所示）指向发动机皮带轮端。

⑧ 从缸体顶部将活塞连杆组放入缸体，安装活塞环部位用活塞卡子卡住活塞 5 导入缸体，见图 2-91。

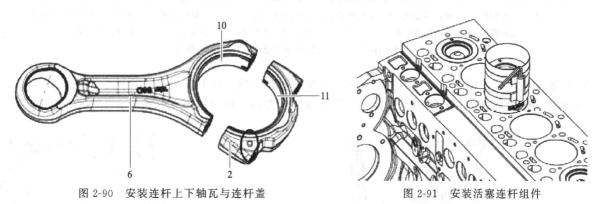

图 2-90 安装连杆上下轴瓦与连杆盖　　　　　　图 2-91 安装活塞连杆组件

注意活塞和连杆的装配朝向，装配时活塞上的矩形飞轮标识（图 2-88 中方框所示）指向发动机飞轮端。

⑨ 转动曲轴至某缸活塞连杆组下止点。

⑩ 按照安装要求拧紧连杆螺栓。

曲轴飞轮组件分解如图 2-92 所示。

装配顺序：

$$10 \to 9 \to 8 \to 7 \to 6 \to 5 \to \begin{matrix}16\\15\\14\\13\\12\\11\end{matrix} \to 4 \to 3 \to 2 \to 1$$

检修标准：测量部件 3 长度（螺栓头部以下的长度），标准值为 (80.0 ± 0.6) mm，极限值为 81.5mm；测量部件 8 长度（螺栓头部以下的长度），标准值为 $(44.5\sim45.0)$ mm；极限值为 46mm。注意采用扭矩转角法拧紧的强力螺栓只能使用 3 次，反复使用超过 3 次或长度超过使用极限的螺栓应予以更换。

拧紧力矩：部件 3 带轮螺栓，50N·m+60°+30°；部件 8 飞轮螺栓，30N·m+60°+60°。

拆装方法：曲轴飞轮组的拆卸与安装如下。

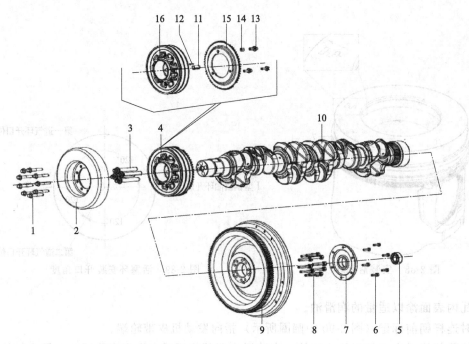

图 2-92 曲轴飞轮组件分解（图中序号即分解顺序）

1,6—六角法兰面螺栓；2—减振器总成；3—带轮螺栓；4—带轮及靶轮总成；5—深沟球轴承；7—法兰-变速箱第一轴轴承；
8—飞轮螺栓；9—飞轮齿环总成；10—曲轴总成；11—弹性圆柱销；12—定位销；13—六角头凸缘螺栓；
14—弹性圆柱销；15—靶轮-转速传感器；16—带轮-曲轴

① 安装带轮及靶轮总成 4 时使用扭矩扳手，每次按对角方向，成对拧紧带轮螺栓 3，见图 2-93。
② 安装飞轮齿环总成 9 时使用扭矩扳手，每次按对角方向，成对拧紧飞轮螺栓 8，见图 2-94。

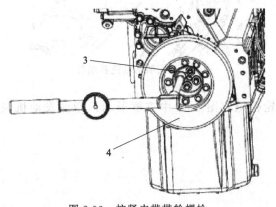

图 2-93 拧紧皮带带轮螺栓

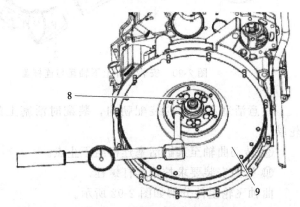

图 2-94 安装飞轮齿环总成

2.1.2.4 日野 E13C 发动机曲柄连杆机构分解

日野 E13C 曲柄连杆部件分解如图 2-95 所示。

2.1.2.5 日野 P11C 发动机曲柄连杆机构分解

日野 P11C 飞轮组件分解如图 2-96 所示。曲柄连杆机构分解如图 2-97 所示。

2.1.2.6 奔驰 OM471 发动机曲柄连杆部件结构

奔驰发动机 470.9，471.9，473.9 的曲轴通过 7 个曲轴轴承轴颈 1 安装在气缸体曲轴箱中。平衡重 3 锻造在曲柄臂上，以避免产生振动。曲轴结构见图 2-98。

曲轴轴承轴颈 1 和连杆轴颈 2 的表面层经过感应硬化处理和打磨。

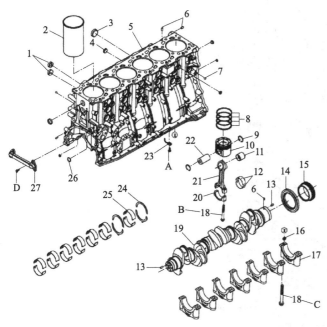

图 2-95　日野 E13C 曲柄连杆部件分解

1—冷却水插入物；2—气缸套；3—膨胀塞；4—密封塞；5—气缸体；6—销子；7—钢球；8—活塞环；9—固定环；10—活塞；11—连杆衬套；12—连接杆轴承；13—圆柱销；14—油泵驱动齿轮；15—曲轴齿轮；16—轴环；17—主轴承盖；18—轴承盖螺栓；19—曲轴；20—连接杆盖；21—连接杆；22—活塞环；23—活塞冷却喷嘴；24—曲轴推力轴承；25—曲轴主轴承；26—O 形圈；27—油管

上紧扭矩：A 为 23N·m；B 为 60N·m+110°♯；
C 为 127N·m+90°+45°♯；D 为 28.5N·m。

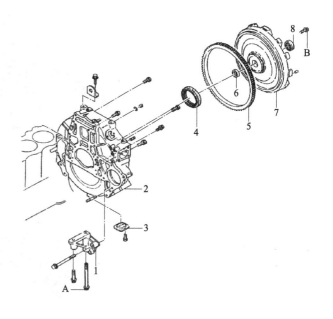

图 2-96　日野 P11C 飞轮组件分解

1—支柱；2—飞轮外壳；3—防尘罩；4—油封；5—飞轮环状齿轮；6—垫片；7—飞轮；8—导向轴承

上紧扭矩：A 为 113N·m（M14）；B 为 270N·m ♯，211（M16）；
♯ 表示旋紧之前，将润滑油喷涂在螺纹上以及螺栓头下方。

曲轴轴承轴颈 1 和连杆轴颈 2 上有油孔 A，曲轴主轴承和连杆轴承通过其进行润滑。

奔驰发动机 470.9、471.9、473.9 的连杆 1 是钢锻造部件，其特点是强度非常高。连杆 1 和连杆轴承盖 7 之间的连接点是裂解加工的，其优点包括两个零部件拧到一起后不会偏置并且连杆轴承盖 7 不会滑动。连杆轴套 3 被压进连杆小头（小）2 中。连杆结构见图 2-99。

以 OM471 发动机为例，活塞直径为 132mm；活塞 1 包含锻造上部和锻造下部，其通过摩擦焊接彼此连接。活塞顶 3 安装有一个燃烧凹槽 2，余隙容积通过燃烧凹槽 2 部分转移到活塞 1 中。

上环岸 4 保护第 1 道活塞环 6，以防其在燃烧过程中过热。第 1 道活塞环 6、第 2 道活塞环 7 和刮油环 8 位于活塞环区 5。第 1 道活塞环 6 和第 2 道活塞环 7 用于良好密封曲轴箱。刮油环 8 用于清除气缸壁中多余的机油。

活塞裙 10 用于将活塞 1 导入气缸衬套中。它可将横向力传递到气缸壁。位于活塞裙 10 中的是用于支撑活塞销 12 的螺栓孔 9。

通过位于曲轴箱中的喷油嘴对各气缸中的活塞进行冷却。喷油嘴不断将发动机机油喷入冷却管 13 的喷射开口中。由于喷油嘴的同轴喷射方向，冷却管 13 中会实现可能的最大发动机机油流量，从而明显改进活塞的冷却效果。

位于对侧的另一个开口用作排放口。冷却管 13 中的其他多个孔用于改进对活塞销 12 和连杆轴承衬套的润滑。活塞结构见图 2-100。

为保护接触面，涂抹的保护涂层可减少摩擦，特别是发动机启动阶段的摩擦，由此可延长使用寿命，并可在润滑功能发生故障时通过涂层避免因紧急运转特性而对发动机造成损坏。

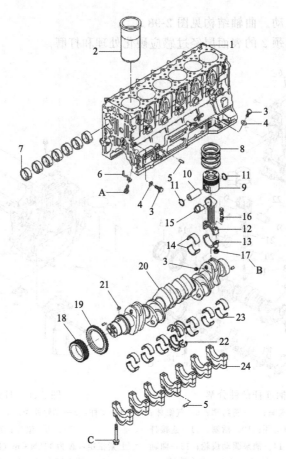

图 2-97 曲柄连杆机构分解

1—气缸体；2—气缸套；3—闷头；4—软垫片；5—圆柱销；6—活塞冷却喷嘴；7—凸轮轴轴承；8—活塞环；9—活塞；
10—活塞销；11—挡圈；12—连杆；13—连杆盖；14—连杆轴承；15—衬套；16—连杆螺栓；17—连杆螺母；
18—曲轴齿轮；19—油泵主动齿轮；20—曲轴；21—键；22—推力轴承；23—主轴承；24—主轴承帽

上紧扭矩：A 为 22N·m；B 为 69N·m+90°+90°♯；C 为 274N·m♯。

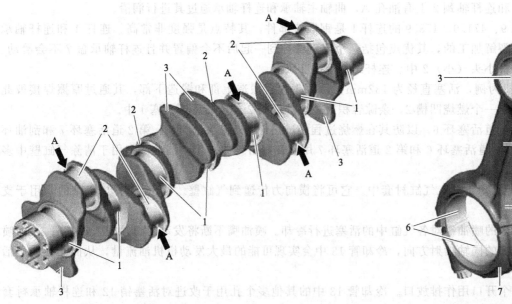

图 2-98 曲轴结构

1—曲轴轴承轴颈；2—连杆轴承轴颈；3—平衡锤；A—油孔

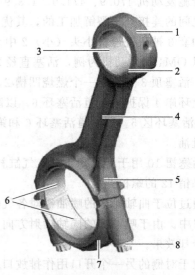

图 2-99 连杆结构

1—连杆；2—连杆小头（小）；3—连杆轴套；4—连杆杆部；
5—连杆大头；6—连杆轴瓦；7—连杆轴承盖；8—膨胀螺栓

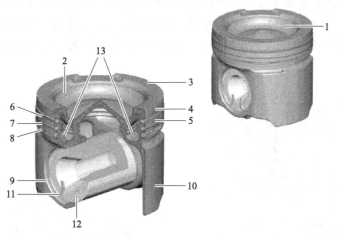

图 2-100 活塞结构

1—活塞；2—燃烧凹槽；3—活塞顶；4—上环岸；5—活塞环区；6—第 1 道活塞环；7—第 2 道活塞环；
8—刮油环；9—螺栓孔；10—活塞裙；11—活塞销弹性挡圈；12—活塞销；13—冷却管

2.1.2.7　沃尔沃 D13C460 发动机曲柄连杆部件结构

沃尔沃 D13C 460 发动机采用锻造的实心钢制活塞。活塞为油冷式。活塞 A 有两个压缩环和一个刮油环。上压缩环 1 为梯形横截面（楔形）。下压缩环 2 为矩形横截面。底部的刮油环 3 为弹簧加载。

所有的活塞环安装时都保持有标记的一面朝上，标记向上在安装刮油环时也同样适用。

气缸套 B 可以更换，均由铸铁合金离心浇铸而成。各缸套的内侧均经过交叉珩磨 4。缸套表面的最终精加工使用"珩磨" 5 的方法，将初步加工所形成的最尖锐部分磨去。

连杆 C 由锻造而成，底部（大头端）通过"瓢曲"的方法分开。顶端（小头端）有活塞销的压入衬套 6，通过钻出的通道 7 润滑。大头端的两部分由四个螺钉紧固在一起，各个连杆在两个部分 8 上标有从 007～999 的标记。连杆标记有 FRONT（前）的字样，确保安装正确。活塞连杆与气缸套见图 2-101。

曲轴为落锻钢制成，具有经感应淬火的支承表面和中空模铸。曲轴具有七个主轴承，轴瓦 1 可更换。中央主轴承 B 还具有由四个月牙形垫圈 2 构成的轴向轴承。

前端 A 相对前曲轴法兰的密封件为特氟纶密封件 3。后端 C 相对曲轴齿轮 5 加工表面的密封为另一个特氟纶密封件 4。齿轮由一个导销 6 和两个螺钉 7 紧固至曲轴上。曲轴后法兰上有一个凹槽安装 O 形环 8，在法兰和齿轮之间形成密封。曲轴与曲轴轴承见图 2-102。

注意：上轴承壳和上主轴承有两种型号可供选择，一种制造时含铅，另一种无铅。含铅型号（插图 2-102 中 B1 和 1A）的颜色比无铅型号（图 2-102 中 B2 和 1B）稍微更偏灰色。

曲轴润滑方式如图 2-103 所示。曲轴的润滑通过发动机缸体中的单独通道到达各主轴承 1。主轴承销具有钻透的润滑道 2，且除中央销外，各主轴承销均有通向下一个曲柄销的钻孔通道 3。

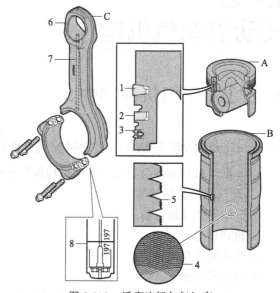

图 2-101　活塞连杆与气缸套

减振器为液压型，由螺栓直接紧固至曲轴前法兰上。该减振器也支撑驱动空调（AC）压缩机和交流发电机的多楔带的皮带轮。减振器壳体 4 中有一个用作惯性配重的铸铁环 5，该配重可绕衬套 6 自由转动。惯性配重和壳体之间的空间由高黏度硅油填充。在曲轴旋转时，活塞的做功冲程在曲轴中产生了扭转脉冲。

高黏度硅油使介于曲轴脉动旋转和惯性重块平稳旋转之间的运动平滑过渡，从而减小了扭转应力。

飞轮 7 和中间齿轮 8 通过 14×M16 9 螺栓紧固至曲轴后法兰。飞轮位于曲轴上，具有和齿轮一样的导销 10。外边缘上有加工成的沟槽 12，用于发动机控制系统感应式飞轮位置传感器。飞轮环形齿轮 11 收缩固定在飞轮上，可以更换。

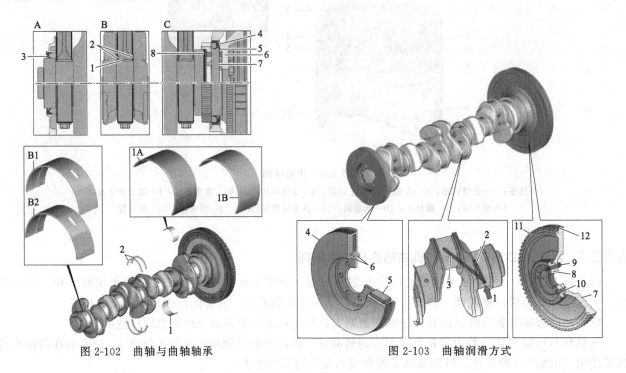

图 2-102　曲轴与曲轴轴承

图 2-103　曲轴润滑方式

2.2 发动机配气机构

2.2.1 配气机构部件

2.2.1.1 潍柴 WP12/WP13 发动机配气机构拆装

（1）配气机构拆卸与装配　配气机构部件分解如图 2-104 所示。

① 配气机构拆卸步骤：

a. 拆卸摇臂及摇臂轴；

b. 拆卸进排气门；

c. 拆卸挺柱及推杆；

d. 拆卸凸轮轴。

② 配气机构装配步骤：与拆卸的步骤相反。

（2）凸轮轴拆卸与装配　凸轮轴部件分解如图 2-105 所示。

① 凸轮轴拆卸步骤。

a. 转动凸轮轴，检查凸轮轴与正时齿轮是否灵活无阻滞。

b. 用百分表检查凸轮轴与之前相比是否有轴向窜动。

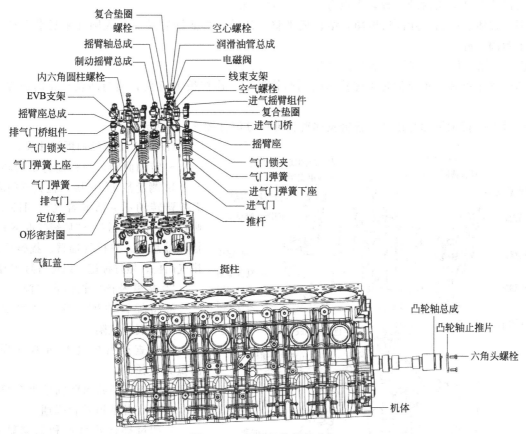

图 2-104 配气机构部件分解

c. 在发动机安装与拆卸工作台上,转动曲轴使凸轮轴正时齿轮位于第一缸上止点。

d. 检查凸轮轴固定六角螺栓是否出现松动等现象,拆卸凸轮轴正时齿轮的六角头螺栓,拆卸正时齿轮和定位销。

e. 拆卸凸轮轴止推片六角头螺栓,拆卸止推片,拆卸凸轮轴。

② 凸轮轴检查维修。

a. 检查与挺柱接触的凸轮表面是否有磨损,检查主轴颈是否咬死、磨损。

b. 检查正时齿轮紧固六角头螺栓是否弯曲变形,凸轮轴正时齿轮是否有打齿或者齿面是否有严重磨损现象。

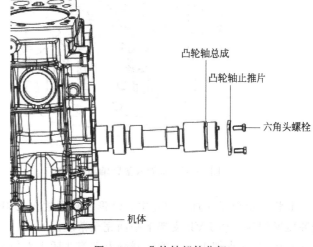

图 2-105 凸轮轴部件分解

③ 凸轮轴装配步骤。

a. 拆卸后,检查凸轮轴和正时齿轮,如果出现磨损或者其他参数有较大偏差,需要进行维修,或者更换新的凸轮轴。

b. 用毛巾擦净凸轮轴孔,并检查凸轮轴孔有无磕碰伤,用油壶在凸轮轴衬套内圆涂适量润滑油。若发现凸轮轴孔有磕碰伤,不允许修复使用。

c. 将凸轮轴引导工具和凸轮轴润滑套放入凸轮轴孔,擦净凸轮轴并检查有无磕碰伤,将引导工装尾部的圆柱体对准凸轮轴头部的圆柱体,然后将凸轮轴穿入凸轮轴孔,凸轮轴安装完毕后,取下凸轮轴引导工具和凸轮轴滑套。在穿入凸轮轴时一定要小心,不要碰伤凸轮轴衬套。

d. 装凸轮轴止推片,在凸轮轴止推片两侧涂洁净的润滑油,转动凸轮轴,凸轮轴应转动灵活,止推片螺栓的螺纹部位涂 242 密封胶，拧紧力矩为 (35±3)N·m。

e. 打磨气缸体后端面，除油后擦净，结合面平整、洁净，将曲轴后端面打入圆柱销后装飞轮壳连接板并拧紧四个紧固螺栓。

f. 对连接板涂专用胶，胶线应连续、均匀。

g. 将凸轮轴止推片、正时齿轮用螺栓紧固到凸轮轴上，连接板上沉孔必须与凸轮轴正时齿轮上的标记齿相对准。

(3) 摇臂及摇臂轴拆卸与组装　摇臂及摇臂轴部件分解如图 2-106 所示。

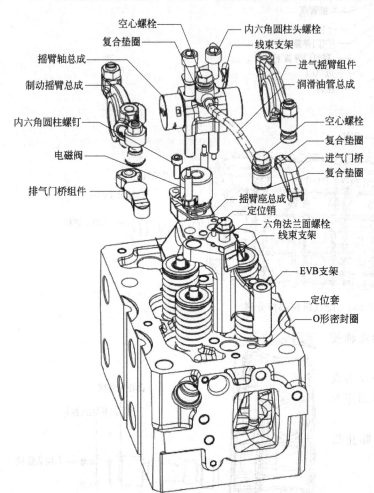

图 2-106　摇臂及摇臂轴部件分解

① 摇臂及摇臂轴拆卸步骤。

a. 转动曲轴，观察摇臂是否转动灵活。

b. 测量各气门间隙，检查气门间隙变化。若摇臂转动不灵活或者气门间隙变化较大，则松动六角头螺钉，然后轻轻取下 EVB 支架、摇臂轴总成、进排气摇臂、摇臂座总成、进排气门桥，做好标记，以免各缸摇臂混淆。

② 摇臂及摇臂轴检查维修。

a. 将摇臂清理干净，观察摇臂外观，是否有裂痕等缺陷。

b. 检查摇臂内孔是否有磨损和擦伤，测量其直径。

c. 检查球销和摇臂轴是否有磨损。

d. 检查各油道是否畅通。

e. 测量摇臂孔直径和摇臂轴直径，计算配合间隙。

③ 摇臂及摇臂轴装配步骤。

a. 把摇臂放在操作台上，在摇臂上旋入调整螺钉并松装螺母检查。

b. 在摇臂轴总成下平面的销孔内装入圆柱销，将圆柱销打到底，圆柱销应无裂痕。

c. 将摇臂支架与摇臂轴组装在一起，摇臂支架与摇臂轴要紧密结合，在摇臂轴上涂少量润滑油后装上摇臂总成，摇臂总成应转动灵活，在摇臂轴座上插入两个内六角圆柱头螺栓。

d. 将定位套压入缸盖的孔中，O 形密封圈放在 EVB 支架下平面沉孔内，将 EVB 支架安装到定位套中，安装压紧螺栓，使 EVB 支架下平面完全落座。

e. 在 EVB 支架上装上喷油器线束支架并插入六角头螺栓，喷油器线束支架用圆柱销定位。

f. 装完气门推杆，在进排气门上分别放置进气门桥和排气门桥组件。

g. 装摇臂部件并预紧，摇臂支架下侧的销孔与气缸盖上平面的定位销对正并完全落座；摇臂球销落座于气门推杆圆孔内；2、5 缸的摇臂轴总成上平面还需要安装线束支架。

h. 拧紧摇臂座螺栓。

i. 将润滑油管总成两端的接口，分别与摇臂轴的进油口和 EVB 支架的进油口对齐。同时在油管接口的上、下两个平面用复合垫圈垫住，两个接口再拧入空心螺栓。拧紧力矩为 (20±3)N·m。

j. 将润滑油涂在电磁阀的 O 形圈上，并将其安装到摇臂座总成的电磁阀孔中，用内六角螺钉将电磁阀压紧，使电磁阀完全落座。该螺钉的拧紧力矩为 (12.0±1.5)N·m。注意不要让推杆与电磁阀的接线柱接触。

k. 检查、调整进排气门间隙。

ⓐ 按曲轴旋转方向盘动飞轮使1缸处于压缩上止点位置。

ⓑ 依次调整1、2、4缸的进气门和1、3、5缸的排气门间隙。WP12排气门间隙为0.60mm，EVB间隙为0.40mm。

ⓒ 先将EVB支架上的调整螺栓向下旋压到排气门的气门桥上平面，直至将气门桥小活塞压到底。然后调整摇臂上的调整螺钉间隙为0.6mm，调好后，锁紧。再将EVB支架上的调整螺栓向上旋，使其完全松开。气门间隙调整位置见图2-107。

ⓓ 将0.4mm塞尺放到排气门桥小活塞上平面上，再将EVB支架调整螺栓下旋，直至将小活塞压到底，再将调整螺栓锁紧。

（4）挺柱及推杆拆卸、检查维修及装配　挺柱及推杆部件分解如图2-108所示。

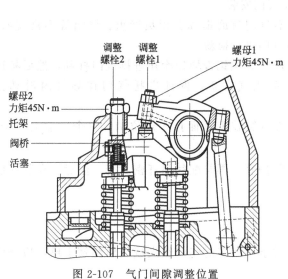

图2-107　气门间隙调整位置

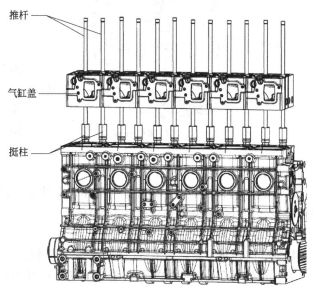

图2-108　挺柱及推杆部件分解

① 挺柱及推杆拆卸步骤。

a. 将摇臂与摇臂轴卸载完毕后，直接取出推杆，依次摆放好。

b. 凸轮轴卸载（详见凸轮轴卸载步骤）完成后，取出挺柱，依次摆放好。

② 挺柱及推杆检查维修。

a. 将推杆和挺柱清洗干净。

b. 检查挺柱推杆油路是否畅通。

c. 检查推杆是否弯曲以及外表面磨损程度。

d. 检查推杆球头与凹头是否磨损。

e. 检查挺柱表面、底面是否磨损。

f. 检查挺柱内部凹头是否磨损。

③ 挺柱及推杆装配步骤。

a. 检查挺柱和推杆是否有问题，若有问题则进行更新。在装配挺柱之前，必须用压缩空气吹净，并检查油孔是否畅通。

b. 将气门挺柱外圆和底面涂洁净的润滑油，涂油要均匀；对于大盘挺柱，一定要在装凸轮轴之后，再装配挺柱。

c. 使用挺柱安装工具将挺柱安装到挺柱孔，安装过程中挺柱和挺柱孔不得有磕碰伤。

d. 气缸盖装配（详见气缸盖装配步骤）完后，用压缩空气吹净推杆，并检查油孔是否畅通。

e. 在推杆上涂洁净的润滑油，必须保证球头和凹头有足够的润滑油。

f. 装推杆，推杆球面朝下。

（5）气门拆卸、检查维修及装配　气门部件分解如图2-109所示。

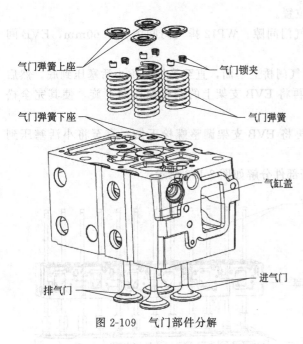

图 2-109 气门部件分解

① 气门拆卸步骤。

a. 用气门弹簧压缩器或气门顶置钳或其他工具压下气门弹簧，取出气门锁夹，取下气门弹簧上座和气门内外弹簧。

b. 将气门从气门座中取出。

② 气门检查维修。

a. 检查气门杆和气门杆端面是否磨损。

b. 检查气门锥面是否磨损或破坏。

c. 检查气门锥面是否有积炭。

d. 检查气门盘端面是否有积炭和烧结。

③ 气门安装。

a. 若气门有磨损或者积炭严重、烧结等不良现象，需要对气门进行换新。

b. 将二硫化钼膏均匀涂在进排气门杆部，然后将进排气门装入气缸盖，保证进排气门在导管内滑动无阻滞。

c. 在气缸盖上平面打入定位销，每个缸盖上三个，要求打到底。

d. 装进气门弹簧下座，在进排气门导杆上放上气门杆防护套，再装配气门杆密封套。注意：在装配前必须检查气门杆密封套内部弹簧是否完好。

e. 装气门弹簧。

f. 装气门弹簧上座，压下气门弹簧，装气门锁夹。

g. 气门锁夹装入后用橡胶槌轻敲进排气门使其落座，对于不落座的气门锁夹或气门弹簧上座，应查明原因并予以排除。

2.2.1.2 锡柴 CA6DM3 发动机气门机构组件拆装

气门机构组件分解如图 2-110 所示。

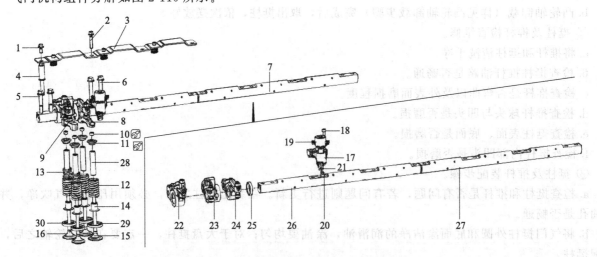

图 2-110 气门机构组件分解（图中序号即分解顺序）

1，2，5，6—六角法兰面螺栓；3—弹簧架总成；4—弹簧架固定螺栓接头；7—摇臂机构总成；8—进气门气门桥；9—排气门气门桥总成；10—气门锁块；11—气门弹簧座；12—进气门弹簧；13—排气门内弹簧；14—气门导管油封总成；15—进气门；16—排气门；17—电磁阀座；18—内六角圆柱头螺钉；19—电磁阀总成；20—六角头螺塞；21—铜垫圈；22—制动摇臂总成；23—排气门摇臂总成；24—进气门摇臂总成；25—摇臂轴向定位套；26—摇臂轴总成（4~6缸）；27—摇臂轴总成（1~3缸）；28—气门导管；29—进气门阀座；30—排气门阀座

装配顺序：按照与分解的相反顺序。

气门机构部件间隙见表2-6。

表2-6 气门机构部件间隙

部位	维修项目	标准值/mm
8,24	进气门气门桥8和进气门摇臂总成24之间间隙	0.3～0.35
9,23	排气门气门桥总成9和排气门摇臂总成23之间间隙	0.5～0.55
9,22	气门桥顶块9和制动摇臂总成22之间间隙	2.3～2.35
15,28	进气门15与气门导管28之间间隙	0.023～0.052
16,28	排气门16与气门导管28之间间隙	0.043～0.072
15	进气门15凹入缸盖底面	−0.15～0.15
16	排气门16凹入缸盖底面	−0.15～0.15

拆装方法如下。

① 带"FRONT"标记的为1～3缸摇臂总成27，安装时"FRONT"标记朝向发动机前端，如图2-111所示。

② 带"BACK"标记的为4～6缸摇臂总成26，安装时"BACK"标记朝向发动机后端，如图2-112所示。

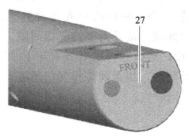

图2-111 发动机前端标记

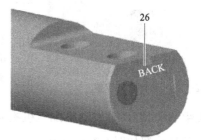

图2-112 发动机后端标记

③ 先将凸轮轴齿轮正时观察孔盖板拆下，再揭开飞轮壳堵盖，拨动飞轮齿圈，使发动机位于第一缸压缩上止点位置，即飞轮壳指针与飞轮上的"0"刻线对齐，同时凸轮轴齿轮的正时销孔（8mm）与气缸盖凸轮轴齿轮正时观察孔中心对齐，见图2-113。

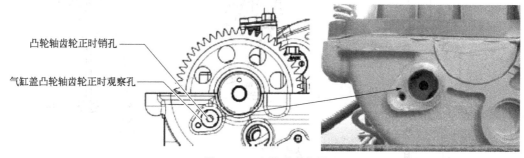

图2-113 安装对齐位置

④ 使第一缸活塞处于压缩上止点位置。用14mm专用套筒扳手和螺丝刀检查或调整1、2、4气缸进气门间隙，见图2-114。拧紧锁紧螺母，并复查气门间隙。进气门间隙：0.3～0.35mm。检测或调整气门间隙时，柴油机为冷态（低于60℃）。

注意：当厚薄规在进气门桥和摇臂压球座之间可以滑动而且感觉有黏滞阻力时所测间隙值方为正确值。

⑤ 逆时针（从后端看）盘动飞轮，如图2-115所示，当指针对齐飞轮上"1、6"缸刻线时，先调整第6缸制动间隙，接着调整排气门间隙。排气门间隙为0.5～0.55mm；制动活塞间隙为2.3～2.35mm。

 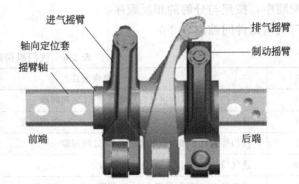

图 2-114 检查或调整气门间隙

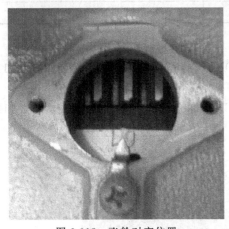

图 2-115 飞轮对齐位置

⑥ 逆时针转动飞轮，当指针对齐飞轮上"2、5"缸刻线时，先调整第 2 缸制动间隙，接着调整排气门间隙。

⑦ 逆时针转动飞轮，当指针对齐飞轮上"3、4"缸刻线时，先调整第 4 缸制动间隙，接着调整排气门间隙。

⑧ 当指针再次对齐飞轮上"0"度刻线时，调整第 3、5、6 缸进气门间隙。

⑨ 逆时针转动飞轮，当指针再次对齐飞轮上"1、6"缸刻线时，先调整第 1 缸制动间隙，接着调整排气门间隙。

⑩ 逆时针转动飞轮，当指针再次对齐飞轮上"2、5"缸刻线时，先调整第 5 缸制动间隙，接着调整排气门间隙。

⑪ 逆时针转动飞轮，当指针再次对齐飞轮上"3、4"缸刻线时，先调整第 3 缸制动间隙，接着调整排气门间隙。

2.2.1.3 大柴 BF6M1013 发动机配气机构部件拆装

配气机构部件分解如图 2-116 所示。

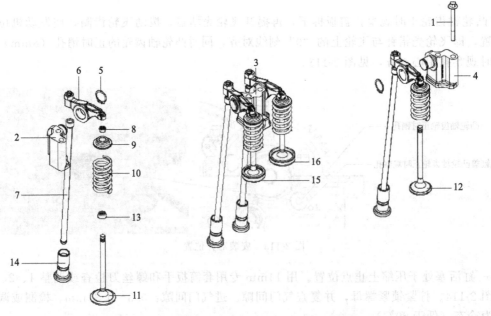

图 2-116 配气机构部件分解（图中序号即分解顺序）

1—六角头凸缘螺栓；2—气门摇臂支座（前）；3—气门摇臂支座（中）；4—气门摇臂支座（后）；5—轴用弹性挡圈；6—气门摇臂总成；7—推杆总成；8—气门锁块；9—气门弹簧座；10—气门弹簧；11—进气门；12—排气门；13—气门导管油封；14—挺柱；15—进气门座；16—排气门座

装配顺序：按照与分解的相反顺序。

部件6六角螺母拧紧力矩为（20±2）N·m。

气门机构部件间隙与检修参数见表2-7。

表2-7 气门机构部件间隙与检修参数　　　　　　　　　　　　　　单位：mm

部位	维修项目	标准值	极限值
6,11	进气门11的气门间隙	0.25～0.35	
6,12	排气门12的气门间隙	0.45～0.55	
11	进气门11与缸盖气门导向孔配合间隙	0.028～0.068	0.1
12	排气门12与缸盖气门导向孔配合间隙	0.048～0.088	0.13
11	进气门11凹入缸盖底面距离	0.9	1.4
12	排气门12凹入缸盖底面距离	0.9	1.4
11	进气门11轮缘厚度	2.3	1.8
12	排气门12轮缘厚度	1.6	1.1
15	进气座15接触带宽度	2.24	2.7
16	排气座16接触带宽度	1.68	2.1
10	气门弹簧10自由长度	59.0±1.9	
2～4,6	气门摇臂总成6与气门摇臂支座2～4摇臂轴的配合间隙	0.02～0.105	

拆装方法：调整气门间隙。

① 盘动曲轴至1缸压缩上止点。

② 如图2-117所示，从发动机前端（风扇端）开始调整排气2、进气3、排气4、进气5、进气6、排气6气门间隙。调好后拧紧螺钉上的锁紧螺母。

③ 用厚薄规调整气门间隙，当厚薄规在摇臂与气门间可以滑动且感觉有黏滞阻力时，所测间隙值正确：进气门间隙为0.3mm；排气门间隙为0.5mm。检测或调整气门间隙时，发动机为冷态（低于80℃）。

④ 盘动曲轴一周至6缸压缩上止点，调整其余气门的气门间隙，调好后拧紧螺钉上的锁紧螺母。注意：如更换气缸垫，需要将气门间隙增加0.1mm，运转1500h后，调整标准的气门间隙。

2.2.1.4　日野E13C发动机配气机构部件分解

日野E13C发动机气门与摇臂组部件分解如图2-118所示，凸轮轴部件分解如图2-119所示。

2.2.1.5　日野P11C发动机气门部件分解

日野P11C发动机气门部件分解如图2-120所示。

2.2.1.6　奔驰OM471发动机配气机构部件结构

以OM471发动机为例，位于顶部的带两个凸轮轴的6缸直列式发动机在梅赛德斯-奔驰商用车上首次使用。齿轮驱动装置通过排气凸轮轴正时齿轮3和进气凸轮轴正时齿轮4驱动排气凸轮轴1和进气凸轮轴2。

在进气凸轮轴2上每个气缸有一个进气凸轮7，通过进气凸轮7和进气摇臂轴上的相关进气摇臂打开相应进气门。

在排气凸轮轴1上每个气缸有两个排气凸轮5和一个制动凸轮6，通过排气凸轮5和出口摇臂轴上的相关出口摇臂打开相应排气门。

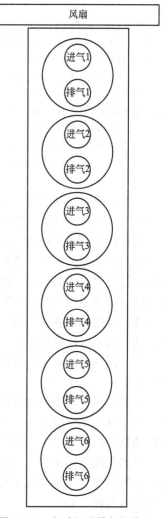

图2-117 发动机进排气门位置

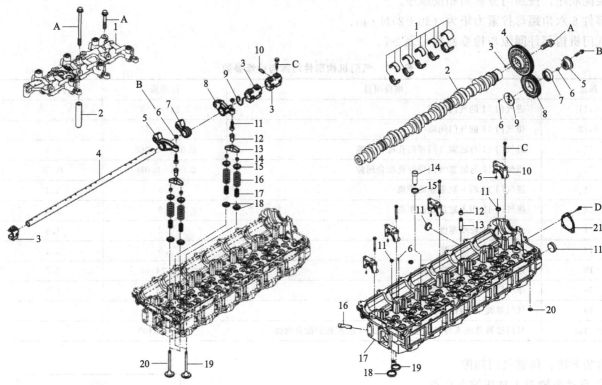

图 2-118 日野 E13C 发动机气门与摇臂组部件分解
1—发动机固定器组件；2—固定器外壳支架；3—摇臂支座；
4—摇臂轴；5—摇臂（吸气）；6—防松螺母；7—摇臂（固定
器）；8—摇臂（排气）；9—扭转弹簧；10—止动销；11—调
节螺栓；12—推杆；13—十字头；14—阀门弹簧固定器；15—
阀门弹簧座（上）；16—阀门弹簧（外）；17—阀门弹簧（内）；
18—阀门弹簧座（低）；19—排气阀；20—吸气阀
上紧扭矩：A 为 100N·m #；B 为 69N·m；
C 为 59N·m+120°#。

图 2-119 凸轮轴部件分解
1—凸轮轴轴承；2—凸轮轴；3—销子；4—凸轮轴齿轮；5—急速齿轮轴；
6—圆柱销；7—轴衬；8—凸轮急速齿轮；9—推力板；10—凸轮轴盖；
11—密封塞；12—阀杆油密封；13—阀门导向装置；14—喷嘴座；
15—O 形圈；16—水管；17—气缸头；18—阀门座（吸气）；
19—阀门座（排气）；20—膨胀塞；21—气缸顶板
上紧扭矩：A 为 422N·m #；B 为 59N·m；
C 为 39N·m #；D 为 28.5N·m。

当发动机制动器在相应压缩冲程开始后不久以及结束前不久启用时，通过制动凸轮 6，每个气缸打开一个排气门。凸轮轴结构见图 2-121。

发动机燃烧室中的换气系统由阀门组进行控制。

阀门组的部件包括：进气凸轮轴 12 和排气凸轮轴 6——由齿轮驱动装置通过进气凸轮轴齿轮 11 和/或通过排气凸轮轴正时齿轮 5 进行驱动。进气气门摇臂轴 10 和排气气门摇臂轴 4 安装有进气气门摇臂 9 和/或排气气门摇臂 1，带液压元件的排气气门摇臂 2 以及制动器气门摇臂 3。

两个排气门 7 和两个进气门 13 对称布置，在没有被相应的气门摇臂促动时通过气门弹簧 8 压入气门座中。气门机构部件结构见图 2-122。

排气侧的气门机构的特性在于每个气缸都具有排气气门摇臂 1、带液压元件的排气气门摇臂 2 和制动器气门摇臂 3。

一般情况下，排气气门摇臂 1、带液压元件的排气气门摇臂 2 和制动器气门摇臂 3 具有气门摇臂滚子 18，由于气门摇臂滚子 18，排气凸轮轴 6 的各促动凸轮和排气气门摇臂 1、带液压元件的排气气门摇臂 2 以及制动器气门摇臂（3）之间的磨损减少，同时，气门机构的噪声排放减少。

一般情况下，排气气门摇臂 1 和带液压元件的排气气门摇臂 2 具有用于调节气门间隙的调节元件 19，制动器气门摇臂 3 和带液压元件的排气气门摇臂 2 之间的间隙通过发动机制动器调节元件 23 进行调节。排气门结构见图 2-123。

排气气门摇臂 1、带液压元件的排气气门摇臂 2 和制动器气门摇臂 3 通过旋转操作安装到排气摇臂轴 4 上。

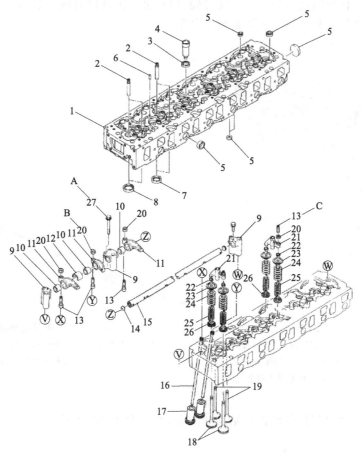

图 2-120 日野 P11C 发动机气门部件分解

1—气缸盖；2—阀导衬套；3—衬垫；4—喷嘴套筒；5—膨胀塞；6—直销；7—排气阀座；8—进气阀座；9—摇臂支座；10—摇杆衬套；11—摇臂；12—轴环；13—阀间隙调节螺钉；14—膨胀塞；15—摇臂轴；16—推杆；17—起阀器；18—进气阀；19—排气阀；20—防松螺母；21—十字头；22—阀杆键；23—阀簧上座；24—外阀簧；25—内阀簧；26—阀簧下座；27—摇杆支撑螺栓

上紧扭矩：A 为 52N·m；B 为 44N·m (M10)，69 (M12)；C 为 28N·m。

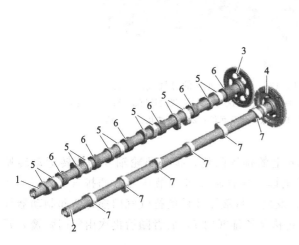

图 2-121 凸轮轴结构（发动机 471.9）

1—排气凸轮轴；2—进气凸轮轴；3—排气凸轮轴正时齿轮；4—进气凸轮轴齿轮；5—排气凸轮；6—制动凸轮；7—进气凸轮

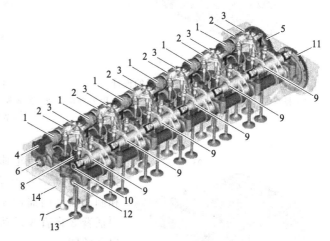

图 2-122 气门机构部件结构（发动机 471.9）

1—排气气门摇臂；2—带液压元件的排气气门摇臂；3—制动器气门摇臂；4—排气气门摇臂轴；5—排气凸轮轴正时齿轮；6—排气凸轮轴；7—排气门；8—气门弹簧；9—进气气门摇臂；10—进气气门摇臂轴；11—进气凸轮轴齿轮；12—进气凸轮轴；13—进气门；14—摇臂固定架

由于发动机制动器工作中的高负荷，排气摇臂轴（4）由固定材料制成，具有一个润滑油槽（15）和两个油道，用于发动机制动器工作。排气摇臂轴结构见图2-124。

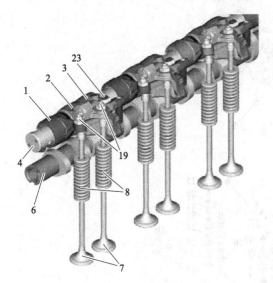

图2-123 排气门结构

1—排气气门摇臂；2—带液压元件的排气气门摇臂；3—制动器气门摇臂；4—排气摇臂轴；6—排气凸轮轴；8—气门弹簧；19—用于调节气门间隙的调节元件；23—发动机制动器调节元件

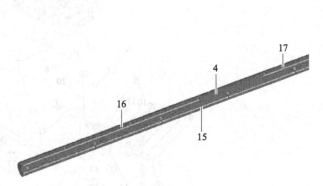

图2-124 排气摇臂轴结构

4—排气摇臂轴；15—润滑油槽；16—1~3号气缸的油道；17—4号和6号气缸的油道

排气气门摇臂与制动器气门摇臂的设计结构如图2-125~图2-127所示。

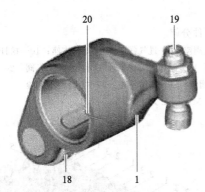

图2-125 排气气门摇臂的设计

1—排气气门摇臂；18—气门摇臂滚子；19—用于调节气门间隙的调节元件；20—进油孔

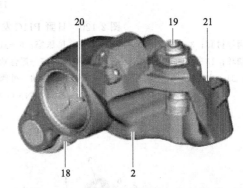

图2-126 带液压元件的排气气门摇臂

2—带液压元件的排气气门摇臂；18—气门摇臂滚子；19—用于调节气门间隙的调节元件；20—进油孔；21—活塞

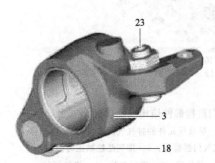

图2-127 制动器气门摇臂

3—制动器气门摇臂；18—气门摇臂滚子；23—发动机制动器调节元件

通过排气凸轮轴6上的排气凸轮，排气凸轮轴6的旋转运动转换为直线运动，并传递至排气摇臂轴4处带液压元件的排气气门摇臂2和制动器气门摇臂3；反之，带液压元件的排气气门摇臂2和制动器气门摇臂3将直线运动转移至各排气门7，后者随后再次由气门弹簧8开启和关闭。

在发动机制动器停用的情况下，活塞21通过弹簧被压入其下部极限位置，因此制动器气门摇臂3和带液压元件的排气气门摇臂2之间没有接触，并且制动器气门摇臂3处于怠速状态，从而防止活塞21不必要的移动以及不必要的磨损。停用发动机制动器时的排气门控制见图2-128。

根据发动机制动器工作水平,在发动机制动器工作期间,排气凸轮轴 6 的制动凸轮最多打开六个排气门 7,每个气缸一个,如图 2-129 所示。

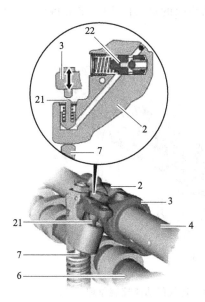

图 2-128　停用发动机制动器时的排气门控制
2—带液压元件的排气气门摇臂;3—制动器气门摇臂;
4—排气摇臂轴;6—排气凸轮轴;7—排气门;
21—活塞;22—止回阀

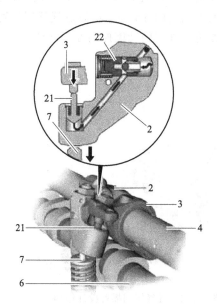

图 2-129　启用发动机制动器时的排气门控制
2—带液压元件的排气气门摇臂;3—制动器气门摇臂;
4—排气摇臂轴;6—排气凸轮轴;7—排气门;
21—活塞;22—止回阀

各带液压元件的排气气门摇臂 2 通过进油孔 20 在发动机制动器工作期间被施加油压。如果相应制动器气门摇臂 3 压到活塞 21 上,则止回阀 22 会因不断增大的油压而关闭。为防止压力降低,各制动器气门摇臂 3 的向下移动由活塞 21 传递至相关带液压元件的排气气门摇臂 2 上,后者打开相应的排气门 7。

一般情况下,进气门摇臂 9 通过促动两个进气门 13 被分配至进气侧的气门机构的各气缸上。

一般情况下,所有进气门摇臂 9 具有一个气门摇臂滚子 18。

进气门摇臂 9 通过旋转操作安装到进气气门摇臂轴 10 上,进气气门摇臂轴 10 设计为一根管,用于减轻重量并且具有一个润滑油槽 15。每个进气气门摇臂 9 具有两个用于调节气门间隙的调节元件 19。进气气门机构部件如图 2-130 所示。进气气门摇臂轴结构见图 2-131。

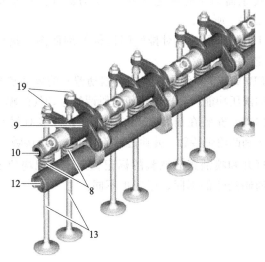

图 2-130　进气气门机构部件
8—气门弹簧;9—进气气门摇臂;10—进气气门摇臂轴;12—进气凸轮轴;13—进气门;19—用于调节气门间隙的调节元件

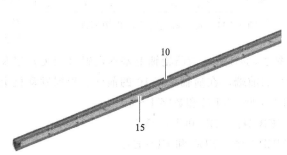

图 2-131　进气气门摇臂轴结构
10—进气气门摇臂轴;15—润滑油槽

进气气门摇臂设计结构如图 2-132 所示。

通过进气凸轮轴 12 处的凸轮，凸轮轴的旋转运动被转换为直线运动，并被传递至进气气门摇臂轴 10 处的相关进气气门摇臂 9。然后进气气门摇臂 9 将直线运动传递至相应的进气门 13，之后再次由气门弹簧 8 开启和关闭。进气门功能控制原理如图 2-133 所示。

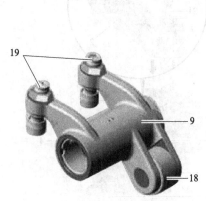

图 2-132 进气气门摇臂设计结构
9—进气气门摇臂；18—气门摇臂滚子；
19—用于调节气门间隙的调节元件

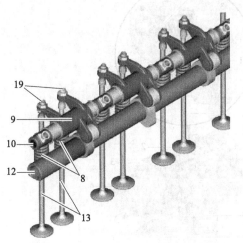

图 2-133 进气门功能控制原理
8—气门弹簧；9—进气气门摇臂；10—进气气门摇臂轴；12—进气凸轮轴；
13—进气门；19—用于调节气门间隙的调节元件

2.2.1.7 沃尔沃 D13C460 发动机配气机构特点

沃尔沃 D13C 460 发动机采用顶置凸轮轴和四气门系统。

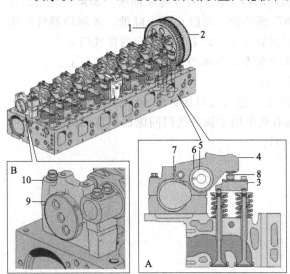

图 2-134 发动机气门传动机构部件

凸轮轴经过感应淬火，安装有七个轴承，后轴承是轴向推力轴承。轴瓦和轴承座均可以更换。在各轴承轴颈之间有四个凸轮（带发动机制动器 VEB 和 VEB+）或者三个凸轮（带发动机制动器 EPG）：进气凸轮、喷油凸轮、排气凸轮和制动凸轮（VEB 和 VEB+）（从前端数起）。凸轮轴由正时齿轮中的齿轮 1 驱动。为将噪声和振动降至最低，齿轮外侧安装有液压减振器 2。减振器上还有凸轮轴感应式传感器的正时标记（齿）。发动机气门传动机构部件如图 2-134 所示。

图 2-134A 所示为一对排气门机构的剖面图。进气门的原理与之相似。

带 VEB/VEB+（沃尔沃发动机制动器）的发动机具有嵌入摇臂的液压功能。各摇臂均通过所谓的浮动气门轭 3 打开气门。摇臂 4 安装在摇臂轴 5 的轴承中，并装有衬套 6。通过滚子 7 和凸轮轴接触，并通过球节 8 和气门轭接触。

图 2-134B 所示为凸轮轴上基本设置（TDC）以及气门打开和喷油正时调整的标记。上述标记均位于凸轮轴 9 的前端，在前轴承座 10 的前面。根据发动机上安装的制动器的不同，标记也不同。

EPG 型：TDC 和数字 1~6。
VEB 型：TDC 和 V1~V6。
VEB+ 型：TDC 和 E1~E6。

2.2.1.8 斯堪尼亚发动机配气机构部件分解

斯堪尼亚 7L 发动机（CRIN）凸轮轴部件分解如图 2-135 所示。

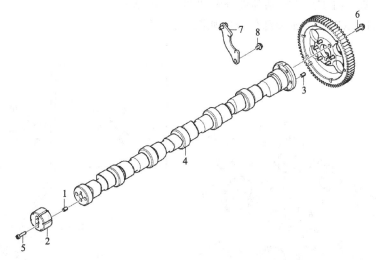

图 2-135 斯堪尼亚 7L 发动机（CRIN）凸轮轴部件分解
1—针脚；2—脉冲轮；3—空心螺钉；4—凸轮轴；5—内六角螺钉；6，8—螺钉；7—止推垫圈；9—凸轮轴齿轮

斯堪尼亚 9L 发动机（PDE）（适用于带第二代气缸体的发动机）凸轮轴部件分解如图 2-136 所示。

斯堪尼亚 13L 发动机（PDE）凸轮轴部件分解如图 2-137 所示。

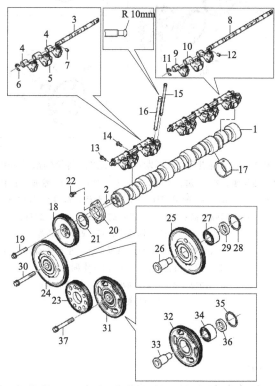

图 2-136 斯堪尼亚 9L 发动机（PDE）凸轮轴部件分解
1—凸轮轴；2—针脚；3，8，26，33—轴；4，5—滚轴式挺杆；6，11—卡环；7，12—导向套；9—滚轴式挺杆；10，29，36—间隔套筒；13，22—凸缘螺钉；14，30，37—螺钉；15，16—推杆；17—凸轮轴轴承；18，25—挡位；19—六角螺钉；20—导凸缘板；21—止推垫圈；23—曲轴齿轮；24，31，32—中间齿轮；27，34—轴承；28，35—卡簧；

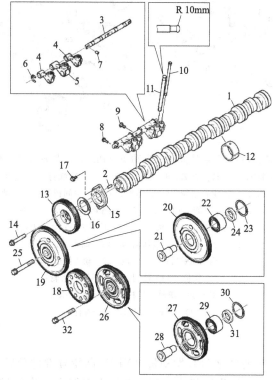

图 2-137 斯堪尼亚 13L 发动机（PDE）凸轮轴部件分解
1—凸轮轴；2—针脚；3，21，28—轴；4，5—滚轴式挺杆；6—卡环；7—导向套；8—凸缘螺钉；9，25，32—螺钉；10—推杆；11—推杆；12—凸轮轴轴承；13，20—挡位；14—六角螺钉；15—导凸缘板；16—止推垫圈；17—凸缘螺钉；18—曲轴齿轮；19，26，27—中间齿轮；22—轴承；23—卡簧；24，31—间隔套筒；29—轴承；30—卡簧

斯堪尼亚16L发动机（PDE）凸轮轴部件分解如图2-138所示。

斯堪尼亚9L发动机（XPI）凸轮轴部件分解如图2-139所示。

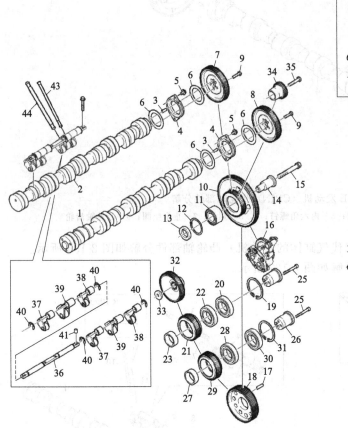
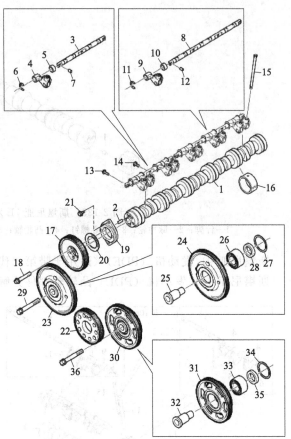

图2-138 斯堪尼亚16L发动机（PDE）凸轮轴部件分解
1—凸轮轴；3,17—针脚；4—导凸缘板；5—凸缘螺钉；6—止推垫圈；
7,8,35—凸轮轴齿轮；9—六角螺钉；10—中间齿轮；11—轴承；
12,31—卡簧；13,23,27—间隔套筒；14,36—轴；
15,35—螺钉；16—机油泵；18—曲轴齿轮；19—卡簧；
20,22,28,30—滚珠轴承；21—动力传送齿轮；
25—内六角螺钉；26—轴颈；29—动力传送齿轮；
32—挡位；33—垫圈；34—压缩机齿轮；
37～39—滚轴式挺杆；40—弹性挡圈；
41—导向套；43,44—推杆

图2-139 斯堪尼亚9L发动机（XPI）凸轮轴部件分解
1—凸轮轴；2—针脚；3,8,25,32—轴；4,9—滚轴式挺杆；
5,10,28,35—间隔套筒；6,11—卡环；7,12—导向套；
10—间隔套筒；13,21—凸缘螺钉；14,29—螺钉；
15—推杆；16—凸轮轴轴承；17—凸轮轴齿轮；
18—六角螺钉；19—导凸缘板；20—止推垫圈；
22—曲轴齿轮；23,30,31—中间齿轮；
24—挡位；26,33—轴承；27,34—卡簧；
36—凸缘螺钉；

斯堪尼亚16L发动机（XPI）凸轮轴部件分解如图2-140所示。

在五缸发动机中，其中有三个气缸在一次旋转时点火，两个气缸在另一次旋转时点火。这导致发动机不平衡，引起振动。为抵消该振动，发动机装有一个平衡轴总成。平衡轴组件如图2-141所示。

简单来说，平衡轴总成由一个平衡轴支架和两个平衡轴组成。平衡轴以曲轴转速的两倍反向旋转，且它们均由一个安装在曲轴上的飞轮外齿圈驱动。当轴旋转时，这些轴产生抵消发动机振动的应力。

通过一根穿过气缸体的管道润滑平衡轴，此管道将平衡轴总成连接到润滑系统的其余部分。

根据指导说明调节平衡轴总成是非常重要的。不正确调节或损坏平衡轴总成可导致发动机和车辆剧烈振动。振动增加了车辆上的负荷，并损坏发动机和车辆。此外，振动会让驾驶员和乘客感到很不舒服。

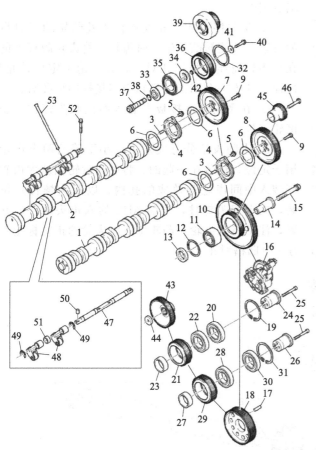

图 2-140 斯堪尼亚 16L 发动机（XPI）凸轮轴部件分解
1，2—凸轮轴；3，17—针脚；4—导凸缘板；5，9，52—凸缘螺钉；6—止推垫圈；7，8—凸轮轴齿轮；10，36—中间齿轮；11，20，22，30，35—滚珠轴承；12，19，31，32—卡环；13，23，27，33—间隔套筒；14，37，47，51—轴；15，25，46—螺钉；16—机油泵齿轮；18—曲轴齿轮；21，29—动力传送齿轮；24，26—轴颈；28，34—止推垫圈；38，42—密封圈；39—扭转缓冲器；40—凸缘螺钉；41，44—垫圈；43—取力器驱动齿轮；45—压缩机齿轮；48—滚轴式挺杆；49—弹性挡圈；50—导向套；53—推杆

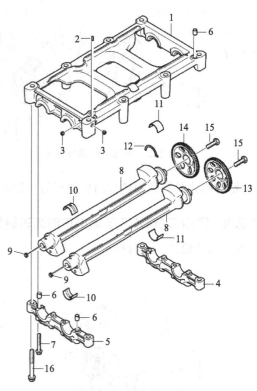

图 2-141 平衡轴组件
1—平衡轴支架；2—针脚；3—螺塞；4，5—轴承盖；6—导向套；7，15，16—螺钉；8—平衡臂轴；9—塞子；10，11—径向轴承；12—止推轴承；13，14—平衡轴齿轮

2.2.2 气门正时调整

2.2.2.1 潍柴 WP12/WP13 发动机中间齿轮拆装

中间齿轮部件分解如图 2-142 所示。

（1）中间齿轮拆卸步骤

① 检查中间齿轮安装螺栓记号，确认螺栓是否转动。

② 松动中间齿轮 3 个 M12 的六角头螺栓，将中间齿轮分总成、中间齿轮轴、惰轮挡板连同三个螺栓同时取出，注意防止惰轮挡板跌落。

（2）中间齿轮检查维修　安装螺栓的螺纹是否良好；各个齿轮是否有齿面剥落、断齿，螺栓承载面是否有压溃，齿轮上的螺纹孔或通孔是否有变形；中间齿轮轴与中间齿轮衬套之间是否有异常磨损，各个油孔是否有脏污、异物堵塞。

（3）中间齿轮装配步骤

① 装配前，先检查中间齿轮分总成、中间齿轮轴、六角头螺栓和惰轮挡板，确保无制造和使用上的缺

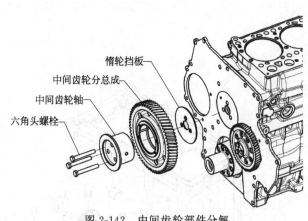

图 2-142　中间齿轮部件分解

陷及损伤。

② 按顺序完成飞轮壳连接板及凸轮轴正时齿轮的安装，并旋转凸轮轴正时齿轮，将齿轮腹板上的销孔与飞轮壳连接板销孔对正，放入销子定位，此时，齿面上其中一个凹槽与飞轮壳连接板的沉孔对正。

③ 在飞轮壳连接板上旋入两根双头螺柱，安装惰轮挡板。

④ 中间齿轮分总成是由大小不等的两个齿轮以销子定位，热装在一起的。将中间齿轮轴从大齿轮一侧装入中间齿轮分总成的孔内，以双头螺柱定位安装，旋下双头螺柱，安装 M12 的六角头螺栓，并拧紧，注意将大齿轮与凸轮轴正时齿轮的正时标记对正（大齿轮内侧轮毂外圆凹槽与凸轮轴正时齿轮齿面上的另一个凹槽对正）。

2.2.2.2　锡柴 CA6DM3 发动机正时齿轮组件拆装

发动机凸轮轴与正时齿轮组件分解如图 2-143 所示。

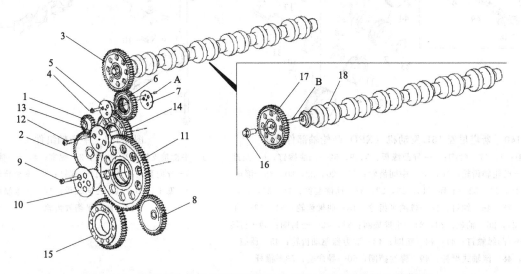

图 2-143　发动机凸轮轴与正时齿轮组件分解（图中序号即分解顺序）

1—转向泵齿轮；2—喷油泵传动齿轮；3—凸轮轴及正时齿轮总成；4—六角头凸缘螺栓；5—正时中间齿轮轴（三）；6—正时中间齿轮总成；7—止推片-正时中间齿轮（三）；8—空压泵从动齿轮；9—内六角圆柱头螺钉；10—正时中间叠齿轮轴（一）；11—正时中间叠齿轮总成；12—内六角圆柱头螺钉；13—正时中间齿轮轴（二）；14—正时中间齿轮总成；15—曲轴正时齿轮；16—紧固螺栓-凸轮轴正时齿轮；17—凸轮轴正时齿轮；18—凸轮轴；A，B—定位销

装配顺序：按照与分解的相反顺序。

部件检修标准参考值见表 2-8。

表 2-8　部件检修标准参考值

部位	检修项目	标准参考值/mm
10, 11	正时中间叠齿轮总成 11 衬套与正时中间叠齿轮轴 10 配合间隙	0.035～0.079
10, 11	正时中间叠齿轮总成 11 与正时中间叠齿轮轴 10 轴向配合间隙	0.060～0.120
13, 14	正时中间齿轮总成 14 衬套与正时中间齿轮轴（二）13 配合间隙	0.035～0.079
13, 14	正时中间齿轮总成 14 与正时中间齿轮轴（二）13 轴向配合间隙	0.060～0.120
5, 6	正时中间齿轮总成 6 与正时中间齿轮轴（三）5 配合间隙	0.035～0.079

续表

部位	检修项目	标准参考值/mm
5,6	正时中间齿轮总成6与正时中间齿轮轴(三)5轴向配合间隙	0.060~0.120
15,11	曲轴正时齿轮15与正时中间叠齿轮总成11齿侧间隙	0.030~0.120
11,14	正时中间叠齿轮总成11与正时中间齿轮总成14齿侧间隙	0.030~0.343
6,17	正时中间齿轮总成6与凸轮轴正时齿轮17齿侧间隙	0.030~0.343

拧紧力矩：部件16紧固螺栓-凸轮轴正时齿轮，60N·m，120°。转角法拧紧，螺栓只能使用3次，使用过3次或长度超过使用极限的螺栓应更换。部件12内六角圆柱头螺钉，(60±5)N·m。

正时对正方法如下。

① 安装正时中间叠齿轮时，必须保证曲轴正时齿轮上带有标记"1"的1个齿啮合在正时中间叠齿轮上带有标记"1"的2个齿之间。

同时保证正时中间齿轮-喷油泵上的标记"2"与正时中间叠齿轮轴上的标记"2"对齐。正时对正标记见图2-144。

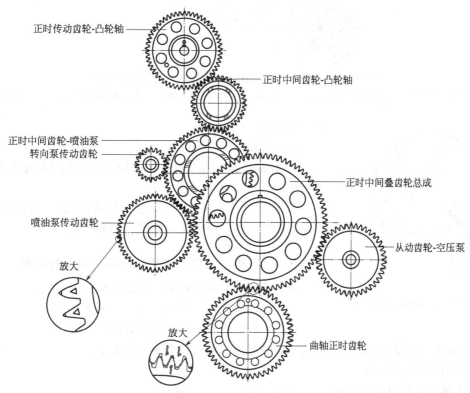

图2-144 正时对正标记

② 在第一缸压缩上止点位置时，凸轮轴齿轮上定位孔与缸盖上定位孔对齐，用插销插上，拧紧正时中间齿轮-凸轮轴，如图2-145所示。

2.2.2.3 大柴BF6M1013发动机正时机构

凸轮轴与正时组件分解如图2-146所示。

装配顺序：按照与分解的相反顺序。

检修标准：凸轮轴飞轮端衬套5、凸轮轴衬套6与凸轮轴总成4轴颈配合间隙为0.05~0.124mm；凸轮轴总成4与齿轮室罩盖轴

图2-145 凸轮轴齿轮对正标记

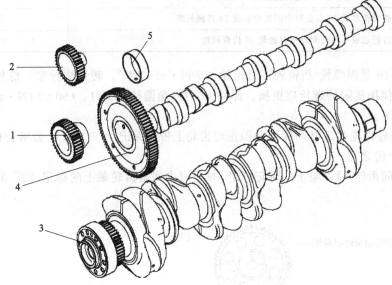

图 2-146 凸轮轴与正时组件分解（图中序号即分解顺序）
1—空压机驱动齿轮；2—动力转向泵齿轮；3—曲轴总成；4—凸轮轴总成；5—凸轮轴飞轮端衬套；6—凸轮轴衬套

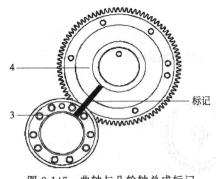

图 2-147 曲轴与凸轮轴总成标记

向间隙为 0.1~0.5mm

拆装方法如下。

① 拆卸曲轴总成 3 前，在曲轴总成 3 与凸轮轴总成 4 的中心连线上标记。

② 安装曲轴总成 3，必须保证曲轴总成 3 上的标记与凸轮轴总成 4 上的标记在一条线上，如图 2-147 所示。

2.2.2.4 日野 E13C 发动机正时机构分解与装配

日野 E13C 正时齿轮部件分布如图 2-148 所示。

正时齿轮机构部件分解如图 2-149 所示。

日野 E13C 柴油发动机正时安装步骤如下。

（1）安装后端板　如果按如图 2-150 所示安装急速齿轮轴，则润滑孔朝下。

（2）检查反斜线和末端运动

① 用指示表测量齿轮间的反冲线。

② 使用间隙尺测量齿轮和推力板之间的末端运动。

注意：测量反斜线后，将发动机机油涂抹在每一个齿轮表面上。

（3）调整反斜线值　当低气缸表面接地时，调节凸轮急速齿轮（气缸头）、凸轮急速齿轮（气缸体）和凸轮轴齿轮间的反斜线。

注意：一旦低气缸表面接地，气缸头和圆柱销之间的安装尺寸通过接地尺寸变小。由于凸轮急速齿轮（气缸头和气缸体）之间的反斜线值变小，所以需要调整反斜线值（图 2-151）。

① 取下急速齿轮轴的圆柱销。

注意：取下圆柱销，齿轮轴的安装位置可由急速齿轮轴螺栓孔和螺栓之间的间距改变。

② 临时紧固接地气缸头上的凸轮急速齿轮。

③ 气缸头安装到气缸体上。

④ 安装凸轮轴到气缸头上。

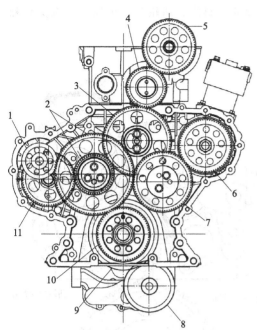

图 2-148 日野 E13C 正时齿轮部件分布

1—为转向助力泵驱动齿轮提供动力；2—急速齿轮；
3—凸轮急速齿轮（气缸体侧）；4—凸轮急速齿轮
（气缸头侧）；5—曲轴齿轮；6—空气压缩机驱动
齿轮；7—空气压缩机急速齿轮；8—油泵从动
齿轮；9—油泵驱动齿轮；10—曲轴齿轮；
11—供应泵驱动齿轮；

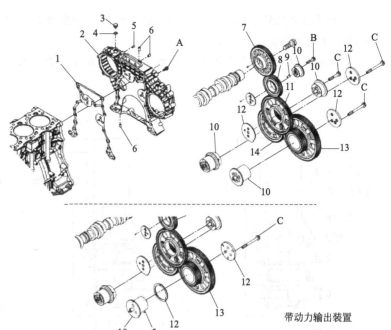

图 2-149 正时齿轮机构部件分解

1—正时齿轮盒密封垫；2—正时齿轮盒；3—塞子；4—密封垫；
5—销子；6—螺旋键套；7—曲轴齿轮；8—曲轴急速齿轮
（气缸头侧）；9—圆柱销；10—急速齿轮轴；11—凸轮
急速齿轮（急速齿轮侧）；12—推力板；13—主急速
齿轮；14—空气压缩机急速齿轮

上紧扭矩：A 为 125N·m；B 为 59N·m♯；C 为 108N·m♯。

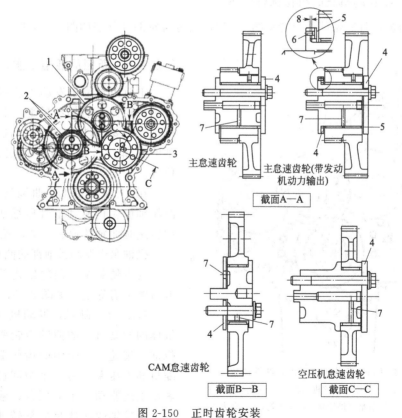

图 2-150 正时齿轮安装

1—凸轮急速齿轮（气缸体）；2—主急速齿轮；3—空压机急速齿轮；4—推力垫圈；5—润滑槽；6—销子；
7—润滑孔；8—销子突出（组件标准：1.5～2.5mm）

⑤ 少量移动凸轮怠速齿轮的安装位置，调整凸轮怠速齿轮之间的反斜线和凸轮怠速齿轮（气缸头）和凸轮轴尺寸到标准值（图2-152）。

⑥ 紧固螺栓用于安装凸轮怠速齿轮。上紧扭矩为59N·m。

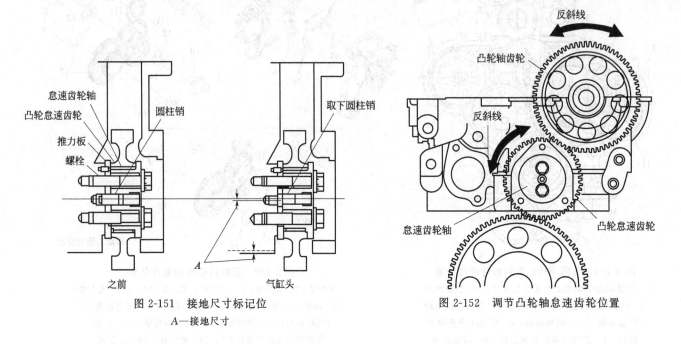

图2-151 接地尺寸标记位
A—接地尺寸

图2-152 调节凸轮轴怠速齿轮位置

注意：紧固前，将发动机机油涂抹在螺栓座表面和外螺纹上。

2.2.2.5 日野P11C发动机正时机构部件分解

日野P11C发动机正时齿轮部件位置见图2-153，正时齿轮部件分解如图2-154所示。

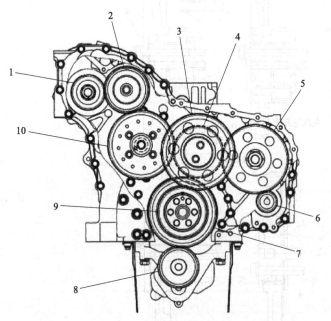

图2-153 日野P11C发动机正时齿轮部件位置
1—空气压缩机传动齿轮；2—空气压缩机惰轮；3—主惰轮（1号）；4—主惰轮（2号）；5—喷射泵（供给泵）传动齿轮；6—动力方向盘油泵传动齿轮；7—油泵传动齿轮；8—油泵被动齿轮；9，10—凸轮轴齿轮

2.2.2.6 斯堪尼亚重卡发动机正时齿轮

正时齿轮位于发动机后部。在7L发动机上，正时齿轮位于前部和后部。整体式喷油器和阀门机构等重要组件需加以精确控制。它们连接在曲轴的后部，靠近飞轮，这是曲轴旋转最平稳的位置。

在7L发动机上，曲轴齿轮驱动凸轮轴齿轮。凸轮轴齿轮再驱动空气压缩机和燃油泵。凸轮轴的转速是曲轴转速的一半，见图2-155。

机油泵由发动机前部的曲轴驱动，见图2-156。

为方便装配，凸轮轴齿轮和曲轴齿轮在轮齿或齿隙上有标记，见图2-157。

9L、11L和12L发动机（适用于带第一代气缸体的发动机）的曲轴齿轮驱动两个中间齿轮和机油泵齿轮。一个中间齿轮驱动凸轮轴、空气压缩机和液压泵。另一个中间齿轮驱动取力器，在客车上还驱动一个液压泵，液压泵再驱动风扇电机。凸轮轴的转速是曲轴转速的一半。正时齿轮位置关系如图2-158所示。

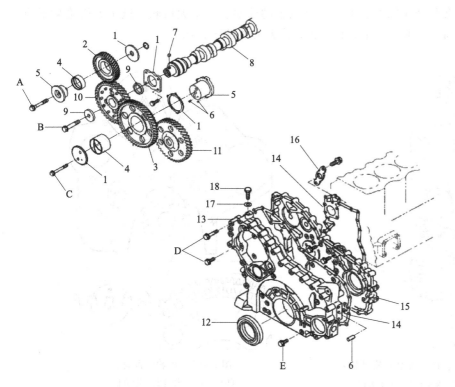
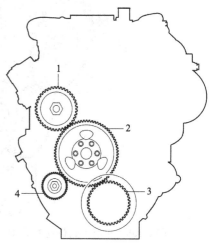

图 2-154 正时齿轮部件分解

1—推力板；2—空气压缩机惰轮；3—主惰轮；4—衬套；5—惰轮轴；6—定位销；
7—键；8—凸轮轴；9—垫片；10—凸轮轴齿轮；11—喷射泵（供给泵）传动齿轮；
12—凸轮轴油封；13—定时齿轮箱盖；14—垫片；15—定时齿轮箱；
16—隔板；17—软垫片；18—闷头；
上紧扭矩：A 为 108N·m ♯；B 为 132N·m ♯；
C 为 44N·m ♯；D 为 44N·m；E 为 44N·m。

图 2-155 发动机正时齿轮
（7L 发动机）

1—空气压缩机；2—凸轮轴；
3—曲轴；4—燃油泵

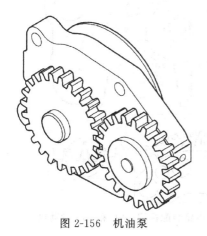
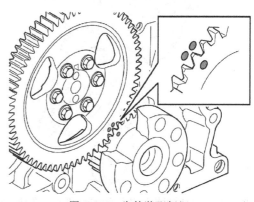

图 2-156 机油泵　　　　图 2-157 齿轮装配标记

为方便装配，齿轮在轮齿或在轮齿间隙上有标记，见图 2-159。

9L 和 13L 发动机（适用于带第二代气缸体的发动机）曲轴齿轮驱动两个中间齿轮及机油泵齿轮。一个中间齿轮驱动凸轮轴、燃油泵和液压泵。另外一个中间齿轮驱动取力器和空气压缩机。凸轮轴的转速是曲轴转速的一半。正时齿轮位置关系见图 2-160。

为方便装配，齿轮在轮齿或在轮齿间隙上有标记，见图 2-161。

16L 发动机（适用于带第一代或第二代气缸体的发动机）曲轴齿轮通过一个中间齿轮来驱动两个凸轮

轴和机油泵。其中一个凸轮轴齿轮会驱动压缩机。另一个凸轮轴的前端有一个大齿轮，这个大齿轮会驱动液压泵和输油泵。凸轮轴的转速是曲轴转速的一半。正时齿轮位置关系见图2-162。

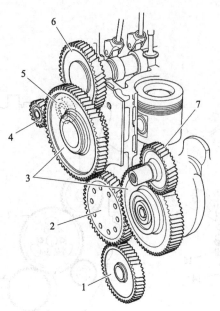

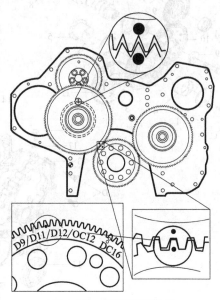

图2-158 正时齿轮位置关系（9L、11L和12L发动机）
1—机油泵齿轮；2—曲轴齿轮；3—中间齿轮；4—液压泵齿轮；
5—压缩机齿轮（压缩空气）；6—凸轮轴齿轮；7—取力器

图2-159 齿轮装配标记
（9L、11L和12L发动机）

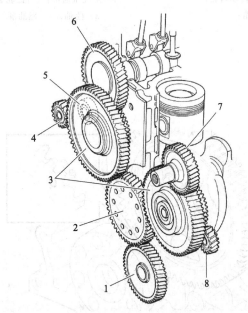

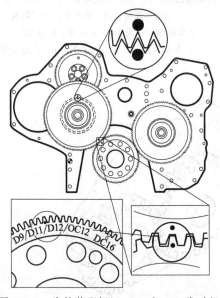

图2-160 正时齿轮位置关系（9L和13L发动机）
1—机油泵齿轮；2—曲轴齿轮；3—中间齿轮；4—液压泵齿轮；
5—燃油泵；6—凸轮轴齿轮；7—取力器；8—压缩机齿轮

图2-161 齿轮装配标记（9L和13L发动机）

为方便装配，齿轮在轮齿或在轮齿间隙上有标记，见图2-163。

16L发动机（适用于带第三代气缸体的发动机）曲轴齿轮通过中间齿轮驱动两个凸轮轴、机油泵、高压泵和空气压缩机。一个凸轮轴的前端有一个齿轮，用于驱动液压泵和燃油泵。凸轮轴的转速是曲轴转速的一半。正时齿轮位置关系见图2-164。

为方便装配，齿轮在轮齿或在轮齿间隙上有标记，见图2-165。

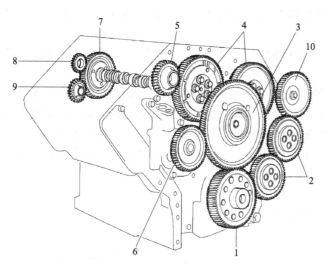

图 2-162 正时齿轮位置关系（16L发动机，第一代和第二代）
1—曲轴齿轮；2—中间齿轮（取力器）；3—中间齿轮；4—凸轮轴齿轮；
5—压缩机齿轮；6—机油泵齿轮；7—前凸轮轴齿轮；8—液压泵齿轮；
9—输油泵齿轮；10—取力器驱动齿轮

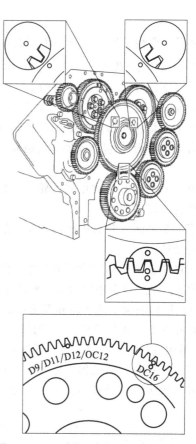

图 2-163 正时装配标记（16L发动机，第一代和第二代）

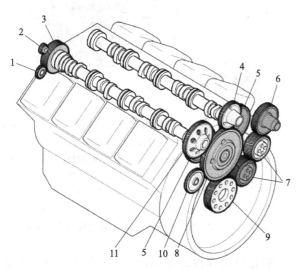

图 2-164 正时齿轮位置关系（16L发动机，第三代）
1—液压泵齿轮；2—燃油泵齿轮；3—前凸轮轴齿轮；4—空气压缩机齿轮；5—凸轮轴齿轮；6—取力器驱动齿轮；7—中间齿轮（取力器）；8—中间齿轮；9—曲轴齿轮；10—机油泵齿轮；11—高压泵齿轮

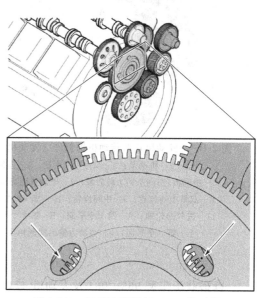

图 2-165 正时装配标记（16L发动机，第三代）

2.2.2.7 奔驰OM471发动机正时齿轮

以OM471.9发动机为例，齿轮传动位于发动机的输出端，通过此设计可以将主总成的大部分置于发动机侧。以下部件和主总成由曲轴1经齿轮传动驱动：机油泵2，双重中间齿轮3，压缩机4，中间齿轮5，动力转向泵6，燃油系统高压泵7，双重中间齿轮8，中间齿轮9，排气凸轮轴10，进气凸轮轴11。

单个主总成和部件的驱动力在空间上传递至以下平面：第1个平面A，第2个平面B，第3个平面C。

第1个平面A包含曲轴1的齿轮、机油泵2的齿轮和双重中间齿轮3。第1个平面A的齿轮是倾斜传动的。

第2个平面B包含中间齿轮5、压缩机4的齿轮以及高压燃油泵7和双重中间齿轮8。第2个平面A的齿轮是直线传动的。

第3个平面C包含中间齿轮9、排气凸轮轴10的齿轮和进气凸轮轴11的齿轮。第3个平面C的齿轮是直线传动的。

通过曲轴1驱动齿轮驱动装置：曲轴1的齿轮驱动第1个平面A的齿轮，即机油泵2的齿轮和双重中间齿轮3。通过双重中间齿轮3驱动第2个平面B的齿轮，即压缩机4的齿轮和中间齿轮5，通过中间齿轮5驱动高压燃油泵7的齿轮和双重中间齿轮8。双重中间齿轮8驱动第3个平面C，即中间齿轮9，并通过中间齿轮9驱动排气凸轮轴10的齿轮和进气凸轮轴11的齿轮。通过高压燃油泵7的驱动器驱动动力转向泵6。使用相应的专用工具调节齿轮驱动装置。

发动机正时传动机构部件如图2-166所示。

发动机齿轮传动机构的三个平面侧视如图2-167所示。

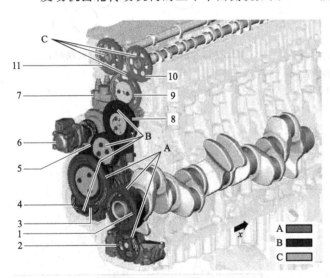

图2-166 发动机正时传动机构部件（发动机471.9）
1—曲轴；2—机油泵；3—双重中间齿轮；4—压缩机；
5—中间齿轮；6—动力转向泵；7—燃油系统高压泵；
8—双重中间齿轮；9—中间齿轮；10—排气凸轮轴；
11—进气凸轮轴；A—第1个平面；B—第2个平面；
C—第3个平面；x—与动力输出端侧相反

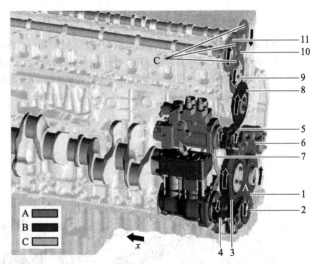

图2-167 发动机齿轮传动机构的三个平面侧视
（发动机471.9）
1—曲轴；2—机油泵；3—双重中间齿轮；4—压缩机；
5—中间齿轮；6—动力转向泵；7—燃油系统高压泵；
8—双重中间齿轮；9—中间齿轮；10—排气凸轮轴；
11—进气凸轮轴；A—第1个平面；B—第2个平面；
C—第3个平面；x—与动力输出端侧相反

以搭载于车型963、964及发动机471.9为例，正时齿轮机构部件位置如图2-168所示，发动机正时齿轮拆装如图2-169所示。

(1) 正时齿轮组拆卸步骤

① 拆下发动机或变速箱。

② 将发动机安装在发动机总成架上，仅当发动机已拆下时。

③ 将转动装置连接到发动机上。

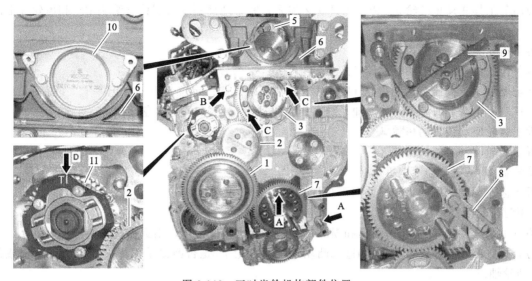

图 2-168 正时齿轮机构部件位置

1~3，5—齿轮；6—气缸盖；7—曲轴齿轮；8—定位工具；9—调节工具；10—护盖；
11—燃油系统高压泵驱动齿轮；A—销子；B—销子；C—孔；D—标记"T"

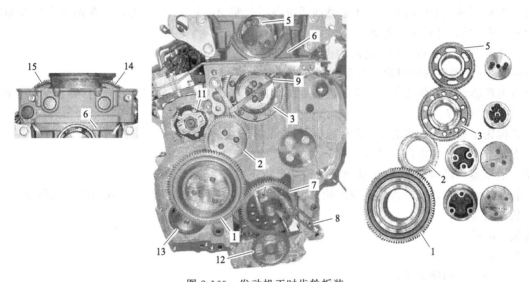

图 2-169 发动机正时齿轮拆装

1~3，5—齿轮；6—气缸盖；7—曲轴齿轮；8—定位工具；9—调节工具；11—燃油系统高压泵驱动齿轮；
12—机油泵驱动齿轮；13—压缩机驱动齿轮；14—排气凸轮轴驱动齿轮；15—进气凸轮轴驱动齿轮

④ 拆下气缸盖罩。

⑤ 将发动机定位到1号气缸的点火上止点位置处并锁止，齿轮驱动已更改。

⑥ 将冲子从正时箱拉出。

⑦ 拆下飞轮。

⑧ 拆下正时箱。

⑨ 拆下凸轮轴外壳，仅当拆卸齿轮3和齿轮5时。

⑩ 拆下压缩机，如果齿轮1、2或曲轴齿轮7已拆下。

⑪ 检查齿轮1~3和5及曲轴齿轮7的安装位置，齿轮1~3和5及曲轴齿轮7上的齿必须与相应的对应部件齐平；允许齿轮存在微小的偏差。

⑫ 用定位工具8锁止曲轴正时齿轮7，定位工具8自身必须能无张紧力地插入双头螺栓中（箭头A），用螺钉/螺栓固定定位工具8。

⑬ 用调节工具 9 锁止齿轮 3，调节工具 9 必须无张紧力地插到双头螺栓（箭头 B）和齿轮 3 上的孔（箭头 C）中。

⑭ 拆下齿轮驱动装置的齿轮 1。

⑮ 拆下齿轮传动装置的曲轴齿轮 7。

⑯ 标记燃油系统高压泵驱动齿轮 11 相对于曲轴箱的位置。定位盘上的标记"T"（箭头 D）必须位于"12 点方向"。齿轮 2 上的齿不得被燃油系统高压泵驱动齿轮 11 上的定位盘遮挡。

⑰ 拆下齿轮驱动装置的齿轮 2。

⑱ 拆下齿轮驱动装置的齿轮 3。

⑲ 将护盖 10 从气缸盖 6 上拆下。

⑳ 拆下齿轮驱动装置的齿轮 5 并向下从气缸盖 6 中取出。

(2) 正时齿轮部件检修

① 检查油泵驱动齿轮 12 是否磨损和损坏。如果出现磨损或损坏，则更换机油泵。

② 检查排气凸轮轴驱动齿轮 14 和进气凸轮轴驱动齿轮 15 是否磨损及损坏。如果出现磨损或损坏，则更换相关凸轮轴。

③ 检查压缩机驱动齿轮 13 是否磨损或损坏。如果出现磨损或损坏，则更换压缩机驱动齿轮 13。

(3) 正时齿轮部件安装步骤

① 安装齿轮驱动装置的齿轮 5。

② 安装齿轮驱动装置的齿轮 3。注意燃油系统高压泵驱动齿轮 11 的位置，仅在调节齿轮 3 和齿轮 5 之间的齿轮啮合间隙后，才可牢固拧紧。

③ 检查并调节齿轮 3 和齿轮 5 之间的齿轮啮合间隙。

④ 将护盖 10 连同新的密封圈一起安装到气缸盖 6 上。

⑤ 安装齿轮驱动装置的齿轮 2。注意燃油系统高压泵驱动齿轮 11 的位置和螺钉/螺栓的杆长度。

⑥ 安装曲轴齿轮 7。

⑦ 安装齿轮驱动装置的齿轮 1，注意螺钉/螺栓的杆长度。

⑧ 拆下调节工具 9 和定位工具 8。

⑨ 安装增压器，仅当齿轮 1、2 或曲轴齿轮 7 已拆下时。

⑩ 安装凸轮轴外壳，如果齿轮 3 或齿轮 5 已拆下。拆下模板，如果齿轮 3 或齿轮 5 未拆下。

⑪ 安装气缸盖罩。

⑫ 安装正时箱。

⑬ 安装飞轮。

⑭ 拆下发动机上的转动装置。

⑮ 将发动机从发动机装配台上拆下。

⑯ 安装发动机或变速箱。

⑰ 加注机油回路。

2.2.2.8 沃尔沃 D13C460 发动机正时齿轮

发动机正时齿轮位于发动机后部，在一个 6mm 厚的钢板 1 上，发动机齿轮传动机构如图 2-170 所示。正时齿轮板上钻有孔，和凸轮轴齿轮 A 上的标记共同用于确保凸轮轴齿轮的正确安装。曲轴齿轮和双惰轮标有对准标记 B，以便正确安装。注意：拆卸正时齿轮板之前，必须安装专用工具。

正时齿轮板拧入发动机缸体和气缸盖中，有两种不同的型号。

一种型号是各侧有一个橡胶垫，经过硫化处理嵌入凹槽中。衬垫一侧和气缸体、气缸盖密封，另一侧和正时齿轮壳体密封。

另一种型号是有一个机加工槽正对发动机缸体，沟槽外侧的面板上涂抹一层硅油密封剂。面向正时齿轮护套的一侧由密封化合物密封。

发动机传动装置的惰轮结构如图 2-171 所示。

A：驱动动力转向伺服机构和供油泵的小惰轮在双行滚珠轴承1中运转，并由螺栓2固定就位。

B：下方的惰轮由安装在一起的两个齿轮组成。这两个齿轮预先安装在转毂3上，并在两个圆锥滚子轴承4中运转。导向轴套5引导正时齿轮板中的惰轮。这一对齿轮惰轮、轴承和转毂为一个完整的总成，不得拆解，只能作为整体更换。

C：可调惰轮在转毂7上的衬套6中运转。衬套和推力垫圈8通过通道9压力润滑，该通道位于气缸体和正时齿轮板之间。导销10位于转毂下部，保持两个惰轮之间恒定的间隙。因此，在调整时，仅需设置凸轮轴齿轮的间隙。

正时齿轮有两个压铸铝盖，见图2-172。上正时齿轮盖A具有内置的曲轴箱通风油气分离器。下盖B是集变速箱和飞轮壳体为一体的组合式护套，护套上有用于固定后发动机支座的安装点。飞轮壳体有两个导向套筒，使飞轮壳体相对正时齿轮板对准。

两个盖均通过密封化合物密封在正时齿轮板上。盖之间用橡胶条1密封，橡胶密封条位于上盖的凹槽中。两个橡胶垫2密封气缸盖。此外，橡胶密封条和正时齿轮板在上正时齿轮盖上的相交处用密封化合物密封。

飞轮壳体中有两个带橡胶塞的孔，其中一个孔用于启动工具3以旋转发动机，并且通过另一个孔可读取指示飞轮4位置的标记。盖C保护发动机驱动的取力器连接处。

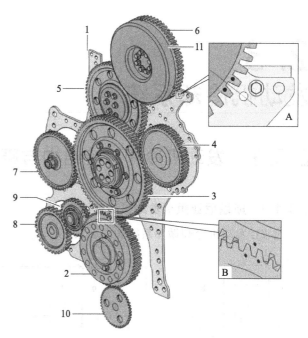

图2-170　发动机齿轮传动机构

1—正时齿轮板；2—曲轴齿轮；3—双惰轮；4—取力器齿轮（附加设备）；5—可调惰轮；6—凸轮轴齿轮；7—主动齿轮（空气压缩机）；8—主动齿轮（动力转向机构和供油泵）；9—惰轮（动力转向机构和供油泵）；10—主动齿轮（润滑油泵）；11—飞轮减振器（带感应式凸轮轴传感器齿）

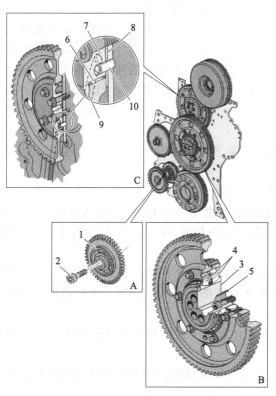

图2-171　发动机传动装置的惰轮结构

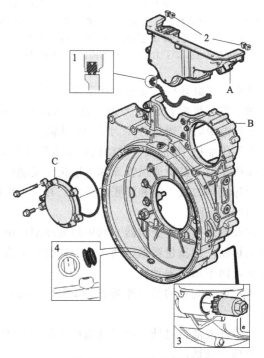

图2-172　正时齿轮外壳

2.3 发动机冷却系统

2.3.1 发动机冷却系统结构与原理

2.3.1.1 斯堪尼亚重卡发动机冷却系统

① 7L发动机冷却循环系统如图2-173所示。

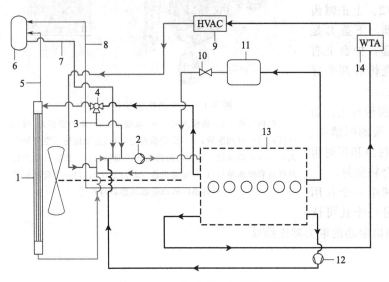

图2-173　7L发动机冷却循环系统
1—水箱；2—冷却液泵；3—旁通管；4—节温器；5—水箱排放空气管；6—膨胀水箱；
7—恒压管；8—发动机排放空气管；9—加热器热交换器（HVAC）；10—SCR水阀；
11—尿素箱（SCR）；12—空气压缩机；13—发动机；14—WTA（水对空气）

当节温器4打开时，冷却液被输送到水箱1中，然后水平流过冷却套件。冷却液被流经冷却套件的空气以及风扇产生的气流和顶风冷却。

冷却液温度低时，节温器关闭，所有冷却液经由旁通管3循环，而不经过水箱。节温器位于气缸体前端。当发动机13达到正常工作温度时，节温器在中间位置运行。这意味着冷却液会通过开启的节温器经过旁通管和水箱。如果冷却液温度偏高，所有冷却液都会经由节温器流向水箱，然后至旁通管的出口会完全关闭。

冷却液泵2将冷却液送到纵向气缸体分配器通路。冷却液流经机油冷却器和气缸体内的通道。冷却液绕气缸套循环流动，然后向上流入气缸盖。来自气缸盖的冷却液在气缸体内收集。然后，冷却液经过气缸体内的管道返回节温器。

如果发动机配有SCR系统，则冷却液来自同一凸缘管。SCR系统使用冷却液加热尿素箱11。当尿素箱变得足够温暖时，通过SCR水阀10截流。

空气压缩机12由来自发动机机油冷却器盖出口的冷却液冷却。

膨胀水箱6经由通风管5和8连接至发动机及水箱，这表明它也充当冷却系统的通风装置。

冷却液泵的吸入侧和膨胀水箱之间有一根恒压管7。恒压管为冷却液泵提供一个恒定的过压，从而降低空穴损坏的风险。

驾驶室加热器热交换器9利用回流冷却液中的热量进行加热。如果卡车配备WTA 6kW，即发动机/驾驶室加热器，则流量根据主动WTA的设置而变化。如果卡车安装的是WTA 3kW，则冷却液仅用于加热驾驶室，而不加热发动机。

卡车可能配备的另一种装置是SSH（Short Stop Heater），它是一种可利用发动机熄火后的余热的循环泵。

当冷却液液位过低或冷却液温度过高时，警告灯发亮。作为安全措施，如果冷却液温度过高，发动机的转矩也会降低。

② 9L发动机冷却循环系统如图2-174所示。

当节温器/双节温器 4 打开时，冷却液被输送到水箱 1 中，然后水平流过冷却套件。冷却液被流经冷却套件的空气以及风扇产生的气流和顶风冷却。

冷却液温度低时，节温器关闭，所有冷却液经由旁通管 3 循环，而不经过水箱。在没有液压缓速器 15 的车辆上，使用位于气缸体前端的普通节温器。如果卡车配备自动变速箱或液压缓速器，则使用位于底盘上的双节温器。

当发动机 16 达到正常工作温度时，节温器在中间位置运行。这意味着冷却液会通过开启的节温器经过旁通管和水箱。如果冷却液温度偏高，所有冷却液都会经由节温器流向水箱，然后至旁通管的出口会完全关闭。

水泵 2 将冷却液送到纵向气缸体分配器通路。冷却液流经机油冷却器，然后流经气缸体内的通道。冷却液绕气缸套循环流动，然后向上流入气缸盖。

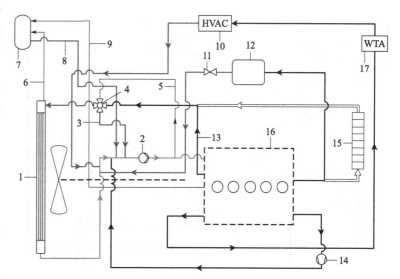

图 2-174　9L 发动机冷却循环系统
1—水箱；2—冷却液泵；3—旁通管；4—节温器/双节温器；5—双节温器的控制流；6—水箱排放空气管；7—膨胀水箱；8—恒压管；9—发动机排放空气管；10—加热器热交换器；11—SCR 水阀；12—尿素箱；13—没有液压缓速器冷却器时的另一路线；14—空气压缩机；15—液压缓速器；16—发动机；17—WTA（水对空气）

来自气缸盖的冷却液在气缸体内收集，然后冷却液向前流经气缸体内的通道，流至节温器（如果未安装液压缓速器）。

如果车辆安装有液压缓速器或使用 LNG/CNG，冷却液向后流过气缸体内的通道，流至发动机后部的凸缘管。冷却液从此处流动一个循环后经由液压缓速器流到固定在大梁上的节温器外壳。一条单独的管路从发动机接至 LNG 热交换器或接至 CNG 调压阀。

如果卡车使用 LNG，则冷却液会加热油箱热交换器。根据油箱中的压力，通过热交换器的燃料可能是气体或液体。如果通过热交换器的是液体，在流向燃气面板前会受热变成气体。

CNG 卡车的调压阀在降低压力时会变冷。因此，调压阀由来自发动机的冷却液加热。

使用塞子关闭气缸体内的旁通管。

如果发动机配有 SCR 系统，则冷却液来自同一凸缘管，这也适用于配备 EGR 冷却器的发动机。

SCR 系统使用冷却液加热尿素箱 12。当尿素箱变得足够温暖时，通过 SCR 水阀 11 截流。

EGR 冷却器使用冷却液降低排气温度。

空气压缩机 14 由来自发动机机油冷却器盖出口的冷却液冷却。

膨胀水箱 7 经由通风管 6 和 9 连接至发动机及水箱，这表明它也充当冷却系统的通风装置。

冷却液泵的吸入侧和膨胀水箱之间有一根恒压管 8。这为冷却液泵提供一个恒定的过压，从而降低空穴损坏的风险。

驾驶室加热器热交换器 10 利用回流冷却液中的热量进行加热。如果卡车配备 WTA 6kW，即发动机/驾驶室加热器，则流量根据主动 WTA 的设置而变化。如果卡车安装的是 WTA 3kW，则冷却液仅用于加热驾驶室，而不加热发动机。

卡车配备的另一种装置是 SSH，它是一种可利用发动机熄火后的余热的循环泵。

当冷却液液位过低或冷却液温度过高时，警告灯点亮。作为安全措施，如果冷却液温度过高，发动机中的扭矩也会降低。

③ 13L 发动机冷却循环系统如图 2-175 所示。

当节温器/双节温器 4 打开时，冷却液被输送到水箱 1 中，然后水平流过冷却套件。冷却液被流经冷却套件的空气以及风扇产生的气流和顶风冷却。

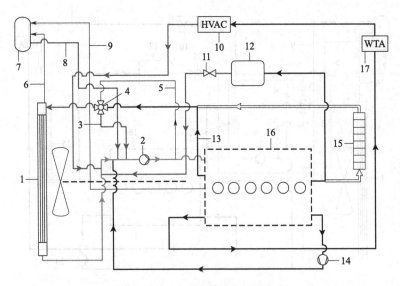

图 2-175 13L 发动机冷却循环系统

1—水箱；2—冷却液泵；3—旁通管；4—节温器/双节温器；5—双节温器的控制流；6—水箱排放空气管；7—膨胀水箱；8—恒压管；9—发动机排放空气管；10—加热器热交换器（HVAC）；11—SCR 水阀；12—尿素箱（SCR）；13—没有液压缓速器冷却器时的另一路线；14—空气压缩机；15—液压缓速器；16—发动机；17—WTA（水对空气）

冷却液温度低时，节温器关闭，所有冷却液经由旁通管3循环，而不经过水箱。在没有液压缓速器15的车辆上，使用位于气缸体前端的普通节温器。如果车辆配备自动变速箱或液压缓速器，则使用位于底盘上的双节温器。

当发动机16达到正常工作温度时，节温器在中间位置运行。这意味着冷却液会通过开启的节温器经过旁通管和水箱。如果冷却液温度偏高，所有冷却液都会经由节温器流向水箱。然后至旁通管的出口会完全关闭。

冷却液泵2将冷却液送到纵向气缸体分配器通路。冷却液流经机油冷却器，然后流经气缸体内的通道。冷却液绕气缸套循环流动，然后向上流入气缸盖。来自气缸盖的冷却液在气缸体内收集。

然后，冷却液向前流经气缸体内的通道，流至节温器（如果未安装液压缓速器）。

如果车辆安装有液压缓速器或使用LNG，冷却液向后流过气缸体内的通道，流至发动机后部的凸缘管。接着，冷却液通过液压缓速器循环流动到固定在大梁上的节温器外壳，然后流经一条从发动机接至LNG油箱的单独管路。如果卡车使用LNG，则冷却液会加热油箱热交换器。

根据油箱中的压力，通过热交换器的燃料可能是气体或液体。如果通过热交换器的是液体，在流向燃气面板前会受热变成气体。使用塞子关闭气缸体内的旁通管。

如果发动机配有SCR系统，则冷却液来自同一凸缘管，这也适用于配备EGR冷却器的发动机。

SCR系统使用冷却液加热尿素箱12。当尿素箱变得足够温暖时，通过SCR水阀11截流。

EGR冷却器使用冷却液降低排气温度。

空气压缩机14由来自发动机机油冷却器盖出口的冷却液冷却。

膨胀水箱7经由通风管6和9连接至发动机及水箱，这表明它也充当冷却系统的通风装置。

冷却液泵的吸入侧和膨胀水箱之间有一根恒压管8，这为冷却液泵提供一个恒定的过压，从而降低空穴损坏的风险。

驾驶室加热器热交换器10利用回流冷却液中的热量进行加热。

如果车辆配备WTA 6kW，即发动机/驾驶室加热器，则流量根据主动WTA的设置而变化。如果车辆安装的是WTA 3kW，则冷却液仅用于加热驾驶室，而不加热发动机。

车辆可能配备的另一种装置是SSH（Short Stop Heater），它是一种可利用发动机熄火后的余热的循环泵。

当冷却液液位过低或冷却液温度过高时，警告灯点亮。作为安全措施，如果冷却液温度过高，发动机中的转矩也会降低。

④ 16L发动机冷却循环系统如图2-176所示。

当双节温器4打开时，冷却液被输送到水箱1中，然后水平流过冷却套件。冷却液被流经冷却套件的空气以及风扇产生的气流和顶风冷却。

冷却液温度低时，节温器关闭，所有冷却液经由旁通管3循环，而不经过水箱。对于16L发动机，所有系统变型均只使用双节温器。节温器位于右侧气缸体前部。

当发动机 17 达到正常工作温度时，节温器在中间位置运行。这意味着冷却液会通过开启的节温器经过旁通管和水箱。如果冷却液温度偏高，所有冷却液都会经由节温器流向水箱，然后至旁通管的出口会完全关闭。

水泵 2 将冷却液送到纵向气缸体分配器通路。冷却液流经机油冷却器并分为两股液流。冷却液被输送至发动机任意一侧，绕气缸套循环流动，然后向上流入气缸盖。

来自气缸盖的冷却液收集在气缸盖下两侧的外部冷却液管中。随后，冷却液通过气缸体上的管路向前流入节温器中。

如果卡车装配有液压缓速器 16，冷却液则来自左侧冷却液管的后部。冷却液流经液压缓速器，然后被输送回大梁内侧管路内的节温器外壳中。

如果发动机配备有 EGR 冷却器，冷却液则来自气缸体右侧并经由水箱流回节温器外壳中。EGR 冷却器利用冷却液冷却废气，然后冷却的废气与进气相混合。

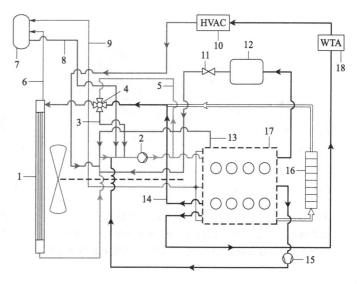

图 2-176 16L 发动机冷却循环系统
1—水箱；2—冷却液泵；3—旁通管；4—双节温器；5—双节温器的控制流；
6—水箱排放空气管；7—膨胀水箱；8—恒压管；9—发动机排放空气管；
10—加热器热交换器（HVAC）；11—SCR 水阀；12—尿素箱（SCR）；
13—外部旁路；14—没有液压缓速器冷却器时的另一路线；
15—空气压缩机；16—液压缓速器；17—发动机；
18—WTA（水对空气）

如果发动机配有 SCR 系统，冷却液则来自右侧的冷却液管。SCR 系统使用冷却液加热尿素箱 12。当尿素箱变得足够温暖时，通过 SCR 水阀 11 截流。如果发动机配备了可变几何涡轮增压器，则冷却液还来自机油冷却器。此接头与空气压缩机 15 水接头相连。

空气压缩机由来自发动机上机油冷却器盖出口的冷却液冷却。

膨胀水箱经由通风管 6 和 9 连接至发动机及水箱，这表明它也充当冷却系统的通风装置。

冷却液泵的吸入侧和膨胀水箱 7 之间有一根恒压管 8，这为冷却液泵提供一个恒定的过压，从而降低空穴损坏的风险。

驾驶室加热器热交换器 10 利用回流冷却液中的热量进行加热。如果车辆配备 WTA 6kW，即发动机/驾驶室加热器，则流量根据主动 WTA 的设置而变化。如果卡车安装的是 WTA 3kW，则冷却液仅用于加热驾驶室，而不加热发动机。

车辆可能配备的另一种装置是 SSH（Short Stop Heater），它是一种可利用发动机熄火后的余热的循环泵。

当冷却液液位过低或冷却液温度过高时，警告灯点亮。作为安全措施，如果冷却液温度过高，发动机中的扭矩也会降低。

⑤ 7L 发动机（CRIN）冷却液管分布如图 2-177 和图 2-178 所示。

⑥ 7L 发动机（CRIN）进气系统冷却通路如图 2-179 所示。

带内置式冷启动辅助装置的进气歧管位于气缸盖进气口上方。内置式冷启动辅助装置是一个在寒冷条件下用于加热进气的加热元件。冷启动辅助装置由发动机控制单元控制。发动机控制单元控制着一个继电器，后者可根据需要调节供应至加热元件电压。

如果冷启动辅助装置发生故障、产生裂纹或加热元件熔化，则必须更换整个进气歧管。

进气首先通过空气滤芯，在此会清除所有碎屑。然后空气会流经进气管，再流至涡轮增压器。在涡轮增压器中，会将空气压缩至发动机控制单元设置的程度。发动机控制单元通过电子控制可变几何涡轮增压器来调节涡轮增压器中的压力。电子控制可改变涡轮增压器压缩叶轮的转速，进而影响发动机的进气量，从而调节压力大小。

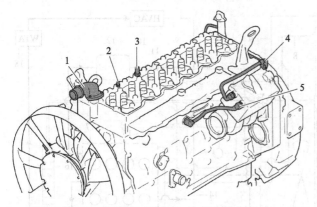 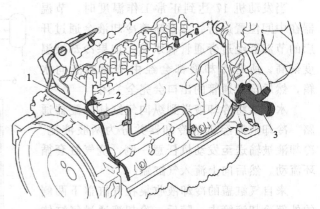

图 2-177 7L 发动机（CRIN）冷却液管分布（一）
1—节温器外壳；2—排放膨胀水箱；3—至驾驶室加热器的冷却液管；
4—从空气压缩机至冷却液泵的回油管；5—至空气压缩机的冷却液管

图 2-178 7L 发动机（CRIN）冷却液管分布（二）
1—从空气压缩机至冷却液泵的回油管；2—至用于排气后处理和尿素箱的剂量阀的冷却液管；3—冷却液引入管

为了抵消空气压缩时产生的热量，空气会直接进入进气冷却器以进行冷却。冷空气密度更大，同体积时比热空气包含更多的氧气。冷空气可为发动机供应更多氧气，进而使燃油燃烧得更充分。如果燃烧更多的燃料，将使得输出功率上升，燃油消耗和排放降低。冷空气降低了燃烧温度，也降低了燃烧影响的部件温度，尽管发动机输出功率提高，但是热应力降低。

来自进气冷却器的进气会通过一个可调进气接头转接件。进气接头转接件具有很高的可调节性，因此能灵活地将其与不同的进气接头搭配使用。当进气达到进气接头时，会与来自 EGR 系统的冷却废气混合，然后流入进气歧管。进气歧管中的进气和废气的混合气体会被配送至气缸。

16L 发动机（PDE）进气冷却通路如图 2-180 所示。

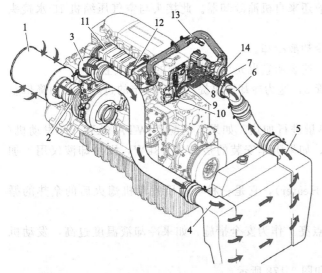 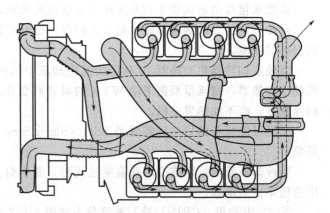

图 2-179 7L 发动机（CRIN）进气系统冷却通路
1—空气滤芯；2—涡轮增压器进口；3—涡轮增压器出口；4—进气冷却器进口；5—进气冷却器出口；6—进气冷却器接头转接件；7—进气管保护装置；8—进气歧管；9—进气口；10—进气阀；11—EGR 冷却器；12—EGR 冷却的废气；13—EGR 管路；14—EGR 阀

图 2-180 16L 发动机（PDE）进气冷却通路

2.3.1.2 斯堪尼亚油电混动汽车冷却系统

油电混合车如要发挥出最佳效率，电力驱动系统需要一个正常运行的冷却系统。

该冷却系统拥有两个冷却液回路：

① 动力蓄电池（E83）的冷却液回路；
② 电源转换器（E82）和直流换流器（E84）的冷却液回路。

RES 系统 BMU 控制单元（E81）可监视和控制冷却系统中的部件与冷却液回路，如图 2-181 所示。

动力电池冷却液回路如图 2-182 所示。

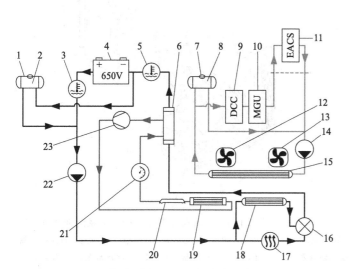
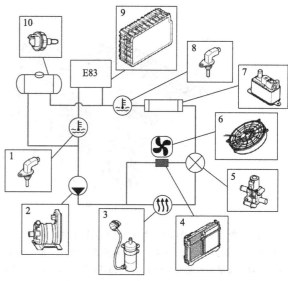

图 2-181 混动系统冷却部件与冷却液回路

1—膨胀水箱；2—液位监控器（T181）；3—温度传感器（T210）；4—动力蓄电池（E83）；5—温度传感器（T179）；6—蒸发器；7—膨胀水箱；8—液位监控器（T182）；9—直流换流器（E84）；10—电源转换器（E82）；11—空气压缩机（E142）；12—风扇（M40）；13—风扇（M39）；14—冷却液泵（M41）；15—电源转换器/直流换流器（E82/E84）的水箱；16—电磁阀（V194）；17—加热器（H32）；18—动力蓄电池（E83）的水箱；19—制冷剂冷凝器；20—空调干燥器；21—压力传感器（T211）；22—冷却液泵（M38）；23—制冷剂压缩机（E140）

图 2-182 动力电池冷却液回路

1—温度传感器（T210）；2—冷却液泵（M38）；3—加热器（H32）；4—动力电池（E83）的水箱；5—电磁阀（V194）；6—风扇（M39）；7—蒸发器；8—温度传感器（T179）；9—动力电池（E83）；10—膨胀水箱/液位监控器（T181）

动力电池（E83）拥有单独的冷却液回路，该回路采用冷却液盘管冷却或加热动力电池。

必要时，BMU 控制单元（E81）可调节冷却液泵（M38）和风扇（M39），以冷却动力电池（E83）。

需要加热动力电池时，会停用风扇。BMU 控制单元会启动加热器和电磁阀，然后冷却液会流过加热器而非水箱。冷却系统会设法将动力蓄电池的工作温度维持在 25～35℃ 之间。

动力电子设备的冷却液回路如图 2-183 所示。

直流换流器（E84）和电源转换器（E82）共用同一个冷却回路。回路由动力电子设备水箱通过其上的风扇（M39/M40）冷却。冷却液回路由 BMU 控制单元（E81）控制。BMU 控制单元控制冷却液泵（M41）和风扇（M39/M40），以调节部件的工作温度。

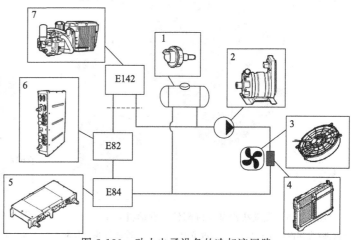

图 2-183 动力电子设备的冷却液回路

1—膨胀水箱/液位监控器（T182）；2—冷却液泵（M41）；3—风扇（M39/40）；4—电源转换器/直流换流器（E82/E84）的水箱；5—直流换流器（E84）；6—电源转换器（E82）；7—空气压缩机（E142）

混合动力单元中的冷却系统部件位置如图2-184和图2-185所示。

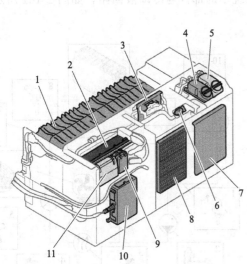

图2-184 混合动力单元中的冷却系统部件（一）
1—E83，动力电池；2—E82，电源转换器，MGU；3—E81，控制单元，BMU；4—接至动力电池（E83）冷却回路的膨胀水箱；5—接至电源转换器（E82）和直流换流器（E84）的冷却回路的膨胀水箱；6—S229，开关；7—冷却套件；8—冷凝器；9—P13，A级电压电器中心；10—P7，电器中心；11—P12，A级电压电器中心

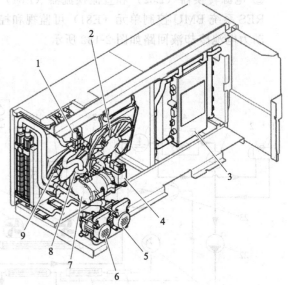

图2-185 混动动力单元中的冷却系统部件（二）
1—V194，电磁阀；2—M39，风扇；3—E84，直流换流器，DCC；4—蒸发器；5—M38，冷却液泵；6—M41，冷却液泵；7—E140，制冷剂压缩机；8—H32，加热器；9—M40，风扇

2.3.1.3 奔驰OM471发动机冷却系统

以OM471.9发动机为例，发动机冷却系统部件安装位置如图2-186和图2-187所示。

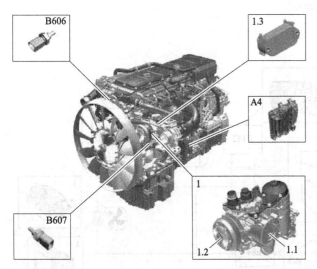

图2-186 发动机冷却系统部件（发动机471.9）
1—机油/冷却液模块；1.1—冷却液节温器；1.2—冷却液泵；1.3—热交换器（油/水）；A4—发动机管理系统（MCM）控制单元；B606—废气冷却液温度传感器；B607—冷却液进口温度传感器

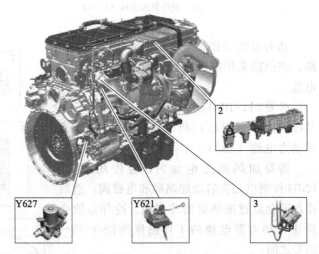

图2-187 发动机冷却系统部件（发动机471.9，欧Ⅵ版）
2—废气再循环冷却器；3—喷嘴装置［柴油微粒滤清器（DPF）再生］（仅适用于欧Ⅵ版发动机）；Y621—废气再循环调节器；Y627—AdBlue®加热器冷却液电磁阀

发动机装配有封闭式冷却系统（加压系统）。发动机冷却系统中的冷却液由冷却液泵1.2进行循环，吸收来自发动机部件的热量。当发动机达到其工作温度时，热量由冷却器扩散至外部空气。

发动机冷却液泵1.2通过皮带驱动。如果发动机正在运行并且还未达到其工作温度，则冷却液在发动机内循环。对于装配集成式冷却液泵1.2的车辆，持续监测冷却液泵1.2转速。发动机管理系统（MCM）控制单元A4读取来自冷却液泵转速传感器B640的信号并持续调节冷却液泵1.2的输送率。为此，发动机管理系统（MCM）控制单元A4促动冷却液泵电磁阀Y631。

由于冷却液节温器1.1在发动机冷却时关闭，因此冷却液通过冷却液旁路流入机油/冷却液模块1中，其通过关闭的冷却液节温器1.1经由冷却液泵1.2传输至热交换器（机油/水）。

如果发动机油温度高于115℃（机油节温器的开启温度），其通过热交换器（机油/水）进行冷却，以使其不会超过120℃。将热交换器（机油/水）固定到机油/冷却液模块1上并伸入曲轴箱中。通过此方法，冷却液流入曲轴箱中，并因此流入气缸套2中。

在此过程中，一部分冷却液输送至燃油冷却器8和压缩机9，然后通过单独的供给管路输送至废气再循环冷却器6，同时输送至废气再循环调节器Y621。冷却液从燃油冷却器8和压缩机9直接返回至冷却液泵1.2。

冷却液被泵送至气缸套2，然后流至气缸盖3。气缸盖3装配有分离冷却液护套。这意味着冷却液在流至气缸周围之后，均流入气缸盖3的进口和出口侧。在气缸盖3中，冷却液首先流至下部冷却平面，并在此清洗喷油器和气门座圈。

最后，冷却液流至上部冷却液位，并对位于此处的气门导管进行冷却。之后，冷却液被输送至冷却液歧管4中，来自废气再循环冷却器6的冷却液和来自废气再循环调节器Y621的冷却液也被输送至此处。歧管4中的冷却液通过冷却液旁路和冷却液节温器1.1（仍关闭）返回至机油/冷却液模块1和冷却液泵1.2，直至发动机达到其工作温度。

达到发动机工作温度时，冷却器回路通过冷却液节温器1.1的开口启用。冷却液经由车辆冷却器或直接通过冷却液旁路流入冷却液泵1.2，流量多少取决于冷却液节温器1.1的位置。冷却液回路中的冷却液温度通过此方法得到调节。

风扇12用于增加车辆冷却器的冷却输出。

在此过程中，冷却液出口温度传感器B606和冷却液进口温度传感器B607持续监测冷却液温度，其均由发动机管理系统（MCM）控制单元A4读取。

由于温度波动而出现的发动机冷却系统的各种压力通过冷却液膨胀容器进行平衡。

二级液力缓速器所需冷却液来自冷却液歧管4。当二级水冷式缓速器启用时，会使用冷却液回路中的大量冷却液，从而导致发动机冷却系统中的压力显著降低，鉴于这一事实，可通过从辅助用电设备回路有目的地喷射压缩空气对此压力进行调节。

为此，行驶控制系统（CPC）控制单元A3利用冷却液压力控制传感器B87不断监测冷却液膨胀容器中的压力。该控制单元在特定压力下根据冷却液温度促动冷却液压力控制电磁阀Y53，该阀由此使压缩空气流过冷却液膨胀容器中的消耗回路。

发动机冷却循环系统如图2-188所示。

喷嘴装置（用于柴油微粒滤清器的再生）5（仅适用于欧Ⅵ标准版发动机）5安装位置如图2-189所示。用于冷却喷嘴装置5的冷却液来自废气再循环冷却器6。之后，其通过喷嘴装置5输送回冷却液歧管4中，喷油嘴也位于此处。

AdBlue®加热器的冷却液也来自冷却液歧管4。当AdBlue®加热器冷却液电磁阀Y627被促动时，冷却液通过软管包输送至AdBlue®罐，并由此输送回至机油/冷却液模块1。

冷却液泵1位于发动机的左前侧，见图2-190。

冷却液泵的任务是使冷却液在发动机的冷却回路中循环。冷却液根据需要进行循环，主要取决于行驶状态，即发动机管理系统（MCM）控制单元A4会通过电磁离合器（黏性）不断调节冷却液泵的输送率。特别是可降低部分负荷范围时的输送率，由于输送率降低，所需的驱动能量减少，从而会相应减少燃油消耗。

皮带轮9和驱动轴之间的摩擦连接通过由发动机管理系统（MCM）控制单元A4驱动的电磁离合器（黏性）实现。

通过工作室4中硅油的切变实现带轮9和驱动轴之间的动力传输。切变的含义可理解为硅油在基体2的驱动板条和黏性盘5的驱动板条之间的位移。

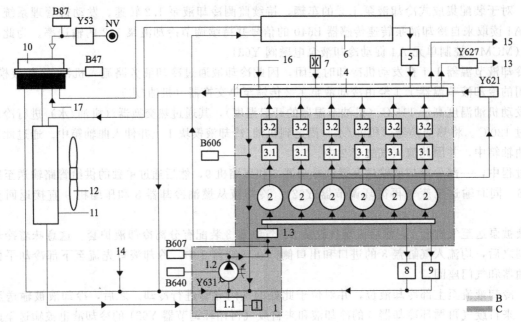

图 2-188 发动机冷却循环系统

1—机油/冷却液模块；1.1—冷却液节温器；1.2—冷却液泵；1.3—热交换器（机油/水）；2—气缸衬套；3.1—下部冷却液液位；3.2—上部冷却液液位；4—冷却液歧管；5—喷嘴装置（用于柴油微粒滤清器的再生）（仅适用于欧ⅥB标准版发动机）；6—废气再循环冷却器；7—限制器；8—燃油冷却器；9—压缩机；10—冷却液膨胀箱；11—散热器；12—风扇；13—AdBlue®加热器冷却液供给；14—AdBlue®加热器冷却液回流；15—缓速器的冷却液供给管（仅适用于二级液力缓速器）；16—缓速器的冷却液回流管（仅适用于二级液力缓速器）；17—缓速器的冷却液回流通风装置（仅适用于二级液力缓速器）；B47—冷却液液位开关；B87—冷却液压力调节传感器（仅适用于二级液力缓速器）；B606—废气冷却液温度传感器；B607—冷却液进口温度传感器；B640—冷却液泵转速传感器（仅适用于可调式冷却液泵）；Y53—冷却液压力调节电磁阀（仅适用于二级液力缓速器）；Y621—废气再循环调节器；Y627—AdBlue®加热器冷却液电磁阀；Y631—冷却液泵电磁阀（仅适用于可调式冷却液泵）；B—气缸盖；C—曲轴箱；NV—压缩空气供给电气附件

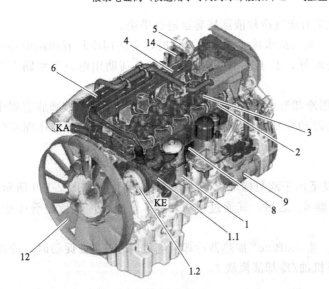

图 2-189 冷却喷嘴装置（发动机 471.9，欧Ⅵ标准版）

1—机油/冷却液模块；1.1—冷却液节温器；1.2—冷却液泵；2—气缸套；3—气缸盖；4—冷却液歧管；5—喷嘴装置（用于柴油微粒滤清器的再生）（仅适用于欧Ⅵ标准版发动机）；6—废气再循环冷却器；8—燃油冷却器；9—压缩机；12—风扇；14—AdBlue®加热器冷却液供给；KA—至冷却器的冷却液出口；KE—自冷却器的冷却液进口

图 2-190 发动机冷却液泵位置

1—冷却液泵

要调节电磁离合器（黏性），发动机管理系统（MCM）控制单元 A4 需要获得离合器的输出转速（泵轮

13 转速）和带轮 9 的输入转速。皮带轮 9 的输入转速通过发动机转速和带轮 9 直径确定。此处还会考虑 V 型带的传动比，这些信息存储在发动机管理系统（MCM）控制单元 A4 中。

离合器的输出转速通过冷却液泵转速传感器 B640 确定并由发动机管理系统（MCM）控制单元 A4 进行评估。

根据这些信息，发动机管理系统（MCM）控制单元 A4 确定当前转速和冷却油泵 1 的输送率。

根据配置情况，冷却液泵 1 在未促动状态下通常会满输送率传输。这意味着带轮 9 和泵轮 13 有 95% 的固定摩擦。如果冷却液泵 1 的输送率降低，发动机管理系统（MCM）控制单元（A4）会通过脉冲宽度调制信号促动冷却液泵电磁阀 Y631。

促动冷却液泵电磁阀 Y631 时，电枢 7 接通。由于离心力，硅油会从盖 3 和黏性盘 5 之间的工作室 4 泵出，这会降低泵轮 13 的工作能量输入。

通过不断比较输入和输出转速，发动机管理系统（MCM）控制单元 A4 在任何时候都可检测当前的输送率。发动机管理系统（MCM）控制单元 A4 根据相应的冷却请求提高或降低冷却液泵 1 的输送率。

冷却液泵 1 设计为"失效保护部件"，这就意味着在静止状态下电磁离合器（黏性）的工作室 4 中注满硅油。如果电磁离合器（黏性）的电子促动由于故障取消，则会以能够达到的 100% 的冷却液输出执行工作。但是，这也意味着电磁离合器（黏性）的功能性在温度非常低或发动机冷启动时可能会受到限制。特别是发动机转速较低时，黏度较高的冷硅油无法从工作室 4 泵出，从而导致冷却液泵 1 完全接合。

冷却液泵 1 有以下应急运行特性。

① 出现电子故障时（例如电缆断裂、传感器系统故障），冷却液泵 1 根据配置情况会自动传送最大输送量。

② 机械故障[例如由于电磁离合器（黏性）处的机油损失导致的转速降低或 V 形带断裂]通过冷却液泵转速传感器 B640 进行检测，这会导致发动机动力输出受限。

③ 冷却液泵 1 的机械故障以及冷却液泵转速传感器 B640 故障可通过冷却液温度情况检测，这也会导致发动机输出功率受限。

出现故障时，会通过相应的警告信息（例如仪表盘中）通知驾驶员。发动机冷却液泵剖面如图 2-191 所示。

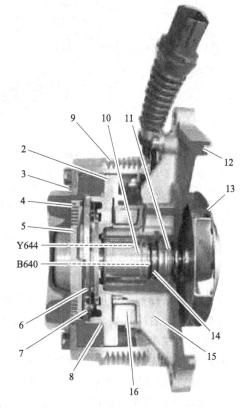

图 2-191　发动机冷却液泵剖面

2—基体；3—护盖；4—工作室（注满硅油）；5—黏性盘；6—中间盘；7—电枢（带阀杆）；8—O 形环（密封圈）；9—带轮；10—双环轴承（带驱动轴）；11—滑环密封件；12—密封件（至发动机）；13—泵轮；14—冷却液泵转速传感器 B640 信号环；15—泵壳；16—电磁阀；B640—冷却液泵转速传感器；Y644—冷却液泵电磁阀

2.3.1.4　沃尔沃 D13C460 发动机冷却系统

如图 2-192 所示为发动机冷却系统。冷却剂恒温箱直接在气缸盖内部形成。

冷却剂泵与恒温器功能如图 2-193 所示。冷却剂由冷却剂泵 1 驱动，通过由螺栓固定在冷却剂盖（油冷却器盖）上的油冷却器 3。部分冷却剂随后通过孔 2 进入气缸内衬下冷却水套，而大部分冷却剂继续穿过孔 4 进入气缸内衬上的冷却水套。之后冷却剂穿过通道 5 进入气缸盖。

气缸盖具有水平的分隔墙，迫使冷却剂穿过温度最高的区域，以达到有效的热传递。

冷却剂随后流过恒温器 6 及散热器或旁通管 7 返回冷却剂泵。冷却剂流动线路取决于发动机的温度。

空气压缩机 8 和变速箱冷却系统通过外部管路和软管连接，返回端位于泵的吸入侧。

在 D13C 上引入了带电磁离合器的双速冷却剂泵。由于电磁离合器和冷却剂泵可以两种不同的速度运行，在正常转速下，发动机需要较高的冷却，而在较低的转速下，发动机的冷却要求较低。

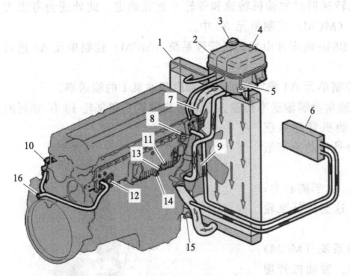 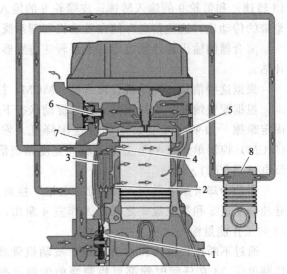

图 2-192 发动机冷却系统　　　　　　　　图 2-193 冷却剂泵与恒温器功能

1—散热器；2—膨胀箱；3—上加注口盖（含压力阀）；4—前加注口盖；
5—液位传感器；6—驾驶室内加热器；7—从冷却剂恒温器至散热器的
接头；8—温度传感器；9—冷却液泵；10—空气压缩机；11—发动机
加热器接头（柴油驱动）；12—发动机加热器接头（220V，插座）；
13—用于加热尿素储罐的接头；14—冷却剂排放塞；
15—冷却剂散热器排放塞；16—变速箱冷却接头

在正常的冷却剂泵速度下，电磁离合器激活（由电池电压供电），并且泵内部的叶轮以与外部滑轮相同的速度旋转。随着冷却要求降低，电磁离合器停用（电压供应为零），并且通过磁力滑动功能，叶轮速度相对于滑轮速度减小。由于离合器滑动功能以磁力方式执行，因此离合器的部件上没有磨损。

有两种皮带轮尺寸不同的冷却剂泵。

① 小尺寸皮带轮，使泵的效率更高，适用于配备缓速器的车辆（冷却需求更高）。

② 大尺寸皮带轮，适用于未配备缓速器的车辆。

冷却剂泵由发动机的外带轮驱动——为离心泵，装有电磁离合器。冷却剂泵通过发动机控制单元（EECU）调节。

冷却剂泵为铝制泵盖。泵后侧是冷却剂分配通道，前部包括塑料叶轮、轴密封件、轴承和带电磁离合器的带轮。转轴轴承为永久润滑的组合式滚轴轴承。冷却液泵安装位置如图 2-194。

注意：清扫孔周围可能会生成干燥的冷却剂残留。冷却剂残留累积是冷却泵的正常功能，无须更换发动机冷却剂泵。

冷却剂循环恒温器为活塞式，由温度敏感性蜡体控制其开闭。冷却剂温度达到 82℃时，恒温器打开。

恒温器（图 2-195）位置取决于车辆是否装有缓速器。未装配缓速器车辆，在气缸盖 1 中；装配有缓速器（RET-TH）车辆，在恒温器壳体 2 中，见图 2-196。

D13C 配有两个驱动皮带，均为多楔带（多型）。

内部皮带驱动空调压缩机 AC 和交流发电机 A。外部皮带驱动风扇 F 和冷却剂泵 WP。两根皮带均配备一个皮带自动张紧器 T。为正确对齐冷却剂泵带轮的外部皮带，还装有一个尾轮 I。冷却风扇驱动皮带安装如图 2-197 所示。

注意：由于轴承总成采用新型密封件，可以注意到用手转动零件时存在抵抗扭矩。

发动机配备有冷却风扇，用于调节发动机温度和驾驶室中的空调。

冷却风扇为黏性（滑动风扇将硅油作为动力传输液），具有电气啮合和分离功能。啮合和分离通过电磁阀 1 进行，该电磁阀通过离合器单元 2 接收来自发动机控制单元的信号。这种类型的风扇的优点是可根据实际冷却要求更好地调整风扇转速。

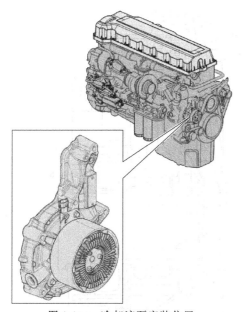

图 2-194 冷却液泵安装位置

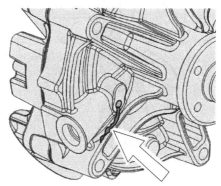

图 2-195 恒温器

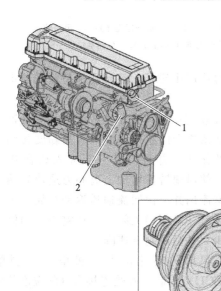

图 2-196 装配有缓速器车辆的恒温器位置

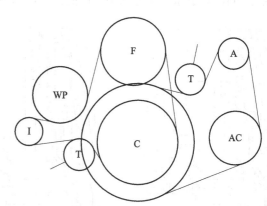

图 2-197 冷却风扇驱动皮带安装

风扇转速受不同参数的影响。在需要冷却时，以下系统可通过发动机控制单元请求额外的风扇转速。
① 冷却液温度。
② 气动系统。
③ 空调（AC）系统。
④ 增压空气温度。
⑤ 缓速器。
⑥ EECU 温度。

注意：始终满足具有最高转速需求的系统的请求。发动机电子控制单元（EECU）确定哪个系统具有最高优先级和风扇将以什么转速运行。

冷却风扇组成部件如图 2-198 所示。

驱动板永久连接到风扇轴，并始终以与风扇滑轮相同的转速旋转。离合器壳体拧紧到风扇上并在风扇轴上运行，但是可相对于轴自由旋转。

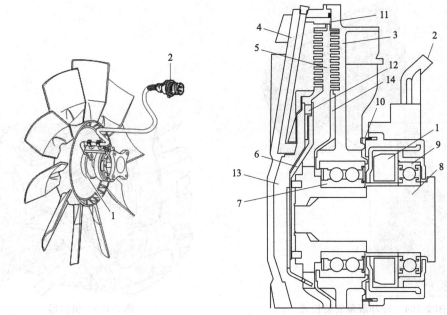

图 2-198 冷却风扇组成部件

1—电磁阀；2—离合器单元；3—离合器壳体；4—外罩；5—驱动板；6—阀；7—轴承（离合器壳体）；8—风扇轴；
9—轴承（电磁）；10—传感轮（转速传感器）；11—回流通道（硅油）；12—输送通道（硅油）；13—存储室；14—驱动室

图 2-199（a）显示电磁体通电时的风扇，例如风扇空转时。电磁体产生磁场，该磁场保持输送通道中的阀门关闭，因此硅油收集在外部存储室中。

图 2-199（b）显示当电磁体未通电时发生的情况。硅油可流入驱动室中并填充驱动板法兰和离合器壳体中凹槽之间的狭槽。硅油的高黏度起到摩擦剂的作用，并且与其一起吸入离合器壳体中，使风扇转速增加。离心力迫使硅油从驱动室流出并经由回流通道返回存储室中。这意味着一旦阀门关闭，驱动室中油的供应量减少，并且风扇转速降低。

风扇的转速由发动机电子控制单元（EECU）控制，并受连接到其的温度传感器的影响。电子风扇控制电路如图 2-200 所示。

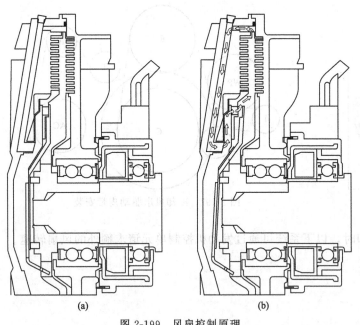

图 2-199 风扇控制原理

到风扇的控制信号将电磁体通电，电磁体继而操作油室和输送通道之间的阀门。控制信号为 PWM（脉冲宽度调制）类型，风扇转速由脉冲宽度控制。PWM 脉冲越长，风扇转速越慢。风扇配有转速传感器，可随时根据风扇的转速向控制单元发送信息。

EECU 控制的风扇具有故障安全机制。如果风扇或其接头中发生电气故障，则风扇将以最高可能的转速在完全连接下运行，旨在避免发动机过热。在某些情况下即使发生电气故障，例如在寒冷气候中，如果存在电气故障，风扇可以完全断开并以最低可能的转速旋转。

通过仪表板上的黄灯警告驾驶员，表明风扇或其接头中发生电气故障。

注意：每次发动机启动时，风扇开始旋转，如果发动机冷却，则风扇运行约 2min，然后减速到空转速度。

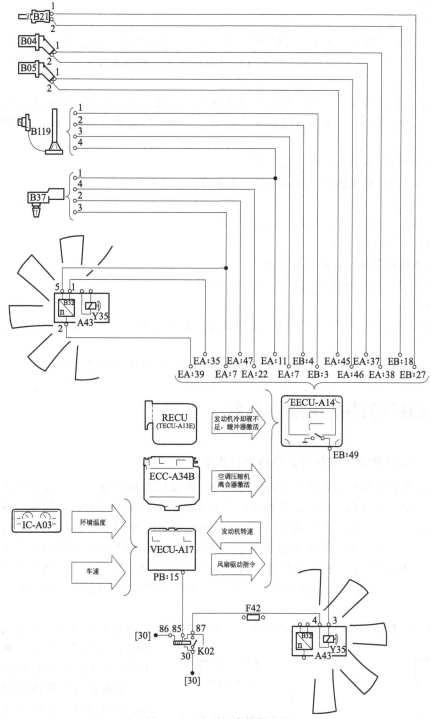

图 2-200 电子风扇控制电路

冷却液温度是控制冷却液风扇转速的最重要参数,旨在保持均匀的冷却液温度。对于任何给定的冷却液目标温度,存在一个最小风扇转速。这样,风扇将准备好执行可能的命令,进而以更高的转速运行。如果从空转速度启动,则风扇的加速时间太长。

通过车辆 ECU,压缩空气系统可请求激活风扇。当压缩机对系统充气时,风扇激活以降低空气压缩机冷却线圈中的温度。该功能用于确保压缩空气在进入空气干燥器前冷却。要激活该功能,必须满足以下条件。

① 空气压缩机充气(由空气干燥器通过车辆电子控制单元控制)。

② 发动机转速超过特定水平。

③ 车速低于特定水平。
④ 进口温度超过特定水平。

当 AC 系统请求激活风扇时，车速、环境温度和发动机转速必须满足特定要求，且必须激活 AC。如果 AC 系统中的压力太高，则系统可以请求激活风扇，而不管车速、环境温度和发动机转速如何。此功能旨在确保 AC 正常工作。

如果增压空气温度超过特定水平且所请求的发动机转矩也超过特定水平，则增压空气温度请求激活风扇。由于当发动机制动器激活时，增压空气温度可能受到影响，因此在发动机制动之后对于风扇激活的请求存在延迟。

缓速器可以请求激活风扇以产生增大的冷却。

紧凑型缓速器在发出风扇激活请求时需满足以下条件。
① 缓速器必须激活。
② 缓速器激活后，车速必须大于 0km/h，持续 40s。
③ 传动轴转速应高于特定水平。
④ 冷却液温度或缓速器油温应超过特定水平。

Powertronic 缓速器在风扇激活请求时需满足以下条件。
① 缓速器必须激活。
② 变速箱油温应高于特定水平，或者缓速器油温应高于特定水平，或者每单位时间的缓速器油温升高应高于特定水平。

在极端条件下，如果 EECU 中的温度超过特定水平，EECU 可请求激活风扇。

2.3.2 发动机冷却系统部件拆装

2.3.2.1 潍柴 WP12/WP13 发动机冷却系统部件拆装

WP12/WP13 系列柴油机上水泵安装在柴油机前端，柴油机进出水室均布置在气缸体排气侧，回水腔在上，进水腔在下。出水管终端有双联式节温器，两个节温器布置在水泵内部，结构紧凑。节温器有两个出口，一路通往水箱，另一路通往水泵进水口即为小循环。WP12 有三种不同温度开启的节温器，开启温度分别是 76℃、83℃、71℃，当冷却水温度达到这一数值时，节温器开启，冷却水经过散热器冷却后由水泵泵入机体，但当冷却水温度低于这一数值时节温器切断上述通路，冷却水直接进入水泵进口，使柴油机尽快升温，达到运行要求的热状态，避免低温磨损，延长柴油机的使用寿命。WP12 发动机冷却线路如图 2-201 所示。

膨胀水箱由整车厂配装，柴油机出厂时不带。一个冷却系统的冷却效率及功能在很大程度上取决于该系统是否附带系统压力或是否无气泡，这两种特性主要受膨胀水箱的影响。

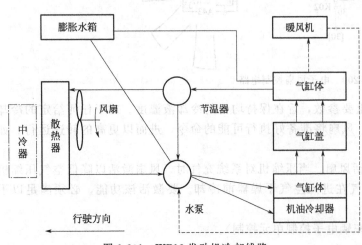

图 2-201 WP12 发动机冷却线路

膨胀水箱的具体作用是：接收加热时膨胀的冷却液；接收从通风管路同空气一起溢出的冷却液，并分离出系统中的空气；储备一定量的冷却液用于补偿泄漏损失；冷却系统的稳压和限压；方便冷却液的加注或液面检查。

WP12/WP13 系列柴油机的所有冷却系统都必须安装一个独立或半独立的膨胀水箱。膨胀水箱内压力应保持在 50kPa，位置至少高于柴油机及散热器 400mm，处于整个冷却系统循环水路的制高点。如有必要，膨胀水箱设计时应考虑在内部增加隔板，从而避免加速、减速及转弯时冷却液剧烈晃动。

膨胀水箱容量应大于或等于加入冷却系液体总量的 15%，而空气容量为冷却系统总加入量的 7%～12%。这就说明：初次加注冷却液时，最多只能加到膨胀水箱的 60%，其余 40% 供冷却液膨胀用。

柴油机冷却系统部件分解如图 2-202 所示。

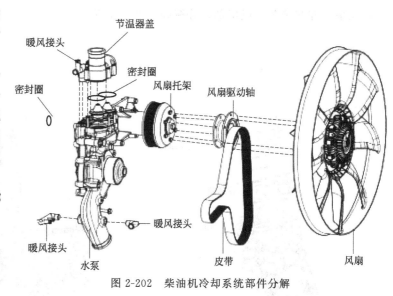

图 2-202　柴油机冷却系统部件分解

1. 冷却系统拆卸步骤
1) 拆卸风扇和风扇托架。
2) 拆卸皮带与张紧轮。
3) 拆卸水泵。
4) 拆卸节温器。

2. 水泵拆卸与装配　水泵部件分解如图 2-203 所示。

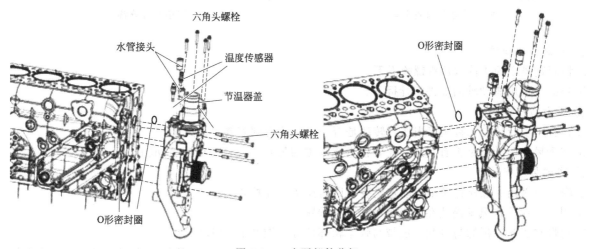

图 2-203　水泵部件分解

① 水泵拆卸步骤。
a. 拆下 5 个螺栓，拆下水泵，
b. 拆下 4 个螺栓，拆下节温器盖。
② 水泵检查维修。检查水泵是否运转灵活、密封圈有无破损，若有需更换新件。
③ 水泵装配步骤。
a. 打磨气缸体前端与水泵后盖的结合面，并擦净涂胶。
b. 水泵后盖与气缸体的结合面涂 518 平面密封胶。
c. 在水泵后盖的结合面上嵌入相应的 O 形密封圈。
d. 装水泵总成并用螺栓紧固。装前须检查水泵带轮转动是否灵活。

3. 节温器拆卸与装配　节温器部件分解如图 2-204 所示。
① 节温器拆卸步骤。拆下六角头螺栓，取下节温器。
② 节温器检查维修。查看节温器和密封圈是否有破损，若有破损则需要更换新件。
③ 节温器装配步骤。先拧下节温器盖，将节温器放入水泵中，然后放入 2 个 O 形密封圈后装上节温器盖并用螺栓拧紧。

4.风扇拆卸与装配　风扇部件分解如图2-205所示。

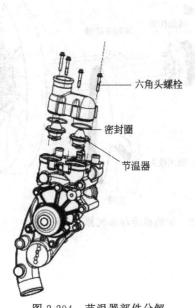

图2-204　节温器部件分解

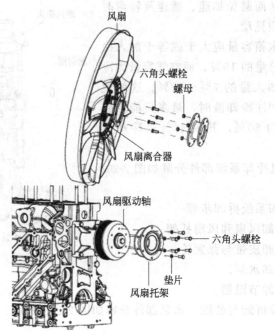

图2-205　风扇部件分解

① 风扇拆卸步骤。
a.将固定风扇的4件六角头螺栓拆下。
b.将固定风扇驱动轴的6件螺栓拆下。
② 风扇检查维修。
a.查看风扇叶片有无裂纹等损伤,转动是否平顺,若有则需要更换风扇。
b.查看风扇驱动轴是否有裂纹。需要检查驱动轴的失效情况,并更换驱动轴。
③ 风扇装配步骤。
a.用6个六角头螺栓将风扇驱动轴松装在风扇托架上并拧紧。
b.用4个螺栓将风扇松装在风扇驱动轴上并拧紧。
5.皮带与张紧轮拆卸与装配　皮带与张紧轮部件分解图2-206如示。

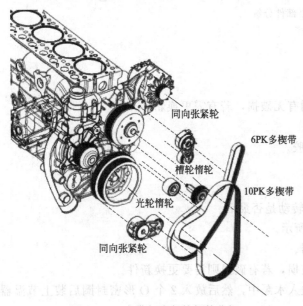

图2-206　皮带与张紧轮部件分解

① 皮带与张紧轮拆卸步骤。将同向张紧轮用扳手逆时针旋转,拆下皮带;用扳手将张紧轮螺栓和惰轮螺栓分别拆除,取下惰轮、张紧轮。
② 皮带与张紧轮检查维修。在拆卸前,检查张紧轮的转角度数,查看是否与限位块接近,若比较近则需要更换皮带,并检查张紧轮、惰轮是否有损伤,若有需更换。
③ 皮带与张紧轮装配步骤。
a.将曲轴皮带轮装在曲轴上。
b.安装曲轴皮带轮螺栓且拧紧。螺栓先用45N·m预紧,然后转135°。
c.将皮带惰轮用螺栓装在水泵左下侧和发动机前支撑上。
d.用螺栓将皮带张紧轮装在水泵右下侧和发电机支架上。
e.装皮带。皮带装好后用钳子将皮带张紧轮的销子拔出，即实现了自动张紧。拔出皮带张紧轮销子时，注意皮带与带轮是否对正。

2.3.2.2 锡柴 CA6DM3 发动机冷却系统部件拆装

发动机冷却系统部件分解如图 2-207～图 2-209 所示。

装配顺序：按照与分解的相反顺序。

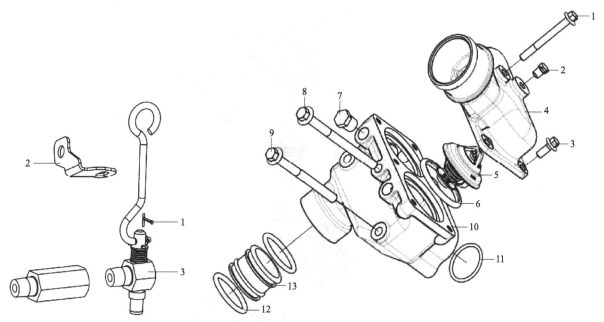

图 2-207 放水开关（图中序号即分解顺序）
1—开口销；2—手柄支架-放水开关；
3—放水开关总成

图 2-208 调温器组件分解（图中序号即分解顺序）
1—六角法兰面螺栓；2—六角锥形螺塞；3—六角法兰面螺栓；
4—调温器上盖；5—调温器总成；6—密封环（调温器用）；
7—六角头锥形螺塞；8，9—螺栓（调温器用）；
10—调温器座；11，12—液压气动用 O 形橡胶
密封圈；13—小循环连接管

装配顺序：按照与分解的相反顺序。

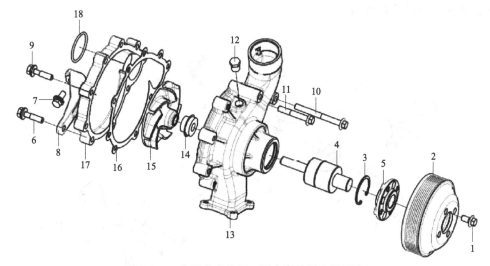

图 2-209 水泵总成分解（图中序号即分解顺序）
1—六角头凸缘导颈螺栓；2—水泵皮带轮；3—孔用弹簧挡圈；4—双面密封轴连轴承；5—水泵带轮法兰；
6，7，9—组合螺栓；8—水泵支架；10—螺栓（水泵用）；11，12—六角头锥形螺塞；13—水泵壳；
14—水封；15—水泵叶轮总成；16—水泵垫片；17—水泵后盖；18—液压气动用 O 形橡胶密封圈

第 2 章 柴油发动机机械维修

装配顺序：按照与分解的相反顺序。

2.3.2.3 大柴 BF6M1013 发动机冷却系统部件

发动机冷却系统部件分解如图 2-210～图 2-213 所示。

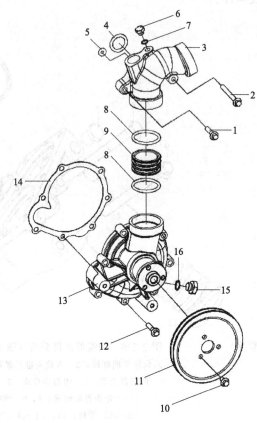

图 2-210 水泵组件（图中序号即分解顺序）

1，2，10，12—六角头凸缘螺栓；3—水泵进水管；4，5，8—密封圈；6，15—螺塞；7—密封垫；9—连接管；11—水泵皮带轮；13—水泵总成；14，16—密封垫

装配顺序：按照与分解的相反顺序。

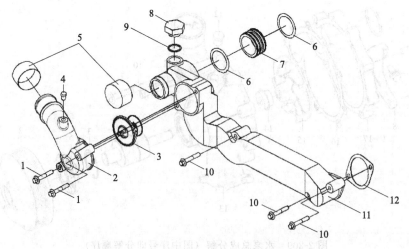

图 2-211 出水管组件（图中序号即分解顺序）

1，10—六角头凸缘螺栓；2—发动机出水管；3—调温器总成；4—六角头锥形螺塞；5—保护盖；6—密封圈；7—连接管；8—螺塞；9，12—密封垫；11—出水管

装配顺序：按照与分解的相反顺序。
装配顺序：按照与分解的相反顺序。

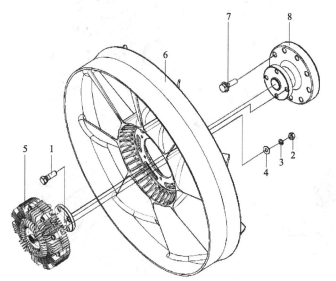

图 2-212 风扇及风扇离合器组件（图中序号即分解顺序）
1—组合螺栓；2—六角螺母；3—弹簧垫圈；4—垫圈；5—风扇离合器总成；6—风扇总成；7—六角法兰面螺栓；8—风扇离合器过渡法兰

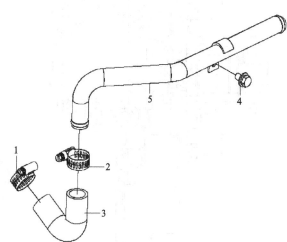

图 2-213 膨胀箱回水管组件（图中序号即分解顺序）
1，2—蜗杆传动式软管夹拖 B 型；3—前回水胶管；
4—组合螺栓；5—回水弯管总成

装配顺序：按照与分解的相反顺序。

2.3.2.4 日野 E13C 发动机冷却系统部件结构与分解

冷却系统组成与循环回路如图 2-214 所示。

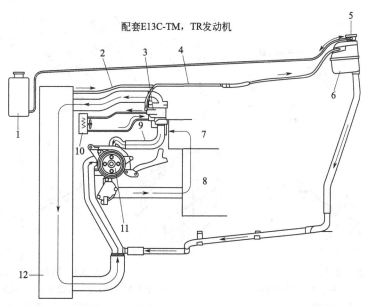

图 2-214 冷却系统组成与循环回路（E13C-TM，TR）
1—储水箱；2—散热器排气管；3—恒温器壳；4—发动机排气管；5—散热器盖；6—散热器上集水室；
7—缸盖；8—缸体；9—分流软管；10—汽车预热器（如有装备）；11—冷却泵；12—散热器

冷却液泵内部构造如图 2-215 所示。
冷却系统总成部件分解如图 2-216～图 2-219 所示。

第 2 章 柴油发动机机械维修　99

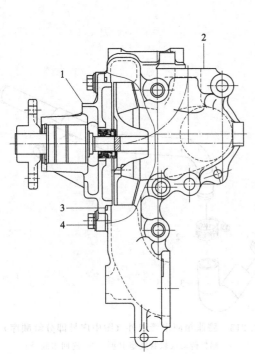

图 2-215 冷却液泵内部构造
1—冷却泵箱分总成；3—O形环；
2—冷却泵罩；4—法兰螺栓

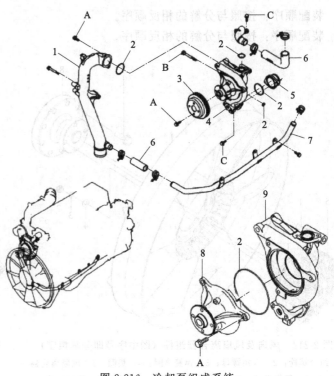

图 2-216 冷却泵组成系统
1—吸水管；2—O形环；3—冷却泵皮带轮；4—冷却泵总成；
5—出油管；6—制冷剂软管；7—分流管；
8—冷却泵箱分总成；9—冷却泵罩；
上紧扭矩（单位：N·m）：A为55；B为97；C为28.5。

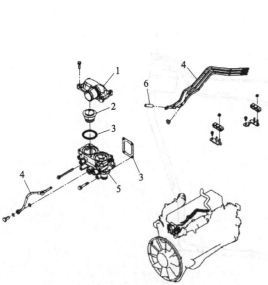

图 2-217 恒温器组成部件
1—恒温器箱盖；2—恒温器；3—衬垫；4—排气管路；
5—恒温器箱；6—制冷剂软管

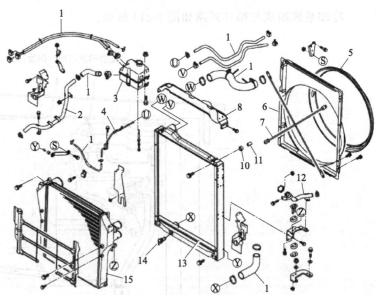

图 2-218 散热器组成部件
1—散热器软管；2—旁路管；3—总箱；4—冷却剂管；
5—密封；6—风扇护罩；7—横杆；8—挡板；10—装配
垫；11—隔片；12—注油管；13—O形环；14—冷却剂
排放装置；15—中间冷却器

2.3.2.5 日野 P11C 发动机冷却系统结构与分解

发动机冷却系统循环回路如图 2-220 所示。

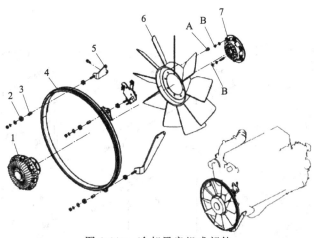

图 2-219 冷却风扇组成部件

1—离合器；2—消声块；3—垫片；4—风扇罩；5—支架；6—冷却风扇；7—风扇耦合器

上紧扭矩（单位：N·m）：A 为 47；B 为 51。

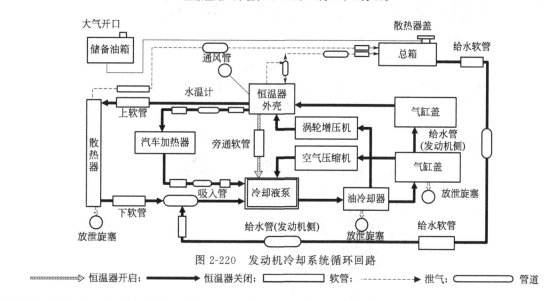

图 2-220 发动机冷却系统循环回路

⟹ 恒温器开启；⟶ 恒温器关闭；▭ 软管；------ 泄气；⬭ 管道

发动机冷却系统总成部件分解如图 2-221～图 2-224 所示。

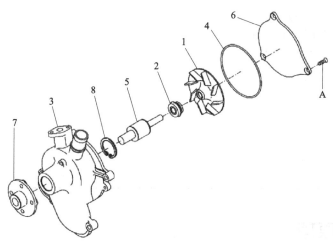

图 2-221 冷却液泵

1—叶轮；2—水封；3—泵体；4—油封；5—冷却液泵轴；
6—泵盖；7—压板；8—挡圈

上紧扭矩（单位：N·m）：A 为 17.7～21.5。

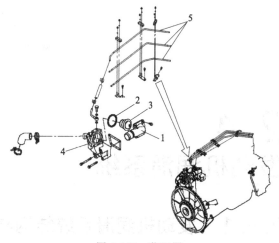

图 2-222 节温器

1—节温器壳；2—垫片；3—节温器；
4—节温器室；5—排气管路

第 2 章 柴油发动机机械维修 101

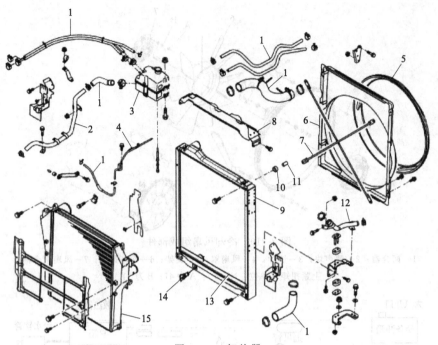

图 2-223 解热器

1—散热器软管；2—旁路管；3—总箱；4—冷却剂管；5—密封；6—风扇护罩；7—横杆；8—挡板；9—散热器芯；
10—装配垫；11—隔片；12—注油管；13—O 形环；14—冷却剂排放装置；15—中间冷却器；

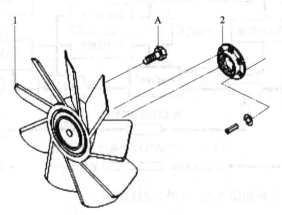

图 2-224 冷却风扇

1—冷却风扇组件；2—垫圈

上紧扭矩（单位：N·m）：A 为 20~27。

2.4 发动机润滑系统

2.4.1 发动机润滑系统结构与原理

2.4.1.1 斯堪尼亚重卡发动机润滑系统

发动机配备一个内齿轮机油泵。机油泵通过吸油管从油底壳吸取润滑油。吸油管下部配备一个粗滤网，可防止大块碎屑进入润滑系统。通过机油泵后，加压后的机油会经过机油调压阀。如果压力大于 4.5bar（1bar=0.1MPa），则调压阀打开，让部分机油流回油底壳。由于制造容差，不同的发动机之间调压阀开启时的压力可能存在差异，压差最高可达 0.7bar。如果机油压力过高，机油泵和润滑系统中的其他部件可能会承受过高的压力。

润滑油流到机油冷却器、机油滤芯和旁通阀上。如果机油滤芯的压力超过 3.45bar，旁通阀开启。一旦润滑油从机油冷却器流经机油滤芯，就会被引出而流向气缸体的主口道，会将润滑油从润滑系统口道引至需润滑的部件。润滑系统部件分布如图 2-225 所示。

机油滤芯外壳中的供油管为涡轮增压器供应冷却的、已过滤的机油，见图 2-226。在涡轮增压器下部进行排放的排放管，通过气缸体中的口道将润滑油引至油底壳。

口道可向活塞冷却喷嘴供应润滑油。喷嘴在活塞底部喷射润滑油，并通过活塞内的口道喷射润滑油，以冷却活塞。

来自机油滤芯的润滑油通过气缸 1 和气缸 2 间的孔流入主口道。主轴承、气缸盖、气门机构和压缩机由主口道直接供应加压润滑油，连杆、活塞和凸轮轴也是如此。

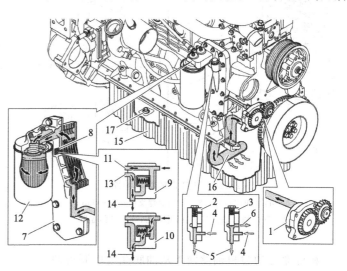

图 2-225　润滑系统部件分布

1—机油泵；2—机油调压阀关闭；3—机油调压阀开启；4—从机油泵；5—至机油冷却器；6—至油底壳；7—机油冷却器；8—机油滤芯旁通阀；9—旁通阀关闭；10—旁通阀开启；11—至机油滤芯；12—机油滤芯；13—从机油滤芯；14—至主口道；15—油底壳；16—带滤网的吸油管；17—机油塞

曲轴中的钻孔向连杆轴承供应润滑油。凸轮轴轴颈通过主轴承座中的孔获得润滑油。曲轴与气缸体的润滑油路如图 2-227 所示。

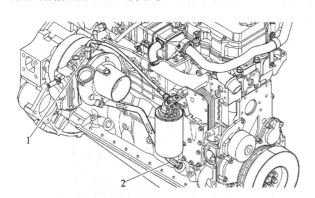

图 2-226　涡轮增压器的润滑

1—向涡轮增压器供应润滑油；2—从涡轮增压器排放润滑油

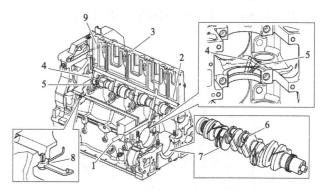

图 2-227　曲轴与气缸体的润滑油路

1—从机油冷却器；2—润滑油主口道；3—至气缸盖和气门机构；4—至上部主轴承；5—至凸轮轴轴颈；6—向连杆轴承供应润滑油；7—曲轴主轴承中的横孔；8—活塞冷却喷嘴；9—用于向压缩机供应润滑油

气缸盖和气门机构通过气缸体中单独的孔获得润滑。润滑油通过孔、气缸盖垫片中的凹槽和气缸盖中的孔向气门摇臂轴承中的孔供应。气门摇臂轴承中的孔向气门摇臂、推杆轴承和气门叉供应润滑油。多余的机油会向下流动并润滑凸轮轴和气门挺杆。气缸盖的润滑油路如图 2-228 所示。

润滑油从主口道供应至后齿轮壳中的孔，并润滑压缩机。多余的机油会通过后齿轮壳流回油底壳，见图 2-229。

9L 和 13L 发动机机油流向如图 2-230 所示。

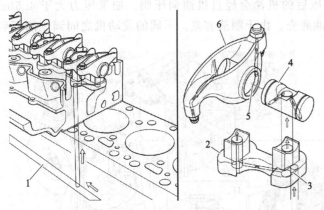

图 2-228 气缸盖的润滑油路
1—润滑油主口道；2—气门摇臂支架；3—口道；
4—气门摇臂轴；5—气门摇臂孔；6—气门摇臂

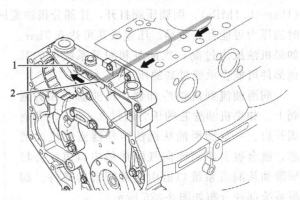

图 2-229 压缩机润滑油路
1—向压缩机供应润滑油；2—从气缸体供应润滑油

机油泵 2 通过机油滤网 1 从油底壳吸取润滑油。

在机油泵中，润滑油通过安全阀 3。如果机油压力超过 9.5bar，则安全阀打开，多余润滑油流回油底壳。机油压力过高可能会损坏机油泵和润滑系统中的其他部件。

润滑油继续流动至机油冷却器节温器 4，节温器会根据机油温度通过机油冷却器 5 使机油流动或引导机油流入机油滤芯 6 中。部分润滑油会被引导流入旋转式机油滤清器 9 中，在此通过离心力清洁润滑油，然后将润滑油排回油底壳中。

润滑油流向机油滤芯，进行清洁。溢流阀 7 可确保即使在机油滤芯堵塞的情况下，发动机也一直接收到机油供应。如果整个机油滤芯的差压超过 2bar，则溢流阀开启。

活塞冷却阀 8 可调节活塞冷却喷嘴的压力。

机油会被泵出至系统的各个润滑点，例如主轴承 11、凸轮轴承 12 和气缸盖等。为了维持期望的正常机油压力，会通过一个机械卸载阀 10 调节机油压力。多余的润滑油排放至油底壳中，见图 2-231。

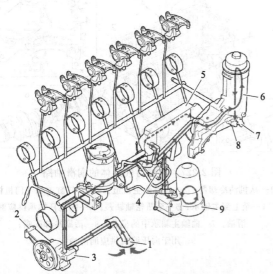

图 2-230 9L 和 13L 发动机机油流向

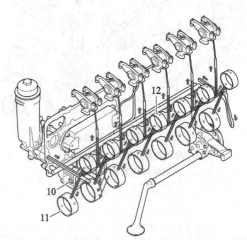

图 2-231 凸轮轴与气缸盖机油流向

活塞冷却喷嘴 13 通过向活塞底部喷洒机油来冷却活塞，见图 2-232。

如图 2-233 所示，油气分离器 14 可清除曲轴箱中的油雾和其他粒状物。

在机油完成润滑/清洁后，会在内部通过本体或飞轮壳，或通过接至旋转式机油滤清器上排放接头的外部管路将机油排放回油底壳。

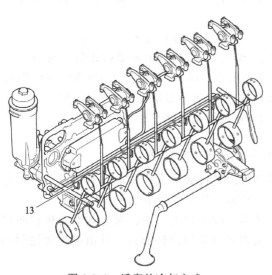

图 2-232 活塞的冷却方式

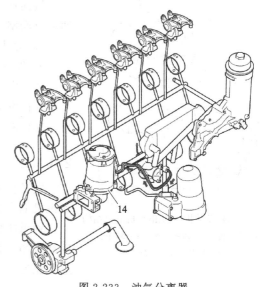

图 2-233 油气分离器

机油泵通过机油滤网 A 从油底壳吸取润滑油。

在机油泵 B 中，润滑油通过安全阀 C。如果机油压力超过 7.8bar，则安全阀打开并将润滑油输送回油底壳。机油压力过高会对机油泵和润滑系统的其他部件造成过大压力。

机油泵装有一个压力控制阀 D，用于控制发动机油压力，进而控制流量。该阀由左侧主口道通过泵壳中的一个管道提供的压力来控制。

润滑油经过机油节温器 E，之后通过旁通管 F 或流向机油冷却器 G。节温器在温度为 103℃时开始控制流向机油冷却器的机油。

在机油冷却器和旁通管上游，大部分润滑油流向机油滤芯 H。一部分润滑油流经旋转式机油滤清器 I。在旋转式机油滤清器下游，已过滤的润滑油流回油底壳。

小部分机油凭借机油压力驱动旋转式机油滤清器和油气分离器 J 中的转子，然后机油流回油底壳，所有其他润滑油流向机油滤芯。

在机油滤芯的下游，润滑油通过气缸体 K 中的管道流向凸轮轴轴承和曲轴主轴承等零件。

曲轴中的管道将润滑油导至连杆轴承。

从主管道引出的管道 L 将润滑油输送至气缸盖和气门摇臂。

润滑油通过凸轮轴轴承壳体 M 中的管道输送至滚轮式挺杆轴。在滚轴式挺杆轴中，管道将润滑油输送至滚轮式挺杆。

活塞由发动机润滑油冷却。油液通过专用喷嘴喷洒于活塞顶 N 下方，每个气缸各有一个喷嘴。

活塞冷却阀 O 在压力为 1.7～2.2bar 时打开。

低速（急速）时活塞不进行冷却。润滑系统工作原理如图 2-234 所示。

机油泵是一个齿轮泵，它由正时齿轮的中间齿轮驱动，并且产生使润滑油到达所有润滑点所需的压力。

机油泵配有一个压力控制阀，用于调节发动机机油压力。该阀由左侧主口道通过泵壳中的一个管道提供的压力来控制。

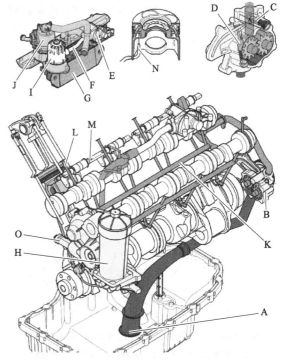

图 2-234 润滑系统工作原理

第 2 章 柴油发动机机械维修

机油压力必须足够高，使得每个润滑点始终能够接收到足量的机油进行润滑和冷却。

7L 发动机（CRIN）机油泵结构如图 2-235 所示。

9L 发动机（XPI、PDE、GAS）机油泵结构如图 2-236 所示。

13L 发动机（XPI、PDE、GAS）机油泵结构如图 2-237 所示。

16L 发动机（XPI、PDE）机油泵结构如图 2-238 所示。

16L 发动机（XPI）机油泵结构如图 2-239 所示。

2.4.1.2 奔驰 OM471 发动机润滑系统

发动机上通过发动机油进行润滑或冷却的所有运动部件均通过发动机机油润滑，可减少对运动装配件的摩擦和机械磨损。

轴承中的机油缓冲器可减少撞击。机油泵 1 为发动机油回路提供发动机机油。机油泵 1 采用齿轮泵的设计形式，并由锥形齿轮驱动装置进行驱动。

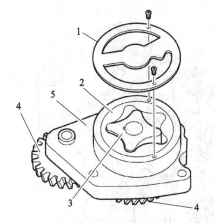

图 2-235　7L 发动机（CRIN）机油泵结构
1—后盖板；2—转子叶轮；3—转子；
4—挡位；5—泵壳

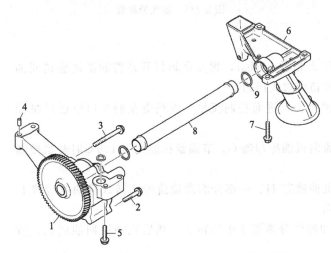

图 2-236　9L 发动机（XPI、PDE、GAS）机油泵结构
1—机油泵；2，5，7—凸缘螺钉；3—螺钉；4—导向套；
6—吸油管；8—管路；9—O 形环

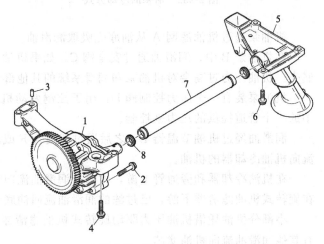

图 2-237　13L 发动机（XPI、PDE、GAS）机油泵结构
1—机油泵；2，4，6—凸缘螺钉；3—导向套；
5—吸油管；7—管路；8—O 形环

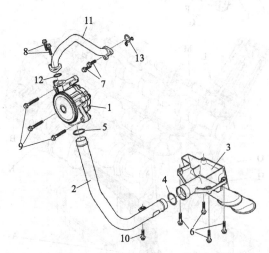

图 2-238　16L 发动机（XPI、PDE）机油泵结构
1—机油泵；2，3，11—吸油管；4，5—O 型环；
6～10，12—凸缘螺钉；13—垫片

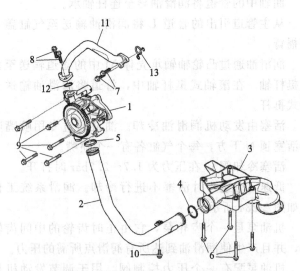

图 2-239　16L 发动机（XPI）机油泵结构
1—机油泵；2，3，11—吸油管；4，5—O 形环；
6～10，12—凸缘螺钉；13—垫片

启动发动机后，机油泵 1 通过进油歧管 2 和紧固在其上的机油滤网 2.1 吸入油底壳中的发动机机油，并将机油泵送至机油/冷却液模块 3。

发动机油温度低于 115℃ 时，发动机机油通过打开的机油节温器 3.1 经旁路直接输送至机油滤清器 3.3。温度达到 115℃ 时，机油节温器 3.1 关闭旁路，发动机机油将首先流经热交换器 3.2，然后流入机油滤清器 3.3。

发动机暖机阶段结束后，热交换器 3.2 用于冷却发动机油。

在机油滤清器 3.3 中，发动机机油从外向内流经机油滤清器滤芯，并在此处进行清洁。

随后发动机机油进入油道以及曲轴箱中的前部和后部交叉油道。曲轴主轴承、连杆轴承和喷油嘴 4 中的发动机机油主要通过油道供给。

此外还包括以下油道或机油压力管路分支：

① 通向机油泵 1 中调压阀的油道；

② 通向气缸盖的油道；

③ 通向齿轮驱动装置的油道；

④ 至涡轮增压器 6 的机油压力管路。

发动机机油通过活塞顶部下方的喷油嘴 4 持续喷射同时使喷油嘴冷却。排气气门摇臂轴 15 的润滑油道、进气气门摇臂轴 11 的润滑油道和发动机制动操作的油道是至气缸盖的油道的分支。

排气气门摇臂 17 的摇臂轴承、带液压元件 18 的排气气门摇臂、制动器气门摇臂 19、排气凸轮轴 14 的轴承和凸轮通过排气气门摇臂轴 15 的润滑油道被供给发动机机油。

进气气门摇臂 13 的气门摇臂轴承、进气凸轮轴 10 的轴承和凸轮通过进气气门摇臂轴 11 的润滑油道被供给发动机机油。

发动机制动操作的油道仅为带液压元件的排气气门摇臂 18 供给发动机机油，这两条油道是从至气缸盖的油道由第 1 级发动机制动器电磁阀 Y624 和第 2 级发动机制动器电磁阀 Y625 分离出，仅在发动机制动器启用时施加油压。

通向齿轮驱动装置的油道为齿轮驱动装置上齿轮的各个轴承以及安装在发动机上的动力输出装置（如有安装）提供发动机机油。

涡轮增压器 6 通过外板机油压力管路被供给发动机机油。

发动机机油通过凸轮轴外壳，气缸盖和曲轴箱中的回流通道和回流软管实现回流。

发动机机油液位传感器 B605 用于监测油底壳中的发动机机油液位和发动机机油温度。油压通过油压传感器 B604 记录。发动机机油液位传感器 B605 和机油压力传感器 B604 与发动机管理系统（MCM）控制单元 A4 相连。

如果油压不足，则说明发动机机油液位过低或发动机机油温度过高，会减少发动机功率输出。发动机润滑系统部件分布如图 2-240 所示。

发动机润滑系统油路分布如图 2-241 所示。

车型系列 OM 470、471、473 的发动机具有封闭的发动机冷却系统（增压系统）。这就意味着发动机冷却系统中通过冷却液泵 1.2 循环的冷却液会吸收高温发动机部件的热量，并会在发动机达到其工作温度后立即通过冷却器向车外空气散热。

发动机冷却时，冷却液泵 1.2 通过皮带驱动。

如果发动机正在运转并且尚未达到其工作温度，则冷却液泵 1.2 会对发动机内的冷却液进行循环。在此过程中，对于装配可调式冷却液泵（代码 M7T）的车辆，发动机管理系统（MCM）控制单元 A4 在冷却液泵速传感器 B640 的辅助下持续监测冷却液泵 1.2 的泵速，并通过促动切换水泵电磁阀 Y644 根据需求进行调节。

由于冷却液节温器 1.1 在发动机处于冷态时通常是关闭的，冷却液通过冷却液短回路通道流入机油/冷却液模块 1 中，并由此被引导通过闭合的冷却液节温器 1.1 和冷却液泵 1.2 流入热交换器中。

如果发动机机油温度高于 115℃（机油节温器的开启温度），其通过热交换器进行冷却，以使其不会超过 120℃。热交换器固定在机油/冷却液模块 1 上，并伸入曲轴箱中。由此，冷却液进入曲轴箱中，并因此

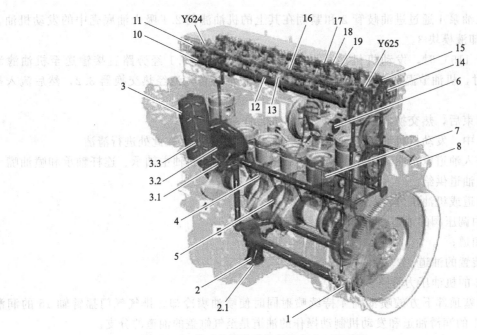

图 2-240 发动机润滑系统部件分布（发动机 470.9、471.9）

1—机油泵；2—进油歧管；2.1—机油滤网；3—机油/冷却液模块；3.1—机油节温器；3.2—热交换器；3.3—机油滤清器；4—喷油嘴；5—曲轴轴承润滑点；6—涡轮增压器；7—曲轴箱通风系统油分离器；8—取力器润滑点；10—进气凸轮轴；11—进气气门摇臂轴；12—进气凸轮轴轴承润滑点；13—进气气门摇臂；14—排气凸轮轴；15—排气摇臂轴；16—排气凸轮轴轴承润滑点；17—排气气门摇臂；18—带液压元件的排气气门摇臂；19—制动器气门摇臂；Y624—第 1 级发动机制动器电磁阀；Y625—第 2 级发动机制动器电磁阀

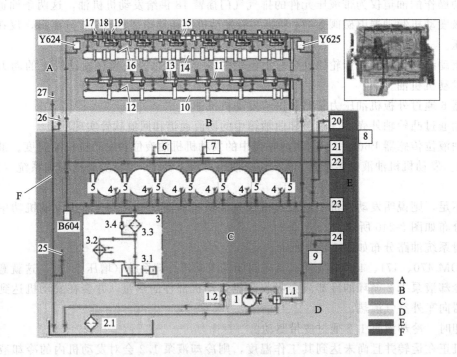

图 2-241 发动机润滑系统油路分布（发动机 470.9、471.9、473.9）

1—机油泵；1.1—调压阀；1.2—安全阀；2.1—机油滤网；3—机油/冷却液模块；3.1—机油节温器；3.2—热交换器；3.3—机油滤清器；3.4—止回阀；4—喷油嘴；5—曲轴轴承润滑点；6—涡轮增压器；7—曲轴箱通风系统油分离器；8—取力器润滑点；9—压缩机润滑点；10—进气凸轮轴；11—进气气门摇臂轴；12—进气凸轮轴轴承润滑点；13—进气气门摇臂；14—排气凸轮轴；15—排气摇臂轴；16—排气凸轮轴轴承润滑点；17—排气气门摇臂；18—带液压元件的排气气门摇臂；19—制动器气门摇臂；20—中间齿轮润滑点（凸轮轴）；21—双惰齿轮润滑点（用于下一挡位）；22—中间齿轮润滑点（取力器）；23—中间齿轮润滑点（高压燃油泵取力器）；24—双惰齿轮润滑点（压缩机，用于下一挡位）；25—曲轴箱回流；26—气缸盖回流；27—凸轮轴外壳回流管；B604—油压传感器；Y624—第 1 级发动机制动器电磁阀；Y625—第 2 级发动机制动器电磁阀；A—凸轮轴外壳；B—气缸盖；C—曲轴箱；D—油底壳；E—齿轮传动装置；F—发动机机油

到达气缸套 2。同时，部分冷却液被输送至燃油冷却器 8 和压缩机 9，并且通过单独的供给管路，被输送至废气再循环冷却器 6 和废气再循环调节器 Y621。从燃油冷却器 8 和压缩机 9 处，冷却液直接流回冷却液泵 1.2。

输送至气缸套 2 的冷却液进一步流至气缸盖 3。气缸盖 3 有一个分离冷却液护套，这意味着冷却液在冲洗气缸后会流至气缸盖 3 中的进口侧和出口侧。

在气缸盖 3 中，冷却液首先流至下部冷却平面，并在此冲洗喷油器和气门座圈。最后，冷却液流至上部冷却平面，并对位于此处的气门导管进行冷却。

之后，冷却液向外被输送至冷却液管路歧管 4 中，来自废气再循环冷却器 6 和废气再循环调节器 Y621 的冷却液也被输送至此处。

从冷却液管路歧管 4 处，冷却液经冷却液短回路通道和保持关闭的冷却液节温器 1.1，流回机油/冷却液模块 1 和冷却液泵 1.2，直至达到发动机工作温度。达到发动机工作温度时，则当冷却液节温器 1.1 打开时，冷却器回路会被促动。

冷却液经由车辆冷却器或直接通过冷却液短回路管流入冷却液泵 1.2，流量多少取决于冷却液节温器 1.1 的位置。冷却液回路中的冷却液温度通过此方法得到调节。

风扇 12 用于增加车辆冷却器的冷却输出。同时，冷却液的温度由出口冷却液温度传感器 B606 和进口冷却液温度传感器 B607 持续监测，两个传感器均与发动机管理（MCM）控制单元 A4 连接。

由于温度波动而出现的发动机冷却系统的各种压力通过冷却液膨胀容器进行平衡，其位于检修盖后方的前部或驾驶室悬挂系统横梁的后部（取决于车辆设备）。

发动机加热回路的冷却液来自冷却液管路歧管 4。加热器热交换器前部安装一个切断阀，通过该切断阀可以调节流经加热器回路或加热器热交换器的冷却液流。

对于装配余热利用系统（代码 D6I）的车辆，加热器切断阀 Y49 上游的附加余热泵 M20 确保在发动机关闭时，冷却液在加热器回路中循环。这意味着可以利用发动机余热长达 2h。

对于装配驾驶室热水辅助加热器（代码 D6M）或装配驾驶室和发动机热水辅助加热器（代码 D6N）的车辆，辅助加热器与一条附加旁通管路一起集成在加热器回路中，由此可确保冷却液仅通过加热器回路中的辅助循环泵进行循环，因此不必输送至整个发动机。

装配二级水冷式缓速器（代码 B3H）的车辆，二级水冷式缓速器的冷却液也来自冷却液管路歧管 4。当二级水冷式缓速器启用时，会使用冷却液回路中的大量冷却液，从而导致冷却系统中的压力显著降低，鉴于这一事实，可通过从消耗回路有目的地喷射压缩空气对此进行调节。

为此，行驶控制系统 CPC 控制单元 A3 利用冷却液压力控制传感器 B87 不断监测冷却液膨胀容器中的压力。该控制单元在特定压力下根据冷却液温度促动冷却液压力控制电磁阀 Y53，该阀由此使压缩空气流过冷却液膨胀容器中的消耗回路。

用于柴油微粒滤清器 DPF 再生的喷油嘴的冷却［适用于装配欧Ⅵ发动机（代码 M5Z）的车辆］：用于冷却喷油嘴的冷却液来自废气再循环冷却器 6，冷却液流经用于柴油微粒滤清器 DPF 再生的喷嘴装置（喷油嘴位于此处），并流回冷却液管路歧管 4。

AdBlue® 加热器的冷却液也来自冷却液管路歧管 4。促动 AdBlue® 加热冷却液电磁阀 Y627 期间，冷却液通过软管组件输送至 AdBlue® 罐，并由此输送回至机油/冷却液模块 1。

发动机冷却液循环回路部件如图 2-242 所示。

机油泵 1 位于发动机输出端的油底壳 2，如图 2-243 所示。

机油泵 1 为发动机油回路提供发动机机油。机油泵可确保在所有工况下以所需的压力在各个位置处提供足量的发动机油。

机油泵 1 的齿轮 9 由曲轴齿轮驱动，并驱动两个泵齿轮 15。

由于泵齿轮 15 转动和泵送室作用，发动机机油被吸入，然后沿着机油泵内壁输送至出油口 13。在吸入过程中，油底壳 2 中的发动机机油首先流经机油滤网 3 和吸入管 6，然后通过进油口 11 送至机油泵 1。

在输送过程中，发动机机油通过出油口 13 首先进入压力管路 8，然后通过止回阀 7 和油槽的供油管路，进入回路。

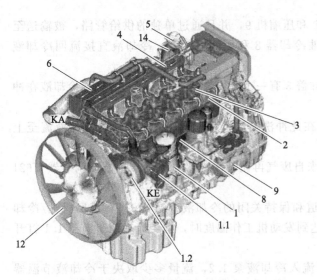
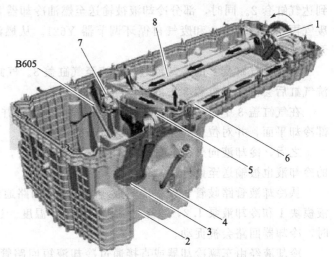

图 2-242　发动机冷却液循环回路部件
[欧Ⅵ版发动机（代码 M5Z）]

1—机油/冷却液模块；1.1—冷却液节温器；1.2—冷却液泵；2—气缸衬套；3—气缸盖；4—冷却液歧管；5—柴油微粒滤清器 DPF 再生的喷油嘴［仅适用于欧Ⅵ版发动机（代码 M5Z）］；6—废气再循环冷却器；8—燃油冷却器；9—压缩机；12—风扇；14—AdBlue® 加热器冷却液供给；KA—至冷却器的冷却液出口；KE—自冷却器的冷却液进口

图 2-243　发动机机油泵位置（发动机 470.9、471.9、473.9）

1—机油泵；2—油底壳；3—机油滤网；4—排放螺塞；5—进油歧管；6—吸入管；7—止回阀；8—压力管路；B605—发动机油液位传感器

调压阀 10 对发动机机油压力进行闭环控制。调压阀 10 被供以来自油槽 14 的发动机机油压力。根据油槽 14 的油压，部分发动机机油通过调压阀 10 输送至进油侧。这一方面可以调节发动机机油压力；另一方面则可降低机油泵 1 的工作能量输入。

通过安全阀 12，可以避免回路无法实现高油压，这种情况可能发生在发动机冷启动阶段或发动机机油黏稠时。安全阀 12 在超过 10bar 的压力下打开，然后将部分发动机机油送回油底壳 2。机油泵构造如图 2-244 和图 2-245 所示。

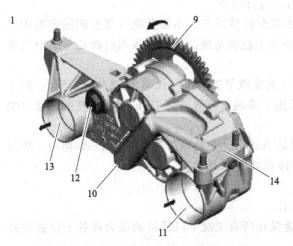
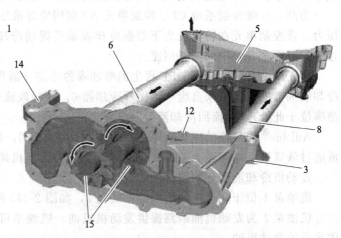

图 2-244　机油泵结构（后部）

1—机油泵；9—齿轮；10—调压阀；11—进油口；12—安全阀；13—出油口；14—油槽（至调压阀 10）

图 2-245　机油泵结构（前部，未装配齿轮 9）

1—机油泵；3—机油滤网；5—进油歧管；6—吸入管；8—压力管路；12—安全阀；14—油槽（至调压阀 10）；15—泵齿轮

发动机油温度低于 115℃时，机油节温器 2 打开并将发动机机油通过旁路直接输送至机油滤清器。发动机机油温度达到 115℃时，机油节温器 2 关闭旁路，发动机机油将首先流经热交换器 5，然后再流入机油滤清器。

机油节温器 2 位于发动机左侧的机油/冷却液模块 1 上,见图 2-246。

图 2-246 机油节温器位置(发动机 471.9)
1—机油/冷却液模块;2—机油节温器;3—O 形环;4—护盖

发动机机油温度通过机油节温器 2 进行调节,节温器的内部结构如图 2-247 所示。

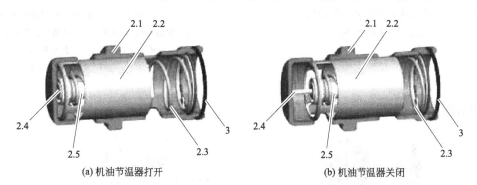

(a) 机油节温器打开　　　　　　　　(b) 机油节温器关闭

图 2-247 节温器的内部结构
2.1—外壳;2.2—滑环阀;2.3—弹簧;2.4—工作活塞;2.5—膨胀元件;3—O 形环

节温器不同状态原理如图 2-248 所示。

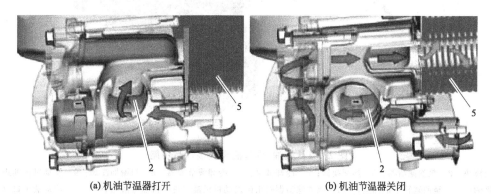

(a) 机油节温器打开　　　　　　　　(b) 机油节温器关闭

图 2-248 节温器功能原理
2—机油节温器;5—热交换器

机油/冷却液模块 1 位于发动机左侧,如图 2-249 所示。

机油/冷却液模块部件分解如图 2-250 所示，机油/冷却液模块 1 功能：
① 过滤发动机机油；
② 调节发动机机油温度；
③ 调节冷却液温度；
④ 辅助冷却液泵。

图 2-249 机油/冷却液模块位置（发动机 471.9）
1—机油/冷却液模块

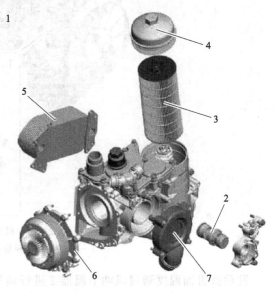

图 2-250 机油/冷却液模块构造
1—机油/冷却液模块；2—机油节温器；3—机油滤清器；
4—机油滤清器盖；5—热交换器；6—冷却液泵；
7—冷却液节温器

机油/冷却液模块接口与功能如图 2-251 所示。

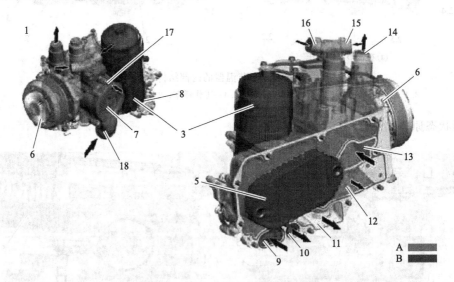

图 2-251 机油/冷却液模块接口与功能
1—机油/冷却液模块；3—机油滤清器；5—热交换器；6—冷却液泵；7—冷却液节温器；8—初始加注阀；9—发动机机油进口（自油泵）；
10—发动机机油出口（至曲轴箱中的油道）；11—机油滤清器排出的发动机机油（更换机油滤清器时）；12—冷却液出口（至曲轴箱）；
13—冷却液进口（自冷却液短回路）；14—冷却液出口（至废气再循环冷却器）；15—冷却液进口（自冷却液膨胀容器，如果冷却液
膨胀容器位于前部，或自加热系统的回流，如果冷却液膨胀容器位于后部）；16—冷却液进口（自冷却液膨胀容器，如果冷却液
膨胀容器位于后部，或自加热系统的回流，如果冷却液膨胀容器位于前部）；17—冷却液进口（自压缩机和燃油冷却器的回流）；
18—冷却液进口（自冷却器）；A—冷却液；B—发动机机油

2.4.1.3 沃尔沃 D13C460 发动机润滑系统

发动机由位于后部的齿轮泵高压润滑油润滑,由曲轴驱动。两个纵向油道钻入气缸体-主润滑道(油道)和活塞冷却道。主油道延伸进入铸道,将润滑油引到定时齿轮。钻穿气缸体和缸盖的中央通道将润滑油引至 VCB 阀/连接壳体和中空的摇轴臂轴,润滑油通过油道润滑凸轮轴轴承和摇轴臂轴承。一路通过可调惰轮、润滑驱动轮取力器和双惰轮(通道未在图 2-252 中显示)之间的网格。

机油滤清器壳体通过螺钉固定至发动机的右侧,并具有两个全流式滤清器和一个旁路滤清器。机油冷却器位于同一侧的发动机气缸体冷护套中。发动机润滑系统油道如图 2-252 所示。

通过发动机的机油流量由位于气缸体、泵和机油滤清器壳体内的六个阀门调节,见图 2-253。

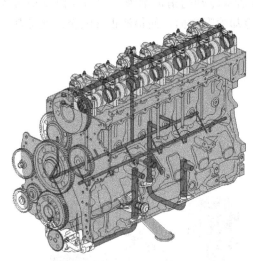

图 2-252 发动机润滑系统油道

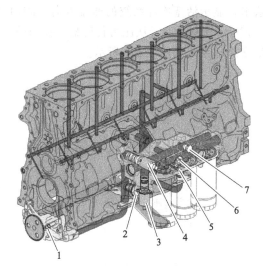

图 2-253 机油泵与滤清器
1—还原阀;2—安全阀;3—活塞冷却电控阀;4—油冷却器的电控阀;
5—活塞冷却压力出口;6—压力传感器(活塞冷却);
7—全流式滤清器的溢流阀

减速阀 1 与油泵集成,不能单独更换。

润滑油通过塑料管 2 经过滤网 1 从油底壳被吸入油泵 3,这迫使润滑油通过压力管 4 达到气缸体中的通道。然后,润滑油经过机油冷却器 5 进入滤清器壳体 6。在装有封闭的曲轴箱通风 CCV-C 或部分封闭的曲轴箱通风 CCV-OX 的情况下,机油通过两个全流式滤清器 7 过滤后,经过连接管进入气缸体的主润滑道 8,输送到所有润滑点和分离器涡轮机 9。通过一条向上钻入的通道流至 VCB 阀 10,以此方式润滑阀机构。在 EPG 发动机中,VCB 阀由连接壳体取代。

由全流式滤清器 7 过滤的机油通过外部管道润滑空气压缩机 11 和涡轮增压器 12。

来自旁路滤清器 13 的精细过滤机油与被导入气缸体活塞冷却通道的活塞冷却机油混合。在那里,机油从活塞底侧的活塞冷却喷嘴 14 喷出。润滑系统原理如图 2-254 所示。

油泵是位于发动机后端的齿轮泵,并通过四个

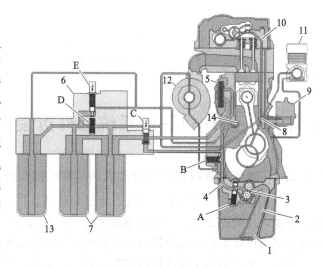

图 2-254 润滑系统原理
A:减速阀——将油压保持在正确的水平位置。B:安全阀——在机油黏度高时,防止机油泵、滤清器和机油冷却器过压。C:油冷却器的电动阀——控制油温保持其最佳值。D:全流式滤清器的溢流阀——如果机油滤清器阻塞,则该阀打开并允许油通过,绕过油滤清器。
E:活塞冷却调节阀——控制油液流向活塞冷却通道。

螺栓固定至后主轴承盖。它由来自曲轴齿轮的齿轮 1 直接驱动。该泵采用螺旋齿轮，以降低噪声，并且其转轴在铝制泵箱的轴承中直接运行。减速阀 2 安装在油泵中，通过在主轴承中的油道 3 控制润滑系统中的压力。

吸入系统分为两部分并由一根带油底壳滤网的塑料管 4 和一根钢管或铝管 5 组成。塑料管由螺栓固定至加固型构架上。金属管两端用橡胶密封件密封，并根据使用的油底壳类型和安装方式以两种长度提供。压力管 6 由钢制成，被固定至气缸体，并用橡胶密封件密封。

来自机油滤清器壳体的连接管将机油输送至主润滑油道。

油冷却器 7 直接由螺栓固定至油冷却器盖 9，并在流板 8 的作用下被冷却剂包围。机油泵与冷却器相关部件见图 2-255。

在这里，显示活塞冷却系统的油流方向，阀门 3 平衡流至活塞冷却通道的油液。阀门 3 由发动机控制单元（EECU）控制，后者从压力传感器 6 接收信号。将活塞冷却喷嘴定向，使得油正好喷至活塞冷却室的入口。活塞冷却系统如图 2-256 所示。

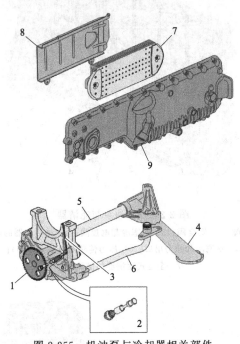

图 2-255　机油泵与冷却器相关部件

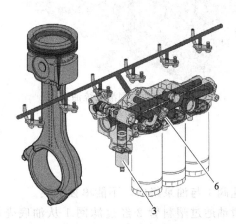

图 2-256　活塞冷却系统

2.4.2　发动机润滑系统部件拆装

2.4.2.1　潍柴 WP12/WP13 发动机润滑系统部件拆装

润滑系统的功能是减摩、冲洗、冷却和防锈，机油应根据公司标准的规定选用。多级机油更有利于冷启动性能，应优先选用。全年使用的多级机油如 15W40 等也仅可以在规定的温度范围内使用。对于偶尔的低温情况可以采取措施预热机油，或者更换与环境温度相适应的机油。

注意：柴油机均不允许使用 CE、CD、CC、CB、CA 级润滑油。每次换机油时同时要更换机油滤芯！

WP12 系列柴油机主要是压力润滑，机油泵通过集滤器将机油由油底壳中吸入，压向机油滤清器和机油冷却器，通过油路系统到达润滑位置。绝大部分油量到达主轴承并由此通过曲轴上的油孔，到达连杆轴承。气缸套表面和活塞销由喷嘴喷油来实现润滑。气门操纵系统、增压器、共轨油泵、空压机、中间齿轮轴承同样是通过油管和油槽实现压力润滑。活塞顶部通过喷嘴喷油到内冷油腔冷却。机油通过机油冷却器由冷却水来冷却。机油循环系统的机油压力是通过机油泵体内的限压阀来调整的。

柴油机启动时，由于机油温度低，黏度较大，机油压力短时间内会偏高，但随着柴油机水温升高，机油温度上升，机油压力会逐渐下降。当柴油机满负荷运转且水温为80～95℃时，正常机油压力为350～550kPa。

润滑系统部件分解如图2-257所示。

润滑系统拆卸步骤如下。

① 拆卸油底壳和油尺、放油螺堵，详见机体组拆卸说明。

② 拆卸集滤器。

③ 拆卸机油泵。

④ 拆卸机油冷却器盖。

⑤ 拆卸机油冷却器。

⑥ 拆卸机油滤清器。

⑦ 拆卸机油滤清器座。

装配步骤与拆卸步骤相反。

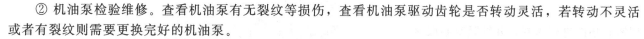

图2-257 润滑系统部件分解

(1) 机油泵拆卸与装配　机油泵安装位置见图2-258。

① 机油泵拆卸步骤。

a. 松开并取下六角头螺栓。

b. 拆下机油泵。

② 机油泵检验维修。查看机油泵有无裂纹等损伤，查看机油泵驱动齿轮是否转动灵活，若转动不灵活或者有裂纹则需要更换完好的机油泵。

③ 机油泵装配步骤。

a. 装配前，先检查机油泵、六角螺栓，确保无制造和使用上的缺陷及损伤。

b. 清理曲轴箱与机油泵的结合面。

c. 安装六角头螺栓，并拧紧。

(2) 机油滤清器、机油滤清器座拆卸与组装　机油滤清器、机油滤清器座装安装位置见图2-259。

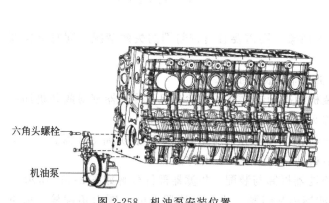

图2-258 机油泵安装位置

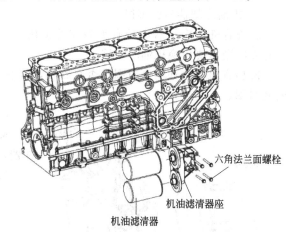

图2-259 机油滤清器、机油滤清器座安装位置

① 机油滤清器、机油滤清器座拆卸步骤。用专用工装先拆下机油滤清器；松动4根装配机油滤清器座的螺栓，拆下机油滤清器座。

② 机油滤清器、机油滤清器座检验维修。

a. 检验滤清器是否有磕碰、机油滤清器座和机油滤清器结合面是否漏油，若存在则需要更换。

第2章　柴油发动机机械维修

b. 检验螺栓螺纹是否有变形,若被拉长则需要进行更换。

③ 机油滤清器、机油滤清器座装配步骤。

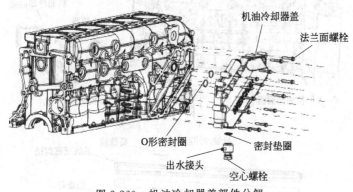

图 2-260 机油冷却器盖部件分解

a. 打磨机油滤清器座与机体的结合面,并用压缩空气吹净内腔。

b. 取出旋转式机油滤清器芯,松装在机油滤清器座上。

(3) 机油冷却器盖拆卸与组装 机油冷却器盖部件分解如图 2-260 所示。

① 机油冷却器盖拆卸步骤。拆卸前,先放掉发动机内的冷却液,依次松开机油冷却器盖上的空心螺栓,拆下机油冷却器盖和 O 形密封圈。

② 机油冷却器盖检验维修。

a. 查看机油冷却器盖本身有无裂纹等损伤,若有裂纹则需要更换机油冷却器盖。

b. 检查机油冷却器盖密封圈是否有破损,若有渗漏水现象,则需要查看密封圈的失效情况,同时更换新的密封圈。

③ 机油冷却器盖装配步骤。

a. 安装机油冷却器盖之前,先检查机油冷却器盖密封圈和机油冷却器盖,确保无制造和使用缺陷及损伤。

b. 清理机油冷却器盖和机身结合面,安装机油冷却器盖。

c. 安装机油冷却器盖螺栓,并拧紧。

d. 安装出水接头,出水接头上部都需要用密封垫圈进行密封,并拧紧空心螺栓。

(4) 机油冷却器拆卸与组装 机油冷却器安装位置见图 2-261。

① 机油冷却器拆卸步骤。拆卸前,先放掉发动机内的冷却液,依次松开机油冷却器螺栓,拆下机油冷却器和 O 形密封圈。

② 机油冷却器检验维修。

a. 查看机油冷却器本身有无裂纹等损伤,若有裂纹则需要更换机油冷却器。

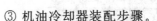

图 2-261 机油冷却器安装位置

b. 检查机油冷却器密封圈是否有破损,若有渗漏水现象,则需要查看密封圈的失效情况,同时更换新的密封圈。

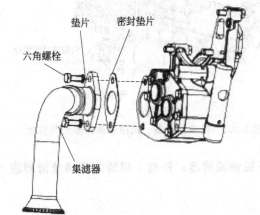

图 2-262 集滤器部件分解

③ 机油冷却器装配步骤。

a. 安装机油冷却器之前,先检查机油冷却器密封圈和机油冷却器,确保无制造及使用缺陷及损伤。

b. 清理机油冷却器和机身结合面,安装机油冷却器。

c. 安装机油冷却器螺栓,并拧紧。

(5) 集滤器拆卸与装配 集滤器部件分解如图 2-262 所示。

① 集滤器拆卸步骤。松开集滤器上的两颗六角螺栓,取下集滤器和集滤器垫片。

② 集滤器检查维修。

a. 查看集滤器有无裂纹等损伤,内腔是否光滑,若有则需要更换集滤器。

b. 集滤器垫片若有渗漏机油现象,需要检查集滤器垫片的失效情况，并更换集滤器垫片。

③ 集滤器装配步骤。

a.装配之前，先检查集滤器和集滤器垫片，确保无制造和使用上的缺陷及损伤。

b.装前须检查焊缝是否有裂纹或漏焊，装集滤器总成。

c.集滤器紧固螺栓螺纹部位涂潍柴专用242密封胶，隔以波形垫圈旋入六角螺栓并拧紧。

（6）油气分离器的拆装步骤　油气分离器部件分解如图2-263所示。

① 油气分离器拆卸步骤。

a.拆卸油气分离器的进气管17、出气管20、预油气分离器15、进气管14的卡箍，将各胶管取下。

b.拆卸油气分离器回油管19、回油管9的卡箍，将各胶管取下。

c.拆卸油气分离器与油气分离器出气管、回油管固定的卡箍，将各胶管接取下。

d.拆卸油气分离器驱动油进油管5的固定螺母和空心螺栓，取下进油管。

e.拆卸油气分离器固定螺栓12，取下油气分离器。

f.拆卸油气分离器支架固定螺栓2，取下油气分离器支架。

② 油气分离器检查维修。

a.检查各部件外观，查看有无零件破损、裂纹等，胶管硬化碎裂等失效形式，若存在以上问题则更换相对应零件。

b.可以通过向预分离器进气管内充气的方式检查油气分离器是否通畅，若气流不通畅，可通过向油气分离器各管接口通较大压力空气以清除油气分离器内的杂质、油污，进行清理疏通。如果进行以上操作预分离器仍然不通畅，则需要更换新预分离器。

可以通过向油气分离器进气管内充气的方式检查油气分离器是否通畅，若气流不通畅，则需要更换新油气分离器。

③ 油气分离器装配步骤。油气分离器的装配与拆卸步骤相反，确保各胶管与各接口的位置正确，同时要注意保证胶管安装时的旋转角度以及固定位置与柴油机相符合。

（7）油尺拆卸与装配　油尺安装位置如图2-264所示。

① 油尺拆卸步骤：

a.拔出油标尺；

b.拆卸油尺管；

c.拆分油尺管头和油尺管。

② 油尺检查维修。

a.安装时注意检查油标尺O形圈是否脱落；

b.为保证油面高度准确，油尺管应安装至油面以下，不得留有空隙。油尺管按要求固定后，应检查油标尺是否抽插方便。

③ 油尺装配步骤。油尺装配步骤同拆卸相反。

（8）加油管拆卸与装配　加油管部件分解如图2-265所示。

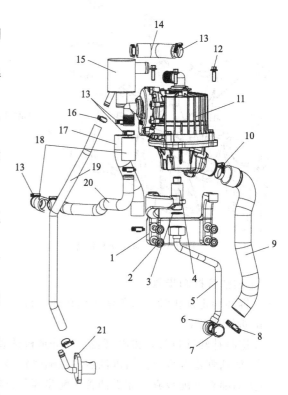

图2-263　油气分离器部件分解

1—油气分离器支架；2，12—六角法兰面螺栓；3—组合密封垫圈；4—旋入结构；5—管（油气分离器驱动油进油管）；6—组合密封垫圈；7—空心螺栓；8，10，13，16—卡箍；9，19—回油管；11—油气分离器；14，17—进气管；15—油气预分离器；18—连接胶管；20—出气管；21—油气分离器回油管

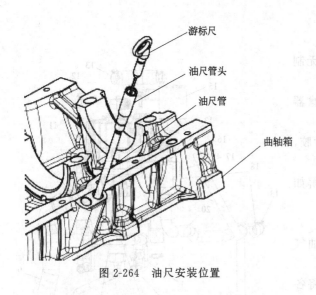

图 2-264 油尺安装位置

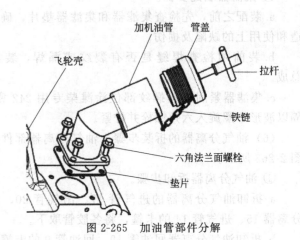

图 2-265 加油管部件分解

① 加油管拆卸步骤：
a. 拆卸固定加机油管六角法兰面螺栓，拆下机油管；
b. 拆卸垫片；
c. 逆时针转动拉杆，拔出管盖，拆分加机油管和管盖。
② 加油管检查维修。加机油后注意顺时针转动拉杆，拧紧管盖。
③ 加油管装配步骤。加机油管装配步骤与拆卸相反。

2.4.2.2 锡柴 CA6DM3 发动机润滑系统部件拆装

发动机润滑系统部件分解如图 2-266～图 2-268 所示。

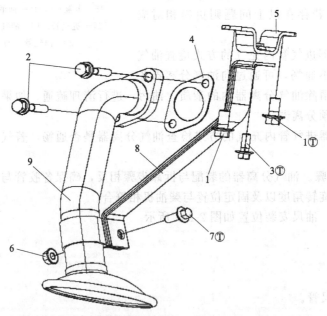

图 2-266 机油收集器总成分解（图中序号即分解顺序）
1—六角法兰面螺栓（M10）；2—内六角圆柱头螺钉（M10）；3—六角法兰面螺栓（M8）；4—垫片-机油收集器；
5—固定支架总成；6—六角法兰面螺母；7—六角法兰面螺栓（M8）；8—机油收集器支架；9—机油收集器总成

装配顺序：按照与分解的相反顺序。
拧紧力矩：部位 1、2 为 36～63N·m；部位 3、7 为 18～34N·m。

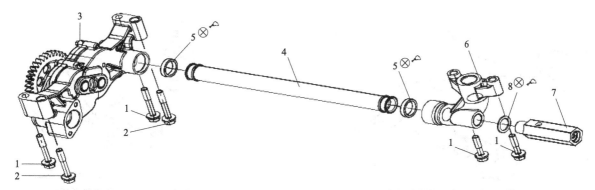

图 2-267 机油泵总成部件分解（图中序号即分解顺序）

1—六角法兰面螺栓（细杆）；2—六角法兰面螺栓（螺杆）；3—机油泵总成；4—机油泵出油管；
5—密封圈；6—机油泵出油管接头；7—机油泵限压阀总成；8—密封垫圈

装配顺序：按照与分解的相反顺序。

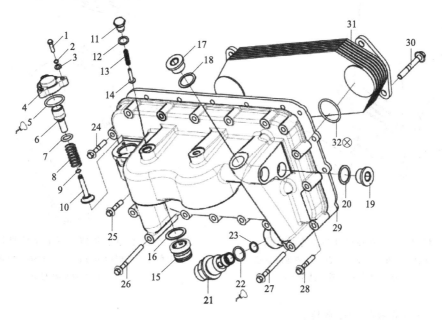

图 2-268 机油冷却器分解（图中序号即分解顺序）

1—六角头螺栓；2—弹簧垫圈；3—平垫圈；4—阀盖（机油冷却器旁通阀）；5—O形密封圈（阀盖）；6—阀座（机油冷却器旁通阀）；
7—O形密封圈（机油冷却器旁通阀）；8—弹簧（机油冷却器旁通阀）；9—轴用弹性挡圈；10—阀（机油冷却器旁通阀）；11—阀座；
12—铜垫圈（20×28）；13—弹簧；14—旁通阀；15—全流式机油滤清器连接螺栓；16—铜垫圈（30×40）；17—内六角螺塞
（M27×1.5）；18—铜垫圈（27×35）；19—内六角螺塞（M27×1.5）；20—铜垫圈（27×35）；21—调压阀总成；
22、23—密封垫圈；24～28、30—螺栓；29—机油冷却器体垫片；31—机油冷却器总成；32—O形密封圈

装配顺序：按照与分解的相反顺序。

拆装方法如下。

(1) 调压阀总成21的拆卸与安装　更换好调压阀总成上的阀、弹簧和O形密封圈，在O形密封圈上涂好凡士林，最后把调压阀总成装入机油冷却器体。调压阀安装位置见图2-269。

(2) 机油冷却器旁通阀4的拆卸与安装　拆下机油冷却器旁通阀盖，拆出机油冷却器旁通阀，更换好芯弹簧、密封圈和阀体。在密封圈上涂好凡士林，最后把机油冷却器旁通阀总成装入机油冷却器体，如图2-270所示。离心式机油滤清器总成如图2-271所示。

2.4.2.3 大柴BF6M1013发动机润滑系统部件拆装

发动机润滑系统部件分解如图2-272～图2-274所示。

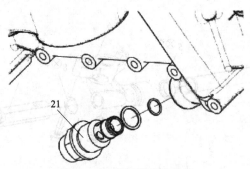

图 2-269 调压阀安装位置

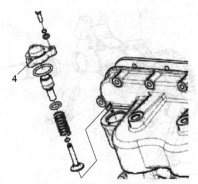

图 2-270 机油冷却器旁通阀

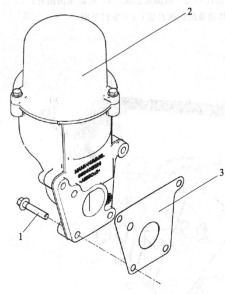

图 2-271 离心式机油滤清器总成
1—六角法兰面螺栓；2—离心式机油滤清器总成；
3—垫片（离心式机油滤清器）

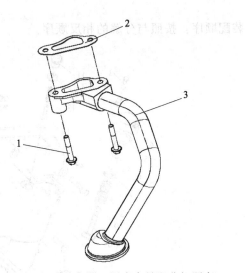

图 2-272 机油收集器（图中序号即分解顺序）
1—六角法兰面螺栓粗杆；2—密封垫（机油收集器）；
3—机油收集器总成

装配顺序：按照与分解的相反顺序。
拧紧力矩：部位1六角法兰面螺栓粗杆为（30±3）N·m

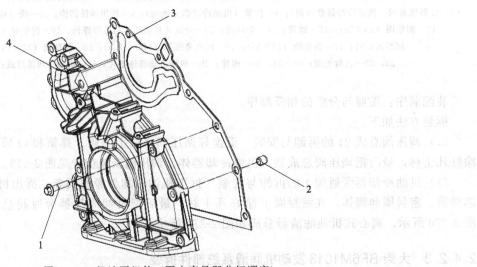

图 2-273 机油泵组件（图中序号即分解顺序）
1—六角头凸缘螺栓；2—弹性圆柱销；3—密封垫；4—前盖总成

装配顺序：按照与分解的相反顺序。

拧紧力矩：部位1六角头凸缘螺栓为16～30N·m。

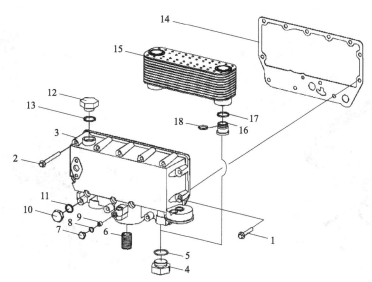

图 2-274 机油冷却器组件（图中序号即分解顺序）

1，2—六角头凸缘螺栓；3—机油冷却器壳体；4，7，10，12—螺塞；5，18—密封圈；6—螺纹套（滤清器接头）；8，11，13，17—密封垫；9—螺纹件；14—密封垫（机油冷却器盖板）；15—机油冷却器总成；16—圆头螺钉

装配顺序：按照与分解的相反顺序。

2.4.2.4 日野E13C发动机润滑系统部件分解

发动机润滑系统部件分解如图 2-275～图 2-278 所示。

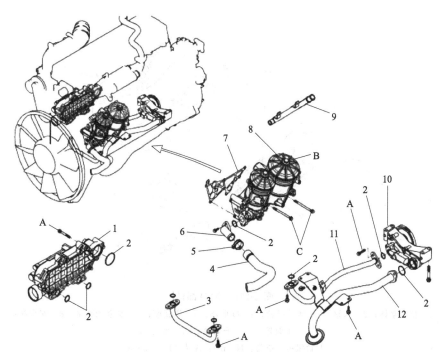

图 2-275 润滑系统部件

1—油冷器总成；2—O形环；3—机油滤清器进油管；4—油管喉；5—带；6—油泵；7—机油滤清器垫圈；8—机油滤清器总成；9—通风管；10—油泵总成；11—油泵出油管；12—油泵进油管

上紧扭矩（单位：N·m）：A 为 55；B 为 53.9；C 为 68.5。

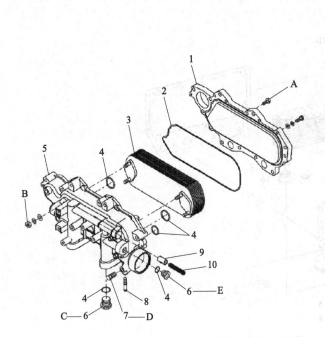

图 2-276 机油冷却器
1—冷油器罩；2—箱体垫片；3—油冷却器元件；4—O形环；
5—冷油器箱；6—阀门弹簧插销；7—放油塞；8—放油管；
9—安全阀；10—阀簧；
上紧扭矩（单位：N·m）：A 为 14.7～19.7；B 为 19.6～29.4；
C 为 29.4～39.2；D 为 14.7～24.5；E 为 24.5～34.3。

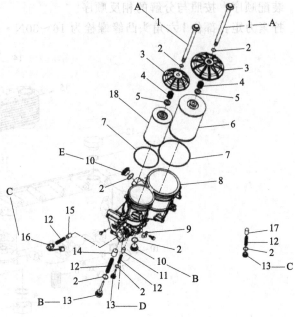

图 2-277 机油滤清器部件分解
1—螺栓；2—O形环；3—机油滤清器盖；4—元件支撑弹簧；
5—固定器；6—元件（分流式）；7—衬垫；8—机油滤清器
箱；9—支架；10—插销；11—制动阀；12—阀门弹簧；
13—阀门弹簧插销；14—防漏阀门；15—滤油安全阀；
16—油压警报器；17—调节阀；18—元件（满流式）
上紧扭矩（单位：N·m）：A 为 49～58.8；B 为 29.4～39.2；
C 为 24.5～34.3；D 为 19.6～29.4；E 为 34.3～44.1。

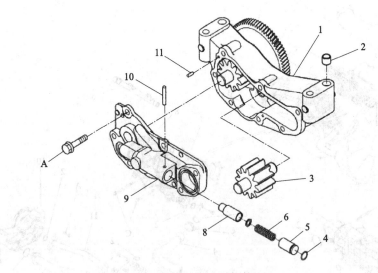

图 2-278 油泵部件
1—机油泵体；2—卡箍；3—从动齿轮；4—O形环；5—弹簧座；6—安全阀弹簧；8—安全阀；
9—油泵罩；10—开口销；11—圆柱销
上紧扭矩（单位：N·m）：A 为 43.1～56.8。

2.4.2.5 日野 P11C 发动机润滑系统部件分解

发动机润滑系统部件分解如图 2-279～图 2-281 所示。

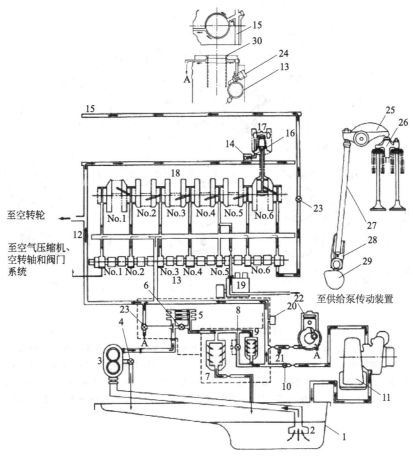

图 2-279 发动机润滑系统构成

1—油盘；2—滤油器；3—油泵；4—油泵安全阀；5—油冷却器；6—油冷却器安全阀；7—滤油器（旁路）；8—滤油器安全阀；9—滤油器（满流）；10—涡轮增压器止回阀；11—涡轮增压器；12—主油孔；13—凸轮轴承；14—冷却喷嘴用止回阀；15—辅助油孔；16—活塞冷却喷嘴；17—活塞；18—主轴承；19—燃油输送泵；20—油压开关；21—空气压缩机空转轮；22—空气压缩机；23—调节阀；24—止回阀；25—摇臂；26—十字头；27—推杆；28—起阀器；29—凸轮轴；30—气缸衬套

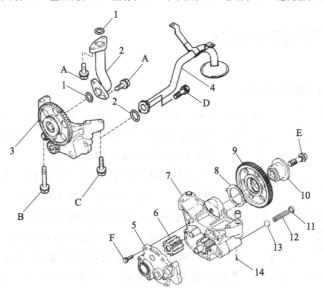

图 2-280 机油泵与集滤器

1—O形环；2—供油管；3—油泵；4—滤油器；5—盖子；6—从动齿轮；7—外壳；8—止推板；9—空转轮；10—空转轮轴；11—弹簧座；12—安全阀弹簧；13—安全阀；14—开口销

上紧扭矩（单位：N·m）：A为21；B为113；C为47；D为23；E为103～112；F为19.7～25.5。

第2章 柴油发动机机械维修

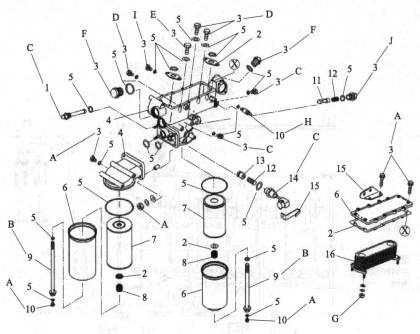

图 2-281 滤油器与油冷却器

1—油冷却器安全阀；2—衬垫；3—塞子；4—主体；5—O形环；6—盖子；7—过滤器滤芯；8—弹簧；9—中心螺栓；10—放油塞；11—调节阀；12—阀簧；13—滤油器安全阀；14—滤油器报警开关；15—支架；16—油冷却器滤芯

上紧扭矩（单位：N·m）：A 为 14.7～19.7；B 为 39.0～49.0；C 为 24.5～34.3；D 为 19.6～29.4；E 为 29.4～39.2；F 为 34.3～44.1；G 为 14.7～24.5；H 为 4.9～9.9；I 为 9.8～14.8；J 为 29.4～39.2

2.5 发动机进排气系统

2.5.1 进排气系统部件功能

2.5.1.1 斯堪尼亚发动机涡轮增压器

涡轮增压器由一个涡轮机和一个压缩机组成。涡轮由发动机废气驱动。压缩机压缩发动机进气。压缩叶轮和涡轮叶轮位于相同的轴上。轴承壳体位于压缩机和涡轮机之间。涡轮增压器剖体如图 2-282 所示。

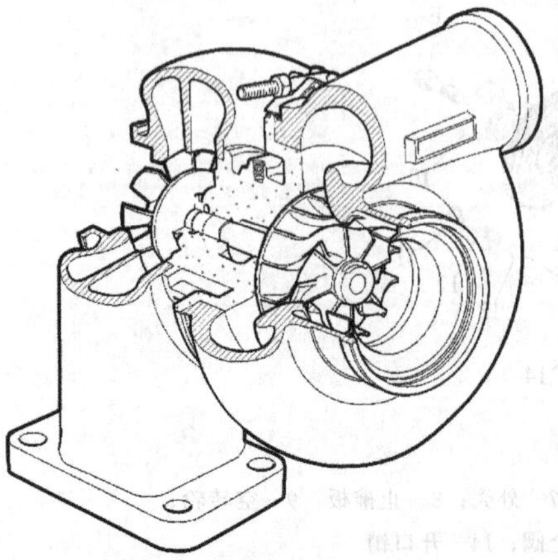

当发动机输出值上升时，发动机产生更多的废气。这就提高涡轮叶轮的转速，从而提高压缩机的转速。因此空气量根据发动机的要求自动调节，无须独立的调节系统。

压缩叶轮和涡轮叶轮旋转非常迅速。全功率时，旋转速度约为 100000r/min。同时叶轮周围的温度超过 600℃。这就对旋转零件、平衡、冷却和润滑提出了较高的要求。如果叶轮和压缩叶轮受损，则必须更换涡轮增压器。

某些类型的涡轮增压器装有一个排气泄压阀。排气泄压阀的功能是减少经过涡轮的流量，使得不超过涡轮增压器的最大速度。

图 2-282 涡轮增压器剖体

当压缩叶轮壳体中的压力过高时，排气泄压阀开启。废气通过一根旁路管流过涡轮，涡轮增压器内的转速下降。

涡轮和压缩机之间的轴安装在轴承壳体中的两个径向轴承（可自由转动并浸润一层薄油膜）和一个止推轴承内。轴承壳体通过密封圈与涡轮机和压缩机密封隔离。

若空气滤清器堵塞，将造成管内过大的真空，这样就存在油雾可能被吸入轴承壳体的风险，还可能增加耗油量、排气温度和涡轮增压器转速。

如果涡轮机侧的密封圈磨损，排气在怠速时将为蓝色。

涡轮机或压缩机内的异物，例如砂粒或金属颗粒，会损坏叶轮的叶片，这将造成不平衡和轴承磨损，发动机的输出功率降低，如果发动机保持运行，空气供应减少可能会造成过热和发动机损坏，这种过热在冷却液温度表上无法看到。

即使空气滤清器和涡轮增压器之间管路存在很小的泄漏，也会造成灰尘在压缩叶轮上的沉积。进气压力降低，导致排气温度升高，产生烟，并导致发动机使用寿命变短。

气缸盖与涡轮增压器之间的排气管泄漏将造成进气压力降低。涡轮增压原理如图 2-283 所示。

与固定几何涡轮增压器类似，可变几何涡轮增压器也由一个涡轮机和一个压缩机组成。涡轮机由发动机排气驱动，而压缩机压缩进入发动机的空气。压缩叶轮和涡轮叶轮位于相同的轴上。轴承壳体位于压缩机和涡轮机之间。

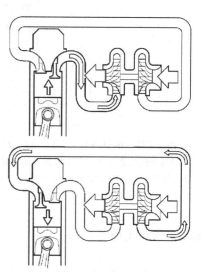

图 2-283 涡轮增压原理

涡轮增压器内有一个轴向移动的喷嘴环，它用于控制涡轮进口的宽度。当喷油器 O 形圈移动使得间隙减小时，排气背压提高。排气背压提高，使得排气速度增加，涡轮机旋转速度提高，从而使得进入发动机的气流增大。

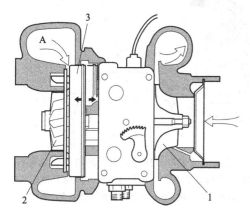

图 2-284 可变几何涡轮增压器原理
A—废气；1—压缩机；2—涡轮机；
3—可轴向移动的喷油器 O 形圈

喷油器 O 形圈的运动由一个电动机控制，而电动机由发动机控制单元控制。可变几何涡轮增压器与常规的增压机不同，进入发动机的空气量直接取决于动力输出，没有任何专用的调节系统。

电动机在从发动机控制单元接收到一个 CAN 消息后，改变喷油器 O 形圈的位置。电动机内有一个电子控制单元，它将 CAN 消息转化为机械运动。发动机控制单元也接收当前位置的信息。如果与发动机控制单元的 CAN 通信丢失，电动机将喷嘴环放在获得预设宽度的位置。

发动机控制单元向电动马达提供电源电压。如果电压供给消失，废气将喷嘴环压入其最开位置，即最大宽度，这表明进气压力降低，而发动机降低功率。可变几何涡轮增压器原理如图 2-284 所示。

通过调节涡轮进口的宽度，可改变排气速度，从而改变进入发动机的空气量。

2.5.1.2 斯堪尼亚发动机空气滤清器

空气滤清器可以分为三种类型。

类型 1：前进气口（FAI）空气滤清器，组成部件见图 2-285。

流至发动机的空气来自驾驶室前部。空气流经一个可防止污垢和碎屑进入系统的滤清器。然后空气流过一个气囊，向下流经一个油水分离装置，到达空气滤芯中。油水分离装置可减少进入空气滤芯的水。在流向发动机的过程中，空气流经一个用于监测空气滤芯堵塞情况的压力和温度传感器。

流量传感器（仅限配备 EGR 的 16L 发动机）可测量进入涡轮增压器的空气流量。在配备 EGR 的车辆上，新鲜空气和循环废气在经过进气冷却器后会汇合，这构成了进入各气缸的总空气流量。

类型2：高空气进口（HAI）空气滤清器，组成部件见图2-286。

流至发动机的空气来自驾驶室后部。空气通过两个格网，其中一个格网用于分离水和污垢，另一个格网用于清除所有烟蒂。驾驶室管道中装有旋风式滤清器，通过离心法清除污垢，同时增加空气的速度。旋风式滤清器底部装有单向阀，可清除80%的剩余污垢。驾驶室管道端部装有一个漏斗，用于在降回驾驶室时引导波纹管进入正确位置。漏斗上有一个唇部，用于将波纹管密封紧密。

来自驾驶室管道的气流向下进入滤清器壳体，再进入滤芯。滤芯包含四个滤块和一个安全滤芯。安全滤芯可捕获通过其他滤清器的剩余污垢。在流向发动机的过程中，空气流经一个用于监测空气滤芯堵塞情况的压力和温度传感器。

类型3：高容量空气滤清器进口（HAI）空气滤清器组成部件见图2-287。

图2-285 前进气口（FAI）空气滤清器组成部件
1—带保护网的进气口；2—前支撑环的气囊；3—带排水的油水分离装置；4—空气滤芯；5—流量传感器T126（配备EGR的16L发动机）；6—压力和温度传感器T202

 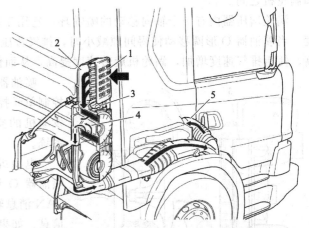

图2-286 高空气进口（HAI）空气滤清器组成部件
1—分离隔网；2—电缆管道；3—旋风式滤清器；4—倾掀用引导漏斗；5—空气滤清器壳体；6—滤芯；7—压力和温度传感器T202

图2-287 高容量高空气进口（HAI）空气滤清器组成部件
1—分离隔网和旋风式滤清器；2—预过滤器；3—止回阀；4—空气滤芯和安全滤网；5—压力和温度传感器T202

流至发动机的空气来自驾驶室后部。空气首先通过收集最大污垢的隔网，隔网后的预过滤器中有旋风式滤清器，可通过离心法去除污垢，同时增加空气的速度。水和污垢通过预过滤器和空气滤清器底部的单向阀。

空气从预过滤器向下流入滤清器壳体，并经过2个较大的空气滤芯。空气滤芯中有安全滤网，可在其中一个空气滤芯损坏时滤除污垢。在流向发动机的过程中，空气流经一个用于监测空气滤芯堵塞情况的压力和温度传感器。

2.5.1.3 奔驰OM471系列发动机进排气系统

以发动机471.9为例，进排气控制系统部件安装位置如图2-288所示。

涡轮增压器1位于发动机右侧，废气再循环冷却器下方，如图2-289所示。

增压由涡轮增压器1执行。对涡轮增压器1中的进气进行压缩可确保燃烧室进入更多质量的空气。由此产生了以下的优点。

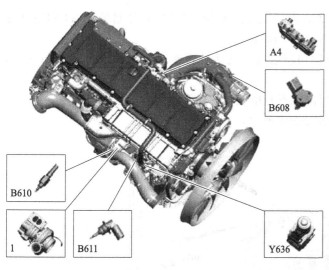

图 2-288 进排气控制系统部件安装位置
（发动机 471.9，欧Ⅵ版）
1—涡轮增压器；A4—发动机管理系统（MCM）控制单元；B608—增压空气管中的增压空气压力和温度传感器；B610—涡轮转速传感器（仅适用于欧Ⅵ版发动机）；B611—空气滤清器下游的温度传感器（仅适用于欧Ⅵ版发动机）；Y636—增压压力调节器

图 2-289 涡轮增压器安装位置
（发动机 471.9，欧Ⅵ标准）
1—涡轮增压器

① 增加发动机动力和转矩。
② 与具有相同输出功率的机械增压柴油发动机相比，降低了燃油消耗量。
③ 降低污染物排放。

涡轮增压器 1 由装配至接头轴 6 的涡轮和压缩机组成。废气 D 流经涡轮 3 使其旋转，此旋转运动经轴 6 传递至压缩机泵轮 5。进气通过压缩机泵轮 5 压入空气滤清器，经增压空气管流入增压空气冷却器。涡轮增压器结构如图 2-290 所示。

增压空气冷却器对压缩空气进行冷却，以使注入的新鲜空气密度增加，从而增加发动机输出。然后，增压空气自增压空气冷却器经增压空气分配器 2 流入相应的气缸。

发动机管理系统（MCM）控制单元 A4 通过增压空气管路中的增压空气压力和温度传感器 B608 确定当前增压压力。

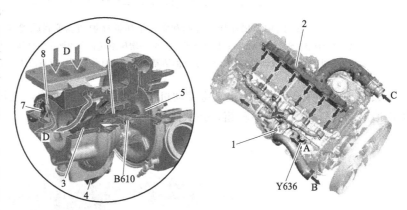

图 2-290 涡轮增压器结构（发动机 471.9，欧Ⅵ版）
1—涡轮增压器；2—增压空气分配器；3—涡轮；4—真空室；5—压缩机叶轮；6—轴；7—气门；8—旁通口；B610—涡轮转速传感器（仅适用于欧Ⅵ版发动机）；Y636—增压压力调节器；A—来自空气滤清器的进气；B—进入增压空气冷却器的增压空气；C—来自增压空气冷却器的增压空气；D—废气

如果发动机管理系统（MCM）控制单元 A4 识别到当前增压压力过高，则通过相应的脉冲宽度调制信号促动增压压力调节器 Y636 以限制增压压力。通过该信号的占空比，发动机管理系统（MCM）控制单元 A4 可调节用于对真空室 4 加压的压力（最高 2.8bar）。连杆根据此压力打开气门 7，使废气 D 根据开启程度或多或少通过涡轮 3 上的旁通口 8。

由于仅部分废气 D 流过涡轮 3，因此加速度不再这么大，增压压力降低。

对于装配欧Ⅵ版发动机的车辆，为保护涡轮增压器，还会监测涡轮增压器 1 的转子转速以及来自压缩机进口处空气滤清器的进气的温度。这通过涡轮转速传感器 B610 和空气滤清器下游的温度传感器 B611 来实现。

由于装配欧Ⅵ版发动机的车辆上未装配这些传感器，发动机管理系统（MCM）控制单元 A4 利用外部温度和车辆所处的海拔高度确定。后者由安装的大气压力传感器确定。

根据确定的数值和特性图中存储的涡轮增压器保护功能数值，发动机管理系统（MCM）控制单元 A4 调节喷射，使燃烧温度降低。

促动增压压力调节器 Y636 的一个间接效用是可以降低涡轮增压器的转子速度。

增压压力控制和涡轮增压器保护功能控制原理如图 2-291 所示。

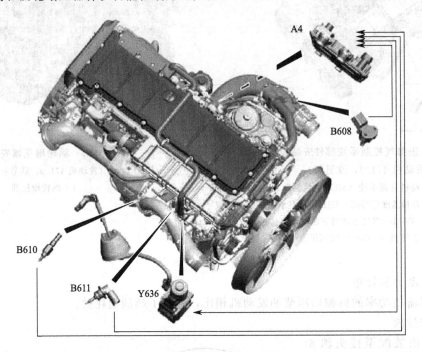

图 2-291　增压压力控制和涡轮增压器保护功能控制原理（发动机 471.9，欧Ⅵ版）

A4—发动机管理系统（MCM）控制单元；B608—增压空气管中的增压空气压力和温度传感器；B610—涡轮转速传感器（仅适用于欧Ⅵ版发动机）；B611—空气滤清器下游的温度传感器（仅适用于欧Ⅵ版发动机）；Y636—增压压力调节器

如图 2-292 所示，供油连接 7 将发动机油传送至轴 4 的轴承，通过此方式进行润滑和冷却。剩余的发动机机油经回流管再次流入曲轴箱，并从此处流入油底壳。

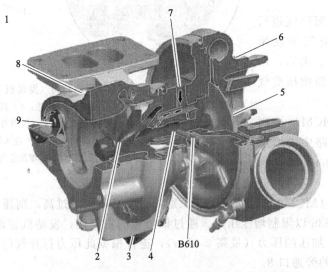

图 2-292　涡轮增压器剖视（欧Ⅵ标准版发动机）

1—涡轮增压器；2—涡轮；3—真空室；4—轴；5—压缩机叶轮；6—压缩机叶轮壳体；7—供油连接；8—涡轮外壳；9—气门；B610—涡轮转速传感器（仅适用于欧Ⅵ标准版发动机）

2.5.2 进排气系统部件拆装

2.5.2.1 潍柴 WP12/WP13 发动机进排气部件拆装

(1) 放气管拆卸与装配 放气管部件分解如图 2-293 所示。

① 放气管拆卸步骤。

a. 依次将放气管上的空心螺栓拆卸。

b. 取下放气管和垫片。

② 放气管检查维修。拆卸前检查放气管有无漏水痕迹,并查看放气管本身有无裂纹、磨损、腐蚀等损伤。若有裂纹则需要更换放气管,对于影响可靠性的腐蚀需要分析原因并更换新放气管。

若漏水出现在各空心螺栓处,可以更换空心螺栓及垫片并拧紧,再查看有无漏水现象。

③ 放气管装配步骤。

a. 擦净放气管接合面。

b. 将空心螺栓侧的垫片装在空心螺栓上。

c. 将装好的空心螺栓和垫片装在放气管上。

d. 再将另一侧的垫片装在空心螺栓上。

e. 将放气管装在缸盖上,并依次拧紧空心螺栓。

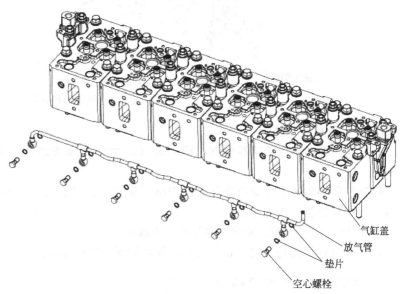

图 2-293 放气管部件分解

(2) 进排气系统拆卸与装配 进排气系统部件分解如图 2-294 所示。

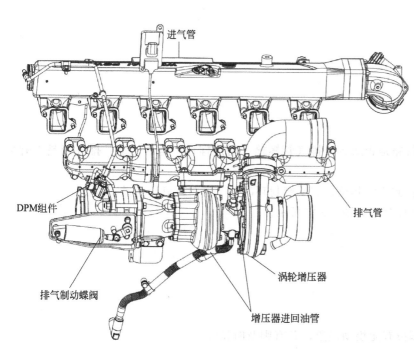

图 2-294 进排气系统部件分解

① 进排气系统拆卸步骤。

a. 拆卸 DPM 组件。

b. 拆卸排气制动蝶阀。

c. 拆卸增压器润滑油管。

d. 拆卸增压器。

e. 拆卸排气管。

f. 拆卸进气管。

② 进排气系统装配步骤。装配步骤与拆卸步骤相反。

(3) 进气管拆卸与装配 进气管部件分解如图 2-295 所示。

① 进气管拆卸步骤。

a. 拆卸进气节流阀。

b. 拆卸进气接管。

c. 拆卸进气加热器。

d. 拆卸进气管螺栓。

e. 拆卸进气管。

f. 拆卸进气管垫片。

第 2 章 柴油发动机机械维修

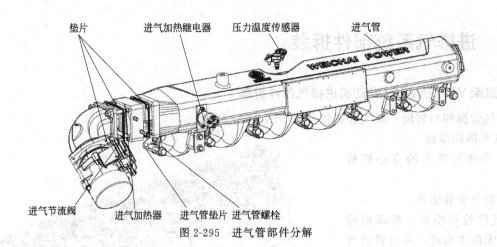

图 2-295 进气管部件分解

② 进气管检查维修。

a. 进气压力和温度传感器检查。检查进气压力和温度传感器线束连接及传感器有无损坏，测量是否正常。

b. 进气管路检查。发动机进气管路需确保畅通；进气管是否有裂纹等，必要时紧固或确保进气系统密封性；进气加热器是否完好。

③ 进气管装配步骤。装配步骤与拆卸步骤相反。

（4）排气管拆卸与装配　排气管部件分解如图 2-296 所示。

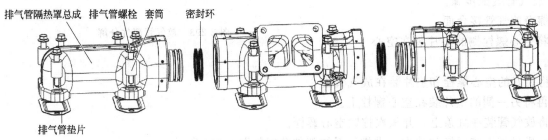

图 2-296 排气管部件分解

① 排气管拆卸步骤。

a. 拆卸排气管螺栓。

b. 拆卸套筒。

c. 拆卸排气管隔热罩总成。

d. 拆卸排气管垫片。

e. 拆卸排气管密封环。

② 排气管检查维修。检查排气管管路是否通畅，排气管螺栓（耐热螺栓）是否松动，排气管是否有裂纹漏气等现象。

③ 排气管装配步骤。装配步骤与拆卸步骤相反，装配密封环时两个密封环开口相差 180°。

（5）增压器拆卸与装配　增压器部件分解如图 2-297 所示。

① 增压器拆卸步骤。

a. 拆卸增压器回油管。

b. 拆卸增压器进油管。

c. 拆卸涡轮增压器。

② 增压器检查维修。

a. 检查增压器与发动机管道连接部位有无松动迹象，若有则及时排除。

b. 检查增压器有无漏气、漏油现象，若有则及时排除。

c. 检查增压器紧固螺钉有无松动，若有则及时排除。

d. 检查空气滤清器，若积尘过多，应及时清洗。

e. 增压器拆装时，若发现无法排除的故障或不具备拆装条件时，应交生产或维修部门处理。

f. 拆下压气机涡壳上的紧固螺钉，将压气机涡壳沿叶轮周围轻轻摇动，用橡皮锤均匀向外敲打壳体。不允许壳体碰撞叶轮叶片，也不得松动轴端螺母。

g. 用汽油擦去叶轮通道、壳体内腔上的油垢。

h. 重装压气机涡壳时，应按规定拧紧紧固螺钉，拧紧力矩为15N·m。

i. 如需拆卸轴系部件，请找专业人员或委托厂家进行拆卸。

③ 增压器装配步骤。装配步骤与拆卸步骤相反。

（6）后排气歧管拆卸与装配　后排气歧管部件分解如图2-298所示。

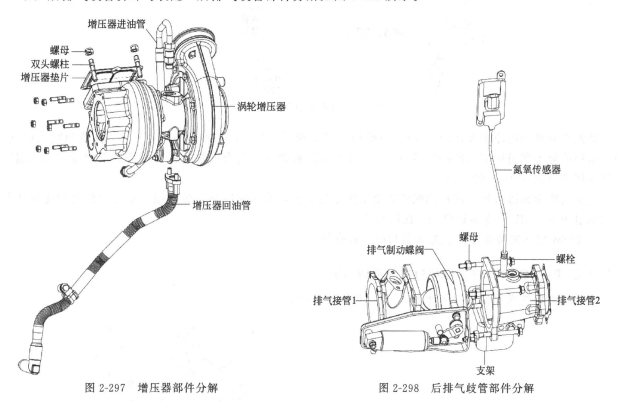

图2-297　增压器部件分解　　　图2-298　后排气歧管部件分解

① 排气制动蝶阀拆卸步骤。

a. 拆卸排气接管1。

b. 拆卸排气制动蝶阀。

c. 拆卸排气接管2。

② 排气制动蝶阀检查维修。检查排气制动装置各部分是否完好，检查联动机构时，蝶阀应处于全开状态。

（7）DPM组件拆卸与装配　DPM组件部件分解如图2-299所示。

① DPM组件拆卸步骤。

a. 拆卸DPM进油管组件及DPM进回水管组件。

b. 拆卸柴油喷嘴。

c. 拆卸柴油测量单元。

d. 拆卸柴油测量单元支架。

② DPM组件维修要点。

a. 拆解前检查柴油喷射系统管路是否有振裂漏油、漏水现象。

b. 拆解后检查喷射单元进、出水管及燃油进油管内是否有异物，检查柴油喷嘴是否堵塞。

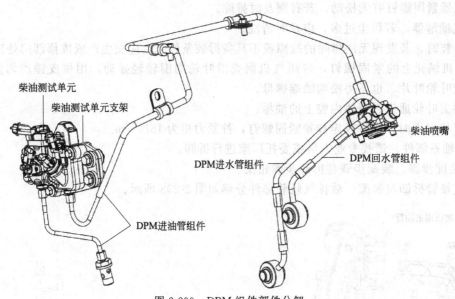

图 2-299 DPM 组件部件分解

柴油喷射系统的原理及作用：DPM 系统包括测量单元（MU）和喷射单元（IU），将柴油喷入尾气管中。这种喷射方案可用于颗粒捕集器的再生。柴油在颗粒捕集器前方的催化器中燃烧，以增加尾气的温度，促使炭烟的氧化（400～600℃）。

与柴油喷嘴和排气尾管连接的螺栓需要采用耐热螺栓，并涂防咬剂二硫化钼，不要用普通的螺栓代替。柴油测量单元（MU）进油管取油应在精滤后。

③ DPM 组件安装步骤。装配步骤与拆卸步骤相反。

2.5.2.2 锡柴 CA6DM3 发动机进排气系统拆装

发动机进排气系统部件分解如图 2-300～图 2-302 所示。

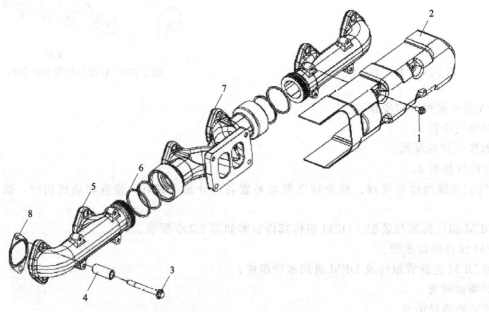

图 2-300 排气歧管与隔热罩组件分解（图中顺序即分解顺序）

1—隔热罩螺栓；2—隔热罩；3—排气歧管螺栓；4—排气歧管螺栓套管；5—排气歧管前后段；
6—排气歧管密封环；7—排气歧管中间段；8—垫密片（排气管）

装配顺序：按照与分解的相反顺序。

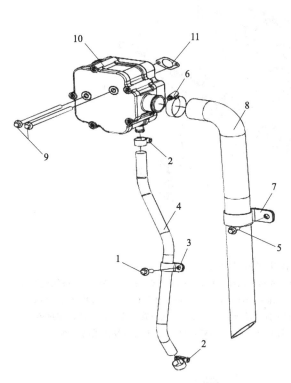

图 2-301 曲轴箱通风系统（图中序号即分解顺序）
1—六角凸缘螺栓；2—蜗杆传动式软管夹箍 B 型；3—回油管支架；
4—油气分离器回油管；5—六角法兰面螺栓；6—蜗杆传动式软管
夹箍 B 型；7—通气管支架；8—通气管；9—连接螺栓；
10—油气分离器总成；11—垫片（呼吸器）

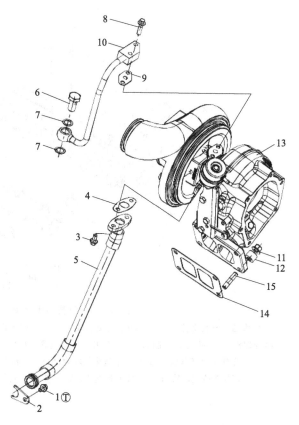

图 2-302 涡轮增压器组件（图中序号即分解顺序）
1，3，8—六角法兰面螺栓；2—压板（增压器回油管）；4—垫片
（增压器回油管）；5，10—增压器回油管总成；6—空心螺栓；
7—垫密圈；9—进油管法兰垫片；11—六角头凸缘锁紧螺母；
12—套管（增压器）；13—涡轮增压器总成；14—垫片
（增压器）；15—双头螺柱

螺栓拧紧力矩见表 2-9。

表 2-9 螺栓拧紧力矩（一） 单位：N·m

部位	被拧紧的零件	拧紧力矩
1	六角法兰面螺栓	22±5
3	六角法兰面螺栓	22±5
6	空心螺栓	40±5
8	六角法兰面螺栓	22±5
11	六角头凸缘锁紧螺母	40±5
15	双头螺柱	40±5

2.5.2.3 大柴 BF6DM1013 发动机进排气系统部件拆装

发动机进排气系统部件分解如图 2-303 和图 2-304 所示。

装配顺序：按照与分解的相反顺序。

注意安装进气歧管，使用新密封垫。安装排气歧管，使用新密封垫。密封垫有波纹的一侧对着气缸盖。

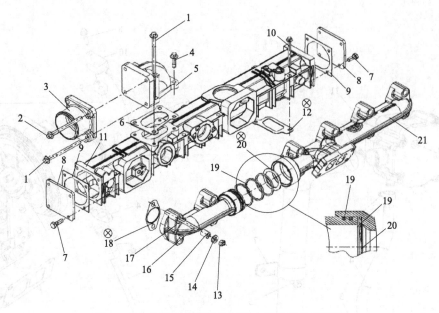

图 2-303 进排气歧管组件（图中序号即分解顺序）

1—六角头凸缘导径螺栓；2—六角头凸缘螺栓 EN；3—过渡接管；4—六角头凸缘螺栓；5—进气接管；6—垫密片（进气接管）；7—组合螺栓；8—进气歧管盖板；9—垫密片（进气歧管盖板）；10—六角头凸缘螺栓；11—进气歧管；12—垫密片（进气歧管）；13—六角螺母（排气歧管）；14—平垫排气歧管；15—防松套；16—排气歧管螺柱；17—排气歧管前段；18—片状密封环（密封垫排气歧管）；19—波形弹簧片；20—垫密片（进气歧管）；21—排气歧管后段；⊗ 不可重复使用的零件

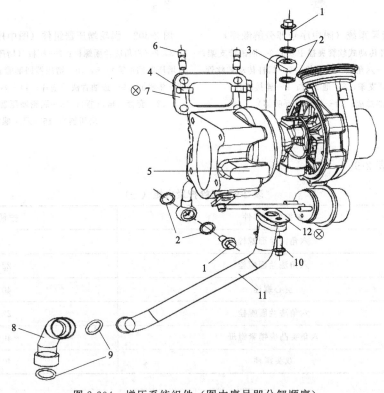

图 2-304 增压系统组件（图中序号即分解顺序）

1—空心螺栓；2—密封垫；3—增压器进油管总成；4—六角螺母；5—增压器总成；6—双头螺柱；7—增压器密封垫；8—增压器回油管（下）；9—密封圈；10—六角头凸缘螺栓；11—增压器回油管（上）；12—密封垫；⊗ 不可重复使用的零件

螺栓拧紧力矩见表 2-10。

装配顺序：按照与分解的相反顺序。

螺栓拧紧力矩见表 2-11。

表 2-10 螺栓拧紧力矩（二）　　单位：N·m

部位	被拧紧的零件	拧紧力矩
1	六角头凸缘导径螺栓	30±3
2	六角头凸缘螺栓 EN	30±3
4	六角头凸缘螺栓	30±3
10	六角头凸缘螺栓	11±3
16	排气歧管螺柱	20.0±2.5

注：每行驶 5000km 检查排气歧管螺栓拧紧力矩为（20.0±2.5）N·m。

表 2-11 螺栓拧紧力矩（三）　　单位：N·m

部位	被拧紧的零件	拧紧力矩
1	空心螺栓	40±5
4	六角螺母	40±5
6	双头螺柱	40±5
10	六角头凸缘螺栓	22±5

注：新的增压器在启动之前必须预先注入润滑油，把干净机油加入进油口，转动涡轮叶轮，使机油流入轴承室。用量：50～60mL。

2.5.2.4 日野 E13C 发动机进排气系统部件分解

发动机进排气系统部件分解如图 2-305～图 2-314 所示。

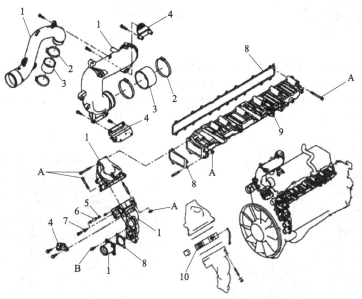

图 2-305　进气系统部件

1—进气管；2—夹管器；3—空气软管；4—进气管支架；5—卡圈；6—空气软管；7—增压压缩管；
8—进气歧管垫圈；9—进气歧管；10—进气管或进气加热器
上紧扭矩（单位：N·m）：A 为 55；B 为 28.5。

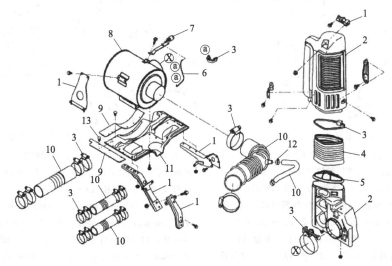

图 2-306　进气部件

1—支架；2—进气管；3—夹管器；4—进气软管；5—弹簧导管；6—真空管；7—灰尘指示器；8—空气净化器组件；
9—挡泥板；10—空气软管；11—后挡泥板；12—卡圈；13—保持器

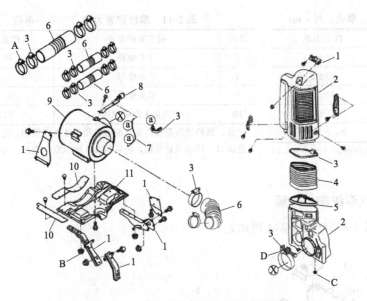
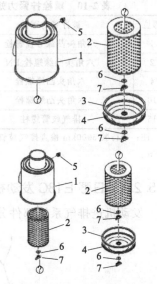

图 2-307 进气部件（UN、UR 机型）
1—支架；2—进气管；3—夹管器；4—进气软管；5—弹簧导管；6—空气管；7—真空管；
8—灰尘指示器；9—空气滤清器总成；10—挡泥板；11—后挡泥板；
上紧扭矩（单位：N·m）：A 为 5.4～6.6；B 为 21.5～31.5；C 为 14～21；D 为 1.5～2.5。

图 2-308 空气滤清器部件
1—机身；2—过滤元件；3—密封；
4—罩壳；5—管道；6—密封垫片；
7—蝶形螺母

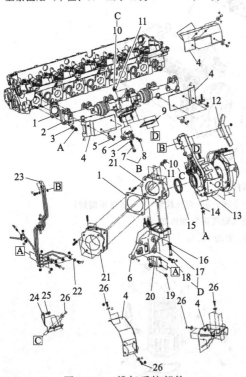
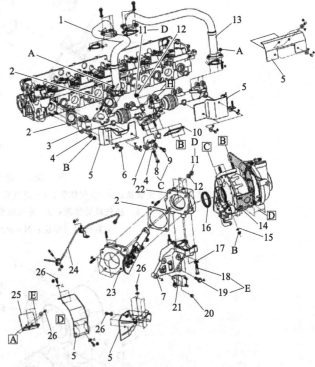

图 2-309 排气系统部件
1—排气歧管垫圈；2—排气歧管；3—间隔衬套（$T=8mm$）；4—隔热材料；5—螺栓（$L=16mm$）；6—排气歧管支架；7—螺栓（$L=55mm$）；8—法兰螺栓（$L=45mm$）；9—垫圈；10—法兰螺母；11—间隔衬套（$T=2mm$）；12—导风板；13—涡轮增压器总成；14—间隔衬套（$T=3mm$）；15—密封环；16—间隔衬套（$T=5m$）；17—螺栓（$L=55mm$）；18—螺栓（$L=50mm$）；19—法兰螺栓（$L=16mm$）；20—支架；21—排气歧管连接器；22—软垫片；23—空气控制汽缸气管；24—控制缸支架；25—法兰螺栓（$L=20mm$）；26—螺栓
上紧扭矩（单位：N·m）：A 为 59；B 为 68.5；C 为 108；D 为 125

图 2-310 排气系统（UR UN 机型）
1—EGR 气管（后部）；2—排气歧管垫圈；3—排气歧管；4—间隔衬套（$T=8mm$）；5—隔热材料；6—螺栓（$L=16mm$）；7—排气歧管支架；8—螺栓（$L=55mm$）；9—法兰螺栓（$L=45mm$）；10—垫圈；11—法兰螺母；12—间隔衬套（$T=2mm$）；13—EGR 气管（前部）；14—涡轮增压器；15—间隔衬套（$T=3mm$）；16—密封环；17—间隔衬套（$T=5m$）；18—螺栓（$L=55mm$）；19—法兰螺栓（$L=50mm$）；20—法兰螺栓（$L=16mm$）；21—支架；22—排气歧管连接器；23—带气缸气管的排气制动器；24—空气控制气缸气管；25—涡轮增压器支架；26—螺栓（$L=22mm$）
上紧扭矩（单位：N·m）：A 为 72；B 为 59；C 为 68.5；D 为 108；E 为 125

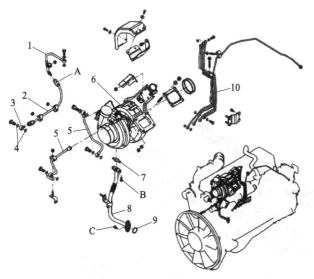

图 2-311 排气系统部件
1—进油管；2—油管；3—小孔；4—软垫片；5—冷却剂管；
6—涡轮增压器总成；7—出油管垫圈；
8—出油管；9—O 形环；10—空气管
上紧扭矩（单位：N·m）：A 为 24.5；
B 为 28.5；C 为 55。

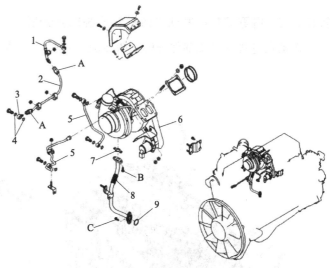

图 2-312 涡轮增压器部件（UR UN 机型）
1—进油管；2—油管；3—小孔；4—软垫片；5—冷却剂管；
6—涡轮增压器总成；7—出油管垫圈；8—出油管；
9—O 形环
上紧扭矩（单位：N·m）：A 为 24.5；B 为 28.5；C 为 55。

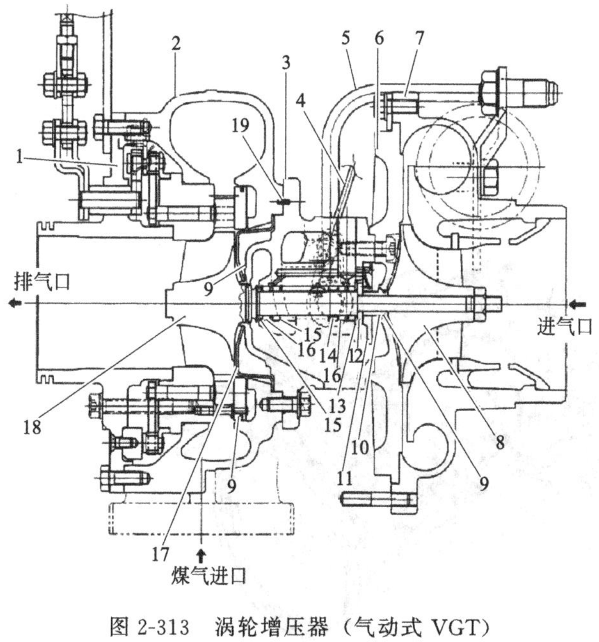

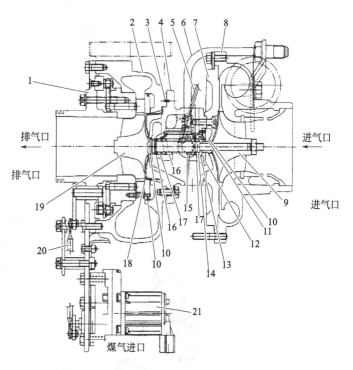

图 2-313 涡轮增压器（气动式 VGT）
1—可变几何涡轮增压器（VGT）总成；2—涡轮机壳；3—轴承壳；
4—涡轮增压器转速传感器；5—冷却管；6—背板；7—鼓风机壳；
8—鼓风机叶轮；9—鼓风机壳夹板；10—抛油器；11—止推轴承
（鼓风机侧）；12—止推环；13—止推轴承（涡轮侧）；14—垫
片；15—固定环；16—悬浮金属；17—热保护器；
18—涡轮轴；19—弹簧销

图 2-314 涡轮增压器（电动式 VGT）
1—可变几何（VG）涡轮增压器总成；2—涡轮机壳；3—弹簧销；
4—轴承壳；5—涡轮增压器转速传感器；6—冷却管；7—背板；
8—鼓风机壳；9—鼓风机叶轮；10—密封圈；11—抛油器；
12—止推轴承（鼓风机侧）；13—止推环；14—止推轴承
（涡轮侧）；15—垫片；16—固定环；17—悬浮金属；
18—热保护器；19—涡轮轴；20—连杆；
21—VNT 促动器（直流电机）

2.5.2.5 日野 P11C 发动机进排气系统部件分解

发动机进排气系统部件分解如图 2-315～图 2-334 所示。

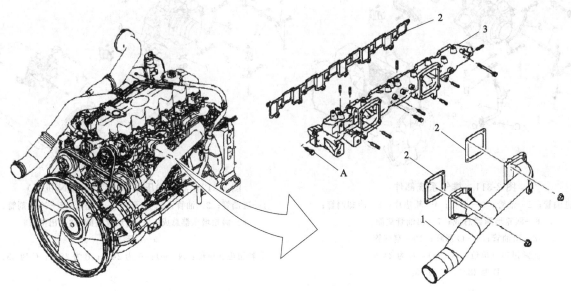

图 2-315 进气歧管
1—进气管；2—衬垫；3—进气歧管；
上紧力矩（单位：N·m）：A 为 55。

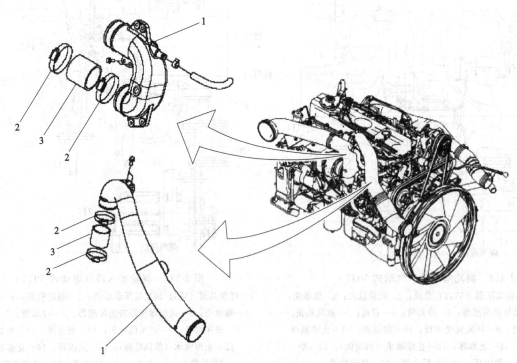

图 2-316 进气管中段
1—进气管；2—夹子；3—空气软管

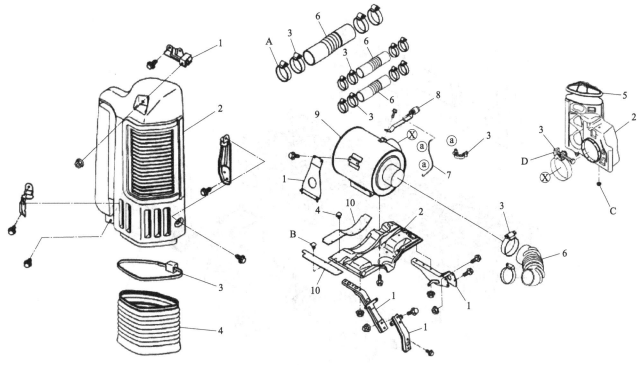

图 2-317 进气管前端
1—支架；2—进气管；3—夹子；
4—进气软管

图 2-318 空气净化器
1—支架；2—后防溅挡板；3—夹子；4—保持器；5—弹簧导杆；
6—空气软管；7—真空软管；8—灰尘指示器；
9—空气净化器组件；10—防溅挡板
上紧扭矩（单位：N·m）：A 为 5.4~6.6；B 为 21.5~31.5；
C 为 14~21；D 为 1.5~2.5。

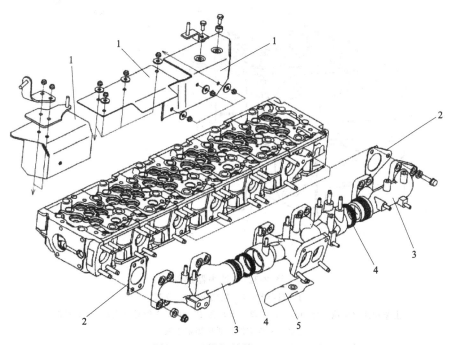

图 2-319 排气歧管（UJ 型）
1—绝缘体；2—衬垫；3—排气歧管；4—密封环；5—支架

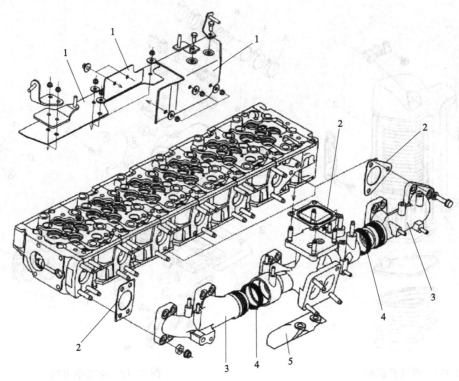

图 2-320 排气歧管（UR 型）
1—绝缘体；2—衬垫；3—排气歧管；4—密封环；5—支架

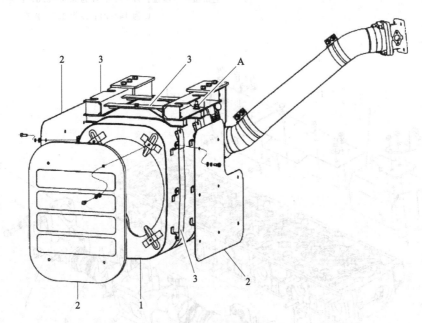

图 2-321 消声器部件
1—消声器；2—隔热板；3—支架

上紧扭矩（单位：N·m）：A 螺母（下）为 12～14；A 螺母（上）为 44～52。

注意：未规定的上紧扭矩如下所示：

M8，$T=20～24N·m$；M10，$T=39～47N·m$；M12，$T=69～83N·m$。

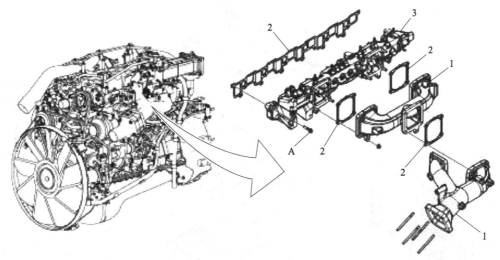

图 2-322 进气歧管部件分解（VA、VB 机型）
1—进气管；2—衬垫；3—进气歧管
上紧力矩（单位：N·m）：A 为 55。

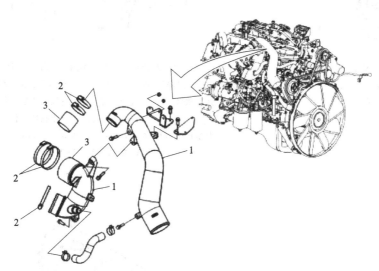

图 2-323 进气管中段（VA、VB 机型）
1—进气管；2—夹子；3—空气软管

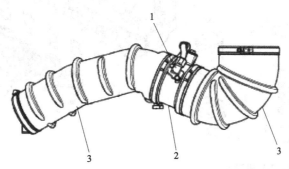

图 2-324 空气流量传感器（VA、VB 机型）
1—空气流量传感器；2—传感器部位；3—空气软管

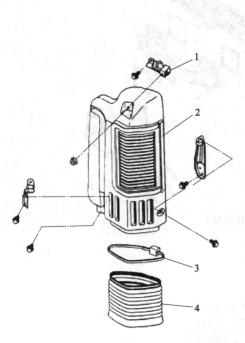

图 2-325 进气管前端（VA、VB机型）
1—支架；2—进气管；3—夹子；
4—进气软管

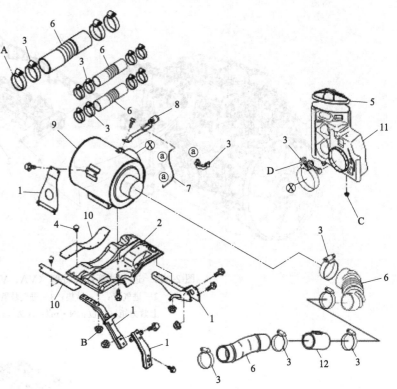

图 2-326 空气净化器（VA、VB机型）
1—支架；2—后防溅挡板；3—夹子；4—保持器；5—弹簧导杆；6—空气软管；
7—真空软管；8—灰尘指示器；9—空气净化器组件；10—防溅挡板；
11—进气管；12—传感器部位
上紧扭矩（单位：N·m）：A 为 5.4～6.6；B 为 21.5～31.5；
C 为 14～21；D 为 1.5～2.5

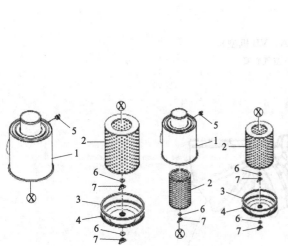

图 2-327 空气滤清器（VA、VB机型）
1—支架；2—滤芯；3—密封圈；4—盖子；5—导管；
6—密封垫圈；7—中心螺栓及螺母

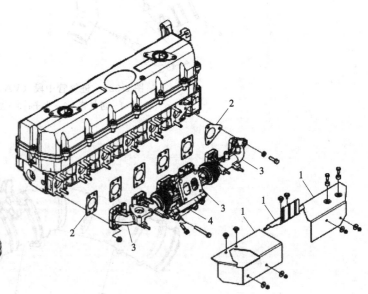

图 2-328 排气歧管（VA、VB机型）
1—绝缘体；2—衬垫；3—排气歧管；4—支架

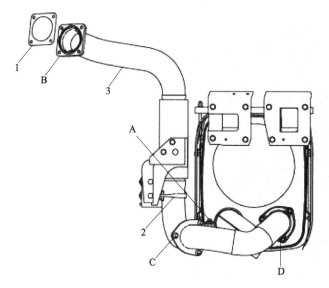

图 2-329 排气管（VA、VB机型）

1—衬垫；2—夹子；3—排气管

上紧扭矩（单位：N·m）：A 为 27~33；B 为 108~132；C 为 108~132；D 为 108~132。未规定的上紧扭矩如下所示：M8，$T=20$~$24N·m$；M10，$T=39$~$47N·m$；M12，$T=69$~$83N·m$

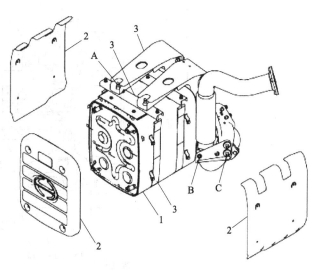

图 2-330 消声器（VA、VB机型）

1—消声器；2—隔热板；3—支架

上紧扭矩（单位：N·m）：A 为 91~169；B 为 23~27；C 为 82~100。未规定的上紧扭矩如下所示：M8，$T=20$~$24N·m$；M10，$T=39$~$47N·m$；M12，$T=69$~$83N·m$

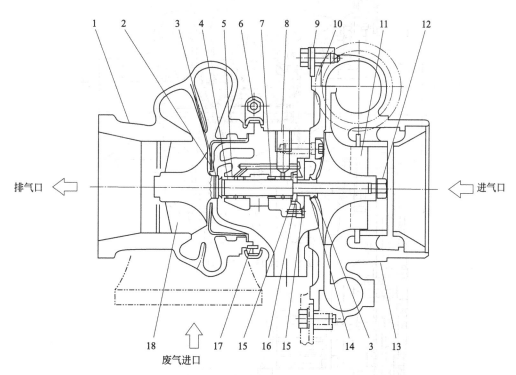

图 2-331 气动 VGT（UJ机型）

1—涡轮机壳；2—热保护器；3—密封环；4—扣环；5—轴径轴承；6—连接器；7—垫片；8—轴承壳；9—鼓风机壳夹板；10—密封板；11—鼓风机叶轮；12—锁紧螺母；13—鼓风机壳；14—抛油器；15—推力轴承；16—止推环；17—弹簧销；18—涡轮机叶轮和轴

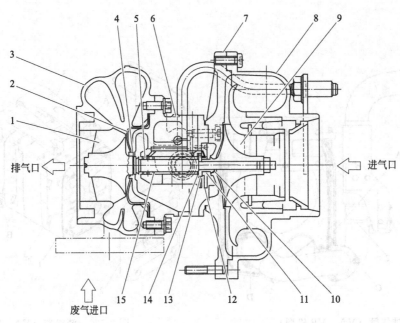

图 2-332 气动 VGT（UR 机型）
1—涡轮机轴；2—热保护器；3—涡轮机壳；4—扣环；5—轴径轴承；6—轴承壳；7—密封板；8—鼓风机壳；9—鼓风机叶轮；10—密封环；11—抛油器；12—C 侧推力轴承；13—止推环；14—T 侧推力轴承；15—扣环

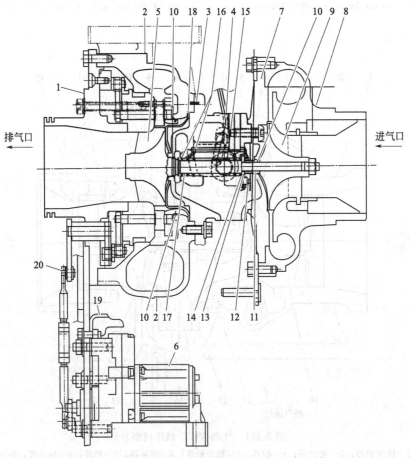

图 2-333 电动 VGT
1—可变几何涡轮增压器总成；2—涡轮机壳；3—弹簧销；4—轴承壳；5—涡轮机轴；6—涡轮机驱动器（直流电动机）；7—支承板；8—鼓风机壳；9—鼓风机叶轮；10—密封圈；11—抛油器；12—推力轴承（鼓风机侧）；13—止推环；14—推力轴承（涡轮机侧）；15—垫片；16—扣环；17—浮式轴承；18—隔热板；19—驱动器隔热板；20—连杆

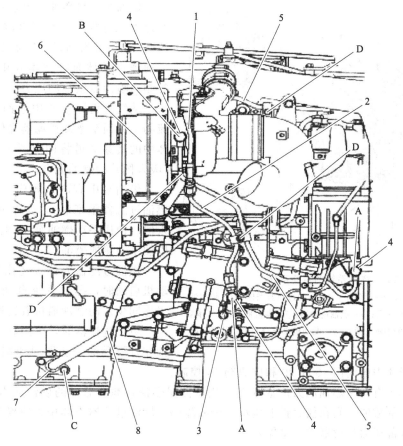

图 2-334 管路布置
1—进油管；2—输油软管；3—观察孔；4—软垫圈；5—冷却液管；6—涡轮增压器总成；7—O形环；8—出油管
上紧扭矩（单位：N·m）：A 为 24.5；B 为 29.4；C 为 47；D 为 28.5

2.6 发动机燃油供给系统

2.6.1 燃油供给系统功能

2.6.1.1 沃尔沃 D13C460 发动机燃油系统

D13C 燃油系统以电子方式控制（EMS）。喷油由单体泵喷油器在高压下执行，每个气缸有一个喷油器。高压通过顶置凸轮轴和摇臂以机械方式产生。发动机电子控制单元（EECU）通过接收多个传感器发送的信号，以电子方式控制燃油量的调节和喷油点。

如图 2-335 所示为燃油系统的主要部件。

D13C 配备一个位于燃油过滤器壳体中的手动泵。

燃油通过供油泵 1 吸出，经过油箱吸油管滤网 2 向上流过用于冷却发动机电子控制单元 16 的冷却环路 6，然后下行至燃油过滤器壳体 3。这时，燃油经过止回阀 11 和带水油分离器 13 的预滤器 4。止回阀的作用是防止燃油在发动机关闭或手动泵油时返回油箱。

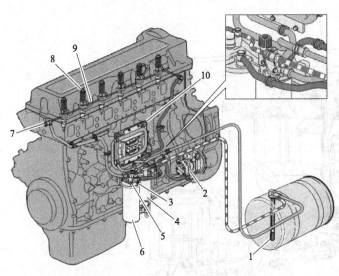

供油泵 1 将燃油送至燃油过滤器壳体 3，并经过主过滤器 5 上行至气缸盖中的纵向燃油导轨 9。这一导轨通过气缸盖中围绕各喷油器的环形通道向单体泵喷油器 8 供给燃油。溢流阀 7 控制向喷油器供油的压力。

从气缸盖导轨 9 中返回的回流燃油经过溢流阀 7 返回至燃油过滤器壳体 3。燃油过滤器壳体中的贯穿油道将回流燃油和吸至供油泵入口（吸入侧）的燃油混合。

供油泵中有两个阀门。当压力过高时（如燃油过滤器阻塞时），安全阀 14 使燃油返回吸入侧。使用手动燃油泵 12 时，止回阀 15 打开，以便手动泵取燃油。

燃油过滤器壳体 3 还内置有放泄阀 10。发动机启动时，燃油系统自动通风。系统中的空气连同少量的燃油通过管道返回油箱 2。

更换过滤器时，关闭阀锥 18 和 19，防止燃油在拧下燃油过滤器时泄漏。更换过滤器时的

图 2-335 燃油系统的主要部件
1—滤网（油箱油位计）；2—供油泵；3—燃油过滤器壳体；4—带水油分离器的预滤器；5—通气阀；6—燃油过滤器；7—溢流阀；8—单体泵喷油器；9—气缸盖中的燃油管道；10—发动机电子控制单元冷却环路

空气排放由过滤器壳体中的阀门 18 和 20 和放泄阀 10 控制。

燃油过滤器壳体中有一个燃油压力传感器 21，用于测量燃油过滤器后部的供油压力。如果供油压力低于故障码手册中规定的数值，则在仪表板上显示一个故障码。燃油过滤器壳体中拧有螺塞的出口 22 用于测量供油压力（使用外部压力传感器或计量器）。

水油分离器 13 中有一个液位传感器 23，如果系统中有水，传感器将会发送信号给驾驶员。通过操作转向柱上的手柄 24 进行排放。通过来自发动机电子控制单元的命令，打开电气排水阀 25。

要激活排放过程，必须满足以下条件。
① 水油分离器中的液位传感器 3 显示高水位。
② 发动机关闭/启动钥匙位于驾驶位置。
③ 车辆处于静止状态。
④ 驻车制动器未施用。

在排放过程中，如果发动机启动，则排放停止。只要燃油中含水指示器超出警告水平，则仪表板上保持显示警告。

作为额外的附件，水油分离器下部还装有燃油加热器 26。

手泵 12 位于燃油过滤器壳体上，用于在燃油系统排空的情况下沿油路向前泵油（发动机关闭时）。

注意：发动机运行时不得使用手泵。燃油系统工作原理如图 2-336 所示。

许多燃油系统部件与 D13A 发动机中使用的相同或相似。

A：单体泵喷油器带有两个电磁阀，可以提供更精确的喷射。

B：燃油过滤器支架上安装有手泵 1，用于在系统排空时沿油路向前泵油；还有一个止回阀，防止在发动机关闭时燃油返回油箱。电气接头 2 连接水油分离器 5 中的液位传感器 3 和排放阀 4。预滤器 6 在燃油经过供油泵之前过滤燃油，也就是说，预滤器位于吸入侧。主过滤器 7 在燃油经过供油泵之后过滤燃油，也就是说，预滤器位于压力侧。

C：供油泵为齿轮式，安装在转向伺服泵 8 上。供油泵由动力转向泵通过共用的轴 9 驱动。两个泵之间的密封通过动力转向泵法兰沟槽中的 O 形圈 10 实现。两个泵之间的动力传输通过浮式从动轮 11 实现。泵壳 12 和盖 13 由铸铁制造。驱动齿轮轴和泵轮在滚针轴承中运行（分别为 14 和 15）。泵安全阀 16 位于泵壳中，止回阀 17 位于泵法兰的末端。通过泵驱动轴漏出的燃油经通道 18 吸回至吸入侧。

D：发动机左侧的冷却回路利用供油泵吸入侧的燃油冷却发动机电子控制单元（EECU）。

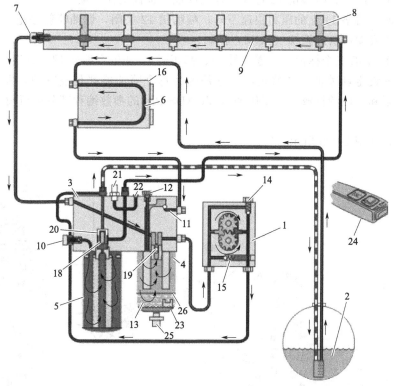

图 2-336 燃油系统工作原理

E：气缸盖上的溢流阀 19 控制低压系统中的压力；低压系统向单体泵喷油器中供油并将燃油冷却。燃油系统在燃油过滤器支架中有一个通风阀 20。

单体泵喷油器结构如图 2-337 所示。

单体泵喷油器垂直放置于各气缸中央的四个阀门之间，并通过卡夹 1 固定就位。喷油器的下部通过铜制套筒 2 和 O 形圈 3 固定，紧靠冷却水套。各喷油器周围供应燃油的环形腔 4 通过两个 O 形圈 5 和 6 密封。

单体泵喷油器主要由三个部分组成。

A：泵。

B：阀门（促动器）。

C：喷雾雾化器。

阀门部分包括两个电磁阀——放泄阀 7 和针阀 10（分别带电磁线圈 8 和 9）以及回位弹簧。

在注油阶段，泵活塞向上运动，来自气缸盖燃油导轨的燃油被推入单体泵喷油器。

在放泄阶段，泵的活塞向下运动，燃油被迫返回气缸盖燃油导轨中。在这段时间内，电磁阀线圈中没有电流，放泄阀打开，因此燃油管道中蓄积压力进行喷雾雾化。

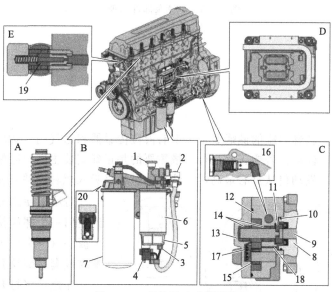

图 2-337 单体泵喷油器结构

在蓄压阶段，放泄阀电磁线圈由电流驱动而关闭，这使得燃油管道 13 中蓄积高压。针阀后面的腔室 14 中压力也同时增加，压力作用于针阀活塞 11，从而防止针阀 10 打开喷嘴销 12。

一旦达到期望的燃油压力，则开始喷射阶段。针阀电磁线圈接收到电流并打开针阀 10，这样可以释放燃油施加在针阀活塞上的高压，喷嘴销 12 打开。雾化燃油以极高的压力喷射进入发动机的燃烧室。

放泄阀再次打开时，活塞 11 上的压力快速下降，喷嘴销 12 关闭，燃油喷射停止。

完整的喷油过程由发动机管理系统（ECM）控制。

喷油器电气接头 15 上有三个标记——零件号 16、修正码 17 和生产编号 18。更换一个或多个喷油器时，必须向发动机控制单元设定新喷油器的修正码。这是因为每个喷油器都是独特的，发动机必须进行修正，以实现最优的燃油喷射和最低的排放。修正码通过 VCADS Pro 的参数编程部分进行设定。单体泵部件原理如图 2-338 所示。

燃料罐与管线连接如图 2-339 所示。

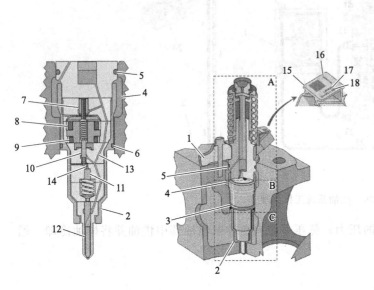

图 2-338　单体泵部件原理

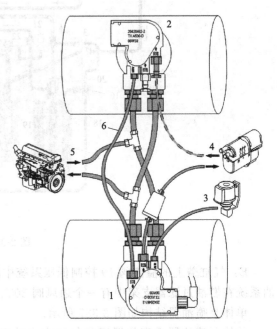

图 2-339　燃料罐与管线连接

1—储罐装置，主燃料罐，最大［包括燃料液位传感器、通气阀（翻转）和液位传感器接线］；2—储罐装置，辅燃料罐，次要；3—通风装置软管和可能的空气过滤器；4—供应管线和可能的回流管线，加热器；5—供应和回流管线，发动机；6—连接软管

辅燃料罐的储罐装置 2 没有液位传感器和通气阀（翻转）。

注意：若要正确运行，最重要的是正确安装主燃料罐配件和辅燃料罐配件之间的连接软管 6。

发动机从具有最高燃料液位的燃料罐吸入燃料，并且使燃料返回具有最低液位的燃料罐中。

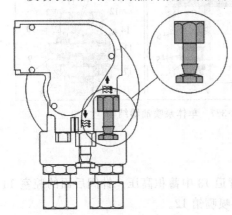

图 2-340　螺纹套安装位置

封堵未使用的储罐装置上的连接螺纹接套。如果管线要连接到任何一个螺纹接套（例如加热器的返回管线）上，则必须用两个扳手（一个作为反向固定器）关闭螺纹接套的顶部，以此打开螺纹接套。螺纹套安装位置如图 2-340 所示。

注意：仅打开要使用的连接螺纹接套。

2.6.1.2　奔驰 OM471 系列发动机燃油系统

"增压式共轨系统（APCRS）"是梅赛德斯-奔驰商用汽车采用的首款可将燃烧所需的燃油量降至最低的共轨系统。

一方面，这是通过燃油低压回路实现的，该回路可确保对燃油进行清洁，并足量供至 APCRS 的燃油高压回路；另一方面则得益于燃油高压回路，该回路可将燃油低压回路提供的燃油以所需的压力适时、足量地喷射到气缸中。

燃油低压回路主要由以下部件组成。

① 燃油箱。

② 带油水分离器的燃油滤清器模块 1、燃油粗滤器 2 和燃油滤清器 3，燃油分几个阶段在这些滤清器中进行清洁

③ 位于燃油系统高压泵 4 处的燃油泵。

④ 进油侧的燃油供油管路 A。

⑤ 推力侧的燃油供油管路 B。

⑥ 燃油回油管路 D、喷油嘴针阀处电磁阀以及增压器处电磁阀的转移油量通过该管路回流至燃油低压回路。

⑦ 燃油温度传感器 B602。

⑧ 燃油滤清器模块压力传感器 B638。

对于欧Ⅵ版发动机（代码 M5Z），新增了以下部件。

① 燃油压力传感器（出口）B625。

② 燃油压力传感器（进口）B626。

③ 燃油计量阀 Y628。

④ 燃油关闭阀 Y629。

APCRS 的燃油高压回路由以下部件组成。

① 燃油系统高压泵 4，该泵将燃油输送到油轨 6 中并将其压缩至约 900bar。

② 油轨 6。

③ 限压阀 8，该阀在标准工作期间关闭，并且仅在超过 1100bar 的最大油轨压力（慢速模式）时打开。

④ 油轨压力传感器 B622。

⑤ 1 号气缸的喷油器 Y608。

⑥ 2 号气缸的喷油器 Y609。

⑦ 3 号气缸的喷油器 Y610。

⑧ 4 号气缸的喷油器 Y611。

⑨ 5 号气缸的喷油器 Y612。

⑩ 6 号气缸的喷油器 Y613。

⑪ 油量控制阀 Y642。

⑫ 燃油高压管路 C。

发动机 471.9 燃油系统部件如图 2-341 所示。

发动机燃油系统部件分布如图 2-342 所示。

燃油系统高压泵 1 位于曲轴箱的左后部，由小齿轮传动装置驱动，见图 2-343。

高压泵内部结构如图 2-344 所示。

燃油系统高压泵 1 为高压燃油回路提供燃油，并确保在所有操作条件下都能以喷油器所需的压力提供燃烧所需的足量燃油。

燃油系统高压泵 1 的凸轮轴 7 由小齿轮传动装置驱动。燃油被两个高压活塞 4 压缩，并通过各高压连接 9 和相应的高压管路输送至油轨。

通过两个压缩弹簧 5，将凸轮轴 7 双凸轮上的两个滚轮式挺杆 6 压在一起，使其相应偏移 90°，这样每个高压活塞 4 的凸轮轴转一圈会产生两个工作冲程。

如果高压活塞 4 正在向下运动，则燃油可能通过相应的进油阀 3 经高压活塞 4 流入余隙容积。

如果高压活塞 4 此时变为向上运动，则产生的压缩压力会关闭相应的进油阀 3，燃油被压缩，直至高压阀 8 打开高压室与相应高压连接 9 之间的输油通道。此时高度压缩的燃油会流入油轨中。

如果高压活塞 4 再次变为向下运动，则弹簧加载式高压阀 8 会关闭输油通道，此时新燃油会通过打开的进油阀 3 流入余隙容积中。

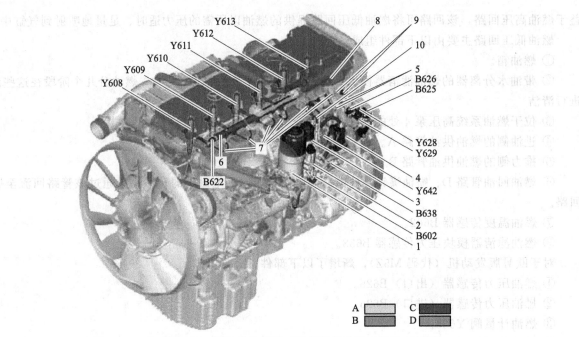

图 2-341 发动机 471.9 燃油系统部件 [欧Ⅵ版发动机（代码 M5Z）]

1—带油水分离器的燃油滤清器模块；2—燃油粗滤器；3—燃油滤清器；4—燃油系统高压泵；5—从高压燃油泵到油轨的燃油高压管路；6—油轨；7—从油轨到各喷油器的燃油高压管路；8—限压阀；9—喷油器的燃油回油管路；10—来自限压阀的燃油回油管；B602—燃油温度传感器；B622—油轨压力传感器；B625—燃油压力传感器（出口）[仅适用于欧Ⅵ版发动机（代码 M5Z）]；B626—燃油压力传感器（进口）[仅适用于欧Ⅵ版发动机（代码 M5Z）]；B638—燃油滤清器模块压力传感器；Y608—1 号气缸喷油器；Y609—2 号气缸喷油器；Y610—3 号气缸喷油器；Y611—4 号气缸喷油器；Y612—5 号气缸喷油器；Y613—6 号气缸喷油器；Y628—燃油计量阀 [仅适用于欧Ⅵ版发动机（代码 M5Z）]；Y629—燃油切断阀 [仅适用于欧Ⅵ版发动机（代码 M5Z）]；Y642—油量控制阀；A—进油侧的燃油供油管路；B—推力侧的燃油供油管路；C—燃油高压管路；D—燃油回油管

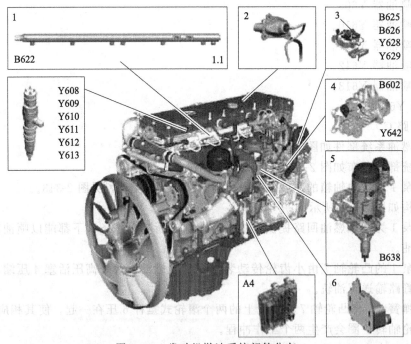

图 2-342 发动机燃油系统部件分布

1—油轨；1.1—限压阀；2—喷嘴装置 [用于柴油微粒滤清器（DPF）再生，仅适用于欧Ⅵ版发动机（代码 M5Z）]；3—柴油燃料计量装置 [用于柴油微粒滤清器（DPF）的再生-仅适用于欧Ⅵ版发动机（代码 M5Z）]；4—燃油系统高压泵；5—燃油滤清器模块；6—燃油冷却器；A4—发动机管理系统（MCM）控制单元；B602—燃油温度传感器；B622—油轨压力传感器；B625—燃油压力传感器（出口）；B626—燃油压力传感器（入口）；B638—燃油滤清器模块压力传感器；Y608—1 号气缸喷油器；Y609—2 号气缸喷油器；Y610—3 号气缸喷油器；Y611—4 号气缸喷油器；Y612—5 号气缸喷油器；Y613—6 号气缸喷油器；Y628—燃油计量阀；Y629—燃油切断阀；Y642—油量控制阀

图 2-343 高压泵位置（发动机 471.9）

1—燃油系统高压泵；B—燃油供油（推力侧）；C—燃油高压；D—回油

1~6 号气缸喷油器（Y608~Y613）通过夹紧件紧固在气缸盖处，并且位于相应气缸各气门之间的中央，如图 2-345 所示。

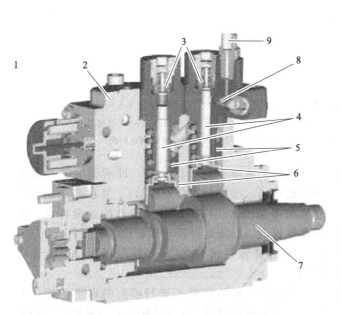

图 2-344 高压泵内部结构

1—燃油系统高压泵；2—高压燃油泵外壳；3—进油阀；
4—高压活塞；5—压缩弹簧；6—滚轮式挺杆；
7—凸轮轴；8—高压阀；9—高压连接

图 2-345 喷油器安装位置

Y608—1 号气缸喷油器；Y609—2 号气缸喷油器；Y610—3 号
气缸喷油器；Y611—4 号气缸喷油器；Y612—5 号气缸
喷油器；Y613—6 号气缸喷油器

喷油器的任务是在高压下将燃油喷入各气缸。喷射正时点，喷射时间和喷射类型（例如带或不带增压功能）由发动机管理系统（MCM）控制单元 A4 确定。

各喷油器都安装有一个增压器4，从而产生两种喷射方式。
① 不使用增压器4进行喷射。
② 使用增压器4进行喷射。

不使用增压器4进行喷射时，喷射压力由油轨压力确定（约1200bar）；使用增压器4进行喷射时，喷射器中会产生最高2500bar的喷射压力。

使用增压器4具有以下优点。
① 减少高压区域内的漏油损失。
② 由于只有少数部件受到最高压力的作用，因此高压泵、油轨、高压管路以及喷油器部件的压力载荷降低。

每个喷油嘴都安装有一个附加电磁阀，以1号气缸喷油器Y608为例，1号气缸的增压器电磁阀Y608 y1根据发动机工况，通过由发动机管理系统（MCM）控制单元A4促动的增压器4的附加电磁阀，而与1号气缸的喷油嘴针阀电磁阀Y608 y2的促动无关。

喷油器内部结构如图2-346所示。

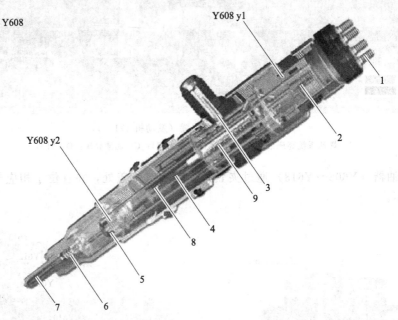

图2-346 喷油器内部结构
1—电气连接器；2, 5—线圈；3—高压供给；4—增压器；6—弹簧；7—喷油嘴针阀；8—止回阀；9—回缩弹簧；
Y608—1号气缸喷油器；Y608 y1—1号气缸的增压器电磁阀；Y608 y2—1号气缸喷油嘴针阀电磁阀

图2-347 喷油器油量补偿代码的位置
Y613—6号气缸喷油器

所有喷油器都有6位代码，即所谓的喷油器油量补偿代码（图2-347箭头所示），其在高于高压馈送点时适用。此代码描述各喷油器的油量特性。更换喷油器时，必须通过智能诊断仪（Star Diagnosis）向发动机管理系统（MCM）控制单元A4报告该代码。

有关不使用增压器4进行喷射的以下功能说明以1号气缸的喷油器Y608为例，并且适用于其他所有喷油器。

1号气缸的增压器电磁阀Y608 y1未被促动，增压器4上方和下方的燃油处于油轨压力。压缩后的燃油从油轨中流出，经增压器4中的止回阀8流至喷油嘴针阀7。

如果发动机管理系统（MCM）控制单元A4促

动1号气缸喷油嘴针阀电磁阀Y608 y2，则喷油嘴针阀7上方控制室内的燃油压力通过回油喷油嘴针阀11升高。喷油嘴针阀7在周围油轨压力的作用下升高。燃油以设定的油轨压力喷入1号气缸。

如果发动机管理系统（MCM）控制单元A4中断1号气缸喷油嘴针阀电磁阀Y608 y2的促动，则喷油嘴针阀7上方控制室内的压力再次升高。喷油嘴针阀7在弹簧6的作用下再次被压到其底座上，喷射过程停止。

不使用增压器进行喷射的示意如图2-348所示。

有关使用增压器4进行喷射的以下类型说明以1号气缸的喷油器Y608为例，并且适用于其他所有喷油器。

在使用增压器4进行喷射期间，喷射过程由喷油嘴针阀电磁阀和增压器电磁阀的临时偏移或同时促动决定。喷射过程可提供以下选项。

① 促动喷油嘴针阀电磁阀之前，促动增压器电磁阀A。
② 促动喷油嘴针阀电磁阀的同时，促动增压器电磁阀B。
③ 促动喷油嘴针阀电磁阀之后，促动增压器电磁阀C。

促动喷油嘴针阀电磁阀之前，促动增压器电磁阀A的1号气缸的增压器电磁阀Y608 y1在1号气缸的喷油嘴针阀电磁阀Y608 y2之前由发动机管理系统（MCM）控制单元A4促动。增压器4下面的油轨压力被回油增压器10降低。

来自油轨的预压缩燃油也被压到喷油嘴针阀7处，并由增压器4压缩至较高的燃油压力水平。

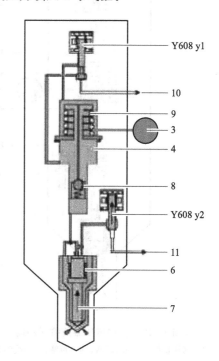

图2-348 不使用增压器进行喷射的示意图
3—高压供给；4—增压器；6—弹簧；7—喷油嘴针阀；
8—止回阀；9—回缩弹簧；10—增压器的回油；
11—喷油嘴针阀回油；Y608—1号气缸喷油器；
Y608 y1—1号气缸的增压器电磁阀；
Y608 y2—1号气缸喷油嘴针阀电磁阀

如果发动机管理系统（MCM）控制单元A4促动1号气缸喷油嘴针阀电磁阀Y608 y2，则喷油嘴针阀7上方控制室内的燃油压力通过回油喷油嘴针阀11升高。喷油嘴针阀7在燃油压力的作用下升高。燃油以被增压器4升高的燃油压力喷入气缸1。燃油压力水平取决于1号气缸的增压器电磁阀Y608 y1首次被促动时的时间点。

如果发动机管理系统（MCM）控制单元A4中断1号气缸增压器电磁阀Y608 y1的促动，则增压器4下方的压力再次升高，增压器4回到其初始位置。

如果发动机管理系统（MCM）控制单元A4中断1号气缸喷油嘴针阀电磁阀Y608 y2的促动，则喷油嘴针阀7上方控制室内的压力再次升高。喷油嘴针阀7在弹簧6的作用下再次被压到其底座上，喷射过程停止。促动喷油嘴针阀电磁阀的同时，促动增压器电磁阀B的1号气缸的增压器电磁阀Y608 y1和1号气缸的喷油嘴针阀电磁阀Y608 y2由发动机管理系统（MCM）控制单元A4同时促动。

增压器4下面的油轨压力被回油增压器10降低。喷油嘴针阀7上方控制室内的燃油压力通过回油喷油嘴针阀11降低。

首先，喷油嘴针阀7在周围油轨压力的作用下升高。喷射过程中，来自油轨的预压缩燃油被增压器4压缩至较高的燃油压力水平。

喷射过程中，燃油压力升高。

如果发动机管理系统（MCM）控制单元A4中断1号气缸增压器电磁阀Y608 y1的促动，则增压器4下方的压力再次升高，增压器4回到其初始位置。

如果发动机管理系统（MCM）控制单元A4中断1号气缸喷油嘴针阀电磁阀Y608 y2的促动，则喷油嘴针阀7上方控制室内的压力再次升高。喷油嘴针阀7在弹簧6的作用下再次被压到其底座上，喷射过程停止。

促动喷油嘴针阀电磁阀之后，促动增压器电磁阀C的喷油嘴针阀7上方控制室内的燃油压力最初降低。出现这种情况的原因是发动机管理系统（MCM）控制单元A4促动了1号气缸喷油嘴针阀电磁阀Y608 y2。

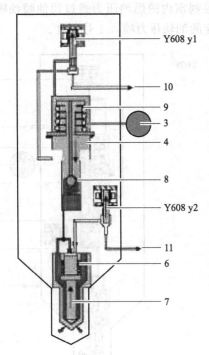

图 2-349 使用增压器的喷射功能示意
3—高压供给；4—增压器；6—弹簧；7—喷油嘴针阀；
8—止回阀；9—回缩弹簧；10—回油增压器；11—喷油嘴针阀回油；Y608—1号气缸喷油器；Y608 y1—1号气缸的增压器电磁阀；Y608 y2—1号气缸喷油嘴针阀电磁阀

喷油嘴针阀 7 在周围油轨压力的作用下升高，燃油以规定的油轨压力进行喷射。

喷射开始后，1 号气缸的增压器电磁阀 Y608 y1 被促动，增压器 4 下方的油轨压力通过回油增压器 10 降低。

此时，增压器 4 将来自油轨的预压缩燃油压缩至较高的燃油压力水平。这就意味着，燃油压力只有在喷射开始一段时间后才会升高。

如果发动机管理系统（MCM）控制单元 A4 中断 1 号气缸增压器电磁阀 Y608 y1 的促动，则增压器 4 下方的压力再次升高。增压器 4 回到其初始位置。

如果发动机管理系统（MCM）控制单元 A4 中断 1 号气缸喷油嘴针阀电磁阀 Y608 y2 的促动，则喷油嘴针阀 7 上方控制室内的压力再次升高。喷油嘴针阀 7 在弹簧 6 的作用下再次被压到其底座上，喷射过程停止。使用增压器的喷射功能示意如图 2-349 所示。

燃油喷射过程如图 2-350 所示。

发动机 471.9 燃油滤清器位置见图 2-351。

燃油滤清器模块 1 将水从燃油中分离，并分两级过滤掉污垢微粒。

滤清器部件结构如图 2-352 所示。

燃油滤清器模块 1 由以下部件组成。

① 燃油预滤器 2，用于过滤掉燃油中的大污垢微粒。
② 带集水器的油水分离器 3，用于分离燃油中的水。
③ 燃油滤清器 4，用于过滤掉燃油中的小污垢微粒。

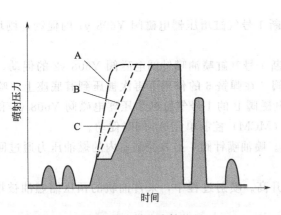

图 2-350 燃油喷射过程
A—促动喷油嘴针阀电磁阀之前，促动增压器电磁阀；B—促动喷油嘴针阀电磁阀的同时，促动增压器电磁阀；C—促动喷油嘴针阀电磁阀之后，促动增压器电磁阀

图 2-351 发动机 471.9 燃油滤清器位置
1—燃油滤清器模块

④ 集油室 5，由此收集所有燃油回油管路中的燃油，并通过旁路输送至燃油粗滤器 2 中或直接输送至燃油箱中。

⑤ 手动供给泵 6 可使用该泵对燃油系统进行通风，例如在更换燃油滤清器滤芯之后。

⑥ 加注阀 7，也可使用该阀对燃油系统进行通风，例如在更换燃油滤清器滤芯之后。

⑦ 切断阀9，当分解燃油箱与燃油滤清器模块1之间的燃油管路时，该阀可防止燃油溢出。

未经清洁的燃油D通过燃油进口16流入燃油粗滤器2。吸入的燃油将人造橡胶球18从其底座上压离，并通过滤芯17由内向外流动。大污垢微粒留在滤芯17中，预清洁的燃油E通过燃油出口20流向燃油泵。

人造橡胶球18的任务是防止进油道在燃油粗滤器2打开时变干。

如果燃油预滤器2遭到污染且燃油流量因此受到限制，则燃油通过旁通阀19被吸入。

拆卸卡在盖17上的滤芯时，会打开集油器的放泄孔，从而使油箱从燃油预滤器壳中流出。燃油粗滤器功能如图2-353所示。

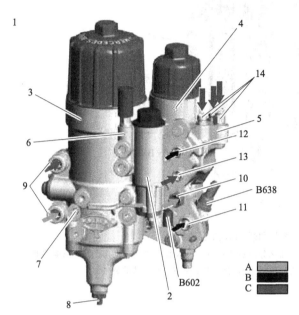

图2-352 燃油滤清器模块结构

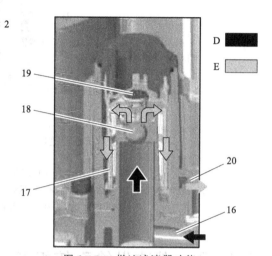

图2-353 燃油滤清器功能

1—燃油滤清器模块；2—燃油粗滤器；3—油水分离器；4—燃油滤清器；5—集油室；6—手动供给泵；7—加注阀；8—机械放泄阀；9—切断阀；10—至燃油泵的燃油连接；11—自燃油泵的燃油连接；12—至燃油系统高压泵的燃油连接；13—自燃油系统高压泵的回油连接；14—限压阀回油和喷油器连接；B602—燃油温度传感器；B638—燃油滤清器模块压力传感器；A—燃油供油（进油侧）；B—燃油供油（推力侧）；C—回油

2—燃油粗滤器；16—燃油进口；17—滤芯；18—人造橡胶球；19—旁通阀；20—燃油出口；D—未经清洁的燃油；E—预清洁的燃油

油水分离器3中的油水分离器芯21由许多层组成，其任务是分离出燃油中包含的水。油水分离器芯21使燃油由内向外流动。

这种特殊结构可确保使小水滴留在油水分离器芯21中，或附着到已经过滤掉的水滴上。由于结构方面的原因，小污垢微粒也会被过滤掉。

为确保水滴可向下渗入集水器22中，必须减少燃油流量，这可通过外壳的特殊形状实现。

外壳的形状可使燃油流量再次增加，并使燃油流入细滤器滤芯24中。

例如当更换油水分离器芯21时，油水分离器芯21上方的通风孔23可将聚集在油水分离器3中的空气导入集油室5中，并由此通过燃油回油管路回流至燃油箱。通风孔23还可保证充分利用油水分离器芯21中的空间。

拆卸卡在盖上的油水分离器芯21时，会打开集油器5的放泄孔，从而使燃油从油水分离器外壳中流出。

燃油滤清器4的细滤器滤芯24也由许多层组成，但却可使燃油由外向内流动。细滤器滤芯24能够以非常高的分离率过滤掉极小的污垢微粒。

燃油滤清器4也有一个通风孔23。与油水分离器芯21相同，燃油滤清器也可充分利用细滤器滤芯24中的空间，并保证对燃油滤清器壳进行通风。

拆卸卡在盖24上的滤芯时，会打开集油器5的放泄孔，从而使油箱从燃油滤清器壳中流出。

经清洁的燃油F通过内部拱顶25上的溢流孔流向燃油系统高压泵。溢流孔位于内部拱顶25的较高位置，因此可确保即使在燃油未从燃油滤清器壳中流出的情况下，未经清洁的燃油也不会到达燃油系统高压泵。

发动机管理系统（MCM）控制单元 A4 通过燃油温度传感器 B602 确定燃油温度。借助于燃油滤清器模块压力传感器 B638，发动机管理系统（MCM）控制单元 A4 可检测燃油滤清器滤芯是否需要更换。燃油滤清器模块压力传感器 B638 也可用于进行诊断。油水分离器和燃油滤清器功能如图 2-354 所示。

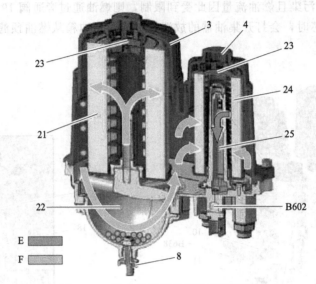

图 2-354　油水分离器和燃油滤清器功能

3—油水分离器；4—燃油滤清器；8—机械放泄阀；21—油水分离器芯；22—集水器；23—通风孔；24—细滤器滤芯；25—内部拱顶；B602—燃油温度传感器；E—预清洁的燃油；F—经清洁的燃油

2.6.2　燃油供给系统拆装

2.6.2.1　潍柴 WP12/WP13 发动机供油系统部件拆装

（1）燃油系统拆卸与装配　燃油系统部件分解如图 2-355 所示。

① 燃油系统拆卸步骤。

a. 拆卸线束。

b. 拆卸低压油管。

c. 拆卸高压油管。

d. 拆卸高压连接器。

e. 拆卸喷油器。

f. 拆卸 ECU。

g. 拆卸滤清器。

h. 拆卸高压油泵。

② 燃油系统装配步骤。装配步骤与拆卸步骤相反。

（2）共轨管拆卸与装配　共轨管部件分解如图 2-356 所示。

① 共轨管拆卸步骤。

a. 拆卸固定共轨管的三个螺栓。

b. 拆卸共轨管。

② 共轨管装配步骤。装配步骤与拆卸步骤相反。

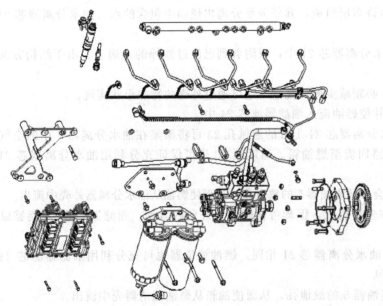

图 2-355　燃油系统部件分解

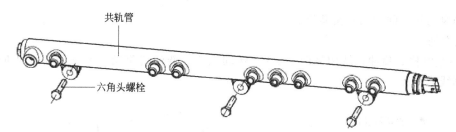

图 2-356 共轨管部件分解

(3) ECU 拆卸与装配　ECU 部件分解如图 2-357 所示。

① ECU 拆卸步骤。

a. 拆卸固定 ECU 的螺栓。

b. 拆卸 ECU。

c. 拆卸固定 ECU 支架的六角头螺栓。

② ECU 检查维修。

a. 检查固定 ECU 的螺栓、螺钉连接是否可靠，如有松动则需要用扳手拧紧。

b. 检查电控单元针脚是否完好。

③ ECU 装配步骤。装配步骤与拆卸步骤相反。

(4) 喷油泵拆卸与装配　喷油泵部件分解如图 2-358 所示。

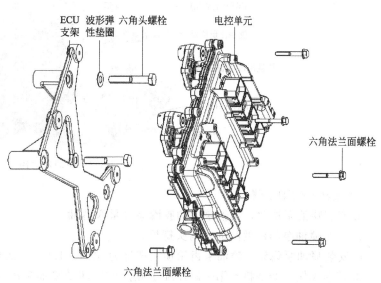

图 2-357 ECU 部件分解

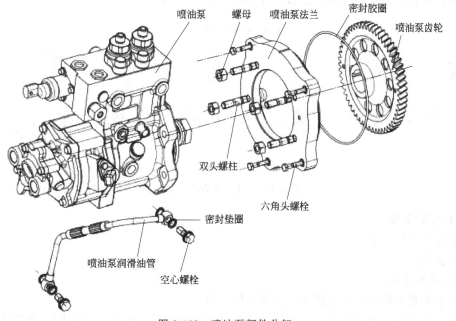

图 2-358 喷油泵部件分解

① 喷油泵拆卸步骤。

a. 拆卸喷油泵法兰与齿轮室之间的六角螺母。

b. 从发动机上拆除喷油泵、齿轮。

c. 拆卸喷油泵锁紧螺母。

d. 拆卸喷油泵与法兰间的六角头螺栓。
e. 拆卸喷油泵法兰。

② 喷油泵检查维修。喷油泵结构见图 2-359。转动飞轮，柴油机至第一缸压缩上止点时，喷油泵齿轮刻线与齿轮室刻线应对齐。

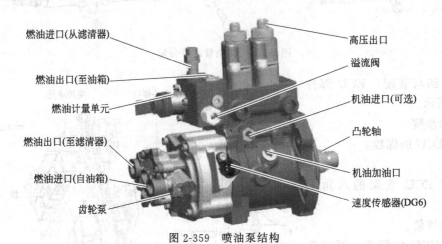

图 2-359　喷油泵结构

③ 喷油泵装配步骤。
a. 安装喷油泵法兰，喷油泵上的胶圈涂少量润滑油。
b. 安装喷油泵与法兰间的六角头螺栓。
c. 安装喷油泵齿轮，喷油泵齿轮锁紧螺母为 M24×1.5，一次拧紧到 250～300N·m。
d. 转动飞轮，柴油机至第一缸压缩上止点时，转动喷油泵齿轮，当喷油泵齿轮刻线与喷油泵法兰之间刻线对齐时，安装喷油泵。从齿轮室前端的观察窗看，喷油泵齿轮上的刻线应与齿轮室上的刻线对齐。
e. 安装喷油泵与齿轮室之间的六角螺母。

（5）高压油管拆卸与装配　高压油管部件分解如图 2-360 所示。

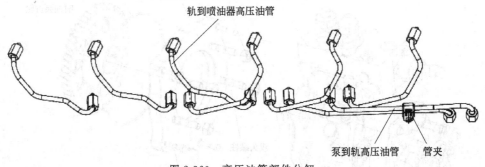

图 2-360　高压油管部件分解

① 高压油管拆卸步骤。
a. 拆卸固定高压油管支架。
b. 拆卸高压油管。

② 高压油管检查维修。
a. 检查高压油管接头螺母是否有松动，若是，则拧紧。
b. 检查高压油路有气：松开某缸高压油管，用起动机带动柴油机运转直至高压油管持续出油为止！（不建议经常拆卸高压油管接头）。

③ 高压油管装配步骤。装配步骤与拆卸步骤相反。
注意：高压油管紧固螺母拧紧力矩：喷油器端为 30～40N·m，轨端、油泵端为 30～40N·m。

（6）喷油器拆卸与装配　喷油器部件分解如图 2-361 所示。

① 喷油器拆卸步骤。
a. 拆卸固定喷油器压紧块的六角头螺栓。
b. 拆卸喷油器压紧块。
c. 从气缸盖中取出喷油器总成。
② 喷油器检查维修。喷油器油嘴更换时须在博世专门维修服务站进行喷油器铭牌刻印，见图 2-362。

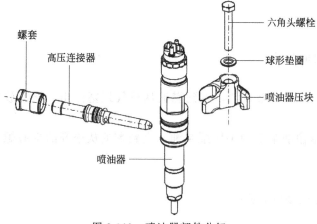

图 2-361 喷油器部件分解

图 2-362 喷油器刻印规范

刻印位置：喷油器顶部电磁阀处

刻印规范：第一行为喷油器型号，如 WPCRIN2；第二行为潍柴零件编号，如 612640090001；第三行为博世零件编号，如 0445120265。

注意：不同件号的喷油器不能互换。
③ 喷油器装配步骤。装配步骤与拆卸步骤相反。
（7）燃油滤清器拆卸与装配　燃油滤清器部件分解如图 2-363 所示。

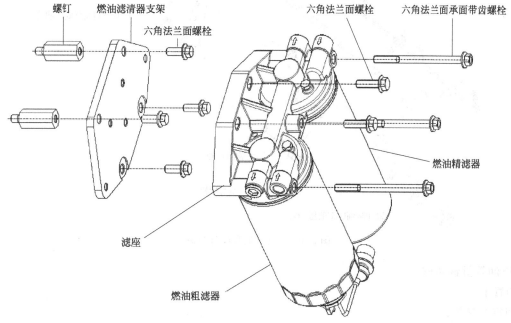

图 2-363 燃油滤清器部件分解

① 燃油滤清器拆卸步骤。
a. 拆卸与粗滤器、精滤器连接的低压油管。
b. 拆卸固定滤座的六角法兰面承面带齿螺栓。

c. 拆卸固定滤座的六角法兰面螺栓。
d. 拆卸固定滤清器支架的六角法兰面螺栓。
② 燃油滤清器检查维修。不定期检查燃油粗滤器积水杯中的水位,并放水,每 6 万千米左右更换燃油滤芯。
③ 燃油滤清器的组装。
a. 用合适的扳手拆除燃油粗滤芯和燃油精滤芯。
b. 清洁滤座。
c. 在新的滤芯密封垫上涂抹机油。
d. 用手将滤芯拧到位,以密封圈接触到滤座密封面为准。
e. 用合适的扳手将滤芯拧紧 3/4～1 圈。
f. 松开燃油粗滤器的放气螺塞,用燃油粗滤器上的手压泵泵油,直到燃油从放气螺塞流出,拧紧放气螺塞。
g. 松开燃油精滤器上燃油出口处的空心螺栓,用输油泵上的手压泵泵油,直到燃油从松开的空心螺栓处流出,拧紧空心螺栓。
h. 燃油滤清器的其他装配步骤与拆卸步骤相反。
(8) 低压油管拆卸与装配 低压油管部件分解如图 2-364 所示。

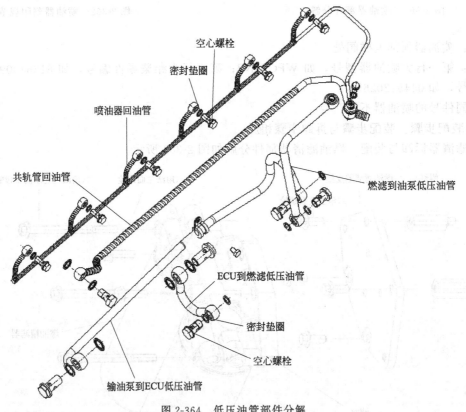

图 2-364　低压油管部件分解

① 低压油管拆卸步骤。
a. 拆卸管卡。
b. 拆卸空心螺栓。
c. 拆卸低压油管。
② 低压油管检查维修。
a. 避免低压管路的纽结和弯折,尤其是使用橡胶或塑料软管时应特别注意。
b. 低压管路、接头和液压部件之间必须连接可靠,避免泄漏。

c. 油管和连接件应避免铜、锌、铅和锡等金属材料的使用。

d. 供油管和回油管要深入油箱的最低油面以下，且油箱要装有带滤网的通气孔。

e. 应保证一定的进回油管口间距，以防止回油夹带的气泡再次被进油管吸入，同时有利于降低吸入燃油的温度。

f. 回油管要伸入油箱的最低油面以下，以防止停车后空气沿回油管进入油泵，造成发动机启动困难。

g. 油箱的通风系统应带有合适的空气滤网，以防止尘土颗粒和其他污染物进入油箱，减小对燃油的污染，提高滤清器的使用寿命，减小高压共轨系统部件的磨损。

h. 检查低压油路是否有气，若有则排气。排气方法：主要排出粗滤器里面的空气，松开粗滤器上的放气螺栓，用手压动粗滤器上的手压泵，直至放气螺栓处持续出油为止。

③ 低压油管装配步骤。低压油管的装配步骤与拆卸步骤相反。

（9）线束拆装　线束接头分布如图 2-365 所示。

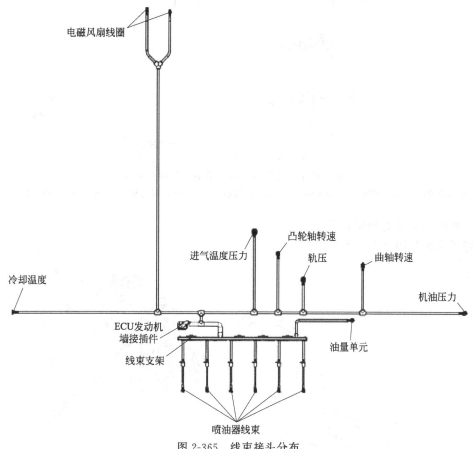

图 2-365　线束接头分布

① 线束拆卸步骤。

a. 拆卸用于固定线束的拉带及支架。

b. 拆卸线束接插件及喷油器线束端子。

c. 拆卸固定喷油器线束的支架。

② 线束检查维修。

a. 在线束插接件处，应保证线束不能过于弯折，且电线接头处不应受到油污、水、碎屑、泥等杂质的影响。若有金属线头暴露，应使用胶带分别包裹起来，避免出现短路。

b. 导线和插头连接部分应避免直接喷水或喷雾。

c. 线束电缆到接插件的连接应没有可见导线暴露在空气中，绝缘护套应完整。

③ 线束装配步骤。线束的装配步骤与拆卸步骤相反。

2.6.2.2 锡柴 CA6DM3 发动机燃油系统部件拆装

高压油轨组件分解如图 2-366 所示。

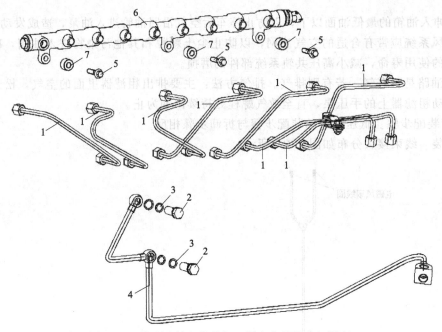

图 2-366 高压油轨组件分解（图中序号即分解顺序）

1—高压油管；2—空心螺栓；3—垫密圈；4—回油管总成；5—六角头凸缘螺栓；6—高压油轨总成；7—垫块

装配顺序：按照与分解的相反顺序。

低压油管组件分解如图 2-367 所示。

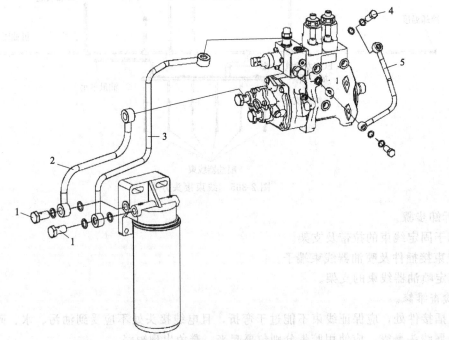

图 2-367 低压油管组件分解（图中序号即分解顺序）

1—空心螺栓；2—进油管总成（输油泵接细滤器）；3—进油管总成（细滤器接高压油泵）；4—空心螺栓；5—机油进油管总成

装配顺序：按照与分解的相反顺序。

高压油泵组件分解如图 2-368 所示。

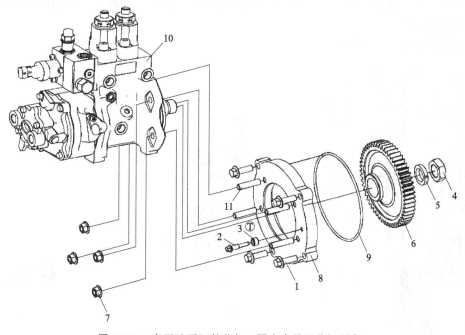

图 2-368 高压油泵组件分解（图中序号即分解顺序）
1—六角头凸缘螺母；2—定位销；3—套筒；4—六角头螺母；5—弹簧垫圈；6—喷油泵传动齿轮；7—六角法兰面螺母；
8—高压油泵连接法兰；9—液压气动用 O 形橡胶密封圈；10—高压油泵总成；11—双头螺柱

装配顺序：

$$\left.\begin{array}{c}11\\9\rightarrow 8\\7\end{array}\right\}\rightarrow 10\rightarrow 6\rightarrow 5\rightarrow 4\rightarrow 3\rightarrow 2\rightarrow 1$$

拧紧力矩：部件 3 六角头螺母为 260～300N·m。

拆装方法如下。

① 安装高压油泵总成 10 时，需要保证供油正时准确。安装高压油泵之前，先将发动机设置于一缸压缩上止点，见图 2-369。

② 如图 2-370 所示，将定位销 2 置于喷油泵传动齿轮 6 的两个 "△" 标记齿之间，然后安装高压油泵。

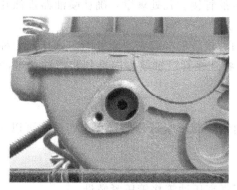

图 2-369 发动机设置于一缸压缩上止点

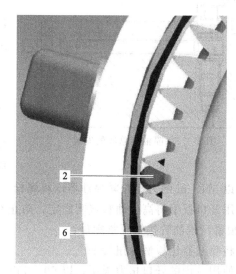

图 2-370 安装定位销

③ 安装高压油泵后，如图 2-371 所示将套筒 3 装上，使得定位销 2 退出与喷油泵传动齿轮 6 的啮合，防止启动时损坏定位销 2。

喷油器部件分解如图 2-372 所示。

图 2-371　装上套筒 3

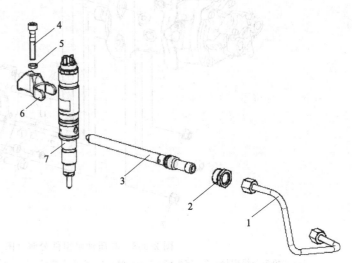

图 2-372　喷油器部件分解（图中序号即分解顺序）
1—高压油管；2—中间压紧螺母（高压油管接管）；3—高压油管接管总成；
4—喷油器压板螺栓；5—球面垫片；6—喷油器压板；7—喷油器总成

装配顺序：

$$\begin{matrix}4\\5\\3\end{matrix} \rightarrow 6 \rightarrow 7 \rightarrow 3 \rightarrow 2 \rightarrow 1$$

拧紧力矩：部位 2 中间压紧螺母（高压油管接管）为 55～60N·m；部位 4 喷油器压板为 5N·m＋90°。

拆装方法：喷油器总成 7 的安装，见图 2-373。

① 喷油器体及高压油管接管部装 O 形橡胶圈，将喷油器垫片装入喷油器头部，在喷油器的橡胶密封圈处均匀涂抹凡士林。

② 喷油器放入气缸盖，装喷油器压板及其螺栓。

③ 从高压油管接管孔处观察，确认喷油器进油孔在接管孔的中心位置。

④ 高压油管接管的橡胶密封圈处均匀涂抹凡士林后装入气缸盖，用力将连接管沿轴线方向推到和喷油器进油孔接触面接触。

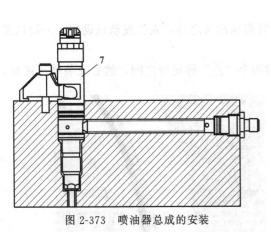

图 2-373　喷油器总成的安装

⑤ 以 5N·m 的力矩拧紧喷油器压板螺栓。

⑥ 用开口扳手将高压油管接管固定，防止在拧紧高压油管接管压紧螺母的过程中转动，再以 10N·m 的力矩预紧高压油管接管压紧螺母。

⑦ 将喷油器压板螺栓扭转 90°。

⑧ 使用专用的开口扭力扳手，以 50～55N·m 的力矩压紧高压油管接管压紧螺母。

⑨ 以 1.8～2.2N·m 的力矩拧紧喷油器接线柱螺栓。

燃油细滤器部件分解如图 2-374 所示。

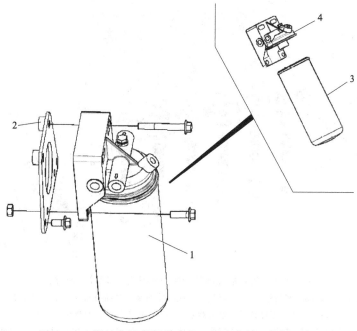

图 2-374　燃油细滤器部件分解（图中序号即分解顺序）
1—燃油细滤器总成；2—燃油细滤器支架；3—滤芯；4—底座

装配顺序：按照与分解的相反顺序。
拧紧力矩：部件 3 滤芯为 12～15N·m。
滤芯 3 的拆卸方法如下。
如图 2-375 所示用专用扳手拆下燃油细滤器的滤芯，清洁燃油细滤器底座的密封面。
将干净的柴油注满新燃油细滤器滤芯内，并在密封圈上均匀地涂一层机油（图 2-376）。

图 2-375　拆下滤芯

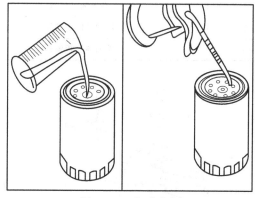

图 2-376　加满滤芯

注意：安装燃油细滤器时，在与密封圈接触后，再用专用扳手拧紧，拧紧力矩为 12～15N·m。过大的拧紧力矩会使螺纹变形或损坏滤清器的密封圈。

2.6.2.3　大柴 BF6M1013 发动机燃油系统部件分解

燃油系统部件分解如图 2-377 所示。
装配顺序：按照与分解的相反顺序。
螺栓拧紧力矩见表 2-11。

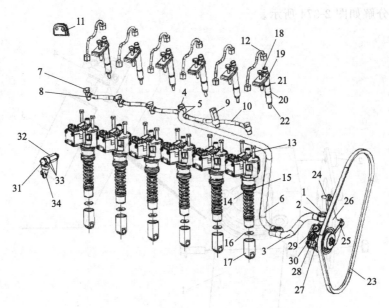

图 2-377 燃油系统部件分解（图中序号即分解顺序）

1，4—空心螺栓；2，5，8，30，33—密封垫片；3—燃油管总成（输油泵至燃油滤）；6—燃油管总成（燃油滤至单体泵进油）；7—空心螺栓（接单体泵）；9—燃油温度传感器过渡螺套；10—连接电控单体泵燃油管装配总成；11—密封橡胶套；12—高压油管；13—喷油泵固定螺栓；14—电控单体泵总成；15—喷油泵O形橡胶圈；16—调整垫片（单体泵）；17—单体泵挺柱总成；18，27—六角梅花凸缘螺栓；19—喷油器压板；20—喷油器总成；21—喷油器O形橡胶圈；22—喷油器垫片；23—齿形三角带；24—六角头螺栓；25—平垫圈；26—连接板（燃油输油泵）；28—燃油输油泵总成（带皮带轮）；29—螺纹塞；31—回油阀；32—过渡接头（接缸体）；34—回油接头

表 2-11 螺栓拧紧力矩 单位：N·m

部位	被拧紧的零件	拧紧力矩
1、7	连接输油泵及单体泵的空心螺栓	35～43
4	连接燃油管总成上的空心螺栓	40
12	高压油管螺母	25.5±3.5
13	喷油泵固定螺栓	先预紧5N·m，之后以30N·m拧紧
18	喷油器压板螺栓	16±5

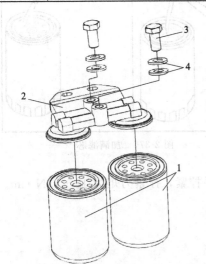

图 2-378 燃油滤清器组件分解（图中序号即分解顺序）
1—燃油滤清器滤芯总成；2—燃油滤清器底座总成；3—空心螺栓；4—垫密圈

燃油滤清器组件分解如图 2-378 所示。

装配顺序：按照与分解的相反顺序。

拧紧力矩（单位：N·m）：燃油滤清器滤芯总成为 10～12。

拆装方法如下。

(1) 燃油滤清器滤芯总成 1 的拆卸　如图 2-379 所示用专用扳手拆下燃油滤清器滤芯总成，清洁燃油滤清器底座总成 2 的密封面，并妥善安置废弃的燃油滤清器滤芯总成。

(2) 燃油滤清器滤芯总成 1 的装配

① 装配前，先在燃油滤清器滤芯总成 1 的密封胶圈上均匀地涂一层机油，见图 2-380。

② 用手轻轻将燃油滤清器滤芯总成 1 旋入至接触燃油滤清器底座总成 2 的密封面后，再用专用扳手拧紧，拧紧力矩为 10～12N·m。

注意：过大的拧紧力矩会使螺纹变形或损坏滤清器的密封圈。

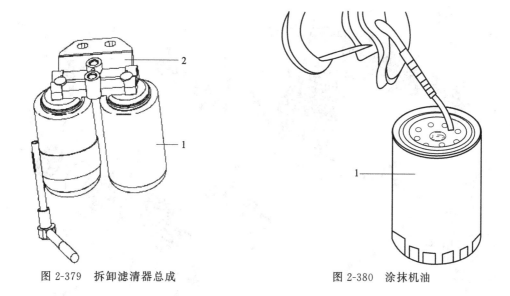

图 2-379 拆卸滤清器总成　　图 2-380 涂抹机油

2.6.2.4 日野 E13C 发动机燃油系统部件分解

发动机燃油系统循环回路如图 2-381 所示，部件分解如图 2-382～图 2-386 所示。

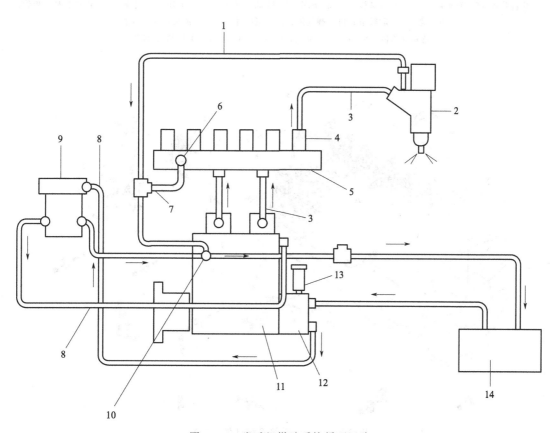

图 2-381 发动机燃油系统循环回路

1—泄漏管；2—喷射器；3—喷射管；4—流量缓冲器；5—共轨；6—压力限制器；7—贯穿供给管；8—供给管；9—燃料过滤器；10—溢流阀；11—供给泵；12—进料泵；13—灌注泵；14—燃料箱

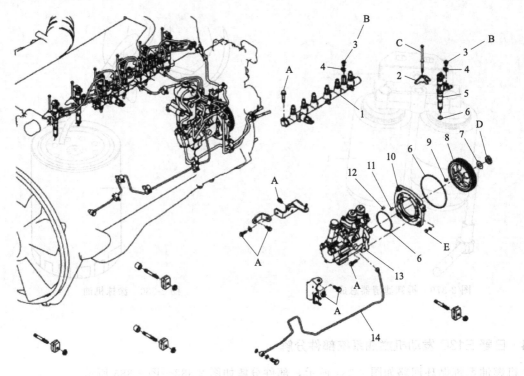

图 2-382 燃油供给系统部件（一）

1—共轨总成；2—喷射器夹；3—连接螺栓；4—软垫圈；5—喷油器部件；6—O形环；7—卡箍；8—供油泵从动齿轮；
9—键；10—联轴节；11—圆柱销；12—紧固件；13—供油泵；14—油管

拧紧扭矩（单位：N·m）：A 为 55；B 为 20；C 为 34；D 为 246；E 为 13。

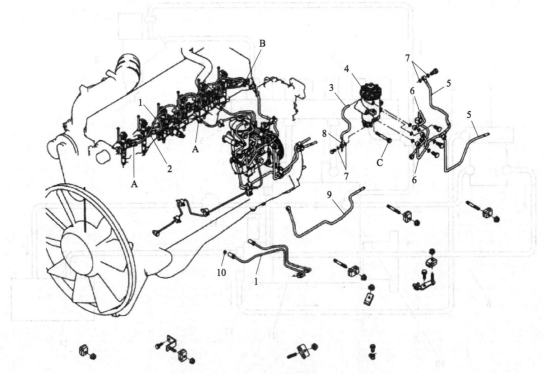

图 2-383 燃油供给系统部件（二）

1—注油管；2—漏油管；3—管路；4—燃油滤清器总成；5—贯穿注油管；6—燃油注油管；
7—软垫圈；8—排油管；9—燃料管；10—O形环。

拧紧扭矩（单位：N·m）：A 为 44；B 为 20；C 为 97。

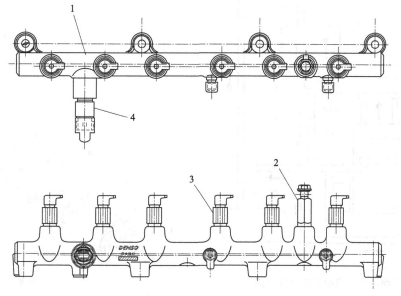

图 2-384 共轨部件

1—共轨；2—压力限制器；3—流量缓冲器；4—压力传感器

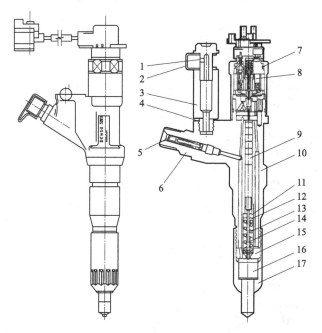

图 2-385 燃油喷射器构造

1—复原连接螺栓；2—衬垫；3—输出口连接器；4—钢垫圈；5—过滤器；6—入口连接器；7—O形环；8—二通阀（TWV）；9—活塞；10—下部；11—导销衬套；12—薄垫片；13—喷嘴弹簧；14—压力销；15—尖端密封；16—喷嘴；17—锁紧螺母

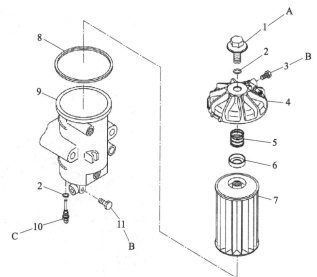

图 2-386 燃油滤清器

1—中心螺栓；2—O形环；3—放气塞；4—帽；5—过滤器元件离合杆簧；6—支架；7—过滤器元件；8—衬垫；9—燃料过滤器盖；10—传感器；11—放油塞

拧紧扭矩（单位：N·m）：A 为 24.5~34.3；B 为 4.9~8.9；C 为 2~3。

2.6.2.5 日野 P11C 发动机燃油供给系统部件分解

发动机燃油供给系统循环回路如图 2-387 所示，部件分解见图 2-388~图 2-392。

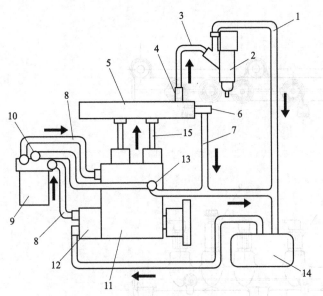

图 2-387 发动机燃油供给系统循环回路
1—泄漏管；2—喷射器；3—喷射管；4—流量缓冲器；5—共轨；
6—压力限制器；7—贯穿供给管；8—供给管；9—燃料过滤器；
10—溢流阀；11—供给泵；12—进料泵；13—贯穿进给阀；
14—燃料箱；15—供力管

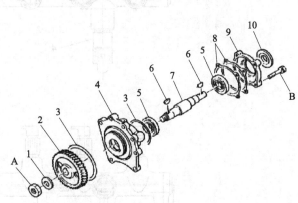

图 2-388 喷射泵传动
1—轴环；2—喷射泵主动齿轮；3—O形环；4—轴承支座；
5—挺杆滚轮轴承；6—半圆键；7—喷射泵主动轴；
8—薄垫片；9—轴承承托；10—油封
拧紧扭矩（单位：N·m）：A 为 245；B 为 25。

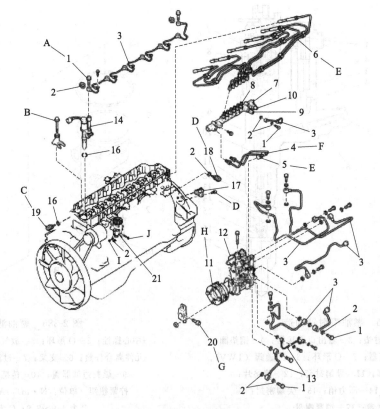

图 2-389 燃油管路
1—连接螺栓；2—衬垫；3—燃料管；4—供力管（螺母：M16）；5—供力管（螺母：M14）；6—喷射管；7—共轨；9—压力塞子；
10—共轨压力传感器；11—连接螺栓；12—供给泵；13—油管；14—喷射器；16—O形环；17—发动机转速主传感器；
18—燃料温度传感器；19—冷却液温度传感器；20—带销螺栓；21—燃料过滤器
拧紧扭矩（单位：N·m）：A 为 20.2；B 为 26；C 为 19.6；D 为 24.5；E 为 44；F 为 54；G 为 90.7；
H 为 61.3；I 为 6.9；J 为 97。

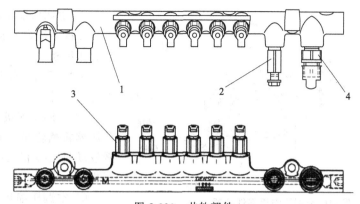

图 2-390 共轨部件
1—共轨；2—压力限制器；3—流量缓冲器；4—压力传感器

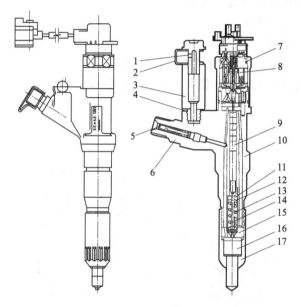

图 2-391 喷射器构造
1—复原连接螺栓；2—衬垫；3—输出口连接器；4—钢垫圈；5—过滤器；6—入口连接器；7—O形环；8—二通阀（TWV）；9—活塞；10—下部；11—导销衬套；12—薄垫片；13—喷嘴弹簧；14—压力销；15—尖端密封；16—喷嘴；17—锁紧螺母

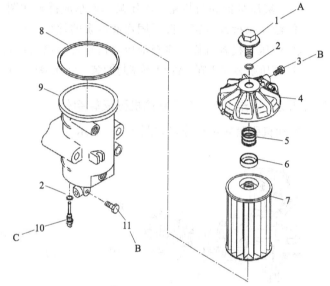

图 2-392 燃油过滤器
1—中心螺栓；2—O形环；3—放气塞；4—帽；5—过滤器元件离合杆簧；6—支架；7—过滤器滤芯；8—衬垫；9—燃料过滤器盖；10—传感器；11—放油塞
拧紧扭矩（单位：N·m）：A 为 24.5～34.3；B 为 4.9～8.9；C 为 2～3。

2.7 动力输出系统

2.7.1 附件驱动系统

2.7.1.1 潍柴 WP12/WP13 发动机驱动附件

（1）空调压缩机总成拆装　发动机空调压缩机部件分解如图 2-393 所示。

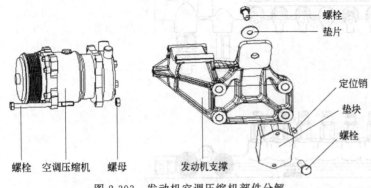

① 空调压缩机组件拆卸步骤。

a. 拆下固定空调压缩机的螺栓，取下空调压缩机。

b. 拆下与机体连接的4根螺栓，拆下发动机支撑。

② 空调压缩机组件维修检验。查看空调压缩机槽轮是否有异物和磨损情况，查看发动机支撑有无破损，若存在则需要进行更换。

③ 空调压缩机组件装配步骤。

a. 将发动机支撑装在机体上。

图 2-393 发动机空调压缩机部件分解

b. 用六角头螺栓和六角螺母将空调压缩机松装在空调压缩机支架上并拧紧。

（2）液压泵拆卸与装配　液压泵部件总成拆解如图 2-394 所示。

① 液压泵拆卸步骤。拆下固定液压泵的螺栓，取下液压泵。

② 液压泵检查维修。检查液压泵齿轮是否灵活运转、密封圈是否有破损，若有则更换。

③ 液压泵装配步骤。将O形密封圈装入液压泵中，然后用六角头螺栓将液压泵松装在飞轮壳上并拧紧。

2.7.1.2　锡柴 CA6DM3 发动机张紧轮组件

发动机张紧轮组件分解如图 2-395 所示。

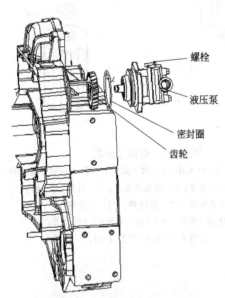

图 2-394　液压泵部件总成拆解

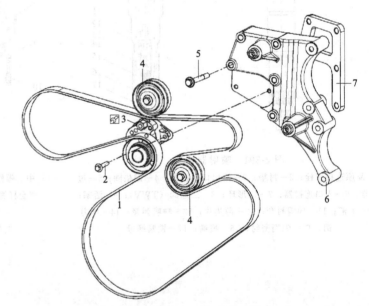

图 2-395　发动机张紧轮组件分解（图中序号即分解顺序）

1—多楔皮带；2—六角法兰面螺栓、弹簧垫圈和平垫圈；3—自动张紧轮总成；4—平惰轮总成；5—六角法兰面螺栓；6—前端轮系支架；7—前端轮系垫板

装配顺序：按照与分解的相反顺序。

检修标准：多楔皮带的张紧力初装时为340～460N；磨合后及在使用状态中保持为340～460N。

拆装方法如下。

（1）更换传动皮带 1，（图 2-396）　顺时针方向用力扳动自动张紧轮，使皮带处于松脱状态，拆下皮带；顺时针方向用力扳动自动张紧轮，装上新皮带，松开扳手，皮带自动张紧。

（2）更换自动张紧轮总成 3　拆下皮带；拆下旧的自动张紧轮，更换新的自动张紧轮（图 2-397）；装上皮带，拔出自动张紧轮上的插销，皮带自动张紧。

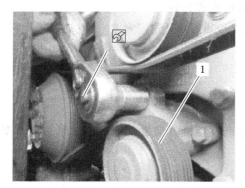

图 2-396 更换传动皮带

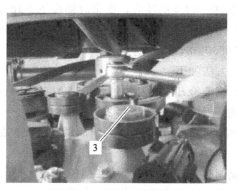

图 2-397 更换自动张紧轮

转向泵组件分解如图 2-398 所示。

装配顺序：按照与分解的相反顺序。

2.7.1.3 大柴 BF6M1013 发动机附件

发动机皮带组件分解如图 2-399 所示。

装配顺序：按照与分解的相反顺序。

拧紧力矩：部位 14～16 螺栓为 39N·m。

检修标准如下。

（1）皮带的检查与调整方法　目视检查，如果皮带出现损坏，如裂纹、脆化，必须用原厂件替代。安装新皮带后，发动机运行 15min 后，再复查调整一次。

发动机工作时，皮带应保持一定的张紧度。正常情况下，在皮

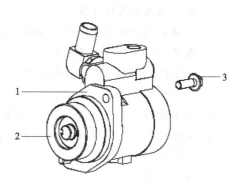

图 2-398 转向泵组件分解
（图中序号即分解顺序）

1—密封垫（动力转向油泵）；2—动力转向油泵总成；3—六角头凸缘螺栓

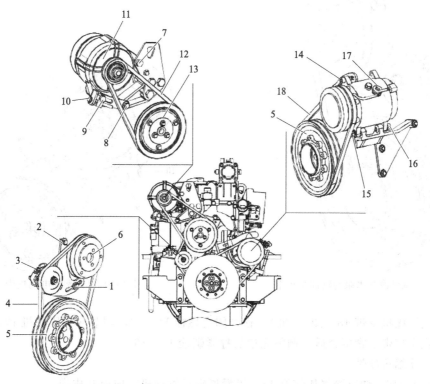

图 2-399 皮带组件分解（图中序号即分解顺序）

1，2—六角头螺栓；3—燃油输油泵总成（带皮带轮）；4—输油泵皮带；5—曲轴皮带轮；6—水泵皮带轮；
7～10，14～16—螺栓；11—发电机；12—发电机皮带；13—皮带轮；17—冷气压缩机；18—冷气压缩机皮带

带中段加 29~49N 的压力，皮带应能按下不超过 10~20mm 的距离为宜。

（2）检查周期　新车磨合期结束后（发动机运行 50h 或 2500km，以先到为准）；发动机每运行 250h 或每行驶 10000km，以先到为准。

检修方法如下。

（1）调整冷却水泵和输油泵皮带 4（图 2-400）

① 松开六角头螺栓 1 和 2。

② 将合适的方孔扳手插入输油泵连接板上的方孔，按远离发动机方向推动燃油输油泵总成 3 至正确张紧位置。

专业调整完毕后拧紧六角头螺栓 1 和 2。

（2）更换冷却水泵和输油泵皮带 4

① 松开六角头螺栓 1 和 2。

② 按靠近发动机方向推动燃油输油泵总成 3，即可松开皮带。

③ 安装后再按上述方法调整。

（3）调整发电机皮带 12（图 2-401）

① 松开螺栓 7~9。

② 调节螺栓 10，沿滑槽远离发动机为张紧方向，直至皮带松紧度合适。

③ 调整完毕后拧紧螺栓 7~9，发电机 11 固定。

（4）更换发电机皮带 12

① 松开螺栓 7~9。

② 调节螺栓 10，沿滑槽靠近发动机方向松开皮带。

③ 安装后再按上述方法调整。

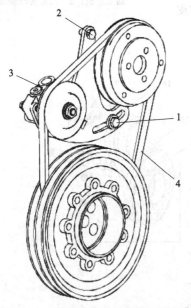

图 2-400　调整冷却水泵与输油泵皮带

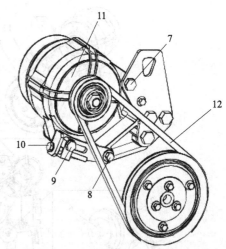

图 2-401　调整发电机皮带

（5）调整冷气压缩机皮带 18（图 2-402）　松开固定螺栓 14~16，调节冷气压缩机 17，沿滑槽远离发动机为张紧方向，直至皮带松紧度合适，调整完毕后拧紧螺栓 14~16。

（6）更换冷气压缩机皮带

① 松开螺栓 14~16，调节冷气压缩机 17，沿滑槽靠近发动机方向松开皮带。

② 安装后再按上述方法调整。

转向泵组件分解如图 2-403 所示。

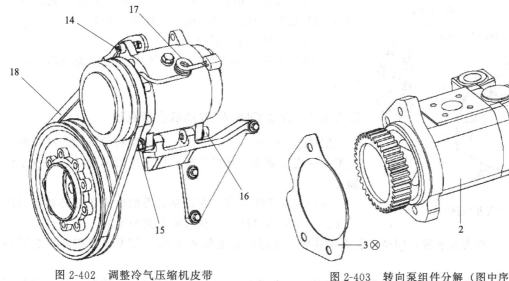

图 2-402 调整冷气压缩机皮带

图 2-403 转向泵组件分解（图中序号即分解顺序）
1—六角头凸缘螺栓；2—动力转向油泵总成；3—密封垫（动力转向油泵）；
⊗ 不可重复使用件

装配顺序：按照与分解的相反顺序。

空调压缩机组件分解如图 2-404 所示。

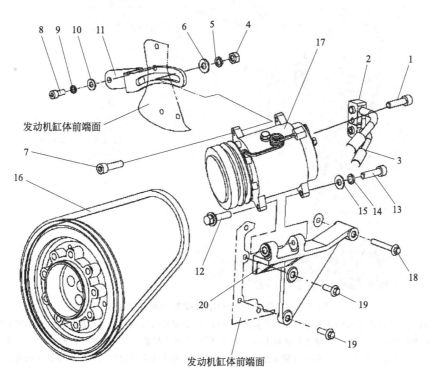

图 2-404 空调压缩机组件分解（图中序号即分解顺序）
1—组合螺栓（固定输氟管路）；2—低压输氟导管接头；3—高压输氟导管接头；4—六角螺母；5—弹簧垫圈；6，10，15—垫圈；
7，8，13—内六角圆柱头螺栓；9，14—弹簧垫圈；11—张紧支架总成（冷气压缩机）；12—组合螺栓；
16—皮带（冷气压缩机）；17—冷气压缩机总成；18，19—六角头凸缘螺栓；20—支架总成（冷气压缩机）

装配顺序：按照与分解的相反顺序。
拧紧力矩：部位 1、8、18、19 为 22N·m；部位 7、12、13 为 39N·m。
拆装方法：输氟导管的保护。

① 将输氪导管拆卸下来后，必须对接头进行密封处理（盖上保护盖），以防止尘埃进入，见图 2-405。

② 压缩机进、出口的密封。

③ 将压缩机拆卸下来后，必须盖上保护盖以防止尘埃进入。

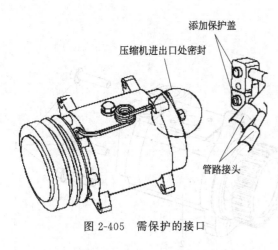

图 2-405 需保护的接口

2.7.1.4 奔驰 OM471 发动机皮带驱动

发动机 470.9、471.9、473.9 提供两种不同的皮带驱动类型：双皮带驱动（风扇升高）和三皮带驱动（风扇位于曲轴上）

使用双皮带驱动或三皮带驱动类型取决于散热器单元的尺寸、车身地板高度和安装的风扇类型等。

两种类型都使用一个双夹紧装置，叫做串联夹紧装置，通过该装置张紧 V 形皮带基本皮带驱动装置和风扇的 V 形皮带。

如果未安装制冷剂压缩机，会安装用于替代皮带轮 4 的皮带轮。对于双皮带驱动的情况，风扇离合器 15 安装在导轮 8 上。该导轮位于曲轴轴线上方的支架上，在此情况下，为升高的风扇。

V 形皮带 A 促动制冷剂压缩机、冷却液泵和发电机。V 形皮带 B 促动风扇，风扇离合器刚性接合时，曲轴转速和风扇转速的传动比为 $i=1.2$。双皮带驱动组件位置如图 2-406 所示。

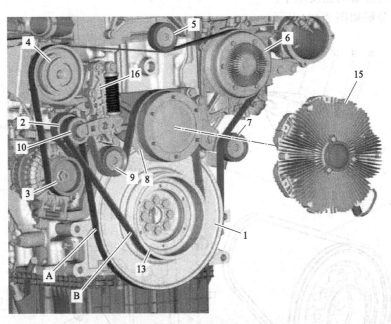

图 2-406 双皮带驱动组件位置（风扇升高）

1—皮带轮（减振器上）；2—V 形皮带 A 的张紧轮（串联夹紧装置上）；3—皮带轮（发电机）；4—皮带轮（空调压缩机）；5，7，8—导轮；6—皮带轮（冷却液泵）；9—导轮（串联夹紧装置上）；10—V 形皮带 B 的张紧轮（串联夹紧装置上）；13—皮带轮（风扇）；15—风扇离合器；16—串联夹紧装置；A—V 形皮带（基本皮带驱动）；B—V 形皮带（风扇）

如果未安装制冷剂压缩机，会安装用于替代皮带轮 4 的皮带轮。对于三皮带驱动的情况，风扇离合器 15 安装在驱动盘 14 上。

该驱动盘位于皮带轮 1 的枢轴上，而风扇位于曲轴轴线上。

V 形皮带 A 促动制冷剂压缩机、冷却液泵和发电机。V 形皮带 B 和 C 一起促动风扇。V 形皮带 B 促动导轮 8，该导轮位于带驱动盘 11 的轴上。因此，V 形皮带 C 通过驱动盘 11 促动，由此又促动曲轴轴线上的驱动盘 14。

风扇离合器刚性接合时，此处曲轴转速和风扇转速的传动比也为 $i=1.2$。三皮带驱动组件位置如

图 2-407 所示。

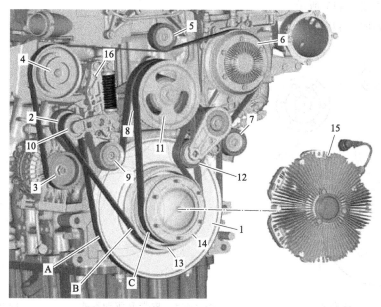

图 2-407　三皮带驱动组件位置（风扇位于曲轴上）

1—皮带轮（减振器上）；2—V 形皮带 A 的张紧轮（串联夹紧装置上）；3—皮带轮（发电机）；4—皮带轮（空调压缩机）；5，7，8—导轮；6—皮带轮（冷却液泵）；9—导轮（串联夹紧装置上）；10—V 形皮带 B 的张紧轮（串联夹紧装置上）；11—驱动盘（风扇）；12—V 形皮带 C 的夹紧装置（风扇）；13—皮带轮（风扇）；14—驱动盘（风扇）；15—风扇离合器；16—串联夹紧装置；A—V 形皮带（基本皮带驱动）；B—V 形皮带（风扇）；C—V 形皮带（风扇）

双皮带驱动的发动机见图 2-408。三皮带驱动的发动机见图 2-409。

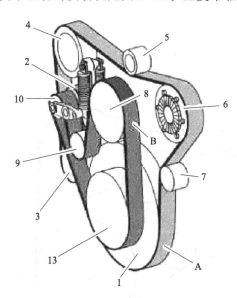

图 2-408　双皮带驱动的发动机（用于升高的风扇）

1—皮带轮（减振器上）；2—V 形皮带 A 的张紧轮（串联张紧装置上）；3—皮带轮（发电机）；4—皮带轮（取决于安装的设备，空调压缩机或更换皮带轮）；5，7，8—导轮；6—皮带轮（冷却液泵）；9—导轮（串联夹紧装置上）；10—V 形皮带 A 的张紧轮（串联张紧装置上）；13—皮带轮（风扇驱动装置）；A—V 形皮带（基本皮带驱动装置）；B—V 形皮带（风扇驱动）

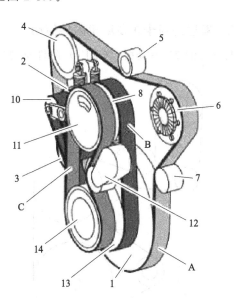

图 2-409　三皮带驱动的发动机（用于曲轴上的风扇）

1—皮带轮（减振器上）；2—V 形皮带 A 的张紧轮（串联张紧装置上）；3—皮带轮（发电机）；4—皮带轮（取决于安装的设备，空调压缩机或更换皮带轮）；5，7，8—导轮；6—皮带轮（冷却液泵）；10—V 形皮带 A 的张紧轮（串联张紧装置上）；11—驱动盘（风扇驱动）；12—V 形皮带 C 的张紧装置（风扇驱动）；13—皮带轮（风扇驱动装置）；14—驱动盘（风扇驱动）；A—V 形皮带（基本皮带驱动装置）；B—V 形皮带（风扇驱动）；C—V 形皮带（风扇驱动）

皮带 A 驱动形式如图 2-410 所示。
皮带 B 驱动形式如图 2-411 所示。
皮带 C 驱动形式如图 2-412 所示。

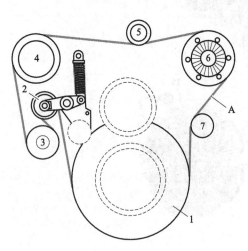
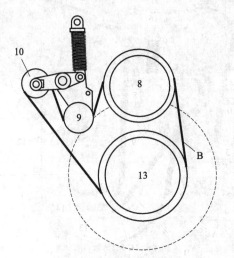
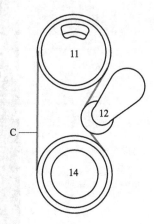

图 2-410 皮带 A 驱动形式
1—皮带轮（减振器上）；2—V 形皮带 A 的张紧轮（串联张紧装置上）；3—皮带轮（发电机）；4—皮带轮（取决于安装的设备，空调压缩机或更换皮带轮）；5，7—导轮；6—皮带轮（冷却液泵）；A—V 形皮带（基本皮带驱动装置）

图 2-411 皮带 B 驱动形式
8—导轮；9—导轮（串联夹紧装置上）；10—V 形皮带 A 的张紧轮（串联张紧装置上）；13—皮带轮（风扇驱动装置）；B—V 形皮带（风扇驱动）

图 2-412 皮带 C 驱动形式
11—驱动盘（风扇驱动）；12—V 形皮带 C 的张紧装置（风扇驱动）；14—驱动盘（风扇驱动）；C—V 形皮带（风扇驱动）

2.7.1.5 斯堪尼亚卡车发动机附件传动

有无空调的 7L 发动机（CRIN）附件驱动连接如图 2-413 和图 2-414 所示。

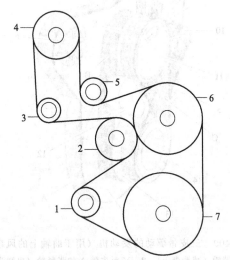
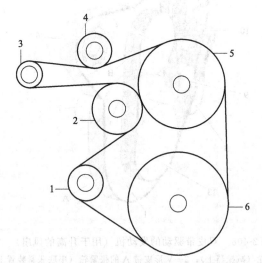

图 2-413 带空调的 7L 发动机（CRIN）附件驱动连接
1—自动皮带张紧器；2—冷却液泵；3—交流发电机；4—空调压缩机；5—惰轮；6—皮带盘；7—曲轴

图 2-414 无空调的 7L 发动机（CRIN）附件驱动连接
1—自动皮带张紧器；2—冷却液泵；3—交流发电机；4—惰轮；5—皮带盘；6—曲轴

9L 和 13L 发动机皮带驱动连接如图 2-415～图 2-420 所示。

带空调的 9L 和 13L 发动机（XPI、PDE、燃气）由皮带传动装置驱动空调压缩机、交流发电机、风扇以及水泵。外部皮带驱动空调压缩机、交流发电机和风扇，内部皮带驱动水泵。皮带利用皮带张紧器自动保持拉紧状态。

不带空调的 9L 和 13L 发动机（XPI、PDE、燃气）皮带传动装置驱动交流发电机、风扇和水泵。外部皮带驱动交流发电机和风扇，内部皮带则驱动水泵。皮带利用皮带张紧器自动保持拉紧状态。

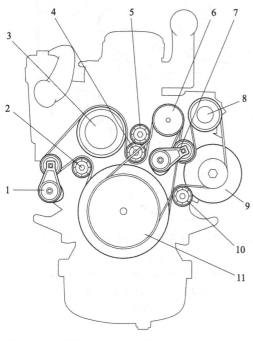

图 2-415　带超速运转风扇的 9L 和 13L 发动机
［带额外惰轮的较早型号（带空调）］
1—内部皮带驱动器的皮带张紧器；2，4~6，10—惰轮；3—冷却液泵；7—外部皮带驱动器的皮带张紧器；8—空调压缩机；9—交流发电机；11—曲轴和皮带盘

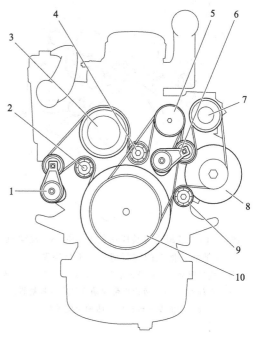

图 2-416　带超速运转风扇的 9L 和 13L 发动机
［不带额外惰轮的较新型号（带空调）］
1—内部皮带驱动器的皮带张紧器；2，4，5，9—惰轮；3—冷却液泵；6—外部皮带驱动器的皮带张紧器；7—空调压缩机；8—交流发电机；10—曲轴和皮带盘

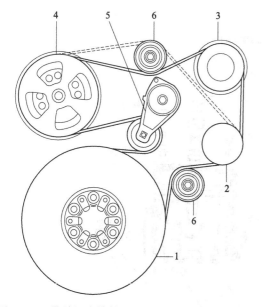

图 2-417　带单根皮带的 9L 和 13L 发动机（带空调）
1—曲轴；2—交流发电机；3—空调压缩机；4—冷却液泵；5—自动皮带张紧器；6—惰轮

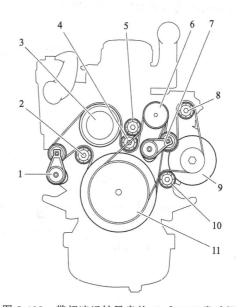

图 2-418　带超速运转风扇的 9L 和 13L 发动机
［带额外惰轮的较早型号（不带空调）］
1—内部皮带驱动器的皮带张紧器；2，4~6，8，10—惰轮；3—冷却液泵；7—外部皮带驱动器的皮带张紧器；9—交流发电机；11—曲轴和皮带盘

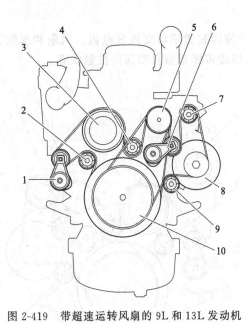 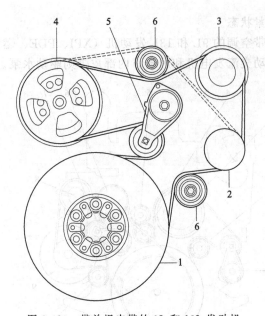

图 2-419 带超速运转风扇的 9L 和 13L 发动机
[带额外惰轮的较新型号（不带空调）]
1—内部皮带驱动器的皮带张紧器；2，4，5，7，9—惰轮；
3—冷却液泵；6—外部皮带驱动器的皮带张紧器；
8—交流发电机；10—曲轴和皮带盘

图 2-420 带单根皮带的 9L 和 13L 发动机
（不带空调）
1—曲轴；2—交流发电机；3—空调压缩机；
4—冷却液泵；5—自动皮带张紧器；
6—惰轮

2.7.2 空气压缩机

2.7.2.1 潍柴 WP12/WP13 发动机空气压缩机

空气压缩机部件分解如图 2-421 所示。

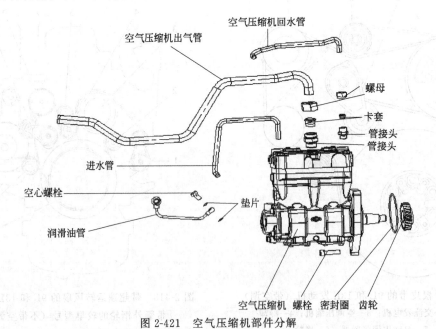

图 2-421 空气压缩机部件分解

(1) 空气压缩机拆卸步骤
① 将空气压缩机出气管与气瓶断开。

② 拆下空气压缩机润滑油管。

③ 拆下空气压缩机进出水管。

④ 拆下固定空气压缩机的 3 根螺栓，取下空气压缩机。

(2) 空气压缩机检查维修

① 检查空气压缩机的齿轮是否有破损，若有则更换。

② 检查密封圈，若有老化迹象则更换。

③ 检查润滑油管是否有漏油迹象，若有更换。

④ 检查进出水管是否有漏水现象，若有则更换。

(3) 空气压缩机装配步骤

① 旋下空气压缩机螺母，在空气压缩机传动轴上装入空气压缩机齿轮并用空气压缩机螺母拧紧。拧紧力矩为 200N·m+50N·m。空气压缩机轴端螺纹涂螺纹锁固剂 242。

② 去除空气压缩机与齿轮室结合面的锐刺，擦净结合面。

③ 在空气压缩机法兰面上装入 O 形密封圈。

④ 将预装好的空气压缩机部件装在飞轮壳连板上。松装空气压缩机紧固螺栓并拧紧。

⑤ 分别在气缸体上和空气压缩机上旋入双管接头并拧紧。

⑥ 将空气压缩机进、出水管用压缩空气吹净内腔，然后将卡套和管接头螺母套在进、出水管两端。

⑦ 装空气压缩机进、出水管，并拧紧管接头螺母。

⑧ 将空气压缩机进、出气管用压缩空气吹净内腔，然后将卡套和管接头螺母套在空气压缩机进、出气管与空气压缩机连接的一端。

⑨ 装空气压缩机进、出气管，并拧紧管接头螺母。

⑩ 用空心螺栓隔以密封垫圈将空气压缩机机油管连接在气缸体和空气压缩机上，并拧紧空心螺栓。

2.7.2.2 锡柴 CA6DM3 发动机空气压缩机拆装

锡柴 CA6DM3 发动机空气压缩机部件分解如图 2-422 所示。

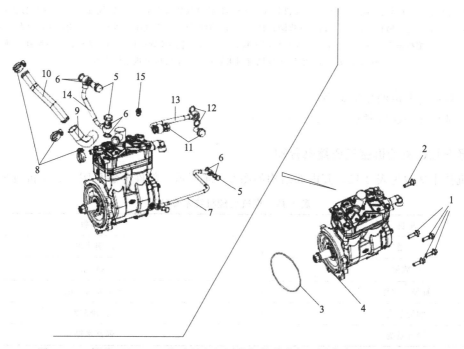

图 2-422　锡柴 CA6DM3 发动机空气压缩机部件分解（图中序号即分解顺序）

1，2—六角法兰面螺栓；3—O 形密封圈；4—空气压缩机总成；5—空心螺栓；6—铜垫圈 10×16；7—机油进油管总成（空气压缩机）；8—蜗杆传动式软管夹箱；9—进气胶管；10—进气管；11—空心螺栓；12—铜垫圈 18×24；13—空气压缩机进水管总成；14—空气压缩机出水管总成；15—空气压缩机过渡接头

装配顺序：按照与分解的相反顺序。

拧紧力矩：部位 4 一次拧紧到 (155±10)N·m。

2.7.2.3 大柴 BF6M1013 发动机空气压缩机拆装

大柴 BF6M1013 发动机空气压缩机部件分解如图 2-423 所示。

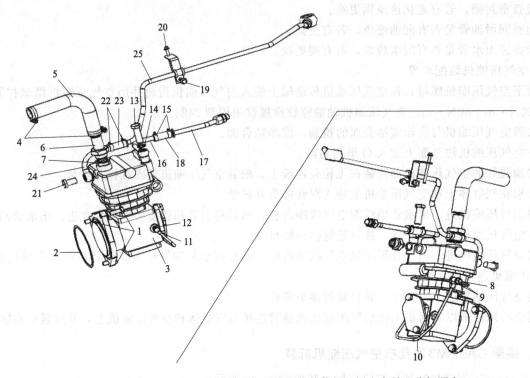

图 2-423 大柴 BF6M1013 发动机空气压缩机部件分解（图中序号即分解顺序）

1—六角法兰面螺栓；2—O 形密封圈；3—空气压缩机总成；4—蜗杆传动式软管夹箍；5—进气胶管；6—进气接头；7—密封圈；8，11，13，21—空心螺栓；9，12，14—铜垫圈；10—机油进油管总成（空气压缩机）；15—蜗杆传动式软管夹箍；16—空气压缩机前取水管；17—空气压缩机后取水管；18，23—连接胶管；19，20—螺栓；22—蜗杆传动式软管夹箍；24—空气压缩机前回水管；25—空气压缩机后回水管

装配顺序：按照与分解的相反顺序。

拧紧力矩：部位 3 一次拧紧到 (155±10)N·m

2.7.2.4 日野 E13C 发动机空气压缩机分解

空气压缩机技术参数见表 2-12，其内部结构如图 2-424 所示，部件分解见图 2-425 和图 2-426。

表 2-12 空气压缩机技术参数

项目	参数
类型	摇摆式单缸
排放量	340cm^3
缸径 x 冲程	85mm×60mm
润滑系统	强制润滑
冷却系统	强制水循环

2.7.2.5 空压系统故障排除

空压系统故障排除如表 2-13 所示。

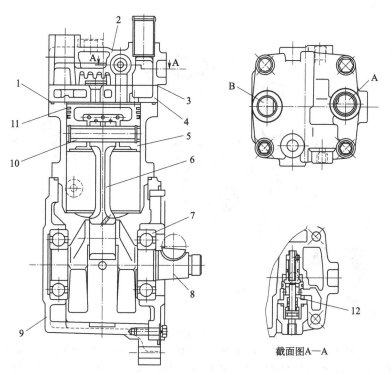

图 2-424 空气压缩机内部结构

1—O形环；2—气缸盖装配；3—垫圈；4—阀座；5—活塞；6—连杆；7—轴承；8—曲轴；9—曲柄箱；
10—活塞销；11—活塞环；12—卸载阀；A—吸入；B—输送

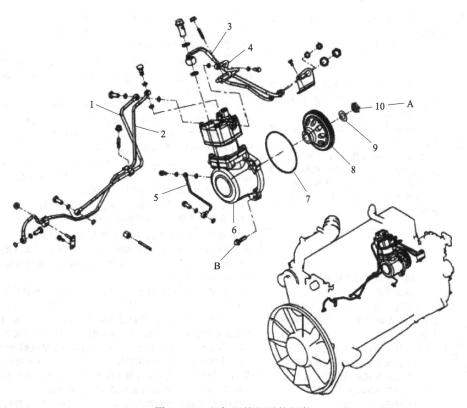

图 2-425 空气压缩机系统部件

1—冷却剂进口管；2—冷却剂出口管；3—排气管；4—空气卸负器管；5—进油管；6—空气压缩机；
7—O形环；8—压缩机传动齿轮；9—卡箍；10—螺母

拧紧扭矩：A为142N·m ♯；B为97N·m；♯表示在紧固前将润滑油涂于螺纹和表面。

第 **2** 章 柴油发动机机械维修

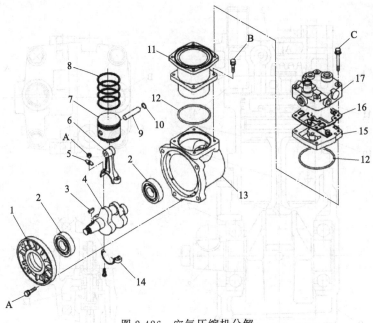

图 2-426 空气压缩机分解

1—轴承保持器；2—球轴承；3—半圆键；4—曲轴；5—锁紧垫圈；6—连杆；7—活塞；8—活塞环；9—活塞销；
10—挡圈；11—气缸套；12—O形环；13—缸体；14—连接杆盖；15—阀座；16—垫圈；17—气缸盖；
拧紧扭矩（单位：N·m）：A 为 23～26；B 为 25～29；C 为 29～34

表 2-13 空气压缩机系统故障排除

故障现象	故障原因	排除方法
空气压缩机不打气；空气压缩机无压缩空气排出	(1)空气压缩机松压阀卡滞，阀片变形或断裂 (2)进、排气口积炭过多	(1)检查松压阀组件，清洗、更换失效件 (2)拆检缸盖，检查阀片，更换变形、断裂的阀片 (3)拆检缸盖，清理阀座板、阀片
空气压力不足；在发动机运转、空气压缩机向储气罐充气的情况下，气压表指示气压达不到起步压力值	(1)气压表失灵 (2)空气压缩机与发动机之间的传动皮带过松（打滑）或空气压缩机到储气罐之间的管路破裂或接头漏气 (3)油水分离器、管路或空气滤清器沉积物过多而堵塞 (4)空气压缩机排气阀片密封不严，弹簧过软或折断，空气压缩机缸套螺栓松动，砂眼和气缸盖衬垫冲坏而漏气 (5)空气压缩机缸套与活塞及活塞环磨损过甚而漏气	(1)观察气压表，如果指示压力不足，可让发动机中速运转分钟，压力仍不上升或上升缓慢，当踏下制动踏板时，放气声很强烈，说明气压表损坏，这时应修复气压表 (2)如果上述试验无放气声或放气声很小，则检查空气压缩机皮带是否过松，从空气压缩机到储气罐、到控制阀进气管，接头是否有松动、破裂或漏气处 (3)如果空气压缩机不向储气罐充气，则检查油水分离器和空气滤清器及管路内是否污物过多而堵塞；如果堵塞，应清除污物 (4)经过上述检查，如果还找不到故障原因，则应进一步检查空气压缩机的排气阀是否漏气，弹簧是否过软或折断，气缸盖有无砂眼、衬垫是否损坏，根据所查找的故障更换或修复损坏零件 (5)检查空气压缩机缸套、活塞环是否过度磨损 (6)检查并调整卸荷阀的安装方向与标注（箭头）方向是否一致
空气压缩机窜油：在空气滤清器及排气口有机油溢出，储气罐（湿）放水时有过量的机油溢出	(1)吸气受阻或进气过滤不好 (2)回油受阻 (3)空气压缩机缸套与活塞及活塞环磨损过甚或油环装反、卡滞而润滑油上窜 (4)空气压缩机冷却不完全 (5)脏物没有经常从储气罐排出 (6)空气压缩机运行时间过长 (7)发动机曲柄箱的压力过高 (8)发动机油压过高 (9)润滑油变质 (10)空气压缩机有缺陷	(1)检查空气压缩机滤清器，如果有损坏、缺陷或不干净的空气滤芯，及时更换损坏部件，检查空气压缩机进气管是否有扭结或变形 (2)检查并测量空气压缩机缸套、活塞环磨损及损坏情况及装配情况，磨损严重的应予更换 (3)针对空气压缩机的空气冷却部分，要清除在散热片上累积的油污、烟灰或不干净物，发现损坏的零件要更换。针对空气压缩机的水冷却部分，要检查适当的冷却管道尺寸（建议管道的最小直径为 9.5mm），检查空气压缩机的冷却剂流通情况，在发动机调整速度时候，最低允许的流量是每分钟 5L (4)检查水温不能超过 93℃。检查储气筒上的气阀，保证它们运行正常 (5)车辆在刹车没有使用的情况下，泄漏每分钟不能超过 6.9kPa 压力下降；在使用刹车情况下每分钟不能超过 20.7kPa。如果泄漏过多，则检查系统漏气并修理。检查卸荷系统是否工作并修复 (6)测试发动机曲轴箱压力是否过高，更换或修理曲柄轴箱的通风设备。油尺的松动或部分抬起表明曲轴箱的压力有问题 (7)检查发动机润滑压力（空压机进油口处），并与额定压力相比较 (8)更换合格润滑油 (9)只有在确认了上述原因都不存在的情况下，才能更换或修理空气压缩机

续表

故障现象	故障原因	排除方法
空压机异响:金属撞击声、均匀的敲击声或摩擦啸叫声	(1)连杆瓦磨损严重,连杆螺栓松动,连杆衬套磨损严重,主轴磨损严重或损坏产生撞击声 (2)皮带过松,主、被动皮带槽型不符造成打滑产生啸叫 (3)空压机运行后没有立即供油,金属干摩擦产生啸叫 (4)固定螺栓松动 (5)紧固齿轮螺母松动,造成齿隙过大产生敲击声 (6)活塞顶有异物	(1)检查连杆瓦、连杆衬套、主轴瓦是否磨损、拉伤或烧损,连杆螺栓是否松动,检查空压机主油道是否畅通;建议更换磨损严重或拉伤的轴瓦、衬套、主轴瓦,拧紧连杆螺栓(扭力标准为35~40N·m),用压缩空气孔对准空气压缩机进油孔疏通主油道。重新装时,应注意主轴轴承 (2)检查主、被动皮带轮槽型是否一致,不一致请更换,并调整皮带松紧度(用拇指压下皮带,压下皮带距离以10mm为宜) (3)检查润滑油进油压力,机油管路是否破损、堵塞,压力不足应立即调整管路;检查润滑油的油质及杂质含量,与使用标准比较,超标时应立即更换,检查空气压缩机是否供油,若无供油应立即进行全面检查 (4)检查空气压缩机固定螺栓是否松动并给予紧固 (5)齿轮传动的空压机还应检查齿轮有否松动或齿轮安装配合情况,螺母松动的拧紧螺母,配合有问题的应予更换 (6)清除异物
空压机烧瓦:皮带传动的空压机主轴抱死;齿轮传动的空压机轴瓦或连杆瓦异常松旷	(1)润滑油变质或杂质过多 (2)供油不足或无供油 (3)轴瓦移位使空压机内部油路阻断 (4)轴瓦与连杆瓦拉伤或配合间隙过小	(1)检查润滑油的油质及杂质含量,与使用标准比较,超标时应立即更换 (2)检查空压机润滑油进油压力,机油管路是否破损、堵塞,压力不足应立即调整、清理或更换失效管路 (3)检查轴瓦安装位置,轴瓦油孔与箱体油孔必须对齐 (4)检查轴瓦或连杆瓦是否烧损或拉伤,清理更换瓦片时检查曲轴径是否损伤或磨损,超标时应更换 (5)检查并调整轴瓦间隙
空压机漏油:空压机外表有润滑油溢出	(1)油封脱落或油封缺陷漏油 (2)主轴松旷导致油封漏油 (3)结合面渗漏,进、回油管接头松动 (4)皮带安装过紧导致主轴瓦磨损 (5)铸造或加工缺陷	(1)油封部位,检查油封是否有龟裂、内唇口有无开裂或翻边,有上述情况之一的应更换。检查油封与主轴结合面有否划伤与缺陷,存在划伤与缺陷的应予更换。检查回油是否畅通,回油不畅使曲轴箱压力过高导致油封漏油或脱落,必须保证回油管最小管径,并且不扭曲、不折弯,回油顺畅。检查油封、箱体配合尺寸,不符合标准的予以更换 (2)用力扳动主轴,检查颈向间隙是否过大,间隙过大应同时更换轴瓦及油封 (3)检查各结合部密封垫密封情况,修复或更换密封垫;检查进、回油接头螺栓及箱体螺纹并拧紧 (4)检查并重新调整皮带松紧程度,以拇指按下10mm为宜 (5)检查箱体铸造或加工存在的缺陷(如箱体安装处回油孔是否畅通),修复或更换缺陷件
空气压缩机过热:空气压缩机排气温度过高,运转部位发烫	(1)松压阀或卸荷阀不工作导致空压缩机无休息 (2)气制动系统泄漏严重导致空气压缩机无休息 (3)运转部位供油不足及拉缸	(1)进气卸荷时检查松压阀组件,有堵塞、卡滞的,要清洗修复或更换失效件。排气卸荷时检查卸荷阀有堵塞或卡滞的要清洗修复或更换失效件 (2)检查制动系统和管路,更换故障件 (3)活塞与缸套之间润滑不良、间隙过小或拉缸均可导致过热,遇该情况应检查、修复或更换失效件

2.7.3 取力器总成

2.7.3.1 沃尔沃 D13C460 发动机

飞轮外壳后部可以安装发动机驱动的取力器作为附加设备。取力器通过下惰轮的外齿轮驱动,轮齿通过惰轮轴承端板上的一个孔进行润滑。

有多种型号的取力器可用,如液压泵或机械取力器。如图 2-427 所示为取力器安装位置。

如果需要安装扭矩超过 650N·m(最大 1000N·m)的取力器,必须将附加取力器齿轮、曲轴齿轮和双惰轮更换为表面硬化轮齿的齿轮。

发动机安装在车架中带有硫化橡胶垫的支架上。前部底座 A 包括铸钢支柱 1,其具有搁置在横梁 3 上的两个橡胶减振器 2,铝楔被铆接到该横梁上。支柱和铸钢弓 4 通过螺栓拧紧连接,铸钢弓搁置在附接到横梁 3 的橡胶垫 5 上,支柱同时还通过螺栓安装在发动机缸体前侧上的支架上。

两个后部底座 B 均由两个部分组成。支架 6 用螺栓固定到组合变速箱和飞轮壳体中。带橡胶阻尼器 7 的支架用螺栓固定在车架构件中部的内侧。发动机支座部件如图 2-428 所示。

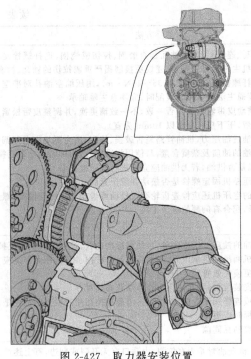

图 2-427 取力器安装位置

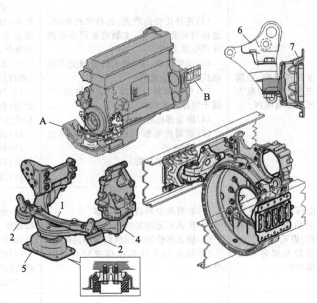

图 2-428 发动机支座部件

发动机曲轴上装配有柔性盘 A，柔性盘的上面连接有起动机电机齿圈。取力器输入轴 B 通过连接盘 G 与柔性盘连接。取力器输入轴 B 上装配有取力器驱动齿轮。离合器飞轮安装到此输入轴上。

取力器由位于输入轴上的驱动齿轮与取力器的驱动齿轮之间的惰轮 F 驱动。取力器的接合和分离操作由取力器驱动齿轮与取力器输出轴 C 之间的 9 盘片离合器 D 控制。离合器由电控气动液压系统操作。这种布置使得取力器在车辆行驶时也能接合和分离。取力器带有一个机油泵 E，用于提供润滑取力器以及在接合/分离取力器时操作离合器盘片的机油。机油泵由取力器输入轴驱动。

取力器安装在发动机和离合器之间，这表明离合器与变速箱在底盘上的位置又向后移动了 200mm。取力器部件分解如图 2-429 所示。

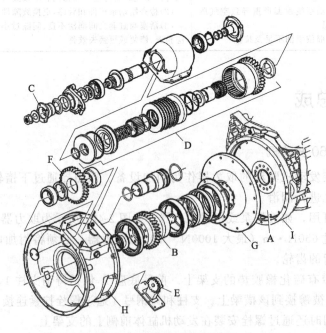

图 2-429 取力器部件分解

A—柔性盘；B—取力器输入轴；C—取力器输出轴；D—9 盘片离合器；E—机油泵；F—惰轮；G—配对法兰；H—中间壳体；I—飞轮壳

取力器为非离合器型，这表明动力直接由发动机提供。也就是说，这种取力器在车辆行驶时也能使用。在驾驶的同时可以接合和分离取力器。

机油泵1将机油泵送到控制阀进油口2。使用仪表板上的一个开关可以接合和分离取力器。此开关控制一个电磁阀，该电磁阀向控制阀提供压缩空气5。控制阀开启时，机油流过电磁阀压力管路3到达取力器的盘片式离合器6，这时取力器接合。控制阀回油管路4使机油返回取力器，对齿轮进行润滑。冷却液通过接头7流到机油冷却器中。取力器工作原理如图2-430所示。

压缩空气5作用到控制阀上，取力器启动。机油通过供油管路接头2泵入，并经过压力管路接头3流出，然后又流向取力器离合器总成。取力器启动时，过量的机油流过侧油道、机油冷却器和滤清器，然后经过回油管路4流出，其示意见图2-431。

取力器没有启动时，机油通过供油管路接头2泵入，流过机油冷却器和滤清器，然后通过回油管路4流出，其示意见图2-432。

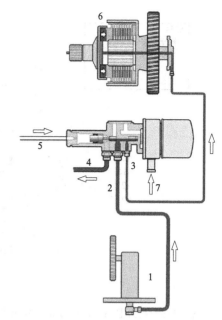

图2-430 取力器工作原理

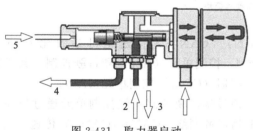

图2-431 取力器启动

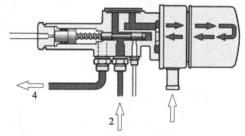

图2-432 取力器停用

2.7.3.2 奔驰重卡发动机

取力器系统部件分布如图2-433所示。

变速箱独立式取力器（装在发动机上的取力器）位于离合器外壳和手动变速箱之间。取力器换挡模块安装位置见图2-434。

装在发动机上的取力器用来驱动需要大功率和高转矩的辅助总成，例如混凝土搅拌筒或吸入泵。常见于混凝土搅拌车、移动式起重机和清扫车等。

有两种类型的装在发动机上的取力器。

类型A：装在发动机上的离合器非独立式取力器（仅适用于静止使用）。

装在发动机上的离合器非独立式取力器，MB，1.2（代码4Y）。

装在发动机上的离合器非独立式取力器，MB，1.65（代码N4Z）。

类型B：装在发动机上的离合器非独立式取力器（适用于直立位置和驾驶模式）。

装在发动机上的离合器半独立式取力器，MB，1.2（代码N4W）。

装在发动机上的离合器半独立式取力器，MB，1.65（代码N4X）。

（1）型号A取力器

① 型号A取力器的接合顺序。按下仪表板开关模块（A45）中的取力器开关3（S73）时，会发出接合取力器的请求信号，取力器开关中的指示灯开始闪烁。

该信号从仪表板开关模块2传送到组合开关板（MSF）控制单元（A43），然后继续通过车内控制器区域网络（CAN）（CAN 2）传送至中央网关（CGW）控制单元（A2）。信号通过车架控制器区域网络

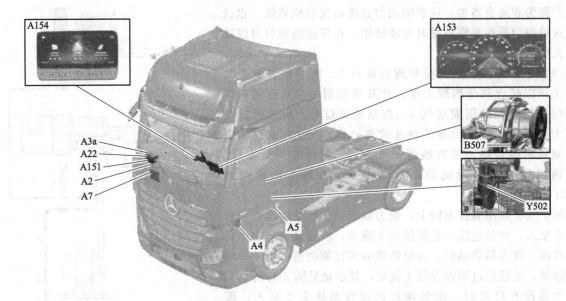

图 2-433 取力器系统部件分布 [装配多媒体驾驶舱（代码 J6B）或交互式多媒体驾驶舱（代码 J6C）的车辆]
A2—中央网关（CGW）控制单元；A3a—行驶控制系统控制单元（CPC5）；A4—发动机管理系统（MCM）控制单元；A5—变速箱控制系统（TCM）控制单元；A7—高级信号采集及促动控制模组（ASAM）控制单元；A22—带附加功能的信号采集及促动控制模组（SAM）（XMC）；A151—仪表盘（IC）控制单元；A153—仪表盘屏幕（ICS）控制单元；A154—主机屏幕（HUS）控制单元；B507—NMV 转速传感器；Y502—装在发动机上的取力器换挡模块

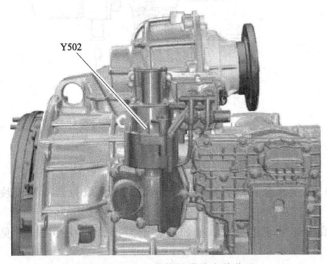

图 2-434 取力器换挡模块安装位置
Y502—装在发动机上的取力器换挡模块

（CAN）（CAN 3）传送至可参数化专用模块（PSM）控制单元（A22）和行驶控制[共用传动系控制器（CPC）]控制单元（A3）。

信号从行驶控制系统控制单元通过传动系控制器区域网络（CAN）（CAN 4）传送至变速箱控制单元（TCM）（A5）。

信号由仪表板开关模块通过局域互联网（LIN）总线传送至单信号采集及促动控制模组（SSAM）控制单元（A7a），并通过车内控制器区域网络（CAN）传送至中央网关控制单元。

该信号通过底盘控制器区域网络（CAN）传送至可参数化专用模块控制单元和行驶控制系统控制单元。行驶控制系统控制单元将信号通过传动系控制器区域网络（CAN）传送至变速箱控制单元。变速箱控制单元和可参数化专用模块控制单元同时对接合条件进行确认。

某些参数可能存储在两个控制单元中，例如"驻车制动器启用"（Parking Brake Active）。在这种情况下，如果可参数化专用模块控制单元忽略了某些参数变化，则变速箱控制单元将会优先处理相应参数。
变速箱控制单元中未参数化的接合条件：
a. 系统无故障参数化；
b. 发动机转速大于 500r/min；
c. 车辆静止；
d. 驻车制动器启用；
e. 必须停止所有工作转速调节。
可参数化专用模块控制单元中的可参数化接合状况：

a. 变速箱位于空挡；

b. 发动机转速小于 944r/min；

c. 驻车制动器启用。

如果所有要求均满足，取力器开关中的指示灯停止闪烁并开始接合顺序。

a. 可参数化专用模块控制单元将请求信号通过底盘控制器区域网络（CAN）传送至行驶控制系统控制单元，然后继续通过传动系统控制器区域网络（CAN）传送至变速箱控制单元和发动机管理系统（MCM）控制单元（A4）。

b. 换挡机构停用。

c. 发动机转速调节至在可参数化专用模块控制单元中进行参数化的增大的急速。

d. 离合器断开，变速箱输入轴 4 按惯性继续转动并逐渐减小变速箱输入轴速度。

e. 变速箱控制单元促动取力器换挡模块中的展开取力器电磁阀 Y502 y1，以调节滑动套筒 3。

f. 滑动套筒 3 从空挡位置被向后推动至变速箱输入轴 4 的花键上。取力器的驱动轴 7 连接至变速箱输入轴 4。

g. 离合器闭合，装在发动机上的取力器提速至在可参数化专用模块控制单元中进行参数化的工作转速。

h. 装在发动机上的取力器的转速传感器利用装在发动机上的取力器的输出轴 9 上的脉冲环产生信号，并将其传送至变速箱控制单元。后者利用该信息计算装在发动机上的取力器的当前动力输出轴速度。装在发动机上的取力器达到了已参数化的工作转速，接合顺序完成。

i. 取力器开关中的指示灯持续点亮。

j. 装在发动机上的取力器的工作状态显示在仪表盘控制单元（ICUC）A1 的多功能显示屏 A1 p1 中。

变速箱输入轴 4 和滑动套筒 3 之间的转速差说明：装在发动机上的取力器只能在转速差较小时接合。如果转速差过大，则滑动套筒 3 的内齿会发生高应力摩擦；如果变速箱输入轴 4 和滑动套筒 3 同步，则会造成"齿对齿"的情况，妨碍接合。

如果最多三次尝试后仍无法成功完成接合过程，则该过程中止。

② 类型 A 取力器工作原理。运行过程中，装在发动机上的取力器的转速传感器产生信号。为此，装在发动机上的取力器的输出轴 9 上安装有脉冲环，然后信号被发送至变速箱控制单元。

后者利用该信息计算装在发动机上的取力器的当前动力输出轴速度。

装在发动机上的取力器换挡模块中的行程传感器 Y502 b1 监测活塞杆的位置，并将相应信号发送至变速箱控制单元。

装在发动机上的取力器的以下设置可在可参数化专用模块控制单元中进行参数化设置：

a. 转矩限制；

b. 工作转速；

c. 自动保持开/关。

标准的自动保持功能可确保装在发动机上的取力器保持接合。

如果自动保持功能通过参数化设置停用，则在以下条件下，装在发动机上的取力器会由于系统固有原因而断开：

a. 变速箱输入轴的转速超过可参数化的最大数值；

b. 发动机转速降至 80r/min 以下（失速保护）；

c. 不再满足存储在变速箱控制单元中的至少一个接合条件，此时即使在可参数化专用模块控制单元中设定了自动保持功能，装在发动机上的取力器仍会脱开。

③ 类型 A 取力器脱开顺序。操作仪表板开关模块中的取力器开关时，会发出脱开装在发动机上的取力器的请求信号，取力器开关中的指示灯开始闪烁。

脱开条件：

a. 变速箱位于空挡；

b. 所有变速箱取力器停用或切换至无负载状态。

如果满足了所有要求，则脱开顺序如下。

a. 发动机转速调节至怠速。
b. 离合器脱开。
c. 变速箱控制单元促动收回取力器电磁阀 Y502 y2 和展开取力器电磁阀。两个取力器电磁阀均位于装在发动机上的取力器换挡模块。
d. 滑动套筒 3 从变速箱输入轴 4 的花键处被向前推动至空挡位置。
装在发动机上的取力器的驱动轴 7 不再连接至变速箱输入轴 4。
e. 取力器开关 3 中的指示灯熄灭。
f. 仪表盘控制单元的多功能显示屏中的装在发动机上的取力器的工作状态显示消失。
g. 离合器闭合。
h. 换挡机构启用。
发动机停止后的行为如下。
装在发动机上的取力器运行的情况下停止发动机后，重新启动发动机时，装在发动机上的取力器会处于空挡位置。
为重新启动装在发动机上的取力器，需重复接合过程。发动机外部启动后自动重新接合装在发动机上的取力器的情况除外。
如果可参数化专用模块控制单元已通过保养菜单进行相应参数设置，则发动机停止并再次外部启动时，装在发动机上的取力器由系统再次接合。发动机停止前可再次使用同样的方法。
类型 A 取力器内部结构如图 2-435 所示。

图 2-435 类型 A 取力器内部结构
1—换挡啮合套；2—换挡臂；3—滑动套筒；4—变速箱输入轴；5—离合器片；7—驱动轴；8—中间齿轮；
9—输出轴；B507—装在发动机上的取力器的转速传感器

类型 A：装在发动机上的离合器非独立式取力器，MB，1.2（代码 N4Y）；或装在发动机上的离合器非独立式取力器，MB，1.65（代码 N4Z）。

（2）型号 B 取力器
① 型号 B 取力器接合顺序。操作仪表板开关模块中的取力器开关时，会发出接合装在发动机上的取力器的请求信号，取力器开关中的指示灯开始闪烁。
该信号从仪表板开关模块 2 传送到组合开关板（MSF）控制单元 A43，并通过车内控制器区域网络（CAN）传送至中央网关控制单元。
该信号通过底盘控制器区域网络（CAN）传送至可参数化专用模块控制单元和行驶控制系统控制单元。
行驶控制系统控制单元将信号通过传动系统控制器区域网络（CAN）传送至变速箱控制单元。

信号由仪表板开关模块通过局域互联网（LIN）总线传送至单信号采集及促动控制模组（SSAM）控制单元（A7a），并通过车内控制器区域网络（CAN）传送至中央网关控制单元。

该信号通过底盘控制器区域网络（CAN）传送至可参数化专用模块控制单元和行驶控制系统控制单元。

行驶控制系统控制单元将信号通过传动系统控制器区域网络（CAN）传送至变速箱控制单元。变速箱控制单元和可参数化专用模块控制单元同时对接合条件进行确认。

某些参数可能存储在两个控制单元中，例如"驻车制动器启用"（Parking Brake Active）。在这种情况下，如果可参数化专用模块控制单元忽略了某些参数变化，则变速箱控制单元将会优先处理相应参数。

变速箱控制单元中的非可参数化接合状况：

a. 系统无故障参数化；

b. 变速箱位于空挡；

c. 发动机转速大于500r/min；

d. 必须停用所有工作转速调节；

e. 所有变速箱取力器停用或切换至无负载状态。

可参数化专用模块控制单元中的可参数化接合状况：

a. 变速箱位于空挡；

b. 发动机转速小于944r/min；

c. 驻车制动器启用。

如果所有要求均满足，取力器开关中的指示灯停止闪烁并开始接合顺序如下。

a. 可参数化专用模块控制单元将请求信号通过底盘控制器区域网络（CAN）传送至行驶控制系统控制单元，然后继续通过传动系统控制器区域网络（CAN）传送至变速箱控制单元和发动机管理系统控制单元。

b. 换挡机构停用。

c. 发动机转速调节至在可参数化专用模块控制单元中进行参数化的增大的怠速。

d. 离合器脱开，变速箱输入轴4按惯性继续转动并逐渐减小变速箱输入轴速度。

e. 变速箱控制单元促动装在发动机上的取力器换挡模块中的展开装在发动机上的取力器电磁阀，以调节滑动套筒3。

f. 滑动套筒3从空挡位置被向后推动至变速箱输入轴4的花键上。装在发动机上的取力器的驱动轴7连接至变速箱输入轴4。

g. 离合器闭合，装在发动机上的取力器提速至在可参数化专用模块控制单元中进行参数化的工作转速。

h. 装在发动机上的取力器的转速传感器利用装在发动机上的取力器的输出轴9上的脉冲环产生信号，并将其传送至变速箱控制单元，后者利用该信息计算装在发动机上的取力器的当前动力输出轴速度。

i. 离合器脱开。

j. 变速箱控制单元促动装在发动机上的取力器换挡模块中的收回装在发动机上的取力器电磁阀，以调节滑动套筒3。

k. 滑动套筒3移过空挡位置到达空心轴10的内齿。此时，装在发动机上的取力器直接由空心轴10通过离合器压盘6连接至发动机，因此与离合器无关。

l. 离合器闭合且接合顺序完成。

m. 取力器开关中的指示灯持续点亮。

n. 换挡机构启用。

o. 装在发动机上的取力器的工作状态显示在仪表盘控制单元的多功能显示屏中。

滑动套筒3和变速箱输入轴4之间的转速差注释：装在发动机上的取力器只能在转速差较小时接合。如果转速差过大，则滑动套筒3的内齿会发生高应力摩擦；如果变速箱输入轴4和滑动套筒3同步，则会造成"齿对齿"的情况，妨碍接合。

如果最多三次尝试后仍无法成功完成接合过程，则该过程中止。

② 类型B取力器工作原理。运行过程中，装在发动机上的取力器的转速传感器产生信号。为此，装在发动机上的取力器的输出轴9上安装有脉冲环，然后信号被发送至变速箱控制单元。

后者利用该信息计算装在发动机上的取力器的当前动力输出轴速度。装在发动机上的取力器换挡模块中的行程传感器监测活塞杆的位置，并将相应信号发送至变速箱控制单元。运行时，装在发动机上的取力器直接连接至发动机，因此总是以当前发动机转速驱动。

③ 类型 B 取力器脱开顺序。按下仪表板开关模块中的取力器开关时，会发出脱开取力器的请求信号，取力器开关中的指示灯开始闪烁。

脱开条件：
a. 变速箱位于空挡；
b. 所有变速箱取力器停用或切换至无负载状态。

如果满足了所有要求，则脱开顺序如下。
a. 换挡机构停用。
b. 工作转速调节停用。
c. 离合器脱开。
d. 发动机转速降至设定怠速。
e. 变速箱控制单元促动收回装在发动机上的取力器电磁阀和展开装在发动机上的取力器电磁阀。两个取力器电磁阀均位于装在发动机上的取力器换挡模块。
f. 滑动套筒 3 直接移动至空挡位置，空心轴 10 不再连接至滑动套筒 3。
g. 离合器闭合。
h. 换挡机构启用。
i. 取力器开关中的指示灯熄灭。

发动机停止后的行为如下。

装在发动机上的取力器运行的情况下停止发动机后，重新启动发动机时，装在发动机上的取力器会处于空挡位置。

为重新启动装在发动机上的取力器，需重复接合过程。

发动机外部启动后自动重新接合装在发动机上的取力器的情况除外。

如果可参数化专用模块控制单元已通过保养菜单进行相应参数设置，则发动机停止并再次外部启动时，装在发动机上的取力器由系统再次接合，发动机停止前可再次使用同样的方法。

类型 B 取力器内部结构如图 2-436 所示。

图 2-436 类型 B 取力器内部结构
1—换挡啮合套；2—换挡臂；3—滑动套筒；4—变速箱输入轴；5—离合器片；6—离合器压盘；7—驱动轴；
8—中间齿轮；9—输出轴；10—空心轴；11—机油泵；B507—装在发动机上的取力器的转速传感器

类型 B：装在发动机上的离合器半独立式取力器，MB，1.2（代码 N4W）；或装在发动机上的离合器半独立式取力器，MB，1.65（代码 N4X）。

如图 2-437 所示为装配离合器部分独立式取力器（装在发动机上的取力器）的变速箱 715.523。

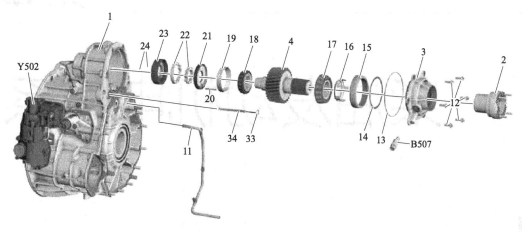

图 2-437　独立式取力器分解

1—取力器；2—输出凸缘；3—外壳盖；4—输出轴；11—油管；12—螺栓；13，24，33—O 形环；14—垫片；
15—圆锥滚柱轴承外座圈；16—脉冲轮；17，18—圆锥滚柱轴承；19—圆锥滚柱轴承外座圈；20—钢板弹簧销；
21—变速箱油泵壳体；22—齿轮；23—变速箱油泵壳体；34—油管；B507—NMV 转速传感器；
Y502—装在发动机上的取力器换挡模块

如图 2-438 所示为装配离合器部分独立式取力器部件分解。

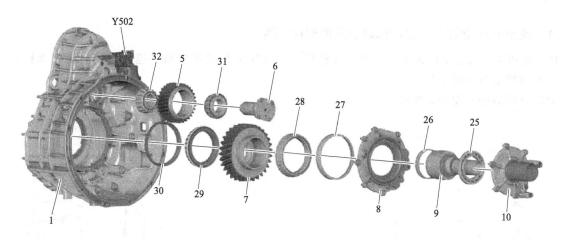

图 2-438　独立式取力器部件分解

1—取力器；5—中间齿轮；6—中间齿轮轴；7—驱动轴；8—驱动轴轴承盖；9—空心轴；10—空心轴轴承盖；
25—向心球轴承；26—针柱轴承；27—圆锥滚柱轴承外座圈；28，29，31，32—圆锥滚柱轴承；
30—圆锥滚柱轴承外座圈；Y502—装在发动机上的取力器换挡模块

第3章

柴油发动机电气系统

3.1 起动机

3.1.1 起动机结构

3.1.1.1 潍柴 WP12/WP13 发动机启动系统部件拆装

WP12 系列柴油机起动机为电磁控制、齿轮传动、以摩擦片式单向器传递扭矩的直流起动机，功率为 5.4kW。起动机电路见图 3-1。

起动机总成拆卸如图 3-2 所示。

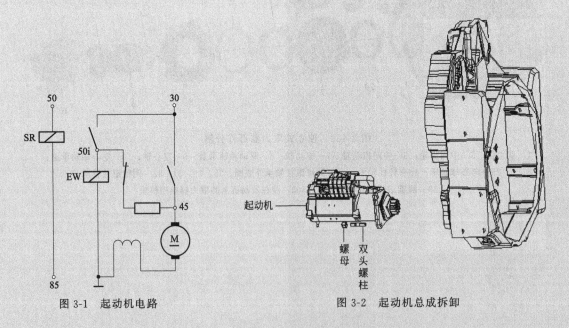

图 3-1 起动机电路　　图 3-2 起动机总成拆卸

（1）起动机拆卸步骤　用通用扳手将 2 个螺母拆下，取下起动机。

（2）起动机检验维修　为了保证起动机无故障运行，应注意：对喷溅水、道路泥浆、机油加以防护，必要时要装防护板防高温，起动机壳体的许用温度不大于 100℃。

如果驾驶员监控不到启动过程（例如发动机安装在尾部的商用车），为保护起动机和防止打齿，必须安装启动继电器，启动继电器电流容量应大于80A，在柴油机开始正常运转后立即切断起动机电路；启动继电器的轴线应与地面平行，且垂直于车辆运行方向，以防由于振动和冲击等原因而使起动机意外啮合。

（3）起动机装配步骤　装配前起动机齿轮上应涂汽车用锂润滑脂，再安装起动机。

3.1.1.2 锡柴CA6DM3发动机起动机总成拆装

起动机总成拆装如图3-3所示。

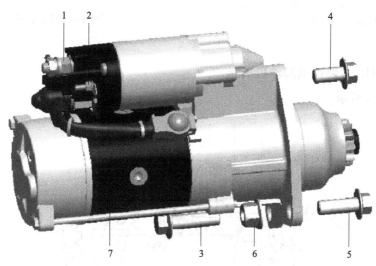

图3-3　起动机总成拆装（图中序号即分解顺序）
1—30接线柱；2—50c接线柱；3~5—螺栓；6—螺母；7—起动机

装配顺序：按照与分解的相反顺序。
起动机电路原理（一）如图3-4所示。

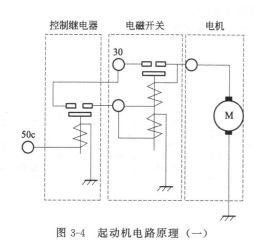

图3-4　起动机电路原理（一）

位置	接线端	规格	接线定义
1	30接线柱	M12	接蓄电池正极
2	50c接线柱	M5	接起动控制端

拆装方法如下。

① 起动机30接线柱1、50c接线柱接线拆下，见图3-5。
注意：松开接线柱外螺母时，需用扳手固定住接线螺柱内螺母。
② 拆卸起动机安装螺栓3，拆下发动机搭铁线，见图3-6。
注意：装配时除去紧固螺栓处的油污等杂质，保证发动机搭铁线可靠搭铁。

图 3-5 拆卸 30、50 接线柱

图 3-6 拆卸起动机安装螺栓

3.1.1.3 大柴 BF6M1013 发动机起动机拆装

起动机组件如图 3-7 所示。

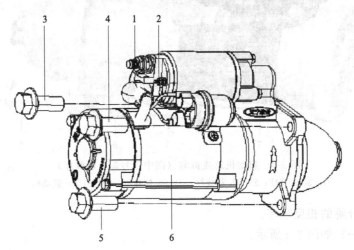

图 3-7 起动机组件（图中序号即分解顺序）

1—30 接线柱；2—50c 接线柱；3~5—螺栓；6—起动机

装配顺序：按照与分解的相反顺序。

起动机电路原理（二）如图 3-8 所示。

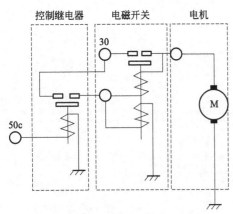

位置	接线端	规格	接线定义
1	30 接线柱	M10	接蓄电池正极
2	50c 接线柱	M5	接起动控制端

图 3-8 起动机电路原理（二）

注意：起动机接线拆装时需用扳手可靠固定住接线螺栓下层螺母，再拆装上层螺母，否则会造成接线柱松动。

3.1.1.4 日野 E13C 发动机起动机分解

起动机总成技术参数见表 3-1，起动机内部结构如图 3-9 所示，部件分解如图 3-10 所示。

表 3-1 起动机总成技术参数

项目	参数
类型	减速齿轮(行星齿轮)式
额定输出	24V,6kW
小齿轮齿数/个	11
模块	3.5
转向	顺时针方向(从小齿轮侧看)

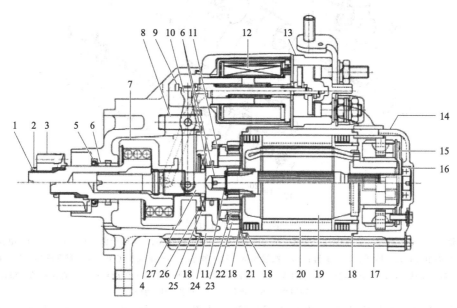

图 3-9 起动机内部结构

1—固定环；2—小齿轮挡圈；3—小齿轮；4—驱动器外壳；5—防尘器；6—轴套；7—离合器组；8—支架；9—柱塞；
10—杠杆装置；11—板；12—磁力开关；13—端盖；14—整流器尾架；15—刷握组件；16—轴承；17—贯穿螺栓；
18—包装；19—电枢装置；20—偏转线圈组件；21—盖子；22—内轮；23—行星齿轮；24—中心支架；
25—制动板；26—卡箍；27—轴组件

3.1.2 起动机电路检测

以日野 E13C 柴油发动机为例。起动机按以下方法检查，注意必须在 3～5s 内进行测试，以避免烧坏线圈。

（1）执行牵入同步试验

① 从 M 端断开励磁线圈引线。

② 按图 3-11 所示将蓄电池连接至磁开关上。

③ 检查小齿轮向外运行。

（2）执行保持测试

① 按图 3-12 所示连接小齿轮时，从 M 端断开负导线。

② 检查小齿轮处于外部。

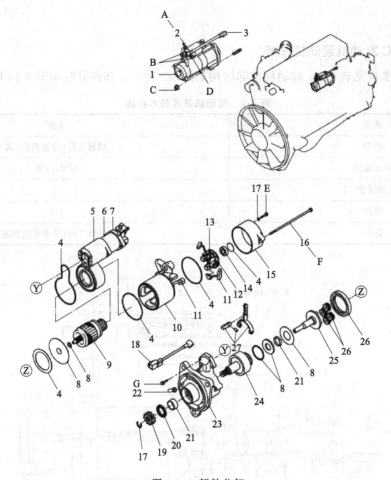

图 3-10 部件分解

1—启动器；2—端子 B；3—端子 C；4—包装；5—中心支架；6—电磁开关；7—端子保护套；8—板；9—电枢装置；
10—偏转线圈组件；11—刷子；12—刷握；13—刷握弹簧；14—轴承；15—整流器尾架；16—贯穿螺栓；17—固定环；
18—端子引线 C；19—小齿轮；20—防尘器；21—轴衬；22—排油管；23—传动箱；24—离合器辅助组件；
25—轴组件；26—齿轮；27—小齿轮传动杆

上紧扭矩（单位：N·m）：A 为 20；B 为 12.3～15.2；C 为 171.5；D 为 2～3；E 为 3.6～4.9；F 为 15.7～17.6；G 为 14～16。

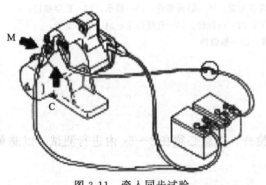

图 3-11 牵入同步试验

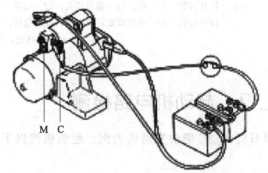

图 3-12 保持测试

（3）检查柱塞回位（电磁线圈平衡检测）

① 从 C 端断开正导线。

② 检查小齿轮向内回位，见图 3-13。

（4）执行无负载性能测试

① 重新装配启动器后，应当执行下列测试。如不具备适当设备，至少应执行无负载测试。

a. 启动器安全夹紧在老虎钳内。
b. 使用一组蓄电池与适当的电流表。
c. 如图 3-14 所示将正极连接至电流表的 B 与 C 端。
d. 将负极连接至启动器机体上。
② 启动器在跳出齿轮后应立即平稳旋转并牵引比规定电流更小的电流。

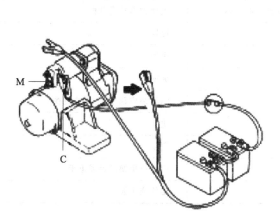

图 3-13 检查柱塞回位

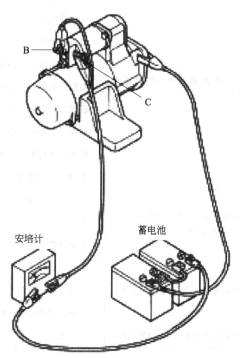

图 3-14 执行无负载性能测试

转数：3000r/min 或更大。
电流：120A 或更小。

3.1.3 启动系统故障排除

启动系统故障排除如表 3-2 所示。

表 3-2 启动系统故障排除

故障	可能原因	补救/预防
发动机不能转动曲柄或缓慢转动曲柄（启动器开关）	接触不良	清洁或更换触点
发动机不能转动曲柄或缓慢转动曲柄（电池组）	用完的蓄电池	更换
	极间短路	更换电池
	电池组接线端子处接触不良	清洁或重新拉紧
发动机不能转动曲柄或缓慢转动曲柄（机油）	油黏度不符	换油
发动机不能转动曲柄或缓慢转动曲柄（磁力开关）	熔融接触板引起的接触不良	清洁或更换接触板
	接触板磨损	维修
	吸持线圈断开（单向离合器前后移动）	更换励磁线圈
	引入线圈断开或短路	更换

续表

故障	可能原因	补救/预防
发动机不能转动曲柄或缓慢转动曲柄(启动继电器)	有缺陷或接触不良	维修或更换
发动机不能转动曲柄或缓慢转动曲柄(启动器)	刷子磨损	更换
	整流器烧坏	用车床校正
	整流器磨坏	凹割校正
	励磁绕组短路或接地	重绕或更换
	电枢绕组短路或接地	更换电枢
	刷握弹簧张力不足	更换刷握弹簧
	磁力开关和励磁绕组之间接触不良	维修
	轴承衬或电枢轴弯曲使电枢接触磁极铁芯	更换轴承衬或电枢
	单向离合器故障	更换
启动器运转良好时发动机不能转动曲柄(单向离合器)	单向离合器故障	更换
	小齿轮齿磨坏	更换
	花键齿滑动不良	清除杂质粒子、污垢或更换
启动器无法停止运行(启动器开关)	触点闭合	更换
	键式开关粘住	更换
	单向离合器粘在电枢上	维修或更换溢流或电枢
启动器无法停止运行(启动继电器)	触点闭合	维修或更换

3.2 发电机

3.2.1 发电机结构

3.2.1.1 潍柴 WP12 发动机发电机部件拆装

WP12 系列柴油机发电机额定电压为 28V，带有晶体管调节器。发电机在汽车上与蓄电池并联工作，工作时发电机自激磁。发电机电路原理见图 3-15。

发电机组件分解如图 3-16 所示。

(1) 发电机组件拆卸步骤　如图 3-16 所示，先拆下发电机的两根固定螺栓，取下发电机；将固定发电机安装支架的 3 根螺栓取下，拆下发电机安装支架。

(2) 发电机组件检验维修

① 检查发电机是否运转灵活，衬套和螺栓是否有裂纹；若有，需要更换新件并分析有可能失效的原因。

② 检查发电机安装支架是否有裂纹，衬套是否有松脱现象，并校验螺栓的扭矩是否符合要求。

③ 发电机在安装、接线时要注意：必须充分冷却；必须防尘、防溅、防油。

④ 检查电机皮带的张紧。

⑤ 只能与电压调节器和蓄电池连接运行。

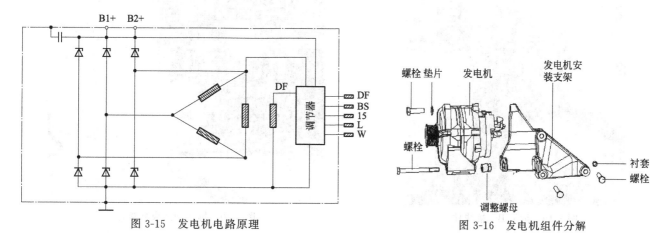

图 3-15　发电机电路原理　　　　　　图 3-16　发电机组件分解

（3）发电机组件装配步骤　先将定位衬套装配到机体上，再用六角头螺栓将发电机支架装在柴油机上并拧紧。用两个六角头螺栓和一个六角螺母将发电机松装在发电机支架上并拧紧。

3.2.1.2　锡柴 CA6DM3 发动机发电机总成拆装

发电机电路如图 3-17 所示，电气接线端子分布如图 3-18 所示。

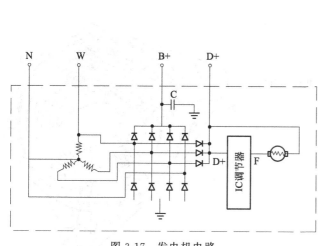

图 3-17　发电机电路

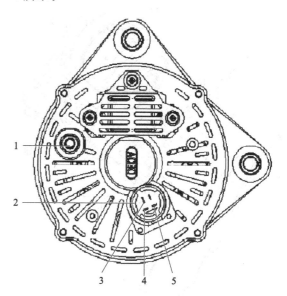

图 3-18　电气接线端子分布
1—B+接线柱，接蓄电池正极；2—线束插座，接线束；
3—N 端，发电机中性点；4—D+端，接充电指示灯；
5—W 端，转速取样端

拆装方法如下。

① 如图 3-19 所示拆下发电机 B+接线柱 1 接线。B+接线柱螺母拧紧力矩为 6～7N·m。注意：松开接线柱外螺母时，需用扳手固定住接线柱内螺母。

② 拆卸线束插接件 2，见图 3-20。注意：拆卸线束插接件 2 时，首先按动线束插接件下部卡扣，再拆卸插接件。

3.2.1.3　大柴 BF6M1013 发动机发电机

发电机组件分解如图 3-21 所示。

第 **3** 章　柴油发动机电气系统　　201

图 3-19　拆下 B+接线柱

图 3-20　拆下卸线束插接件

装配顺序：

19→18→17→16→15→14→13→12→11→10→9→5→4→6→7→8→3→2→1

发电机组件接线端子分布如图 3-22 所示。

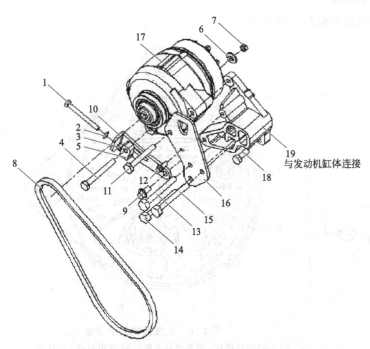

图 3-21　发电机组件分解（图中序号即分解顺序）
1，4，11～15，18—螺栓；2，6—垫圈；3，7，9—螺母；5—定位块；
8—发电机皮带；10—发电机调节臂；16—发电机支撑板；
17—发电机；19—发电机支架

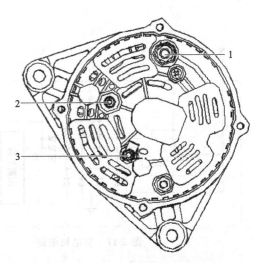

图 3-22　发动机组件接线端子分布
1—a+接线柱，接蓄电池正极，M8；2—D+接线柱，
接充电指示灯，M5；3—W 接线片，转速取样端，
6.3 接线片

注意：发电机接线拆装时，需用扳手固定住接线螺柱下层螺母，再拆装上层螺母，否则会造成接线柱松动。

3.2.1.4　日野 E13C 发动机发电机分解

发电机总成技术参数见表 3-3，内部结构见图 3-23，安装位置见图 3-24，发电机电路简图见图 3-25，带冷却器的安装位置见图 3-26，发动机部件分解见图 3-27。

表 3-3 发电机总成技术参数

项目	参数
标称电压	24V
标称输出	24V,60A
最大输出	60A 时 28V,5000r/min
初始输出启动速度	27V 时 950r/min
最大转速	8400r/min
转向	右（从非承载面看）
调节器	上安装

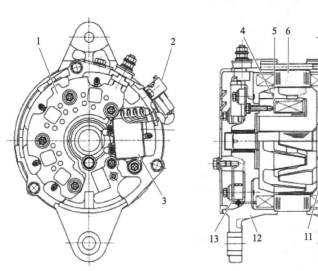

图 3-23 内部结构
1—整流器支架；2—引线接线器；3—调节器；4—励磁线圈；5—转子组件；
6—定子总成；7—风扇；8—滑轮；9—滚珠轴承；10—驱动端架；
11—护圈板；12—整流器端板；13—二极管

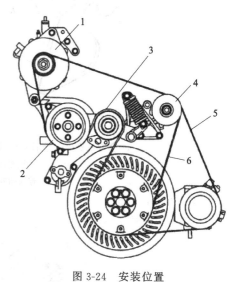

图 3-24 安装位置
1—交流发电机；2—冷却泵；3—惰轮；4—皮带张紧轮；5—多楔带（带汽车冷却压缩器）；
6—多楔带（无汽车冷却压缩器）

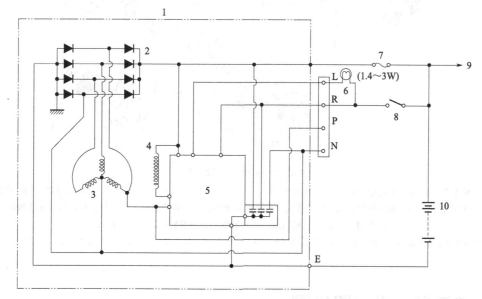

图 3-25 发电机电路简图
1—交流发电机；2—二极管；3—定子线圈；4—励磁线圈；5—IC调节器；6—充电指示灯；
7—熔丝；8—起动器开关；9—负荷；10—电池

第 3 章 柴油发动机电气系统

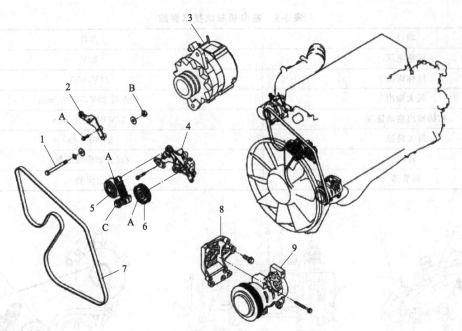

图 3-26 带冷却器的安装位置

1—贯穿螺栓；2—支柱；3—交流发电机；4—张紧轮支架；5—皮带张紧轮；6—惰轮；7—多楔带；
8—汽车冷却压缩器支架；9—汽车冷却压缩器（如有装配）

拧紧扭矩（单位：N·m）：A 为 55；B 为 132；C 为 186

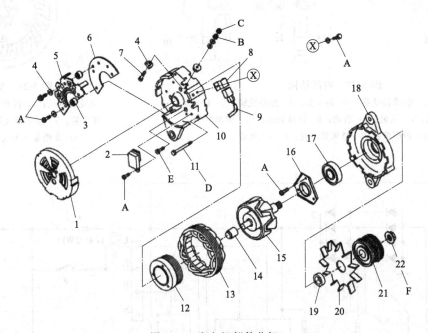

图 3-27 发电机部件分解

1—盖子；2—调节器；3，4—终端绝缘子；5—整流器支架；6—支架；7—端螺栓；8—夹具；9—引线接线器；10—整流器端板；
11—贯穿螺栓；12—磁场线圈；13—定子总成；14—滚柱轴承；15—转子组件；16—护圈板；17—滚珠轴承；
18—驱动端架；19—间隔圈；20—风扇；21—滑轮；22—锁紧螺母

上紧扭矩（单位：N·m）：A 为 1.9～2.5；B 为 4.9～5.9；C 为 3～5；D 为 7.8～9.8；E 为 2.9～3.9；F 为 127～157。

3.2.2 交流发电机电路检测

以日野 E13C 柴油发动机为例，交流发电机的检测方法介绍如下。

（1）检查交流发电机是否正常运转　如图 3-28 所示，人工转动滑轮，保证不产生噪声、轴向无卡滞，快速运动，并保证其平稳转动。

（2）检查端子间的电阻　如图 3-29 所示，测量端子间的电阻。电阻标准参考值见表 3-4，如果测量的电阻值不是规定值，则重装交流发电机。

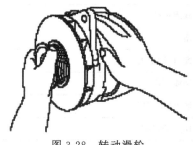

图 3-28　转动滑轮

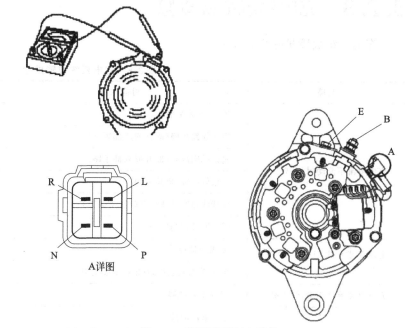

图 3-29　测量端子间电阻值

表 3-4　电阻标准参考值

测试端		标准
+	−	
B	E	约 20Ω
E	B	∞
P	E	约 7Ω
E	P	∞

（3）交流发电机性能试验

① 如图 3-30 所示，打开开关 SW1，闭合开关 SW2，缓慢增加交流发电。

② 电压达到 28V 时，打开开关 SW2 调节负载电阻。在电压保持在 28V 的情况下，增加转子转数。

（4）电压调节器试验　打开开关 SW1，闭合开关 SW2，将转子转数增加到 5000r/min。

标准输出速度：27.5V、50A 时，4000r/min。

标准电压：28.0～29.0V。

性能试验注意事项如下。

a. 仔细观察电池极性，以免接反。如果电池接反，二极管将会使回路短路，有大电流通过，会损坏二极管和 IC 调节器，还会烧坏装配电路。

b. 注意终端设备不要接错。

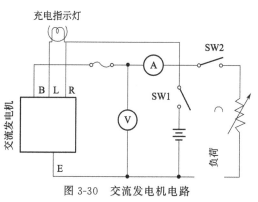

图 3-30　交流发电机电路

c. 通过快充给电池充电时，断开电池组接线端子。
d. 不得用高压绝缘电阻测试器进行试验。
e. 运转过程中，禁止断开电池组。

3.2.3 充电系统故障排除

充电系统故障排除见表3-5。

表3-5 充电系统故障排除

故障	可能原因	补救/预防
充电电流不流动(灯不亮)	IC调节器故障	更换IC调节器
	定子线圈故障(断开或局部短路)	更换定子线圈
	励磁线圈故障(断开或局部短路)	更换励磁线圈
	二极管故障(断路或短路)	更换整流器支架
	导线线路断开或松开(板、支架等)	维修或更换
	线路断开(包括熔丝)	更换
电压表指示大于等于29V(灯不亮)	IC调节器故障	更换IC调节器
	IC调节器安装故障(EX:安装支架)	维修或更换
充电电流流动正常(灯不亮)	IC调节器故障	更换IC调节器
充电电流总是不足(电池不通电)(灯仍不亮)	定子线圈故障	更换定子线圈
	二极管故障(断路或短路)	更换整流器支架
	导线线路断开或松开(板、支架)	维修或更换
	所用负载的体积过大(所用负载体积不平衡)	减小负载
充电电流总是过大(电池在短时间内不干燥)(灯仍不亮)	IC调节器故障	更换定子线圈
	IC调节器安装故障(EX:支架安装)	更换整流器支架
	电池几乎超出其使用寿命	维修
异响	定子线圈故障(局部短路、接地)	更换定子线圈
	内部崩溃(轴承内和支架磨损)	维修或更换
	皮带张力故障(皮带打滑)	维修

第4章 柴油发动机电控系统

4.1 电控共轨系统

4.1.1 电控共轨系统原理

4.1.1.1 柴油共轨系统概述

传统柴油喷射系统其压力的产生与喷油量与凸轮与柱塞联系在一起,喷油的压力随着发动机转速与喷油量的增加而增加。这种柴油系统已经无法满足日益严格的排放法规和降低油耗的愿望。

共轨系统(Common Rail Systems,CRS)将燃油在高压下储存在蓄压器(高压油轨)中,从本质上克服了传统柴油机喷射系统的缺陷,其特性有:喷油压力的产生不依赖于发动机转速与系统喷油量,可根据发动机不同的工况灵活控制喷射压力和油量,从而实现低转速高喷射压力,达到低速高扭矩,低排放及优化燃油经济性的目的。通过电子控制单元算出理想的喷油量和喷油时间,再由喷油器精确地喷射,甚至多次喷射,达到更高的系统压力,更好的排放能力,更低的燃油消耗。柴油共轨系统部件布置方式见图4-1。

图 4-1 柴油共轨系统部件布置方式

柴油共轨喷射系统由液力系统和电子控制系统构成,其中液力系统又分为低压液力系统和高压液力系统。

低压液力系统组成部件:
① 油箱;
② 输油泵;
③ 燃油滤清器;
④ 低压油管。

高压液力系统组成部件：
① 高压泵；
② 高压油轨；
③ 喷油器；
④ 高压油管。

电子控制系统（Electronic Diesel Control，EDC）组成部件：
① 传感器；
② 电控单元（Electronic Control Unit，ECU）；
③ 执行器，包括带电磁阀的喷油器、压力控制阀、预热塞控制单元、增压压力调节器、废气循环调节器、节流阀等；
④ 线束。

以上部件中，喷油器、高压泵、高压油轨、电控单元为柴油共轨系统四大核心的部件。共轨系统组成部件与原理示意如图 4-2 所示。

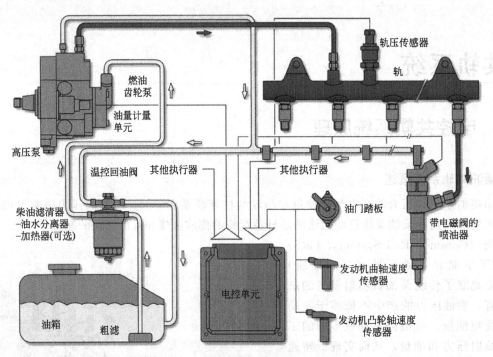

图 4-2 共轨系统组成部件原理示意
■ 高压； ▢ 低压

喷油器是将燃油雾化并分布在发动机燃烧室的部件。共轨喷油器的喷油时刻和持续时间均经电控单元精确计算后给出信号，再由电磁阀控制。

高压泵的作用是将燃油由低压状态通过柱塞将其压缩成高压状态，以满足系统和发动机对燃油喷射压力及喷油量的要求。

高压油轨的作用是存储燃油，同时抑制由于高压泵供油和喷油器喷油产生的压力波动，确保系统压力稳定。高压油轨为各缸共同所有，其为共轨系统的标志。

电控单元就像发动机的大脑，它收集发动机的运行工况参数，结合已存储的特性图谱进行计算处理，并把信号传递给执行器，实现发动机的运行控制、故障诊断等功能。

4.1.1.2 博世 CRSN2-16 共轨系统

该系统是目前博世在我国运用最广泛的平台，可同时满足国三、国四以及国五等多种排放标准要求。

适用于中重型商用车，专门针对商用车的特点进行寿命强化。具备跛行回家功能，即使系统出现故障，在不影响安全性的情况下仍可行驶，以满足商用车的特殊需求。模块化的设计，适用于不同功率转矩和缸数的要求。多种高压泵组合方案以满足不同的客户需要，其中CP3、CPN2-16为全球化平台开发，CB28为本土化开发，高效可靠而价格更具竞争力。可选博世最新一代全球化平台EDC17CV电控单元，专门针对博世Denoxtronic2.2系统进一步优化，可集成尿素喷射控制单元（Dosing Control Unit，DCU）的全部功能，以简化系统、降低成本。CRSN2-16共轨系统核心部件如图4-3所示。

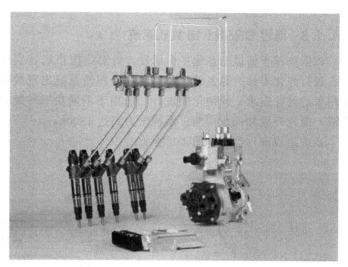

图4-3　CRSN2-16共轨系统核心部件

共轨系统原理示意如图4-4所示。

共轨系统组成部件类型如图4-5所示。

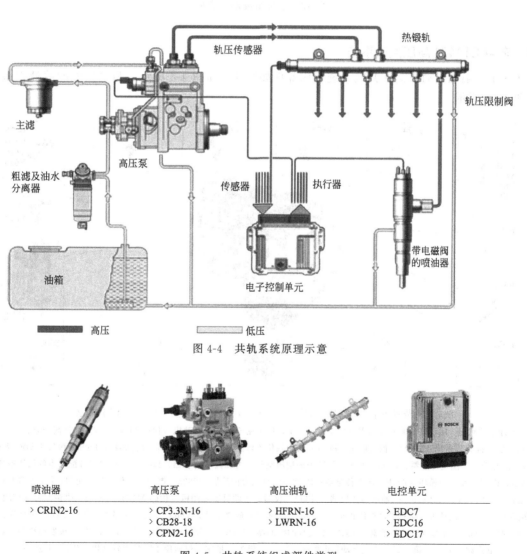

图4-4　共轨系统原理示意

图4-5　共轨系统组成部件类型

喷油器	高压泵	高压油轨	电控单元
＞CRIN2-16	＞CP3.3N-16 ＞CB28-18 ＞CPN2-16	＞HFRN-16 ＞LWRN-16	＞EDC7 ＞EDC16 ＞EDC17

4.1.1.3 博世 CRSN3-18 共轨系统

该系统基于博世全球化平台研发,针对中国市场特别优化。适用于中重型商用车,专门针对商用车的特点进行强化寿命。具备跛行回家功能,即使系统出现故障,在不影响安全性的情况下仍可行驶,以满足商用车的特殊需求。模块化的设计,适用于不同功率转矩和缸数的要求。全系可基于 CRSN2-16 系统直接升级,简化开发和匹配周期。系统压力高达 1800bar。

系统组成部件类型如图 4-6 所示。

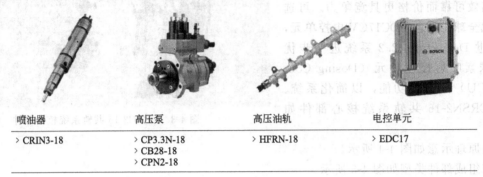

图 4-6　系统组成部件类型

4.1.1.4 奔驰 OM471 高压共轨系统

奔驰 OM471 柴油发动机高压共轨系统组成部件如图 4-7 和图 4-8 所示,与之搭配的后处理系统部件如图 4-9 和图 4-10 所示。

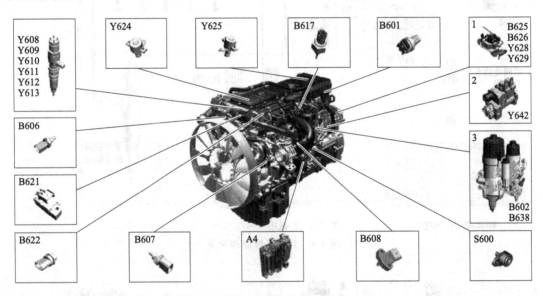

图 4-7　柴油共轨系统组成部件 [发动机 471.9,欧Ⅵ版发动机(代码 M5Z)]

1—柴油燃料计量装置 B [用于柴油微粒滤清器(DPF)的再生,仅适用于欧Ⅵ版发动机(代码 M5Z)];2—燃油高压泵;3—燃油滤清器模块;A4—发动机管理系统(MCM)控制单元;B601—凸轮轴位置传感器;B602—燃油温度传感器;B606—废气冷却液温度传感器;B607—冷却液进口温度传感器;B608—增压空气中的增压空气压力和温度传感器;B617—增压空气分配器中的增压空气温度传感器;B621—废气再循环(AGR)压差传感器;B622—油轨压力传感器;B625—燃油压力传感器(出口)[仅适用于欧Ⅵ版发动机(代码 M5Z)];B626—燃油压力传感器(进口)[仅适用于欧Ⅵ版发动机(代码 M5Z)];B638—燃油滤清器模块压力传感器;S600—发动机启动和发动机停止按钮;Y608—1 号气缸的喷油器;Y609—2 号气缸的喷油器;Y610—3 号气缸的喷油器;Y611—4 号气缸的喷油器;Y612—5 号气缸的喷油器;Y613—6 号气缸的喷油器;Y624—第 1 级发动机制动器电磁阀;Y625—第 2 级发动机制动器电磁阀;Y628—燃油计量阀[仅适用于欧Ⅵ版发动机(代码 M5Z)];Y629—燃油切断阀[仅适用于欧Ⅵ版发动机(代码 M5Z)];Y642—油量控制阀

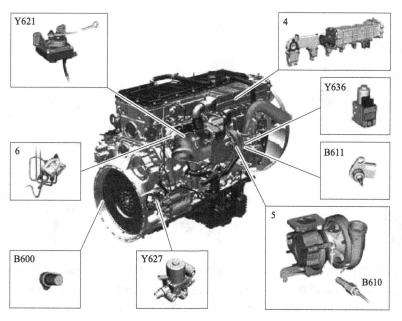

图 4-8 柴油共轨系统部件 [发动机 471.9，欧Ⅵ版发动机（代码 M5Z）]

4—废气再循环冷却器；5—涡轮增压器；6—喷嘴装置 [用于柴油微粒滤清器（DPF）再生，仅适用于欧Ⅵ版发动机（代码 M5Z）]；B600—曲轴位置传感器；B610—涡轮转速传感器 [仅适用于欧Ⅵ版发动机（代码 M5Z）]；B611—空气滤清器下游的温度传感器 [仅适用于欧Ⅵ版发动机（代码 M5Z）]；Y621—废气再循环调节器；Y627—AdBlue® 加热器冷却液电磁阀；Y636—增压压力调节器

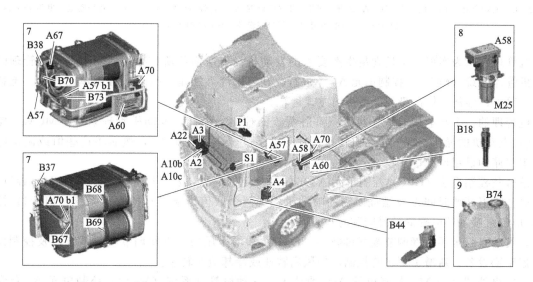

图 4-9 后处理系统部件 [发动机 471.9，欧Ⅵ版发动机（代码 M5Z）]

7—废气再处理装置；8—泵模块；9—AdBlue 罐；A2—中央网关（CGW）控制单元；A3—行驶控制系统（CPC）控制单元；A4—发动机管理系统（MCM）控制单元；A10b—电子制动控制系统（EBS）控制单元 B（Wabco）；A10c—电子制动控制系统（EBS）控制单元 B（Knorr）；A22—可参数化专用模块（PSM）控制单元；A57—废气再处理装置出口氮氧化物 B（NO_x）传感器控制单元；A57 b1—废气再处理装置出口氮氧化物 B（NO_x）传感器；A58—选择性催化还原（SCR）控制单元；A60—废气再处理（ACM）控制单元；A67—AdBlue® 计量装置；A70—废气再处理装置进口氮氧化物 B（NO_x）传感器控制单元；A70 b1—废气再处理装置进口氮氧化物 B（NO_x）传感器；B18—行程和转速传感器；B37—柴油机氧化催化转换器上游的排气压力传感器 [仅适用于欧Ⅵ版发动机（代码 M5Z）]；B38—柴油微粒滤清器下游的排气压力传感器 [仅适用于欧Ⅵ版发动机（代码 M5Z）]；B44—油门踏板传感器；B67—柴油机氧化催化转换器上游的排气温度传感器 [仅适用于欧Ⅵ版发动机（代码 M5Z）]；B68—顶部柴油机氧化催化转换器下游的排气温度传感器 [仅适用于欧Ⅵ版发动机（代码 M5Z）]；B69—底部柴油机氧化催化转换器下游的排气温度传感器 [仅适用于欧Ⅵ版发动机（代码 M5Z）]；B70—柴油微粒滤清器下游的排气温度传感器 [仅适用于欧Ⅵ版发动机（代码 M5Z）]；B73—选择性催化还原（SCR）催化转换器下游的排气温度传感器；B74—AdBlue® 液位传感器/温度传感器；M25—选择性催化还原（SCR）输送泵；P1—行驶记录仪（TCO）；S1—电子点火开关（EIS）

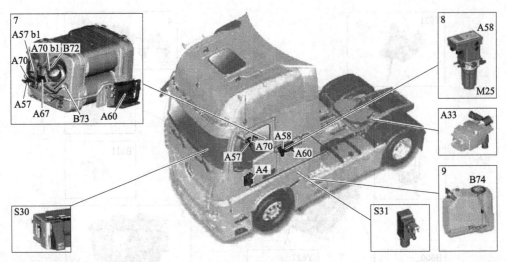

图 4-10　后处理系统部件［发动机 471.9，装配 EEV 版发动机（代码 M5R）和欧Ⅴ版发动机（代码 M5Y）］

7—废气再处理装置；8—泵模块；9—AdBlue® 罐；A4—发动机管理系统（MCM）控制单元；A33—蓄电池断开开关控制单元（BESO）*；A57—废气再处理装置出口氮氧化物 B（NO_x）传感器控制单元；A57 b1—废气再处理装置出口氮氧化物（NO_x）传感器；A58—选择性催化还原（SCR）控制单元；A60—废气再处理（ACM）控制单元；A67—AdBlue® 计量装置；A70—废气再处理装置进口氮氧化物 S（NO_x）传感器控制单元；A70 b1—废气再处理装置进口氮氧化物 S（NO_x）传感器；B72—选择性催化还原（SCR）*催化转换器上游的排气温度传感器［仅适用于 EEV 版发动机（代码 M5R）和欧Ⅴ版发动机（代码 AM5Y）］；B73—选择性催化还原（SCR）催化转换器下游的排气温度传感器；B74—AdBlue® 液位传感器/温度传感器；M25—选择性催化还原（SCR）输送泵；S30—紧急关闭开关*；S31—车架紧急关闭开关*；* 表示仅限在装配 ADR 型号级别 EX/Ⅱ（包括 AT）（代码 E5T），ADR 型号级别 EX/Ⅲ（包括 EX/Ⅱ和 AT）（代码 E5U），ADR 型号级别 FL（包括 EX/Ⅱ，EX/Ⅲ和 AT）（代码 E5V），ADR 型号级别 AT（代码 E5X），附件 ADR（代码 E5Z），双极蓄电池断开开关预装备（代码 E9D），ADR 预装备，不带底盘罩（代码 E9E）的车辆

　　发动机管理包括为实现经济且满足生态要求的发动机操作所需的所有处理。用于发动机管理的必要计算在发动机管理系统（MCM）控制单元 A4 中进行。其与废气再处理（ACM）控制单元 A60 一起确保发动机在所有工况下以经济、低污染和低噪声的方式运转。

　　发动机管理的一个基本功能是（共轨）喷射系统的控制。为此，发动机管理系统（MCM）控制单元 A4 不断确定发动机的操作状况（发动机转速、发动机温度、实际转矩等），然后将这些值或确定的实际值与特性图中存储的设定值进行比较。

　　在考虑行驶控制系统（CPC）控制单元 A3 的转矩规定的同时，发动机管理系统（MCM）控制单元 A4 随后计算最佳喷射开始时间以及燃烧所需的喷油量。这两个数值影响发动机管理系统（MCM）控制单元 A4 促动相应气缸喷油器电磁阀的时间和时长。

　　此外，发动机管理还负责调节废气再循环（EGR）和增压压力，以便调节喷射系统以及控制发动机制动器。根据车辆设备，新增了更多的控制，如风扇转速或冷却液泵转速。

　　根据废气再处理（ACM）控制单元 A60 的请求，发动机管理系统（MCM）控制单元 A4 负责控制到 AdBlue® 部件的冷却液流，或柴油微粒滤清器（DPF）的主动再生。

　　发动机的操作状况基本上根据以下传感器的输入信号来确定。

① 大气压力传感器［在发动机管理系统（MCM）控制单元 A4 中］。
② 曲轴位置传感器 B600。
③ 凸轮轴位置传感器 B601。
④ 燃油温度传感器 B602。
⑤ 油压传感器 B604。
⑥ 冷却液出口温度传感器 B606。
⑦ 冷却液入口温度传感器 B607。
⑧ 增压空气管中的增压空气压力和温度传感器 B608。
⑨ 增压空气外壳中的增压空气温度传感器 B617。

⑩ 废气再循环（EGR）压差传感器 B621。
⑪ 油轨压力传感器 B622。
⑫ 燃油滤清器模块压力传感器 B638。
⑬ 风扇转速传感器 Y616b1。

控制废气再循环（AGR）以及控制最大可能的发动机制动级应考虑废气再循环调节器 Y621 的位置。

确定涡轮增压器的转速、涡轮增压器进气口处的进气温度以及用于柴油微粒滤清器（DPF）主动再生的柴油燃料计量装置中的压力 [仅限于装配欧Ⅵ版发动机（代码 M5Z）的车辆]，这通过以下传感器来进行。
① 涡轮转速传感器 B610。
② 空气滤清器下游的温度传感器 B611。
③ 燃油压力传感器（出口）B625。
④ 燃油压力传感器（进口）B626。

对于装配冷却液泵（代码 M7T）的车辆，还通过冷却液泵转速传感器 B640 监测冷却液泵转速。

由行驶控制系统（CPC）控制单元 A3 根据油门踏板位置（除其他信号外）计算的转矩要求，通过传动系统控制器区域网络（CAN）（CAN 4）传送至发动机管理系统（MCM）控制单元 A4，后者继续将当前实际转矩和最大可能转矩传送至行驶控制系统（CPC）控制单元 A3。

此外，通过传动系统控制器区域网络（CAN）（CAN 4）与废气再处理（ACM）控制单元 A60，变速箱控制单元（TCM）A5 和缓速器控制单元（RCM）A11 交换信息。

通过行驶控制（CPC）控制单元 A3 还可以与通过控制器区域网络（CAN）和局域互联网（LIN）数据总线系统联网的其他电子系统或控制单元交换信息。

通过促动发动机启动和发动机停止按钮 S600，向发动机管理系统（MCM）控制单元 A4 传送一条关于是否应该启动或停止发动机的信息。如果在启动过程中按下该按钮，则发动机管理系统（MCM）控制单元 A4 自动增加发动机转速至最高设定转速。

发动机管理控制单元输入信号如图 4-11 所示。

发动机管理系统（MCM）控制单元 A4 根据发动机工况及行驶控制系统（CPC）控制单元 A3 的转矩请求促动以下促动器，以控制燃油喷射系统。
① 1 号气缸的喷油器 Y608。
② 2 号气缸的喷油器 Y609。
③ 3 号气缸的喷油器 Y610。
④ 4 号气缸的喷油器 Y611。
⑤ 5 号气缸的喷油器 Y612。
⑥ 6 号气缸的喷油器 Y613。
⑦ 油量控制阀 Y642。

为控制废气再循环（EGR）和增压压力，其负责促动以下部件。
① 废气再循环调节器 Y621。
② 增压压力调节器 Y636。

为启用发动机制动器，发动机管理系统（MCM）控制单元 A4 根据发动机制动级促动以下电磁阀。
① 第 1 级发动机制动器电磁阀。

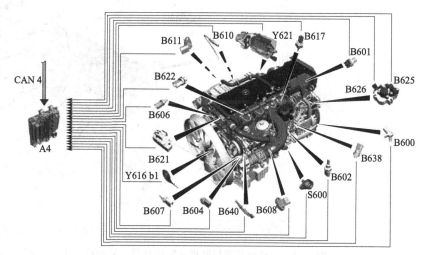

图 4-11　发动机管理控制单元输入信号 [发动机 471.9，欧Ⅵ版发动机（代码 M5Z）]
A4—发动机管理系统（MCM）控制单元；B600—曲轴位置传感器；B601—凸轮轴位置传感器；B602—燃油温度传感器；B604—机油压力传感器；B606—废气冷却液温度传感器；B607—冷却液进口温度传感器；B608—增压空气管中的增压空气压力和温度传感器；B610—涡轮转速传感器 [仅适用于欧ⅥB版发动机（代码 M5Z）]；B611—空气滤清器下游的温度传感器 B [仅适用于欧Ⅵ版发动机（代码 M5Z）]；B617—连接增压空气温度传感器到增压空气外壳；B621—废气再循环（AGR）压差传感器；B622—油轨压力传感器；B625—燃油压力传感器（出口）Y [仅适用于欧Ⅵ版发动机（代码 M5Z）]；B626—燃油压力传感器（进口）[仅适用于欧Ⅵ版发动机（代码 M5Z）]；B638—燃油滤清器模块压力传感器；B640—冷却液泵转速传感器 [仅适用于控制式冷却液泵（代码 M7T）]；CAN 4—传动系统控制器区域网络（CAN）；S600—发动机启动和发动机停止按钮；Y616 b1—风扇转速传感器；Y621—废气再循环调节器

② 第2级发动机制动器电磁阀。

在最大发动机制动级情况下，还会促动废气再循环调节器Y621和增压压力调节器Y636。

如果AdBlue®罐中的AdBlue®温度降至低于8℃以及冷却液温度达到65℃，则发动机管理系统（MCM）控制单元A4促动AdBlue®加热器冷却液电磁阀Y627以便加热AdBlue®。在柴油微粒滤清器（DPF）的主动再生阶段，发动机管理系统（MCM）控制单元A4根据需要促动以下阀门［适用于装配欧Ⅵ版发动机（代码M5Z）的车辆］。

① 燃油计量阀Y628。

② 燃油关闭阀Y629。

通过以下部件实现对风扇转速和冷却液泵转速的控制。

① 风扇离合器电磁阀Y616。

② 冷却液泵电磁阀Y631［仅适用于调节式冷却液泵（代码M7T）］。

如果传动系统控制器区域网络（CAN）（CAN 4）或发动机管理系统部件发生故障，则发动机管理（MCM）控制单元A4根据故障严重性按照规定模式处理。因此，对于不太严重的故障，例如传感器故障，它会借助于替代值，而对于严重故障，例如传动系统控制器区域网络（CAN）（CAN 4）出现故障，则会进入应急模式。

如果系统发生故障，则驾驶员至少可将车辆开到最近的授权服务中心。

发动机管理系统（MCM）控制单元A4是驾驶认可系统的重要部分，其中包含电子点火开关（EIS）S1和变速箱控制单元（TCM）A5。如果更换了这些控制单元之一或电子点火开关（EIS）S1，则必须在驾驶认可系统中通过智能诊断仪（Star Diagnosis）进行学习。

发动机管理控制单元输出信号如图4-12所示。

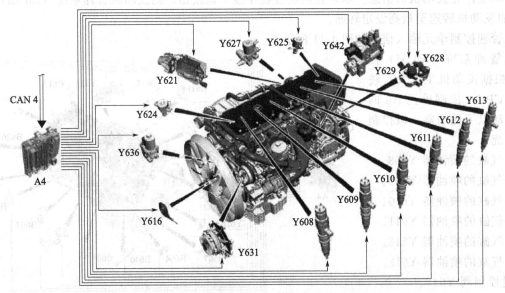

图4-12 发动机管理控制单元输出信号［发动机471.9，欧Ⅵ版发动机（代码M5Z）］

A4—发动机管理系统（MCM）控制单元；CAN 4—传动系统控制器区域网络（CAN）；Y608—1号气缸的喷油器；Y609—2号气缸的喷油器；Y610—3号气缸的喷油器；Y611—4号气缸的喷油器；Y612—5号气缸的喷油器；Y613—6号气缸的喷油器；Y616—风扇离合器电磁阀；Y621—废气再循环调节器；Y624—第1级发动机制动器电磁阀；Y625—第2级发动机制动器电磁阀；Y627—AdBlue®加热器冷却液电磁阀；Y628—燃油计量阀［仅适用于欧Ⅵ版发动机（代码M5Z）］；Y629—燃油切断阀［仅适用于欧Ⅵ版发动机（代码M5Z）］；Y631—冷却液泵电磁阀［仅适用于控制式冷却液泵（代码M7T）］；Y636—增压压力调节器；Y642—油量控制阀

4.1.1.5 电装高压共轨系统

日野E13C/P11C柴油发动机，共轨燃料喷射系统比传统喷射泵多出许多控制功能，这些功能由电子控制装置控制。共轨系统控制系统组成部件如图 4-13 和图 4-14 所示，电控燃油喷射系统部件组成如图 4-15 所示，发动机电控系统原理见图 4-16。

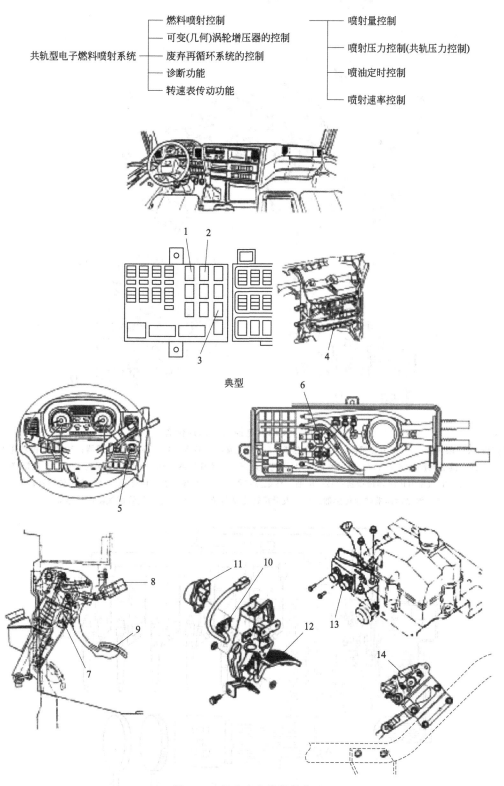

图 4-13 驾驶室电控部件位置

1—泵控阀（PCV）继电器；2—作动器继电器；3—ECU 主继电器；4—共轨燃料喷射系统 ECU；5—熔丝与继电器块；6—进气加热器继电器；7—离合器开关；8—离合器行程开关；9—离合器踏板；10—加速器开关；11—加速器传感器；12—加速器踏板；13—发动机停止开关；14—动力输出油门传感器

第 4 章 柴油发动机电控系统

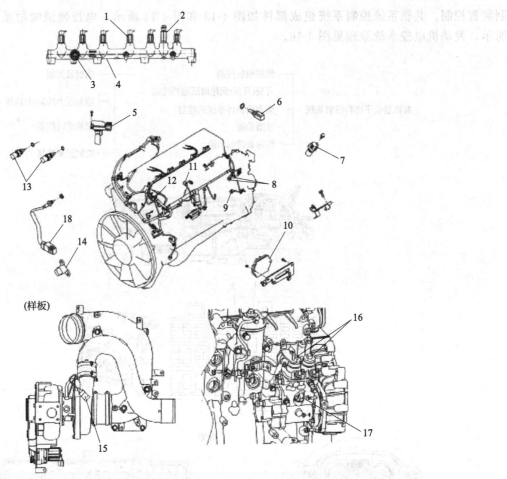

图 4-14 发动机电控系统部件位置

1—流量挡板；2—限压器；3—压力传感器；4—共轨总成；5—空气流量传感器；6—燃油温度传感器；7—发动机转速主传感器；8，16—供油泵控制阀（PCV）插接器；9—发动机转速副传感器插接器；10—可变喷嘴涡轮（VNT）控制器；11—共轨压力传感器插接器；12—喷油器线束插接器；13—冷却液温度传感器；14—增压传感器；15—涡轮增压器转速传感器；17—发动机转速副传感器；18—进气歧管燃气温度传感器

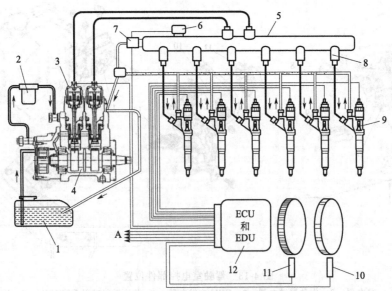

图 4-15 电控燃油喷射系统部件组成

1—油箱；2—燃油滤清器；3—泵控阀；4—供给泵；5—共轨；6—压力传感器；7—压力限幅器；8—流量阻尼器；9—喷射器；10—发动机转速子传感器；11—发动机转速主传感器；12—ECU；A—传感器（附加信息）

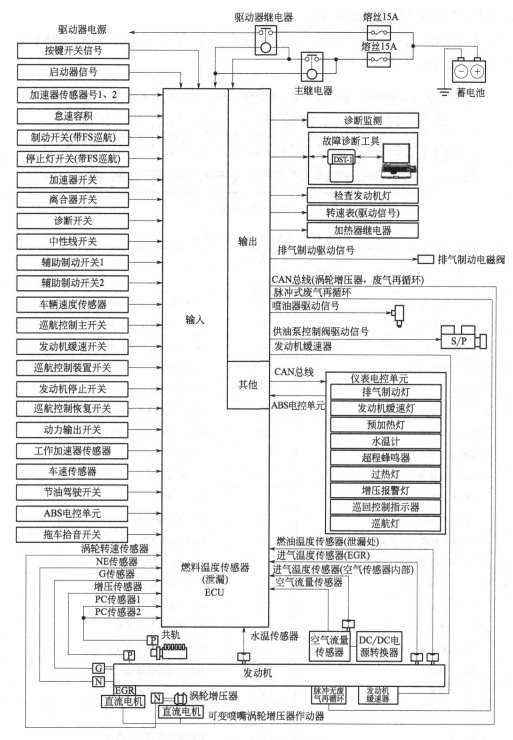

图 4-16 发动机电控系统原理

4.1.2 共轨系统故障检测

以大柴 TCD2013 发动机为例，该系列高压共轨柴油机采用博世 EDC17CV44 SCR 全功能平台 ECU，该 ECU 可整车安装，集成控制 SCR 驱动，有多个数字及模拟 I/O 端口并有较快的运算处理能力，能够满足国四、国五排放需求。该 ECU 搭载博世 CRSN2-PF 共轨系统，能够实现最高轨压 1600bar。

4.1.2.1 大柴 TCD2013 共轨系统电脑端子

电子控制单元（ECU）为 60 针脚＋94 针脚，通过支架直接安装在发动机上，发动机电脑端子分布如图 4-17 所示，发动机电脑端子定义见表 4-1。

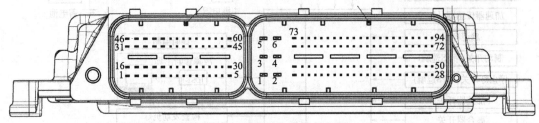

图 4-17 发动机电脑端子分布

表 4-1 发动机电脑端子定义

针号	定义	针号	定义
发动机端 A				
A01	5 缸喷油器低端(6 缸机)	A31	5 缸喷油器高端(6 缸机)
A02	6 缸喷油器低端(6 缸机)	A32	6 缸喷油器高端(6 缸机)
A03	4 缸喷油器低端(6 缸机)	A33	1 缸喷油器高端(6 缸机)
A04	燃油计量单元高端	A35	风扇继电器低端
A05	燃油计量单元低端	A37	凸轮轴位置传感器信号
A07	轨压传感器供电	A38	曲轴位置传感器屏蔽地
A09	进气压力传感器正	A39	曲轴位置传感器信号
A14	风扇转速传感器信号	A42	进气温度传感器地
A15	缸内排气制动阀	A43	进气压力信号
A16	1 缸喷油器低端(6 缸机)	A44	机油压力信号
A17	3 缸喷油器低端(6 缸机)	A45	风扇继电器高端
A18	2 缸喷油器低端(6 缸机)	A46	4 缸喷油器高端(6 缸机)
A21	风扇转速传感器电源正	A47	3 缸喷油器高端(6 缸机)
A24	机油压力传感器供电	A48	2 缸喷油器高端(6 缸机)
A25	轨压传感器地	A51	风扇转速传感器地
A26	轨压传感器信号	A52	凸轮轴位置传感器地
A27	进气温度传感器信号	A53	凸轮轴位置传感器屏蔽地
A28	冷却液温度信号	A54	曲轴位置传感器地
A29	冷却液温度地	A57	机油压力传感器地
整车端 K				
K01	蓄电池正	K45	油门踏板传感器 1 电源
K02	蓄电池负	K47	排气制动继电器低端
K03	蓄电池正	K48	冷启动预热指示灯低端
K04	蓄电池负	K49	发动机转速输出
K05	蓄电池正	K53	CAN1 低
K06	蓄电池负	K54	CAN0 高
K11	车速传感器信号地	K59	通信接口 1(K-Line)

续表

针号	定义	针号	定义
K12	巡航 ON/OFF 开关	K61	油门踏板传感器 1 信号
K14	辅助刹车开关信号	K62	油门踏板传感器 1 地
K15	离合信号	K65	诊断灯低端
K16	排气制动开关	K66	诊断请求开关
K18	巡航"SET+"开关	K68	ECU 输出供电端
K19	空挡开关	K69	OBD 指示灯低端
K22	空调开关	K70	诊断灯高端
K27	燃油预热继电器	K71	起动机控制继电器
K29	ECU 输出供电端(排气制动继电器)	K72	预热继电器低端
K31	发动机停机开关	K74	多状态开关地
K32	巡航"Resume"开关	K75	CAN1 高
K34	车速传感器信号	K76	CAN0 低
K35	起动机控制信号	K79	多状态开关供电
K37	巡航"SET-"开关	K83	油门踏板传感器 2 信号
K40	可调限速开关	K84	油门踏板传感器 2 地
K41	主刹车开关信号	K87	ECU 开关信号地
K44	油门踏板传感器 2 电源	K88	T15 点火开关(开关到 BAT+)
SCR 附接口			
K07	尿素泵电机地	K81	排温传感器信号
K08	尿素泵反转阀控制端	K82	排温传感器地
K09	尿素喷嘴低端	V01	尿素压力管加热器+
K10	尿素喷嘴高端	V02	尿素回流管加热器+
K24	尿素泵压力传感器电源正	V03	尿素进流管加热器+
K28	尿素箱加热阀控制端	V04	尿素泵加热器+
K30	尿素泵反转阀电源正	G01	尿素压力管加热器-
K39	大气温度传感器信号	K89	尿素箱加热阀电源正输出
K52	尿素箱液位传感器地	K93	尿素泵电机控制端
K57	尿素箱液位传感器信号	V05(K76)	氮氧化物传感器 CAN-L
K60	大气温度传感器地	V06(K54)	氮氧化物传感器 CAN-H
K64	尿素箱温度传感器地	V07(K88)	氮氧化物传感器电源正(连接 K88)
K73	尿素泵电机电源正输出	V08	氮氧化物传感器地(连接 K02、04、06)
K77	尿素泵压力传感器地	G02	尿素回流管加热器-
K78	尿素泵压力传感器信号	G03	尿素进流管加热器-
K80	尿素箱温度传感器信号	G04	尿素泵加热器-

4.1.2.2 大柴 TCD2013 共轨系统传感器检测

(1) 曲轴转速传感器 曲轴转速传感器 ECU 连接电路见图 4-18。

① 线束开路/断路检查:检查线路是否断路。

图 4-18 曲轴转速传感器 ECU 连接电路

② 线束短路检查：检查线路与车厢地之间是否短路。

③ 曲轴转速传感器电阻检查：测量传感器连接器中1号触针与2号触针间的电阻，为770～950Ω。

④ 曲轴转速传感器与飞轮盘之间间隙为1.0mm。

（2）凸轮轴转速传感器 凸轮轴转速传感器 ECU 连接电路见图 4-19。

① 线束开路/断路检查：检查线路是否断路。

② 线束短路检查：检查线路与车厢地之间是否短路。

③ 凸轮轴转速传感器电阻检查：测量传感器连接器中1号触针与2号触针间的电阻，为3.42～4.18kΩ。

④ 凸轮轴转速传感器与飞轮盘之间间隙为0.2～2.1mm。

图 4-19 凸轮轴转速传感器 ECU 连接电路

（3）冷却液温度传感器 冷却液温度传感器 ECU 连接电路见图 4-20。

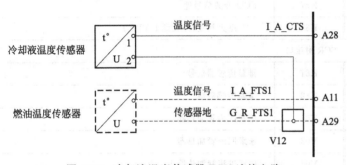

图 4-20 冷却液温度传感器 ECU 连接电路

向 ECU 提供发动机冷却液/燃油温度信号，敏感原件为负温度系数的热敏电阻式（NTC）。

① 供电检查：点火开关打到"OFF"，拔下传感器接插件，将点火开关打到"ON"，测量传感器接插件1脚与搭铁间电压是否在4.9～5.1V 范围内。如果测量结果不正确，则应检查蓄电池是否供电正常，或出现了 ECU 输出电压不正常的状况，或线束出现断路或接触不良等状况。测量传感器电阻，并记录。

② 开路检测：将点火开关置于 OFF 挡，拔出 ECU 发动机线束接头 A，拔出冷却液温度传感器线束接头，测量冷却液温度传感器线束接头引脚与 ECU 发动机线束接头 A 对应引脚之间的电阻，正常值均为0Ω。如出现异常，可能为线束开路或接头损坏。

③ 短路检测：将点火开关置于 OFF 挡，拔出 ECU 发动机线束接头 A，拔出冷却液温度传感器线束接头，测量冷却液温度传感器线束接头引脚与车厢地之间的电阻，正常值≥1MΩ。如有异常，可能为线束短路。

④ 传感器部件阻值检测：将点火开关置于 OFF 挡，拔出冷却液温度传感器线束接头，测量冷却液温度传感器引脚之间的电阻，正常值：2.2～2.8kΩ（20℃），1.0～1.3kΩ（40℃），0.5～0.7kΩ（60℃）。

冷却液温度传感器温度与阻值的对应关系见表 4-2。

表 4-2 冷却液温度传感器温度与阻值的对应关系

阻值	温度/℃					
	-40	-10	20	80	100	130
标准电阻值/Ω	45313	9387	2500	323	186	89
最大电阻值/Ω	50136	10152	2649	332	191	93
最小电阻值/Ω	40490	8642	2351	313	182	86

⑤ 使用诊断仪读取传感器电压值。冷却液温度信号电压的正常值：3.1～3.4V（20℃），2.2～2.5V（40℃），1.4～1.7V（60℃）。

(4) 进气压力和温度传感器检测

① 检查供电：当怀疑进气压力和温度传感器有问题时，首先检查传感器的电源（3脚）和地（1脚）是否正常。

方法是：先点火开关打到"OFF"，拔下进气压力和温度传感器接插件，再将点火开关打到"ON"，测量线束接插件对应上图的3脚和1脚间的电压是否正常（大约为4.5V）。若电压不正常，则需将点火开关打到"OFF"，拔下ECU上A端接插件，检查从A端到进气压力和温度传感器接插件的对应导线是否正常导通。

② 对于进气压力和温度传感器的检测可以分成对温度传感器和对压力传感器两部分。温度部分传感器的主要组成部分是负温度系数电阻，可以先测量传感器1、2针脚间的电阻，然后查表4-3得出温度值，若与当时的实际温度值偏差较大，则表明温度传感器发生故障。

表4-3 传感器温度与阻值对应关系

温度 t/℃	阻值 R/kΩ	R偏差/%	温度 t/℃	阻值 R/kΩ	R偏差/%
−40	48.15	±5.92	50	0.85	±3.75
−30	26.85	±5.60	60	0.61	±3.58
−20	15.61	±5.31	70	0.12	±3.43
−10	9.43	±5.04	80	0.33	±3.28
0	5.89	±4.78	90	0.25	±3.20
10	3.79	±4.55	100	0.19	±3.00
20	2.51	±4.33	110	0.14	±3.13
30	1.72	±4.12	120	0.11	±3.25
40	1.20	±3.93	130	0.09	±3.36

③ 对于传感器压力部分的检测，由于传感器内部集成了整形补偿电路，所以不能用万用表测量4脚与其他脚间的电阻值。因为用万用表测量电阻时，万用表本身会对被测电路施加一个电压，有可能将传感器内部的整形补偿电路击穿，造成传感器损坏！可使用诊断仪读取压力值为100kPa左右，或者压力信号电压为1.0～1.15V（海拔0，发动机停机状态）。在$U_s=5V$、$t=25℃$时，压力输出端信号如图4-21所示。

④ 通过诊断仪读取数据流，进气温度、进气温度电压数据流的正常值：3.9～4.2V（0℃），3.1～3.4V（20℃），2.2～2.5V（40℃），1.4～1.7V（60℃）。

进气压力和温度传感器ECU连接电路见图4-22。

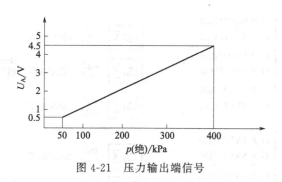

图4-21 压力输出端信号

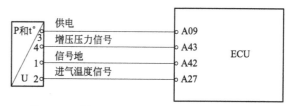

图4-22 进气压力和温度传感器ECU连接电路

(5) 机油压力传感器检测 机油压力传感器ECU连接电路见图4-23。

① 机油压力传感器压力与输出电压成线性关系，压力从0～10bar，输出电压从0.5～4.5V。判定故障方法：先将点火开关打到"OFF"，拔下机油压力传感器线束插头，再将点火开关打到"ON"，测定其插头的3脚（A24）与搭铁间电压是否为输入电压（为4.5～5V），4脚（A44）与搭铁间的电压是否为零。如果

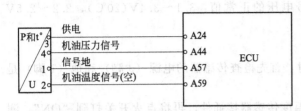

图 4-23 机油压力传感器 ECU 连接电路

测量结果偏差较大,则说明线束状态有问题,或是 ECU 的输出电压有问题。

② 因为传感器内部集成了信号处理电路,所以不能用万用表测量传感器电阻(信号脚),以防万用表对电路施加的电压将传感器信号处理电路击穿,可使用转接线,测量信号脚的输出电压与压力值是否能对应。

③ 可使用诊断仪读取机油压力信号电压或机油压力值,看与实际机油压力(表 4-4)是否有差异。

表 4-4 压力与电压输出值关系

压力/MPa	输出电压(10~85℃时公差±1.8%F.S)/V		
	标准值	最小值	最大值
0	0.5	0.428	0.572
0.1	1.071	0.999	1.143
0.2	1.643	1.571	1.715
0.3	2.214	2.142	2.286
0.4	2.786	2.714	2.858
0.5	3.357	3.285	3.429
0.6	3.929	3.857	4.001
0.7	4.50	4.428	4.572

(6) 油量计量单元测量 油量计量单元 ECU 连接电路见图 4-24。

该电磁阀由 ECU 通过电压来调整开启大小。

计量单元检测如下。

① 供电检查:测量油量计量单元线束接头引脚 1(A04)到车厢地的电压,为 23~28V。

② 检查线路是否有开路或对地、对电源短路。

③ 电阻检查:测量油量计量单元部件的电阻,正常值为 2.6~3.15Ω(引脚 1 到引脚 2)。

④ 油量计量单元控制信号:拔出油量计量单元线束接头,测量 ECU 引脚 A04 和 A05 对车厢地的电压。引脚 1(A04)到车厢地,正常值为 23~28V(ECU),引脚 2(A05)到车厢地,正常值为 3.2~3.8V。

(7) 喷油器检测 喷油器连接电路见图 4-25。

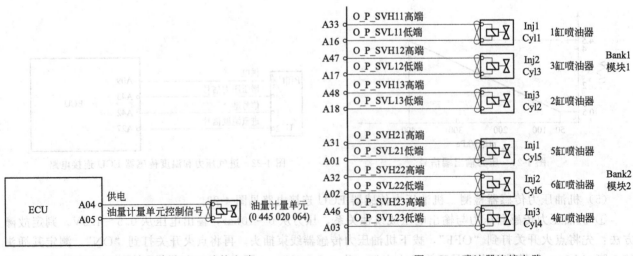

图 4-24 油量计量单元 ECU 连接电路   图 4-25 喷油器连接电路

检查方法如下。

① 线束开路检查：测量喷油器线束接头引脚与 ECU 发动机线束接头之间是否开路。

② 线束短路到地检测：检查线束与接地线之间是否短路。

③ 短路到电池检测：测量喷油器线束接头引脚 1 和引脚 2 到车厢地的电压是否为 0V。

④ 高端低端短路检测：测量喷油器线束接头引脚 1 与引脚 2 之间是否为导通状态。

⑤ 电阻检查：测量喷油器的电阻，所有喷油器的正常值：0.2～1.0Ω。

（8）高压油轨的轨压传感器检测　轨压传感器 ECU 连接电路见图 4-26。

轨压传感器用于测量高压共轨系统中共轨管内的实际压力。轨压传感器将压力值转换为电压信号给电控单元（ECU），以实现燃油压力的闭环控制。

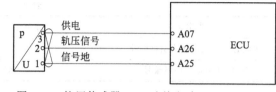

图 4-26　轨压传感器 ECU 连接电路

① 测量轨压传感器线束接头引脚 3 到车厢地的电压，正常值：4.9～5.1V。

② 进行线束断路检查，检查线束与地之间是否有短路。

③ 用诊断仪读取数据流，轨压正常值：约 440bar（怠速 600r/min），约 860bar（高怠速 1500r/min）。

④ ECU 引脚 A26 到车厢地正常值：约 1.4V（怠速 600r/min），约 2.5V（高怠速 1500r/min）。

（9）供电模块

① 传感器供电模块 1（故障名称 DFC_SSpMon1）包括引脚 K43、K44、A09、A21 和 A24，K43 和 A21 没有使用，分别对应 K44（油门踏板 2 传感器）供电，A09（进气压力和温度传感器）供电，A24（机油压力传感器）供电。使用诊断仪检测时，如出现 DFC_SSpMon1 故障，分别检查以上三个传感器线束是否有故障，供电是否为 5V。

② 传感器供电模块 2（故障名称 DFC_SSpMon2）包括引脚 K23、K45、A46、A08 和 A22。K23、K46、A08 和 A22 没有使用。对应 K45（油门踏板传感器 1）供电，检查油门踏板传感器 2 供电及线路是否有问题。

③ 传感器供电模块 3 包括引脚 K24 和 A07，分别对应 K24（尿素泵压力传感器）供电，A07（轨压传感器）供电。检查尿素泵压力传感器供电和轨压传感器线路及供电是否有问题。

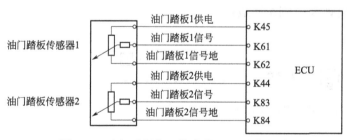

图 4-27　油门踏板位置传感器 ECU 连接电路

（10）油门踏板位置传感器检测　油门踏板位置传感器 ECU 连接电路见图 4-27。

① 检查踏板 1、踏板 2 传感器供电是否为 5V。

② 检查踏板传感器线路是否开路、短路。

③ 使用诊断仪检查踏板传感器信号电压，参考值见表 4-5。

表 4-5　传感器信号电压值

信号名称	松开油门踏板/%	踩下油门踏板/%	备注
油门踏板开度	0	100	系统无故障时的正常值
油门踏板传感器 1 电压	0.78	3.75	系统无故障时的正常值
油门踏板传感器 2 电压	0.39	1.88	系统无故障时的正常值

（11）多态开关检测　多态开关电路见图 4-28。

① 多状态开关线束接头引脚 1 到车厢地的电压正常值：4.9～5.1V，多态开关端子定义见表 4-6。

图 4-28 多态开关电路

表 4-6 多态开关端子定义

引脚定义	多状态开关信号	多状态开关信号地
多状态开关线束接头引脚编号	1	2
ECU 线束接头引脚编号	K79	K74

② 线路开路、短路检查。

③ 直接测量多状态开关的电阻。

正常值：约 9.8kΩ（引脚 1 到引脚 2，开关置于空载挡）。

正常值：约 4.2kΩ（引脚 1 到引脚 2，开关置于中载挡）。

正常值：约 1.5kΩ（引脚 1 到引脚 2，开关置于重载挡）。

④ 用诊断仪读取多状态开关信号电压（K79 对地之间）。

正常值：约 4.4V（开关置于空载挡）。

正常值：约 3.8V（开关置于中载挡）。

正常值：约 2.6V（开关置于重载挡）。

(12) 启动继电器检测　启动继电器连接电路见图 4-29。

① 点火开关置于 ON 挡，测量启动继电器插座引脚 2 到车厢地的电压，正常值：23~28V。

② 对线路进行开路、短路检查。

③ 阻值检查，启动继电器引脚 1 和引脚 2 之间电阻值为约 15Ω。

④ 拔出继电器，测量 ECU 引脚 K71 到车厢地的电压，为 3.2~3.8V（引脚 K71 到车厢地）。测量 ECU 引脚 K29 到车厢地的电压，为 23~28V（引脚 K29 到车厢地）。

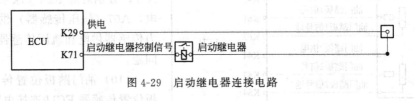

图 4-29 启动继电器连接电路

(13) 蓄电池　ECU 供电电路见图 4-30。

博世 EDC17 型号 ECU，其主继电器在 ECU 中内置，外部不能再加装主继电器，ECU 供电端通过 30A 保险直接与蓄电池相连。

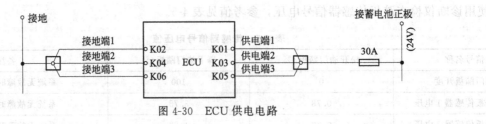

图 4-30 ECU 供电电路

(14) CAN 总线通信模块 0（电路见图 4-31）/CAN 总线通信模块 1（电路见图 4-32）　CAN0 用于控制单元间相互通信，如仪表、车身控制模块等和 OBD 诊断，若有 CAN0 相关故障，需检查 ABS/ASR、TCU、仪表盘、车身控制模块和氮氧传感器等 CAN 设备及线路是否故障。

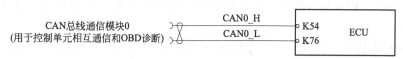

图 4-31　CAN0 通信电路

另外，ECU 内部 CAN0 中内置 120Ω 电阻，可直接测量 ECU 端子 K54 和 K76 之间电阻是否为 120Ω。

如出现诊断仪无法诊断故障或刷写数据，需检查 CAN1 线路或 ECU 是否有故障，另 ECU 内部 CAN1 模块中，内置 120Ω 电阻。

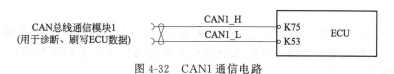

图 4-32　CAN1 通信电路

CAN1 与 OBD 诊断接口引脚接线关系如图 4-33。

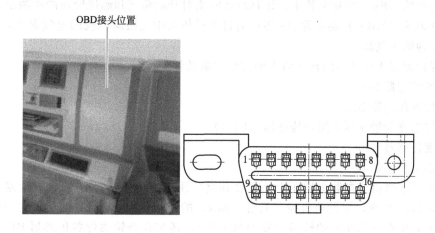

引脚定义

引脚定义	CAN1_H	CAN1_L
OBD线束接头引脚编号	6	14
ECU线束接头引脚编号	K75	K53

图 4-33　CAN1 与 OBD 诊断接口引脚接线关系

4.2 电控单体泵系统

4.2.1　单体泵系统控制原理

4.2.1.1　奔驰 OM457LA 单体泵系统

1993 年，梅赛德斯-奔驰和美国底特律柴油机公司达成了协议，开发、生产和销售用于重卡及公共汽车的 OM457LA 发动机。该款发动机是一款具有优化功率和转矩的直列六缸发动机，排量为 11.967L，缸体内设计有电控单体泵和高压燃油喷射系统，带有恒定节气制动阀和排气蝶阀制动，具有良好的燃油性和经济性以及低维修成本。

2001年开始应用到市场上，早期国内的奔驰Axor重卡使用的就是OM457发动机。为了进一步适应市场需求，奔驰公司对OM457LA发动机做了进一步的改进，其动力输出拥有360ps、401ps和428ps三个不同动力输出的型号，2019年国产后的OM457发动机又增加了一款456ps型号。

早在国四时期，欧曼就引进了戴姆勒-奔驰旗下的OM457发动机。而在最新的2019年款的欧曼EST-A重卡上再次搭载了奔驰OM457发动机。该车搭载的是OM457-428发动机，最大功率为428ps，最大转矩可以达到2000N·m。与其匹配的是法士特的12JSDX240TA手动变速箱，最高挡为超速挡，外部采用了铝壳设计。

发动机控制系统（MR）是独立式电子系统，其主要任务是调节或控制泵-管路-喷嘴系统［泵-管路-喷嘴系统（PLD）系统］的燃油喷射功能。它确保发动机在所有操作条件下始终都能以最高的燃油效率、低污染物和低噪声排放的方式运转。

发动机控制系统（MR）的中央控制和调节单元是发动机控制系统（MR）控制单元A6。它根据发动机工况和行驶控制系统（FR）的规定转矩，计算最佳的喷射开始角度和燃烧所需的喷油量。

发动机控制系统（MR）控制单元A6还可通过对单体泵中电磁阀准确的电气促动，确保燃油在正确的位置及时、适量地喷入气缸中。

发动机工况根据以下传感器的输入值来确定燃油消耗量。

① 曲轴位置传感器B15。
② 凸轮轴位置传感器B16。
③ 增压空气温度和增压压力组合传感器（B111）。
④ 燃油温度传感器B10。
⑤ 冷却液温度传感器B65。

性能以及废气量的相关参数由增压空气温度和增压压力组合传感器B111、燃油温度传感器B10和冷却液温度传感器B65检测，而发动机控制系统（MR）的控制单元A6通过曲轴位置传感器B15检测当前转速以及相对于上止点（TDC）的转角（发动机位置），还配合凸轮轴位置传感器B16检测气缸1的压缩循环。

行驶控制系统（FR）的控制单元A3规定的所需转矩根据许多输入信号计算得到，包括加速踏板传感器A3的位置，通过发动机控制器区域网络（CAN）（CAN 4）发送至发动机控制系统（MR）的控制单元A6，发动机控制系统（MR）的控制单元接着将当前发动机转矩和可能的最大转矩发送至行驶控制系统（FR）的控制单元。

也可以通过发动机控制器区域网络（CAN）（CAN 4）和行驶控制系统（FR）的控制单元A3与其他电子系统或控制单元交换信息。

如果车辆上还装有BlueTec 4（代码MS4）或BlueTec 5（代码MS5），则在发动机控制系统（MR）控制单元（A6）上还会有一条控制器区域网络（CAN）总线，即选择性催化还原控制器区域网络（CAN）（CAN 12）。

发动机控制系统（MR）的控制单元A6可以利用其与选择性催化还原（SCR）框架模块控制单元A95交换所有的信息，选择性催化还原（SCR）框架模块控制单元是控制废气再处理系统所必需的。

如果发动机控制器区域网络（CAN）（CAN 4），选择性催化还原控制器区域网络（CAN）（CAN 12），发动机控制系统（MR）或废气再处理系统的系统部件发生故障，则发动机控制系统（MR）会根据故障严重程度制定精确的方案进行工作。因此，对于不太严重的故障，例如传感器故障，它会借助于替代值；而对于严重故障，例如发动机控制器区域网络（CAN）（CAN 4）出现故障，则会进入应急模式。

如果系统发生故障，则驾驶员至少可将车辆开到最近的服务中心维修间修理。发动机电控系统组成部件如图4-34所示。

1~7号气缸的单体泵Y6~Y11位于发动机气缸体的左侧。每个气缸上都分配有一个单体泵，PLD单体泵安装位置如图4-35所示。

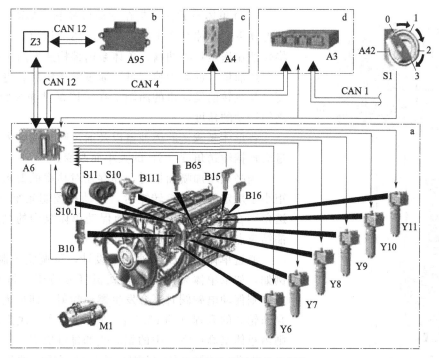

图 4-34 发动机电控系统组成部件

0—点火关闭;1—电路 15R 接通;2—电路 15 接通;3—电路 50;a—发动机控制系统(MR);b—采用 BlueTec 柴油机技术的废气再处理系统[仅适用于采用 BlueTec 4(代码 MS4)或 BlueTec 5(代码 MS5)的车辆];c—火焰预热起动系统(FLA)[仅适用于装配火焰预热启动系统(代码 M89)的车辆];d—行驶控制系统(FR);A3—行驶控制系统(FR)控制单元;A4—火焰预热启动系统(FLA)控制单元;A6—发动机控制系统(MR)控制单元;A42—防启动装置读取电子装置;A95—选择性催化还原(SCR)框架模块控制单元;B10—燃油温度传感器;B15—曲轴位置传感器;B16—凸轮轴位置传感器;B65—冷却液温度传感器;B111—增压空气温度和增压压力组合传感器;CAN 1—车辆控制器区域网络(CAN);CAN 4—发动机控制器区域网络(CAN);CAN 12—选择性催化还原(SCR)CAN;M1—起动机;S1—驱动开关;S10—启动发动机按钮(截至发动机尾数 065486);S10.1—发动机启动/停止按钮(始自发动机尾数 065487);S11—停止发动机按钮(截至发动机尾数 065486);Y6—气缸 1 的单体泵;Y7—气缸 2 的单体泵;Y8—气缸 3 的单体泵;Y9—气缸 4 的单体泵;Y10—气缸 5 的插入泵;Y11—气缸 6 的插入式泵;Z3—附加控制器区域网络(CAN)

图 4-35 PLD 单体泵安装位置

Y6—1 号气缸单体泵;Y7—2 号气缸单体泵;Y8—3 号气缸单体泵;Y9—4 号气缸单体泵;
Y10—5 号气缸单体泵;Y11—6 号气缸单体泵

PLD 单体泵的任务是在发动机控制（MR）系统的控制单元的促动下，单体泵产生喷射所需的燃油压力，并在压力的作用下将燃油输送至各喷油嘴。单体泵内部构造如图 4-36 所示。

燃油量（进而为喷射量）通过输送角度 β 进行控制：输送角度 β 是运转的发动机的曲轴 1 在单体泵供油开始 a 与供油结束 b 之间转动的角度。

各单体泵输送的燃油量以及通过喷油嘴喷入相应气缸的燃油量会根据输送角度（β）的大小而改变。

当必须增加喷油量时，如存在对功率的要求且实际发动机转矩小于规定的发动机转矩时，发动机控制系统（MR）会增大输送角度 β。这通过更长时间地促动单体泵中的电磁阀，从而将供油结束点 b 在时间上后移来实现。

通过单体泵和凸轮轴 2 的设计，可调整控制燃油量的范围，例如，如果单体泵中的滚轴式挺杆 4 位于单体泵凸轮 3 的基圆上，则促动电磁阀时不会发生燃油喷射。即最大控制范围由单体泵凸轮 3 的升程（约 65.5°的凸轮轴角度）决定，最大喷油范围则由单体泵高压室 5 中的相应燃油排量决定。

发动机控制系统（MR）首先计算所需的喷射量或调整发动机转速所需的燃油量。要将用于计算以及之后根据发动机工况和负载情况控制供油量的各因素考虑在内。

为避免产生过多烟雾，可对燃油量加以限制，特别是启动过程中喷射量不受油门踏板位置的影响以及行驶时，如通过烟度限制特性图。另外，附加的海拔修正也可避免出现喷射燃油过多并使烟雾增加的情况。

发动机控制系统（MR）计算出所需的燃油量及各单体泵的输送角度 β（供油开始 a 已在喷射开始控制中确定），即促动气缸处于压缩冲程的单体泵中的电磁阀，从而启动该单体泵的供油冲程。

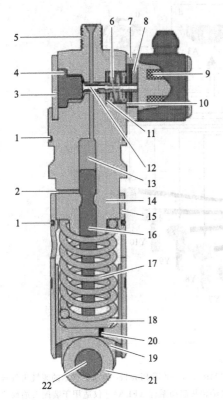

图 4-36 单体泵内部构造
1—O 形环；2—渗漏钻孔；3—盖板；4—阀门挡块；5—接头螺母的螺纹；6—气门弹簧；7—中间板；8—电枢板；9—单体泵螺线管（电磁铁）；10—气门弹簧座；11—弹簧盖；12—浮子针阀；13—高压室；14—输油泵外壳；15—套筒；16—活塞副；17—凸轮挺杆弹簧；18—弹簧挡板（凸轮挺杆）；19—凸轮挺杆；20—机油孔；21—滚子；22—凸轮挺杆销

随后的电磁阀保持时间，即促动单体泵中电磁阀的时间，决定了供油量，进而决定了喷射时间长度或喷油量。这意味着燃油被喷入燃烧室，直至发动机控制系统（MR）中断对电磁阀的促动并启动供油结束 b。喷射控制如图 4-37 所示。

PLD 系统的燃油高压供给由各单体泵 1 来完成，每个气缸配备一个单体泵。单体泵 1 由凸轮轴的凸轮挺杆驱动，并通过短的高压管 2 和耐压连接件 3 与喷嘴座组合件 4 中的喷油嘴相连。每个单体泵 1 包括一个用于调节喷射开始和控制喷油量的快动电磁阀。电磁阀由发动机控制（MR）的控制单元促动，一转动发动机和/或发动机运转时，此控制单元即根据发动机工况计算供油开始及供油量。PLD 系统组成如图 4-38 所示。

要促动单体泵内的电磁阀（只有这样才能进行燃油高压供给），必须满足以下必要条件。

① 车辆防启动装置（WSP）停用，这意味着发动机控制（FMR）控制单元已通过读取电子设备接收到有效的发送应答器代码，从而可以识别正确的点火钥匙。

② 如果使用启动发动机按钮启动发动机，则不得促动停止发动机按钮，因为在这种情况下，电磁阀也不能被促动（仅适用于发动机尾号截至 065486 的发动机）。

③ 通过智能诊断仪不能停止促动单体泵，因为在这种情况下，电磁阀未被促动。

根据凸轮轴的位置，每个单体泵 1 进行以下工作冲程。

① 吸入冲程。

② 预冲程。

③ 供油冲程。

④ 剩余冲程。

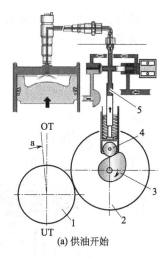
(a) 供油开始

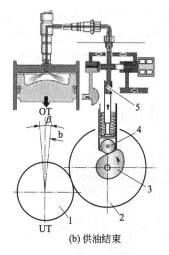
(b) 供油结束

图 4-37 喷射控制

1—曲轴；2—凸轮轴；3—单体泵凸轮；4—单体泵中的滚轴式挺杆；5—单体泵中的高压室；β—输送角度；OT—上止点（TDC）；UT—下止点（BDC）；a—供油开始，如在上止点（TDC）前5°曲轴角度；b—供油结束，如在输送角度β为10°时上止点（TDC）后5°曲轴角度

这些工作冲程一起形成一个工作循环，各单体泵1处凸轮轴每转动一次，工作循环即重复一次，直至发动机关闭。发动机一关闭，发动机控制单元即停止促动电磁阀。单体泵1将几乎未加压的燃油泵入燃油低压回路的回流管中，发动机关闭。

以下给出的单体泵一次工作冲程的描述适用于所有其他单体泵。

凸轮超过顶点且活塞副5在复位弹簧的作用力下向下移动时，吸入冲程开始。

由于燃油低压回路中持续存在 2.0~6.5bar 的燃油过压，因此高压室8经供油通道6和打开的电磁阀7注入燃油。因此，充有燃油的高压室8中的压力与燃油低压回路中的压力相等。吸入冲程示意见图 4-39。

吸入冲程完成后，活塞副5继续保持在下停止位置，且单体泵的凸轮挺杆从单体泵凸轮的基圆上脱离。仅当凸轮轴继续转动且活塞副5由于单体泵凸轮升高而开始向上移动时，预冲程才开始。

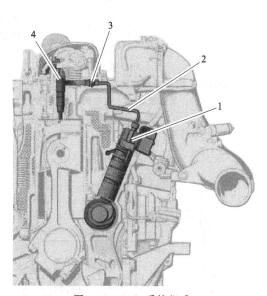

图 4-38 PLD系统组成

1—单体泵；2—高压管；3—耐压管连接；4—喷嘴座组合件

活塞副5的向上运动和仍处于打开状态（断电）的电磁阀7将高压室8中的燃油首先压入导流控制室9，然后再压入回流通道10。预冲程示意见图 4-40。

预冲程结束，发动机控制单元促动单体泵中的螺线管11，即开始供油冲程。螺线管11利用浮子针阀13促动支承板12，然后浮子针阀锁止高压室8与回流通道10之间的连接。

如果电磁阀7关闭，则高压室8中的燃油会因活塞副5的向上移动而压缩（供油开始）。

随着活塞副5继续向上移动，高压室8以及高压管2、耐压管连接3和喷油嘴14中的压力也进一步增加。压力约为330bar时，喷油嘴14开启，燃油被喷入燃烧室中（喷射开始）。喷射过程中，燃油压力可升至1800bar。活塞副5向上移动且电磁阀7关闭时，单体泵即处于供油冲程。电磁阀7的保持时间决定了供油量和/或喷油量。供油冲程示意见图 4-41。

如果螺线管11的促动停止，则电磁阀弹簧的浮子针阀13被推回至其关闭停止的启动位置。电磁阀7以及高压室8与回流通道10之间的连接打开。因此，高压室8及喷油嘴14中的燃油压力急剧下降。喷油嘴14关闭，喷射过程结束（供油结束）。

在单体泵凸轮到达最高点时，由活塞副 5 输送的剩余燃油通过导流室 9 和回流通道 10 再次输送至燃油低压回路。在剩余冲程中，对于单体泵的最高压力，导流室 9 作为膨胀室是必需的，这可防止回流通道 10 影响邻近单体泵的压力情况。剩余冲程示意见图 4-42。

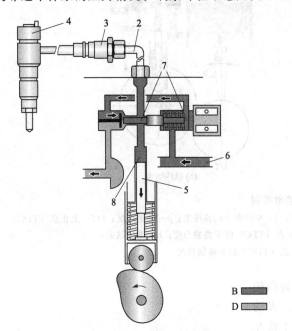

图 4-39 吸入冲程示意

2—高压管；3—耐压管连接；4—喷嘴座组合件；5—活塞副；
6—供油通道；7—电磁阀；8—高压室；
B—燃油供给；D—燃油回流

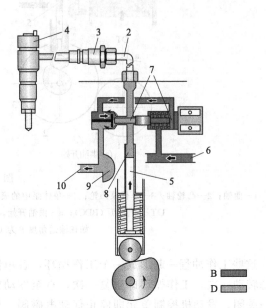

图 4-40 预冲程示意

2—高压管；3—耐压管连接；4—喷嘴座组合件；5—活塞副；
6—供油通道；7—电磁阀；8—高压室；9—导流室；
10—回流通道；B—燃油供给；D—燃油回流

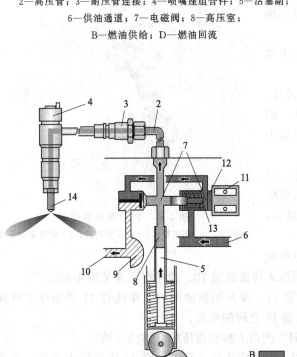

图 4-41 供油冲程示意

2—高压管；3—耐压管连接；4—喷嘴座组合件；5—活塞副；
6—供油通道；7—电磁阀；8—高压室；9—导流室；10—回流通道；11—螺线管；12—电枢板；13—浮子针阀；14—喷油嘴；B—燃油供给；C—燃油高压；D—燃油回流

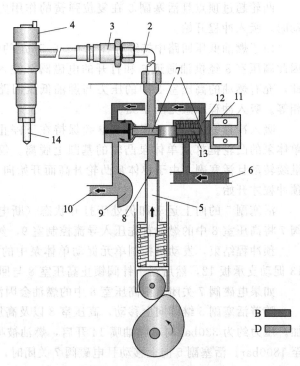

图 4-42 剩余冲程示意

2—高压管；3—耐压管连接；4—喷嘴座组合件；5—活塞副；
6—供油通道；7—电磁阀；8—高压室；9—导流室；10—回流通道；11—螺线管；12—电枢板；13—浮子针阀；14—喷油嘴；B—燃油供给；D—燃油回流

4.2.1.2 一汽 FEUP 南岳单体泵系统

FEUP 电控系统是一汽技术中心自主设计、集成的，以电控单体泵（EUP）为燃油喷射装置，由传感器、开关、执行器及电子控制单元（ECU）组成的发动机电子控制系统，在国三的基础上，通过增加 SCR 后处理尿素喷射系统，实现国四的排放法规。FEUP 国四 SCR 电控系统框图如图 4-43 所示。其中加虚线框部分为国四新增部件。

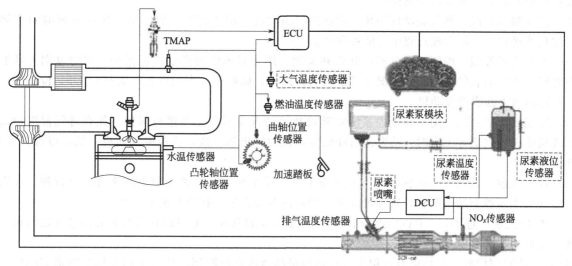

图 4-43　FEUP 国四 SCR 电控系统框图

FEUPI 电控系统主要特点为如下。

① FEUPI 电控系统的燃油油量调节及喷射由电磁阀来控制，取代了传统的机械式的调节装置，使发动机排放满足欧Ⅲ标准（国三）的要求。

② FEUPI 电控系统增加了几个电子传感器，通过这些传感器检测柴油机的运行状态和环境条件，并由电子控制单元计算出适应柴油机运行状况的控制量，然后由执行器实施。

③ 用电子油门踏板取代了机械式油门踏板，用电子信号精确反映驾驶员对转矩的需求，而取代了油门拉线。在发动机启动过程中，油门踏板是不起作用的，只有发动机转速超过 650r/min 时，才能使用油门踏板控制发动机转矩。

④ 此电控系统具有预热控制、排气制动控制、巡航控制等功能，取代了传统的预热控制器、巡航控制器等，也使控制逻辑更加复杂。

⑤ 电控系统具有在线诊断功能及发动机保护功能，可以实时监控电控系统各个零部件的状态，并检测出相应故障，通过故障码的形式把故障信息提供给用户，并自动采取措施对发动机进行保护，这是机械式的发动机所不具备的功能。

⑥ FEUPI 电控系统可以通过 CAN 线与其他的电控系统如 ABS 等进行通信，共享数据，以实现对发动机的最优控制。

FEUPI 电控系统与传统的机械控制柴油喷射系统和与采用位置控制方式的第一代电子喷射控制相比，具有控制更加精确、灵敏等优点。使发动机具有更低的排放和更加优越的动力性。

电子控制系统的核心控制功能是柴油的喷射控制，同时也具有其他控制功能，这些控制功能决定了发动机的动力性、经济性和排放。主要包括以下几种控制功能。

(1) 柴油喷射控制　电子控制单元首先根据油门踏板传感器和转速传感器的输入信号，计算出基本喷油量和喷油提前角，然后根据冷却液温度、进气压力和温度以及柴油温度等发动机以及车辆的运行工况，对基本喷油量和喷油提前角进行修正，得到最终的喷油量和喷油提前角，并控制电控单体泵电磁阀闭合的时刻和持续周期，以控制柴油的喷射，同时保证发动机的排放和动力性。

(2) 单体泵的公差修正　由于单体泵制造公差的原因，使每个单体泵内高油压的建立产生了提前或者滞后的现象。所以，电子控制单元就具有单体泵公差修正的功能，通过控制单体泵电磁阀开启和闭合时间的提前或滞后来对每个单体泵的喷油公差都进行补偿，以保证每个单体泵喷油的一致性。

（3）怠速控制　运用适当控制算法，通过闭环控制来控制发动机的怠速转速，尽快地调节怠速到750r/min，并保持怠速的稳定性。当冷却液温度低于10℃时，电控单元自动将怠速转速提高到850r/min，直至冷却液温度高于10℃。

（4）冷启动预热控制　在低温条件下，冷启动预热控制用于对进气管中的空气进行加热，能改善发动机低温启动的性能，并减少白烟的排放。

（5）排气制动控制　排气制动控制是一种辅助制动功能，用于辅助车辆制动系统在下坡时对车辆进行制动。此功能必须在车辆行驶过程中才能被激活。

（6）主继电器控制　控制主继电器的开启和关闭，用于对系统的供电进行保护，同时也用于延迟系统的断电时间，使控制软件能把相关工况数据及时地存储到存储器中。当把点火开关打到OFF位置时，应等待10s左右后再重新启动发动机。

（7）发动机保护功能　用于在电控系统零部件故障情况下对发动机进行保护。如在进气温度过高、水温过高或机油压力过低等工况时，就要适当降低发动机的转矩和转速，或者使发动机停机，以保护发动机，保证驾驶员安全。

（8）巡航控制（选用）　巡航控制用于控制车速，使车辆按照驾驶员期望的速度恒速行驶。在巡航过程中，驾驶员无须控制油门踏板，这样可减少驾驶员的劳动强度，提高驾驶舒适性。

（9）PTO控制（选用）　PTO控制功能用于控制发动机转速，它可以在低怠速和高怠速之间调节发动机转速，主要用于各种专用车。

（10）车速限制控制　此功能通过用于对车辆的最高速度进行限制，使其不超过标定的最高限值，一旦ECU检测到车辆速度超过规定的限值109km/h，将停止燃油喷射，直到车辆速度降低到规定的范围以内，以保证车辆行驶安全。

4.2.2　单体泵系统故障检测

4.2.2.1　大柴FEUP电控系统电脑端子定义

FECUP电控系统发动机电脑端子分布如图4-44所示，其端子定义见表4-7。

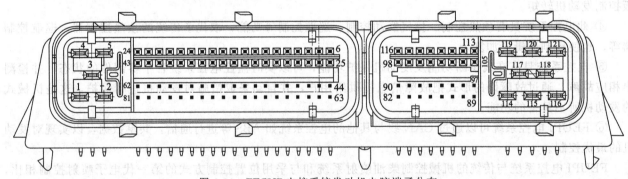

图4-44　FECUP电控系统发动机电脑端子分布

表4-7　FECUP电控系统发动机电脑端子定义

插接器引脚	信号名称	类型
1	电源负极	地
2	电源负极	地
3	电源负极	地
4	电源正极	蓄电池+24V

续表

插接器引脚	信号名称	类型
5	电源正极	蓄电池+24V
7	油门踏板位置传感器2地	地
8	机油压力传感器地	地
9	进气压力和温度(TMAP)传感器地	地
10	油门踏板位置传感器2电源	+5V
11	机油压力传感器电源	+5V
12	进气压力和温度(TMAP)传感器电源	+5V
13	曲轴转速/位置传感器信号输入	霍尔效应式频率信号
14	手油门踏板位置传感器电源(选装)	+5V
15	油门踏板位置传感器1电源	+5V
16	手油门踏板位置传感器地(选装)	地
17	油门踏板位置传感器1地	地
18	水温传感器、燃油温度传感器地	地
24	点火开关输入	钥匙
25	MIL(OBD灯)	1A低端ON/OFF驱动
26	CAN1-	接诊断仪
27	CAN1+	接诊断仪
29	曲轴转速/位置传感器地	地
31	曲轴转速/位置传感器电源	+5V
32	凸轮轴相位传感器信号输入	霍尔效应式频率信号
33	凸轮轴相位传感器电源	+5V
35	凸轮轴相位传感器地	地
37	CAN2+	CAN通信(DCU、仪表)
38	CAN2-	CAN通信(DCU、仪表)
39	CAN屏蔽线	屏蔽线
40	K线	K线通信
41	发动机制动继电器	1A低端ON/OFF驱动
42	排气制动阀	1A低端ON/OFF驱动
43	主继电器	1A低端ON/OFF驱动
44	预热指示灯	1A低端ON/OFF驱动
45	大气温度传感器信号输入	模拟量
46	水温传感器信号输入	模拟量
47	燃油温度传感器信号输入	模拟量
48	进气压力和温度(TMAP)传感器温度信号输入	模拟量
49	进气压力和温度(TMAP)传感器压力信号输入	模拟量
50	多载荷开关信号输入	模拟量
51	CAN屏蔽线	屏蔽线
53	手油门转换开关	低电位开关
54	排气制动开关	低电位开关

续表

插接器引脚	信号名称	类型
56	远程停机开关	低电位开关
58	制动踏板开关	高电位开关
59	PTO Resume—开关	高电位开关
60	PTO Set+开关	高电位开关
61	预热继电器	3.5A 高端 ON/OFF 驱动
63	发动机故障指示灯	1A 低端 ON/OFF 驱动
66	油门踏板位置传感器 1 信号输入	模拟量
67	油门踏板位置传感器 2 信号输入	模拟量
70	机油压力传感器压力信号输入	模拟量
72	PTO ON/OFF 开关	高电位开关
73	离合器踏板开关	高电位开关
74	巡航 Set+开关(选装)	高电位开关
75	巡航 Resume 开关(选装)	高电位开关
76	巡航 ON/OFF 开关(选装)	高电位开关
77	巡航 Set—开关(选装)	高电位开关
78	空挡开关	高电位开关
80	开关地	地
81	小信号地	地
98	1 缸单体泵低端	低端 PWM 驱动
99	3 缸单体泵高端	高端 PWM 驱动
100	1 缸单体泵高端	高端 PWM 驱动
101	2 缸单体泵高端	高端 PWM 驱动
102	4 缸单体泵高端	高端 PWM 驱动
103	6 缸单体泵高端	高端 PWM 驱动
105	6 缸单体泵低端	低端 PWM 驱动

4.2.2.2 大柴 FEUP 电控系统传感器检测

(1) 曲轴/凸轮轴位置传感器故障检测（故障码见表 4-8)

表 4-8 曲轴/凸轮轴位置传感器故障码

故障含义	故障码
无凸轮轴信号	P0340
错误的凸轮轴信号	P0341
无曲轴信号	P0335
错误的曲轴信号	P0336

① 线束检查。

a. 确认接插头无松动，针脚无锈蚀。

b. 钥匙门置于 OFF 挡。

c. 拔掉 ECU 接插件和曲轴传感器插头。

测量曲轴传感器接头到 ECU 相应接头之间的电阻，检测参考值见表 4-9。

表 4-9　检测参考值（一）

传感器引脚	ECU 引脚	正常值/Ω
1 电源	31	0
2 信号	13	0
3 地	29	0

若不是正常值，则说明线束存在断路故障。

② 短路检查。

a. 钥匙门置于 OFF 挡。

b. 拔掉 ECU 接插件和曲轴传感器插头，测量曲轴传感器 1、2 引脚到整车地之间的电阻，见图 4-45，正常值大于 1MΩ。若不是正常值，则说明线束存在对地短路故障。

（2）凸轮轴传感器故障检测

① 线束检查。

a. 确认接插头无松动，针脚无锈蚀。

b. 钥匙门置于 OFF 挡。

c. 拔掉 ECU 接插件和凸轮轴传感器插头。

d. 测量凸轮轴传感器接头到 ECU 相应接头之间的电阻，检测参考值见表 4-10。

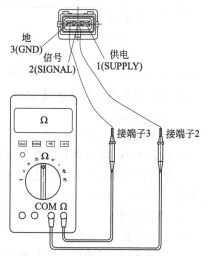

图 4-45　曲轴位置传感器检测图示

表 4-10　检测参考值（二）

传感器引脚	ECU 引脚	正常值/Ω
1 电源	33	0
2 信号	32	0
3 地	35	0

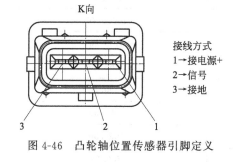

图 4-46　凸轮轴位置传感器引脚定义

若不是正常值，则说明线束存在断路故障。

② 短路检查。

a. 钥匙门置于 OFF 挡。

b. 拔掉 ECU 接插件和曲轴传感器插头。

c. 测量凸轮轴传感器接头 1、2 引脚到整车地之间的电阻，正常值大于 1MΩ。若不是正常值，说明线束存在对地短路的故障。凸轮轴位置传感器引脚定义见图 4-46。

（3）冷却液温度传感器故障检测（故障码见表 4-11）

表 4-11　冷却液温度传感器故障码

故障含义	故障码
采集电压超出上限值	P0118
采集电压低于下限值	P0117
A/D 采集故障	P0115

① 诊断仪检测。

a. 钥匙门置于 OFF 挡。

b. 连接诊断仪，钥匙门置于 ON 挡。

c. 读取诊断仪中动态数据流，观察水温传感器值是否正常。

② 线束检查。

a. 确认接插头无松动，针脚无锈蚀。
b. 钥匙门置于 OFF 挡。
c. 拔掉 ECU 接插件和冷却液温度传感器插头。
d. 测量传感器接头到 ECU 相应接头之间的电阻，冷却液温度传感器引脚本身没有正负之分，具体的对应关系见表 4-12。

表 4-12 检测参考值（三）

传感器引脚	ECU 引脚	正常值/Ω
1 信号	46	0
2 地	18	0

若不是正常值，则说明线束存在断路故障。

③ 短路检查。
a. 钥匙门置于 OFF 挡。
b. 拔掉 ECU 接插件和冷却液温度传感器插头。
c. 测量冷却液温度传感器接头信号引脚到整车地之间的电阻，正常值大于 1MΩ。若不是正常值，说明线束存在对地短路的故障。

④ 性能检查。
a. 钥匙门置于 OFF 挡。
b. 拔掉 ECU 接插件和冷却液温度传感器插头，用万用表测量传感器端两个引脚之间的阻值，温度和阻值的对应关系见表 4-13。

表 4-13 冷却液温度传感器温度-阻值特性

温度值/℃	正常阻值/Ω	最小阻值/Ω	最大阻值/Ω
−30.00	52704.50	45098.50	61743.60
−20.00	28659.60	24753.20	33257.70
−10.00	16160.20	14079.00	18588.20
0	9424.90	8385.00	10610.70
10.00	5672.10	5205.70	6185.80
20.00	3514.70	3279.10	3769.60
30.00	2237.90	2096.10	2390.70
40.00	1461.50	1373.80	1555.50
50.00	977.20	921.70	1036.50
60.00	667.80	631.90	706.10
70.00	465.90	442.10	491.10
80.00	331.20	315.20	348.20
90.00	239.70	225.10	255.40
100.00	176.40	163.80	190.20
110.00	131.80	122.80	141.60
120.00	99.90	93.40	106.90
130.00	76.80	71.73	81.90
140.00	59.88	55.69	64.19
150.00	47.21	43.63	50.90

(4) 燃油温度传感器故障检测（故障码见表 4-14）

表 4-14　燃油温度传感器故障码

故障含义	故障码
采集电压超出上限值	P0183
采集电压低于下限值	P0182
A/D 采集故障	P0180

① 诊断仪检测。
a. 钥匙门置于 OFF 挡。
b. 连接诊断仪，钥匙门置于 ON 挡。
c. 读取诊断仪中的动态数据流，观察燃油温度值是否正常。
② 线束检查。
a. 确认接插头无松动，针脚无锈蚀。
b. 钥匙门置于 OFF 挡。
c. 拔掉 ECU 接插件和燃油温度传感器插头。
d. 测量传感器接头到 ECU 相应接头之间的电阻，燃油温度传感器与冷却液温度传感器相同，引脚本身没有正负之分，具体的对应关系见表 4-15。

表 4-15　检测参考值（四）

传感器引脚	ECU 引脚	正常值/Ω
1 信号	47	0
2 地	18	0

若不是正常值，则说明线束存在断路故障。
③ 短路检查。
a. 钥匙门置于 OFF 挡。
b. 拔掉 ECU 接插件和燃油温度传感器插头。
c. 测量燃油温度传感器接头信号引脚到整车地之间的电阻，正常值大于 1MΩ。若不是正常值，说明线束存在对地短路的故障。
④ 性能检查。
a. 钥匙门置于 OFF 挡。
b. 拔掉 ECU 接插件和冷却液温度传感器插头，用万用表测量传感器端两个引脚之间的阻值，温度和阻值的对应关系见表 4-13。

(5) 进气压力和温度传感器故障检测（故障码见表 4-16）

表 4-16　进气压力和温度传感器故障码

故障含义		故障码
进气温度采集数据故障状态	采集电压超出上限值	P0113
	采集电压低于下限值	P0112
	A/D 采集故障	P0110
进气压力传感器故障状态	采集电压超出上限值	P0238
	采集电压低于下限值	P0237
	A/D 采集故障	P0235

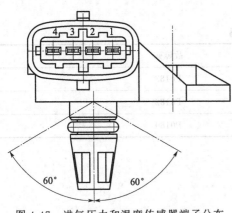

图 4-47 进气压力和温度传感器端子分布

① 诊断仪检测。
a. 钥匙门置于 OFF 挡。
b. 连接诊断仪，钥匙门置于 ON 挡。
c. 读取诊断仪中动态数据流，观察进气压力和温度值是否正常。

② 线束检查。
a. 确认接插头无松动，针脚无锈蚀。
b. 钥匙门置于 OFF 挡。
c. 拔掉 ECU 接插件及进气压力和温度传感器插头。
d. 测量传感器接头到 ECU 相应接头之间的电阻，进气压力和温度传感器端子分布如图 4-47 所示，具体的对应关系见表 4-17。

表 4-17 检测参考值（五）

传感器引脚	ECU 引脚	正常值/Ω
1 地	9	0
2 温度信号	48	0
3 电源 5V	12	0
4 压力信号	49	0

若不是正常值，则说明线束存在断路故障。

③ 短路检查。
a. 钥匙门置于 OFF 挡。
b. 拔掉 ECU 接插件和进气温度传感器插头。
c. 测量进气温度传感器接头两个引脚到整车地之间的电阻，正常值为 1MΩ。若不是正常值，说明线束存在对地短路的故障。

④ 性能检查。
a. 钥匙门置于 OFF 挡。
b. 拔掉 ECU 接插件和进气温度传感器插头，用万用表测量传感器端两个引脚之间的阻值，进气温度和阻值的对应关系如表 4-18。

表 4-18 进气压力和温度传感器温度-阻值对应关系

温度/℃	标准阻值/Ω	最小阻值/Ω	最大阻值/Ω
-40	42539.5	39216	46126.2
-30	24219.3	22580.1	25967.2
-20	14392.9	13559.2	15271.9
-10	8861.9	8429.9	9312.7
0	5261.4	5396.3	5853.6
10	3658	3541.9	3776.5
20	2433.7	2375.7	2492.2
25	2000	1960	2040
30	1654.4	1615.1	1693.9
40	1148.8	1113.4	1184.8
50	812.8	782.4	844.1
60	585.4	559.8	612

续表

温度/℃	标准阻值/Ω	最小阻值/Ω	最大阻值/Ω
70	428.8	407.5	451.1
80	319.1	301.4	337.6
90	241	226.4	256.4
100	184.5	172.4	197.4
110	143.2	113.1	154
120	112.5	104.1	121.5
125	100.1	92.4	108.4

（6）机油压力传感器故障检测（故障码见表 4-19）

表 4-19　机油压力传感器故障码

故障含义	故障码
采集电压超出上限值	P0523
采集电压低于下限值	P0522
A/D 采集故障	P0520
Overload 故障	P0521

① 诊断仪检测。

a. 钥匙门置于 OFF 挡。

b. 连接诊断仪，钥匙门置于 ON 挡。

c. 读取诊断仪中动态数据流，观察机油压力传感器值是否正常。

② 线束检查。

a. 确认接插头无松动，针脚无锈蚀。

b. 钥匙门置于 OFF 挡。

c. 拔掉 ECU 接插件和机油压力传感器插头。

d. 测量传感器接头到 ECU 相应接头之间的电阻，机油压力传感器端子分布与定义见图 4-48，具体的对应关系如表 4-20。

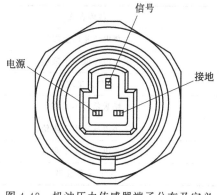

图 4-48　机油压力传感器端子分布及定义

表 4-20　检测参考值（六）

传感器引脚	ECU 引脚	正常值/Ω
上信号	70	0
左下电源	11	0
右下地	8	0

若不是正常值，则说明线束存在断路故障。

③ 短路检查。

a. 钥匙门置于 OFF 挡。

b. 拔掉 ECU 接插件和机油压力传感器插头。

c. 测量机油压力传感器接头两个引脚到整车地之间的电阻，正常值为 1MΩ。若不是正常值，说明线束存在对地短路的故障。

④ 性能检查。

a. 钥匙门置于 OFF 挡。

b. 连接断线盒。

c. 拔掉机油压力传感器插头。

d. 钥匙门打到 ON 挡（不用启动发动机），用万用表测量传感器线束端插头的右下引脚（与传感器镜像）与整车地之间的电压是否为 5V。若不是则线束故障，则表明熔丝断。

e. 关闭钥匙门，接上插头，连接诊断仪，钥匙门打到 Start 挡，从诊断仪读取机油压力传感器的数据流。若没有诊断仪，可用断线盒，用万用表测量断线盒上的 70 与车厢地之间的电压应在 0.5～4.5V 之间。若有异常，则机油压力传感器损坏。机油压力传感器特性曲线如图 4-49 所示。

(7) 油门踏板位置传感器故障检测（故障码见表 4-21）

① 诊断仪检测。

a. 钥匙门置于 OFF 挡。

b. 连接诊断仪，钥匙门置于 ON 挡。

c. 读取诊断仪中动态数据流，观察油门踏板位置传感器值是否正常。

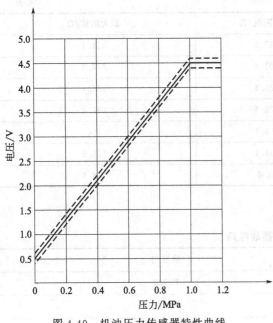

图 4-49 机油压力传感器特性曲线

表 4-21 油门踏板位置传感器故障码

故障含义	故障码
采集电压超出上限值	P0123
采集电压低于下限值	P0122
A/D 采集故障	P0120
踏板信号不可靠	P2135
采集电压超出上限值	P0223
采集电压低于下限值	P0222
A/D 采集故障	P0220

② 线束检查。

a. 确认接插头无松动，针脚无锈蚀。

b. 钥匙门置于 OFF 挡。

c. 拔掉 ECU 接插件和油门踏板传感器插头，油门踏板位置传感器端子分布见图 4-50，测量传感器接头到 ECU 相应接头之间的电阻，具体的对应关系如表 4-22。

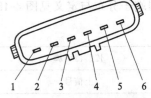

图 4-50 油门踏板位置传感器接插件端子分布

表 4-22 检测参考值（七）

传感器端子	对应连接的 ECU 端子	端子定义
1	15	传感器 1 电源
2	66	传感器 1 信号
3	17	传感器 1 地
4	10	传感器 2 地
5	67	传感器 2 信号
6	7	传感器 2 电源

③ 供电检查。

a. 钥匙门置于 OFF 挡。

b. 拔掉油门踏板传感器插头。

c. 钥匙门置于 ON 挡，无须启动发动机。

d. 用万用表测量传感器线束端插头与地之间的电压，参考值见表 4-23。若不是正常值，则说明线束存在故障。

表 4-23 检测参考值

检测线束端子		参考电压/V
引脚 1	整车地	5
引脚 1	引脚 3	5
引脚 6	整车地	5
引脚 6	引脚 4	5

④ 短路检查。

a. 钥匙门置于 OFF 挡。

b. 拔掉 ECU 接插件和油门踏板传感器插头。

c. 测量油门踏板传感器 1、2、5、6 引脚到整车地之间的电阻，正常值大于 1MΩ。若不是正常值，说明线束存在对地短路的故障。

⑤ 性能检查。

a. 关闭钥匙门，接上插头，连接诊断仪。

b. 钥匙门打到 Start 挡，从诊断仪读取油门踏板传感器的数据流。缓慢踩下油门踏板，观察开度是否随之上升。

c. 若没有诊断仪，可连接断线盒，用万用表分别测量断线盒上的 66 和 67 与整车地之间的电压是否满足如表 4-24 要求。

表 4-24 检测参考值（八）

检测状态	ECU 端子	连接测试点	参考电压/V
踏板未踩下	66	整车地	0.3750±0.0475
	67	整车地	0.750±0.0950
踏板完全踩下	66	整车地	1.92±0.30
	67	整车地	3.84±0.25

钥匙门打到 Start 挡，缓慢踩下油门踏板，观察两路传感器电压是否成 2 倍关系随之上升，特性数值见表 4-25。

表 4-25 油门踏板位置传感器特性数值

传感器	位置	电压/V
S1	全闭	0.75±0.05
S1	全开	3.84±0.25
S2	全闭	0.375±0.05
S2	全开	1.92±0.30

（8）大气压力传感器故障检测（故障码见表 4-26）

表 4-26　大气压力传感器故障码

故障含义	故障码
采集电压超出上限值	P2229
采集电压低于下限值	P2228
A/D 采集故障	P2226

大气压力传感器在 ECU 内部，所以需要对 ECU 进行供电检查。
① 诊断仪检测。
a. 钥匙门至于 OFF 挡。
b. 连接诊断仪，钥匙门置于 ON 挡。
c. 读取诊断仪中动态数据流，观察大气压力传感器值是否正常。
② ECU 供电检查。
a. 钥匙门置于 OFF 挡。
b. 连接断线器，钥匙门置于 ON 挡。
c. 用万用表测量 ECU 供电引脚到整车地的电压，具体的对应关系如表 4-27。

表 4-27　检测参考值（九）

ECU 引脚	整车地	正常值/V
4	地	24
5	地	24

若不是正常值，则说明线束存在断路故障。
③ ECU 地检查。
a. 钥匙门置于 OFF 挡。
b. 拔掉 ECU 发动机端 X1 黑色接插件。
c. 1~3 与地之间电阻是否为 0。若不是正常值，说明线束存在故障。
④ 性能检查。
a. 关闭钥匙门，接上插头，连接诊断仪。
b. 钥匙门打到 Start 挡，从诊断仪读取大气压力传感器的数据流。
大气压力值：101kPa（海拔为 0）。若大气压力传感器损坏，则更换 ECU。

4.3 发动机电控系统故障排除

4.3.1　柴油机电控系统维修概述

4.3.1.1　电控系统维修注意事项

① 在进行传感器和 ECU 接插件的插拔时，必须断开电源，否则产生的冲击电流可能会造成电控系统的损坏。严禁在发动机运行时拆卸电控系统部件！
② 传感器和一些重要的元件不允许单独用外部电源进行实验和测试。只能通过 ECU 连接，否则可能会导致不可修复的损坏。
③ 尽管电控单元中已经有防止电极反接功能，也要避免接错线。电极反接可能导致控制单元损坏。

④ 电控单元的防尘、防水功能只有在接插件连接好以后才起作用，因此，在接插件没连接好时，必须注意防止水、油等物溅入控制单元插座。

⑤ 如果在整车上要进行电焊操作，必须拆开电控单元的电路或把 ECU 从汽车上拆下，拆装过程中应避免剧烈震动及冲击。

⑥ 电路检修时，应使用数字式万用表。严禁用"试灯"和"划火"等方法测试任何与 ECU 相连的电气装置。

⑦ 快速充电应从汽车上拆开蓄电池的正负极接线后，单独对蓄电池进行充电。

⑧ 在拆下蓄电池负极搭铁线之前，应先读取电控系统的故障码。否则，电控系统存储的故障码会自动清除，给检修带来不便。

⑨ 此外，检修发动机电控系统时应注意对其他电控系统的影响。

4.3.1.2 电控系统维修方法与思路

汽车电子控制系统故障绝大多数都发生在传感器、执行器、连接器和线束等部件上，ECU 出现故障的可能性很小，汽车行驶 10 万千米 ECU 故障约占总故障的千分之一。因此，检查排除电子控制系统故障主要是检修零部件、连接器和线束。只有确认所有零部件正常之后，才能判定 ECU 有故障。

诊断和排除程序：电控发动机汽车是以电子控制系统为核心而工作的，当电控汽车发生故障时，其诊断程序和方法可按下述程序进行诊断与检修。

① 向用户询问有关情况，如故障产生时间、产生条件（包括天气、气温、道路情况以及发动机工况等）；故障现象或症状；故障发生频率；是否进行过检修以及检修过哪些部位等。

② 进行直观检查，即检查电子控制系统的控制部件是否正常；电气线路连接器或接头有无松动、脱接；导线有无断路、搭铁、错接以及烧焦痕迹；管路有无折断、错接或凹瘪等。发动机电控系统部件对发动机性能的影响如表 4-28 所示，熟悉传感器与执行器对发动机以及车辆运行状态的影响，对迅速诊断与排除故障极为重要。

表 4-28 发动机电控系统部件对发动机性能的影响

序号	部件名称	故障现象
1	电控单元 ECU	(1)发动机不能启动；(2)发动机工作失常
2	ECU 供电继电器熔丝熔断	发动机不能启动
3	曲轴与凸轮轴位置传感器	(1)发动机不能启动；(2)能启动，但启动困难；(3)急速不稳；(4)发动机工作不稳定
4	进气压力和温度传感器	(1)发动机功率下降；(2)加速无力
5	冷却液温度传感器	(1)发动机功率下降；(2)急速不稳
6	燃油温度传感器	(1)发动机功率下降；(2)油耗增加
7	电控单体泵(单体泵系统)	(1)发动机不能启动或启动困难；(2)油耗增加；(3)急速不稳；(4)功率下降；(5)发动机工作不良
8	高压共轨(共轨系统)	(1)发动机不能起动或启动困难；(2)急速不稳；(3)功率下降；(4)发动机工作不良；(5)油耗增加
9	流量计量单元(共轨系统)	(1)功率下降；(2)轨压无法建立；(3)启动困难
10	大气压力传感器	发动机功率下降
11	油门踏板位置传感器	急速升高，油门踏板不起作用，进入跛行回家状态
12	NO_x 传感器	后处理器工作不正常，限扭
13	环境温度传感器	后处理器工作不正常
14	排气温度传感器	后处理器工作不正常
15	尿素泵	后处理器工作不正常
16	尿素液位与温度传感器	后处理器工作不正常

③ 检查非电控部分（如油路、气路等）是否工作正常。

④ 利用诊断仪试读取故障码。按故障码表指示的故障原因和部位逐一排除故障。

⑤ 在实际的维修过程中，可用好的部件替换怀疑故障件，以快速确定故障点。找到故障部件后，再查找问题原因要容易得多。

4.3.1.3 电控系统故障码说明

(1) OBD 灯与故障灯的相关说明　OBD 灯也称 MIL 灯，故障灯也称 SVS 灯。

① 发动机故障灯状态的检测。将点火开关由"OFF"旋转到"ON"的位置，不要启动发动机。这时仪表盘上的各种灯（包括发动机故障灯）应闪一次，一定时间后熄灭。发动机故障灯图示见图 4-51。

启动发动机，如果发动机运行正常，电控系统无故障，发动机故障灯应保持熄灭状态。如果发动机故障灯没有熄灭，说明发动机电控系统有故障。

② OBD 故障灯（MIL）状态的检测。将点火开关由"OFF"旋转到"ON"的位置，不要启动发动机。这时 MIL 灯一直点亮。MIL 灯图示如图 4-52 所示。

起动发动机。如果发动机运行正常，OBD 系统无故障，MIL 灯应保持熄灭状态。如果 MIL 灯熄灭一下后，又重新点亮，说明 OBD 系统有故障。请用诊断仪进入发动机的 OBD 故障和 DCU 故障。

如果始终亮，起车后也无熄灭一下的过程，或者灯始终不亮，表明灯已损坏。

图 4-51　发动机故障灯图示　　　　图 4-52　MIL 灯图示

(2) 故障码表部分术语说明

① OFF：表示在出现故障码时不点亮该灯。

② IMME 表示立即；3DCs 表示三个驾驶循环。如 ON_IMME、OFF_3DCs 表示在出现故障的时候立即点亮该灯，在故障排除后需要三个驾驶循环该灯才熄灭。

③ 驾驶循环：钥匙开关电一个循序，时间要超过 ECU 启动与存储时间，大于 2min。

④ 暖机循环：发动机充分运转，使冷却液温度比发动机启动时上升至少 22℃，并达到一个最低温度 70℃的过程。

图 4-53　诊断仪连接口

(3) 故障码读取方法　如果发现发动机故障灯和 MIL 灯没有熄灭，说明发动机电控系统和后处理 OBD 系统存在故障，按照下面步骤诊断与排查。

① 首先向驾驶员了解故障发生现象和故障条件，然后对故障进行确认，并连接诊断仪读取故障码。

② 车辆在断电状态下连接诊断仪，将诊断仪的连接线连接到整车的诊断口，诊断口的位置一般位于仪表板左下方，见图 4-53。

③ 将车辆上电，即点火开关拧到 ON 挡。

④ 连接好诊断仪，点击屏幕的"车辆故障诊断"，根据整车配置选择"一汽解放"→"发动机控制系统"→"国四单体泵柴油机"→"衡阳泵车载 ECU（DEUTZ SCR）"→"FEUP_B（包含 FEUPI_OBD）"，点击进入，可进行发动机 ECU 的信息读取和故障码显示。

⑤ 连接好诊断仪，点击屏幕的"车辆故障诊断"，选择"一汽解放"→"SCR 后处理控制系统"→

"天纳克"→"天纳克DCU",点击进入,可进行后处理DCU的信息读取的故障码显示。

注意事项:

a.需要使用断线器判断故障时,连接断线器前,请将钥匙门置于OFF挡;

b.启动发动机前,保证变速器处于空挡位置,手动刹车手柄处于工作状态;

c.启动发动机时,尽量保证离合器踏板踩到底。

(4)故障码说明 故障码表以P码升序排序,便于查找,存在同一个P码多于一个情况,请注意综合参看。

在没有诊断工具时,可以通过读取整车仪表盘上的闪码来对发动机的故障进行判断,以重汽车型为例,诊断开关与故障灯位置如图4-54所示。故障码以下面形式闪烁显示:正常状态时,打开钥匙门开关,发动机的故障灯会常亮,发动机启动后,故障灯熄灭;在发动机运行过程中,ECM检测到发动机存在问题时,故障灯常亮。待发动机停机后,打开诊断开关,发动机故障灯开始闪烁"123"(开机代码,不代表任何故障码),循环3次后,进行故障码闪烁,每个故障码闪烁三次,然后根据储存在ECM中的故障脉谱依次输出故障码,ECM不会根据故障码激活的先后顺序输出故障码。故障码闪码示意见图4-55。

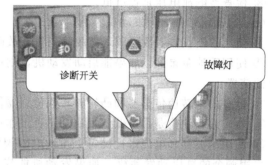

图4-54 诊断开关与故障灯位置(重汽C7H车型)

控制面板的诊断开关、故障灯位置,不同的车型,有所区别。

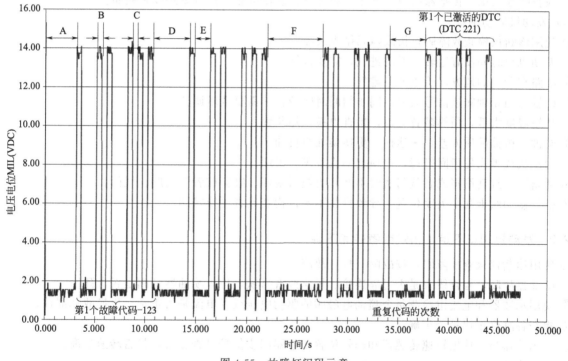

图4-55 故障灯闪码示意

4.3.2 常见故障排查方法

4.3.2.1 发动机无法启动或者启动困难

(1)起动机不工作

① 使用诊断仪查看故障码,按故障码排查故障。

② 检查线束是否可靠连接。
③ 检查是否在空挡及空挡开关与相关线束是否完好。
④ 检查车下停车开关位置（应处在断开位置）。
⑤ 检查主继电器和熔丝是否完好。
⑥ 检查起动机是否损坏。
⑦ 点火开关及启动开关是否损坏。
⑧ 检查蓄电池电压是否过低。

(2) 起动机工作，但发动机不能启动
① 使用诊断仪查看故障码，按故障码排查故障。
② 使用手油泵泵油，如果能启动发动机，则检查低压供油系统是否存在漏气或漏油现象，或者更换低压供油装置。
③ 检查曲轴转速传感器和凸轮轴转速传感器信号是否正常。
④ 检查油箱油位是否过低，手油泵是否工作正常。
⑤ 使用示波器和电流钳检测每个喷油电磁阀的驱动电流是否正常，或者把喷油电磁阀分别与ECU断开，再用剩余的缸启动发动机，如果发动机能启动的话，检查该电磁阀的驱动电路是否与地或其他线路短路。
⑥ 检查单体泵是否出现机械故障（单体泵系统）。
⑦ 检查喷油电磁阀、流量计量单元（博世系统）或者PCV阀（DENSO系统）是否完好（共轨系统）。
⑧ 检查喷油线束、传感器线束、整车线束等是否插接可靠，是否短路或者断路。

(3) 发动机启动困难
① 使用诊断仪检查故障码，按故障码排查故障。
② 发动机长时间没有运转，系统进气，需要排气。
③ 油路有漏气的地方，检查油路排气。
④ 曲轴与凸轮轴转速信号太弱，同步判断时间较长，需要重新调整。
⑤ 环境温度太低，预热装置失效，检查更换预热装置。
⑥ 柴油、机油品质太差，未达标，更换柴油与机油。
⑦ 起动机或者飞轮齿圈打齿，更换起动机及飞轮齿圈。
⑧ 活塞环、缸套磨损或者气门密封不严，更换活塞环、缸套或者气门座、气门。
⑨ 排气制动阀卡死在关闭位置，导致排气不畅，检查或者更换蝶阀。

4.3.2.2 发动机功率不足，扭矩或者转速下降

① 使用诊断仪检查故障码，按故障码排查故障。
② 喷油器故障，检查线束是否可靠连接、短路或者搭铁，检查喷油器针阀是否卡死。
③ 使用示波器和电流钳检测每个喷油电磁阀的驱动电压或者电流是否正常，更换故障部件。
④ 检查各缸修正码是否正确。
⑤ 用示波器检查曲轴转速传感器和凸轮位置传感器同步信号是否正常，是否转速过高。
⑥ 检查冷却液温度、机油压力、进气温度。
⑦ 检查冷却液温度、机油压力及温度、进气温度、轨压（共轨系统）等传感器及线束是否正常及可靠。
⑧ 若水温过高，则检查以下方面。
a. 冷却液液面是否过低，检查是否有漏水之处，加冷却液。
b. 风扇转速过慢或者不转，检查风扇传动部件。
c. 水箱堵塞，检查并清理、修复。
d. 水泵皮带松弛，按规定调整张力。
e. 水泵垫片损坏，水泵叶轮磨损，检查并修复或者更换。
f. 节温器故障，更换。

g. 水管密封件损坏，露入空气，检查水管、水管、接头、垫片等，更换损坏部件。
⑨ 若机油温度过高，则检查以下方面。
a. 油底壳液面底或者缺油，检查油面及漏油处，修复并加油。
b. 冷却液温度过高，检查上述造成水温高的原因并排除。
c. 机油冷却器流通不畅，检查并修理。
⑩ 若进气温度过高，则检查中冷器的散热能力。
⑪ 检查加速踏板位置传感器。
⑫ 检查发动机机械故障。
⑬ 检查单体泵是否出现机械故障（单体泵系统）。
⑭ 检查是否有燃油管泄漏引起低压油路压力不够或者轨压异常波动。
⑮ 检查后处理器是否工作正常，排放是否超标。

4.3.2.3 发动机突然停机

① 使用诊断仪检查故障码，按故障码排查故障。
② 检查低压供油系统。
③ 检查线束是否可靠连接。
④ 使用示波器和电流钳检测每个喷油电磁阀的驱动电流是否正常，或者把喷油电磁阀分别与ECU断开，再用剩余的缸启动发动机，如果发动机能启动的话，则检查该电磁阀的驱动电路是否与地或其他线路短路。
⑤ 检查曲轴转速传感器和凸轮位置传感器信号是否正常。
⑥ 检查润滑系统和机油压力传感器。
⑦ 检查增压装置及进气温度和压力传感器。
⑧ 检查冷却系统及冷却液传感器。
⑨ 检查发动机机械故障。
⑩ 检查喷油电磁阀是否出现机械故障。

4.3.2.4 发动机排烟严重

① 使用诊断仪检查故障码，按故障码排查故障。
② 使用示波器和电流钳检测每个喷油电磁阀的驱动电流是否正常，更换故障的电磁阀或者单体泵。
③ 检查是否是每缸的修正码错误。
④ 用示波器检查曲轴转速传感器和凸轮位置传感器是否正常。
⑤ 检查增压装置及进气温度和压力传感器。
⑥ 检查冷却系统及冷却液传感器。
⑦ 检查加速踏板位置传感器。
⑧ 检查发动机机械故障。

4.3.2.5 发动机后处理工作异常

① 使用诊断仪检查故障码，按故障码排查故障。
② 检查尿素泵、传感器、喷嘴、尿素管等部件是否正常。
③ 检查尿素泵、传感器线束是否有磨损、松动、被尿素溶液腐蚀现象。
④ 检查尿素溶液是否缺少，检查尿素泵上尿素滤芯是否需要更换。

4.3.3 发动机电控系统电路与故障诊断

潍柴国四发动机包括WP7 WP10 WP12，均为博士ECD17电控系统，电控系统电路如图4-56和图4-57所示。

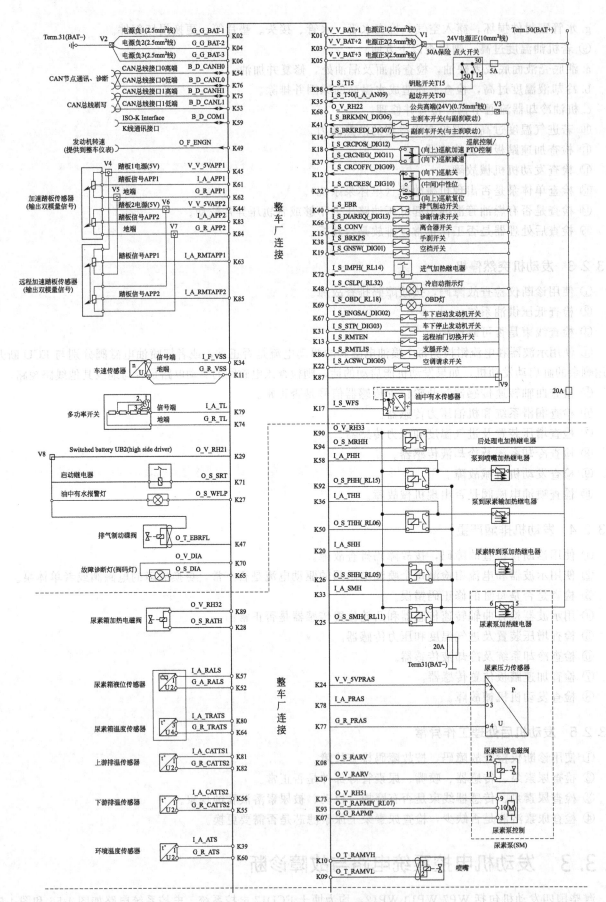

图 4-56 发动机电控系统整车连接电路

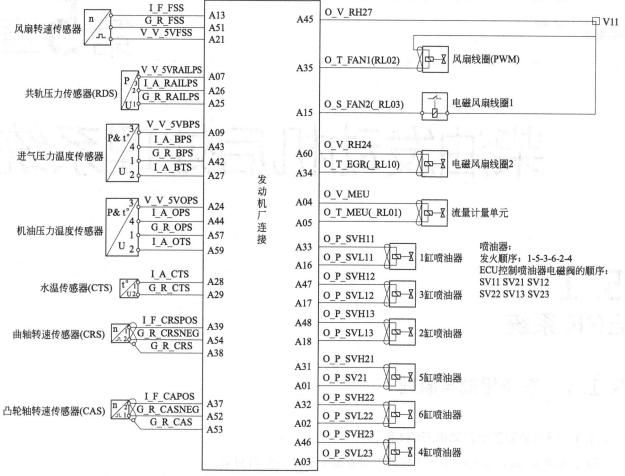

图 4-57 发动机电控系统发动机连接电路

第5章

柴油发动机后处理系统

5.1 EGR 系统

5.1.1 系统组成与原理

5.1.1.1 斯堪尼亚重卡发动机 EGR 系统

EGR 系统在 900~2100r/min 之间且冷却液温度超过 50℃ 时启动。

燃烧室废气分为两个部分：一部分流向可变几何涡轮增压器内的涡轮机；另一部分流向 EGR 阀。EGR 系统的开启和关闭由 EGR 阀控制，可变涡轮增压器用于控制 EGR 含量。

废气温度高，为获取良好的发动机性能，必须冷却废气。仅需使废气经过位于发动机上的水冷式 EGR 冷却器便可达到冷却目的。

冷却的废气与进气相混合。发动机控制单元控制废气流量。控制单元通过控制可变几何涡轮增压器调节 EGR 含量，也就是返回至发动机的气体量。这个水平以比例（%）测量，例如 10% EGR 含量表示进入发动机的总流量中有 10% 是废气，90% 是空气。

流量传感器检测并告知控制单元有多少空气流入发动机。控制单元也接收来自进气压力和温度传感器以及排气压力传感器的信息。控制单元使用来自传感器的信息，计算出进入气缸的气体总量（空气和废气）。通过测量气体的总体积，并从这个值中减去流量传感器得到的空气流量，控制单元就能计算 EGR 含量。

为提高测量的精度，并防止不正确的值，控制单元以预定的时间间隔切断 EGR 阀，防止气体回流至气缸。控制单元将来自流量传感器的值与计算出的进入气缸气体量相对比，这两个值应相同，如果这两个值不同，控制单元对流量传感器进行校准。

但发动机启动并暖机时，系统启动。

如果出现故障，导致控制单元无法按预期控制部件，会产生一个故障码。仪表板内的一个警告灯点亮，控制单元降低发动机功率，直至故障排除。

EGR 阀关闭，直至发动机已暖机，从而没有废气进入循环。

发动机暖机后，EGR 阀开启，然后废气在 EGR 系统内循环。可变几何涡轮增压器中喷嘴环的位置调节废气量。

当节气门快速打开时，发动机控制单元降低 EGR 含量，这用于补偿涡轮增压器开始供气前出现的进气短缺。

以下条件下控制单元关闭 EGR 系统。

① 进气温度降低至低于规定值,然后进气歧管内存在结冰的风险。

② 发动机使用排气刹车。排气刹车施加时间,EGR 节气门关闭。

③ 车辆位于很高的海拔,使得空气压力影响发动机性能。

④ 冷却液温度过高。在很高的冷却液温度条件下,控制单元关闭 EGR 阀,防止发动机受到 EGR 冷却液的额外热负荷。

⑤ 白烟限制器启动。

⑥ 如果环境温度非常低,EGR 系统就存在冻结的风险。

以 16L 发动机(XPI)EGR 系统为例,气流走向如图 5-1 所示,8 缸发动机 EGR 系统工作原理见图 5-2。

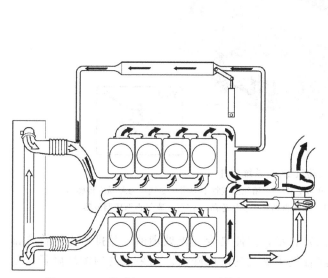

图 5-1　16L 发动机(XPI)EGR 系统气流走向

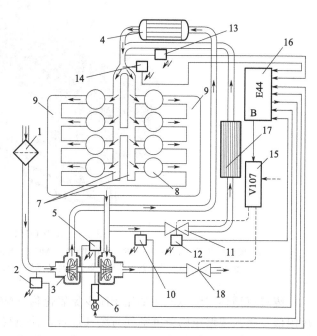

图 5-2　8 缸发动机 EGR 系统工作原理(虚线为压缩空气管路)
1—空气滤清器;2—流量传感器;3—涡轮增压机;4—进气冷却器;5—涡轮增压器转速传感器;6—涡轮增压机的电促动器;7—进气歧管;8—气缸;9—排气歧管;10—用于测量废气背压的传感器;11—带气动控制缸的 EGR 阀;12—EGR 阀位置传感器;13—进气温度传感器;14—进气压力传感器;15—阀座(有一个用于 EGR 阀和排气刹车的比例阀及一个用于旁通的开/关);16—发动机控制单元;17—水冷 EGR 冷却器;18—排气刹车

EGR 阀包含一个节气门,如图 5-3 所示。节气门可以打开或关闭,决定了是否打开 EGR 系统。EGR 阀关闭,直至发动机已暖机。

节气门由气动促动器促动。促动器由比例阀控制,而比例阀则由发动机控制单元控制,这样 EGR 阀允许流通一定量的废气。

节气门的控制要定期检查,只在急速期间检查。

当有少量空气流至促动器时,空气流经活塞中的密封件,以清洁活塞杆周围。此时可听到嘶嘶噪声。空气量增加时,密封件应闭合,不让空气流过。

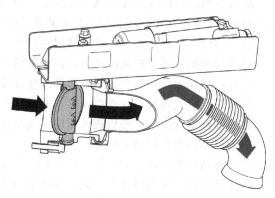

图 5-3　节气门控制

5.1.1.2 奔驰 OM471 发动机 EGR 系统

奔驰 OM471 发动机 EGR 系统部件如图 5-4 所示。

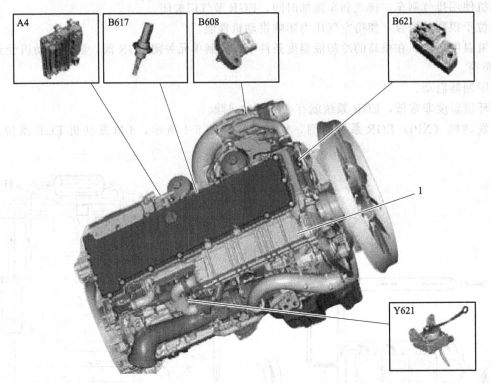

图 5-4　奔驰 OM471 发动机 EGR 系统部件
1—废气再循环冷却器；A4—发动机管理系统（MCM）控制单元；B608—增压空气管中的增压空气压力和温度传感器；
B617—增压空气分配器中的增压空气温度传感器；B621—废气再循环压差传感器；Y621—废气再循环调节器

废气再循环（EGR）主要用于减少氮氧化物（NO_x）含量，即使是废气再处理前，其排量也能符合排放限值。吸入或增压的新鲜空气与废气混合，使空燃混合气中氧气的浓度降低。如果氧气的浓度降低，则燃烧温度降低，使氮氧化物（NO_x）的排放也降低。

废气再循环（EGR）在整个转速范围内均启用，这意味着再循环的废气量与吸入或增压的新鲜空气量之间的比例必须精确匹配，从而进行精确调节。如果空燃混合气含有极高的废气比例，则燃烧劣化，炭烟颗粒、一氧化碳（CO）和碳氢化合物（HC）的排放会增加。另外，如果新鲜空气或增压空气的比例过高，则氮氧化物（NO_x）的排放会增加。

废气再循环（EGR）率说明了废气再循环量与新鲜空气量的关系。发动机管理系统（MCM）控制单元 A4 确定实际吸入或增压的新鲜空气量与实际再循环废气量相互之间的相关性。

废气再循环（EGR）率的调节通过废气再循环调节器 Y621 来进行，其通过控制杆（4）来开启或关闭废气再循环管路 6 中的节气门 5，以此调节需要混合的废气量。

分流的废气先流经连接到冷却液回路的废气再循环冷却器 1。此处，从约 650℃ 冷却至约 170℃。原因是再循环废气的密度变化，因而质量增加。

此外，增加的冷却废气量通过降低燃烧温度减少了氮氧化物（NO_x）的排放。

废气流经废气再循环冷却器 1 后，其经废气再循环管路 6 流入增压空气管 7。其在此处与来自增压空气冷却器的新鲜空气混合，然后进入相应的气缸进行燃烧。EGR 系统部件如图 5-5 所示。

电子部件的连接网络如图 5-6 所示。

废气再循环调节器 Y621 由一个内部包含线圈的外壳和一个用于移动节气阀 4 控制杆 10 的机构组成。
该部件通过一条管道冷却，其冷却液来自发动机冷却液回路。

废气再循环调节器 Y621 由来自发动机管理系统（MCM）控制单元 A4 的脉冲宽度调制信号促动。促

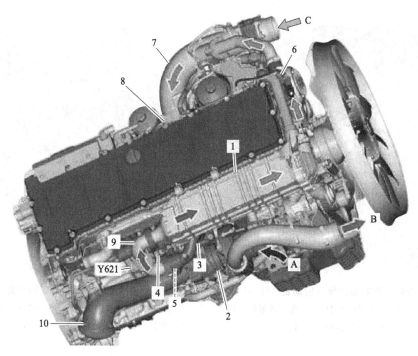

图 5-5　EGR 系统部件（发动机 471.9）

1—废气再循环冷却器；2—涡轮增压器；3—排气歧管中间部件；4—控制杆；5—节气门；6—废气再循环管路（冷）；7—增压空气管（混合装置外壳）；8—增压空气分配器；9—废气再循环管路（热）；10—排气；Y621—废气再循环调节器；A—来自空气滤清器的进气；B—增压空气冷却器的增压空气（热）；C—增压空气冷却器的增压空气（冷）

动过程中，线圈内部会产生一个磁场，该磁场随后会促动机构以使控制杆 10 偏转。

控制杆 10 与废气再循环管路 3 中的节气阀 4 相连，并根据来自发动机管理系统（MCM）控制单元 A4 的控制信号逐渐转动该节气阀，从而将或多或少的废气分流至废气再循环冷却器 1。

在某些情况下，废气再循环调节器 Y621 由发动机管理系统（MCM）控制单元 A4 促动，以便支持发动机制动器。与涡轮增压器废气旁通阀的相互作用应有助于实现气缸内部压力的增加，这就意味着可对上行活塞进行更有力的制动，并因此增加制动扭矩。

废气再循环调节器 Y621 位于发动机的侧面，其安装位置见图 5-7。

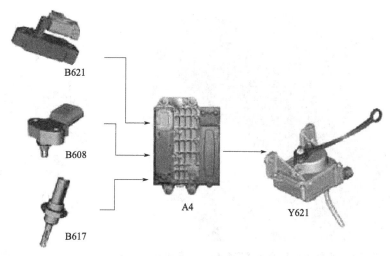

图 5-6　电子部件的连接网络

A4—发动机管理系统（MCM）控制单元；B608—增压空气管中的增压空气压力和温度传感器；B617—增压空气分配器中的增压空气温度传感器；B621—废气再循环（AGR）压差传感器；Y621—废气再循环调节器

废气再循环调节器 Y621 通过节气阀 4 的偏转调节再循环废气量。废气再循环调节器工作原理如图 5-8 所示。

废气再循环冷却器 3 由一个长方形的盒状外壳以及废气室 4 和冷却液带 5 这两个分离的室组成。分流的废气通过排气进口 11 流经废气室 4，然后沿增压空气管 2 的方向最终到达排气出口 9。然后在该处和新鲜空气或燃烧高压空气混合。

发动机冷却液回路的冷却液持续流经废气再循环冷却器 3 的冷却液带 5。在废气室 4 内流动的废气通过热传递进行冷却。

 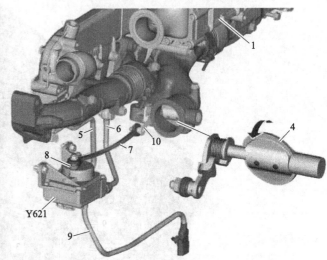

图 5-7 废气再循环调节器安装位置（发动机 471.9）
1—废气再循环冷却器；2—排气歧管中间部件；3—废气再循环管路；
4—节气阀；Y621—废气再循环调节器

图 5-8 废气再循环调节器工作原理
1—废气再循环冷却器；4—节气阀；5, 6—冷却液管路；7—促动杆；
8—拉杆；9—电线；10—控制杆；Y621—废气再循环调节器

废气再循环冷却器 3 位于发动机的侧面，其安装位置见图 5-9。

废气再循环冷却器 3 将分流的废气由约 650℃ 的温度冷却至约 170℃。废气再循环冷却器结构如图 5-10 所示。

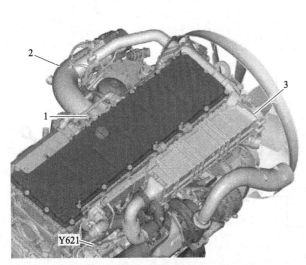 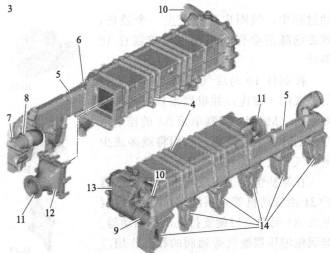

图 5-9 废气再循环冷却器安装位置（发动机 471.9）
1—增压空气分配器；2—增压空气管；3—废气再循环冷却器；
Y621—废气再循环调节器

图 5-10 废气再循环冷却器结构
3—废气再循环冷却器；4—废气室；5—冷却液带；6, 8—冷却液出口；7—冷却液管路；9—排气出口（至增压空气管）；10—冷却液出口（至冷却液泵）；11—排气进口（自排气歧管）；12—前端护盖；13—后端护盖；14—冷却液排气

5.1.2 系统部件分解

5.1.2.1 日野 E13C 发动机 EGR 系统

日野 E13C 发动机 EGR 系统部件分解如图 5-11 所示。

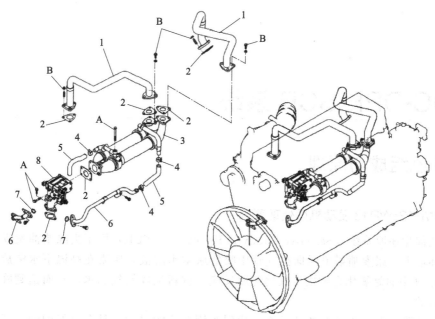

图 5-11 日野 E13C 发动机 EGR 系统部件分解
1—EGR 铁管；2—排气歧管密封垫；3—EGR 冷却器；4—管箍；5—供水管；6—冷却液输入管；
7—O 形密封圈；8—EGR 阀；
拧紧扭矩（单位：N·m）：A 为 44；B 为 72。

5.1.2.2 日野 P11C 发动机 EGR 系统

日野 P11C 发动机 EGR 系统部件分解如图 5-12 所示。

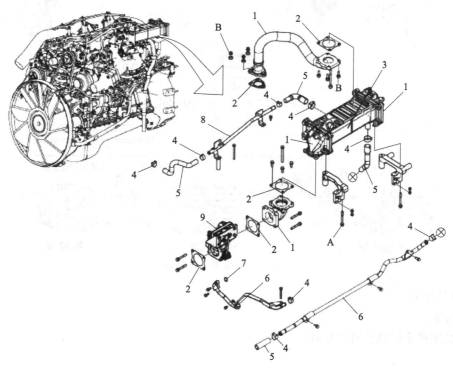

图 5-12 日野 P11C 发动机 EGR 系统部件分解
1—废气再循环管道；2—歧管密封圈；3—废气再循环冷却器；4—夹子；5—水管；
6—冷却剂输入管；7—O 形圈；8—冷却剂输出管；9—废气再循环阀门
拧紧扭矩（单位：N·m）：A 为 55；B 为 72。

5.2 博世 DOC-DPF-SCR 系统

5.2.1 系统组成与原理

5.2.1.1 潍柴 WP12/WP13 发动机后处理系统

柴油机选择性催化还原系统（Selective Catalytic Reduction，SCR）用于去除柴油发动机排放中的氮氧化合物。在高温环境下，尿素喷射单元向排气管中喷射尿素水溶液，尿素在高温下水解放出氨气，氨气在 SCR 催化器中与尾气中的氮氧化合物发生氧化还原反应，重新生成氮气和水，从而达到降低柴油发动机氮氧化合物排放的目的。

该系统可有效地降低发动机的燃油消耗率，达到车辆节能的目的；具有良好的油品适应性（较好的抗硫性）；发动机结构相对简单（针对 EGR 发动机而言），便于维修。

选择性催化还原系统由尿素供给单元、尿素喷射单元、控制单元及选择性催化还原系统催化器箱组成。系统组成及原理如图 5-13 所示。

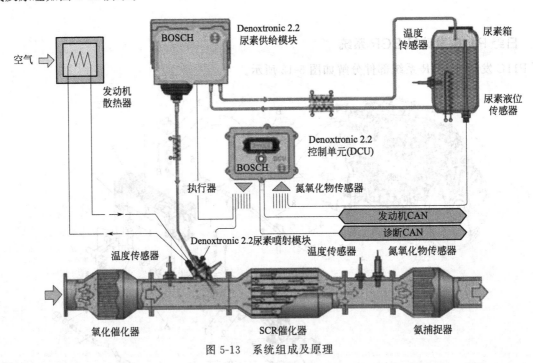

图 5-13 系统组成及原理

(1) 尿素供给单元
① 尿素供给泵。
② 尿素箱及尿素箱加热及液位总成。
③ 尿素管。

(2) 尿素喷射单元
① 尿素喷射阀及垫片。
② 冷却水管。

(3) 控制单元

① 传感器，包括环境温度及尿素箱温度传感器、液位传感器、氮氧传感器等。
② 尿素喷射控制单元（Dosing Control Unit，DCU）可集成于博世 EDC17CV 电控单元中。
③ 执行器，包括加热继电器、尿素箱电磁阀等。
（4）选择性催化还原系统催化器箱
① 选择性催化还原系统催化器。
② 消声器。

尿素供给单元是将尿素溶液从尿素箱吸入尿素泵并以一定的压力输送到喷射单元，在停车或者系统出现故障需要倒抽时完成对系统内尿素水溶液的清空工作。

尿素喷射单元是将尿素水溶液雾化并定量喷射到排气管中。

尿素喷射控制单元是通过传感器实时了解车辆的状态，实时通过软件计算精确控制各执行器的工作，实现对车辆各系统的精确控制。

Denoxtronic 2.2 是博世公司第二代选择性催化还原系统 Denoxtronic 2.1 的升级版本，针对柴油商用车及非道路工程机械开发。尿素喷射控制单元可集成于博世 EDC17CV 电控单元中，以简化系统，降低成本。

Denoxtronic 2.2 系统具有氮氧化合物转化效率高，有效降低发动机的油耗，在低温环境下可通过自行解冻，以实现正常工作；采用发动机冷却水对喷射阀进行冷却；采用模块化设计，便于在车辆上安装；可满足国四、国五及更高的排放要求等特点。

系统主要组成部件如图 5-14 所示。

Denoxtronic 2.1 主要部件如图 5-15 所示。

尿素供给单元 Denoxtronic 2.2 SM

尿素喷射单元 Denoxtronic 2.2 DM

图 5-14 系统主要组成部件

尿素供给单元 Denoxtronic 2.1 SM

尿素喷射单元 Denoxtronic 2.1 DM

图 5-15 Denoxtronic 2.1 主要部件

欧 VI 后处理系统包括 DOC 部件、DPF 部件、SCR 部件三部分，称为 DOC-DPF-SCR 总成，其中 DPF 部件还包括再生系统 DPM。DOC-DPF-SCR 总成的主要作用是降低发动机排气中的 NO_x 和 PM，以达到改善发动机的排放的目的。

DOC（Diesel Oxidation Catalysis）即颗粒物的氧化催化器，是在蜂窝陶瓷载体上涂覆贵金属催化剂，其目的一是为了降低柴油机尾气中的 HC、CO 和 SOF 的化学反应活化能，使这些物质能与尾气中的氧气在较低的温度下进行氧化反应并最终转化为 CO_2 和 H_2O；二是将排气中的 NO 氧化成 NO_2，为 DPF 被动再生提供足够的反应物，以实现较高 DPF 被动再生效率。

DPF（Diesel Particulate Filter）即颗粒物的捕集器，主要是通过扩散、沉积和撞击机理来过滤捕集柴油机排气中的微粒。排气流经捕集器时，其中微粒被捕集在过滤体的滤芯内，剩下较清洁的排气排入大气中。

DPM（Departronic Module）即 DPF 主动再生系统，由燃油计量单元（MU）和燃油喷射单元（IU）两部分组成。燃油计量单元的主要作用是从发动机低压油路取油，把具有一定压力的燃油供给到燃油喷射单元，同时实现对燃油供给量的控制功能；燃油喷射单元是一个机械部件，当燃油达到一定压力后即打开，往排气尾管内喷入柴油实现 DPF 主动再生。

DOC-DPF 系统基本工作原理是：当柴油机排气流过氧化型催化剂（DOC）时，在 200～600℃ 温度条件下，CO 和 HC 首先几乎全部被氧化成 CO_2 和 H_2O，同时 NO 被转化成 NO_2。排气从 DOC 出来进入颗粒捕集器（DPF）后，其中微粒被捕集在过滤体的滤芯内，剩下较清洁的排气排入大气中，DPF 的捕集效率可达 95% 以上。

DPF 再生方式可以分为主动再生和被动再生，工作原理示意参见图 5-16。

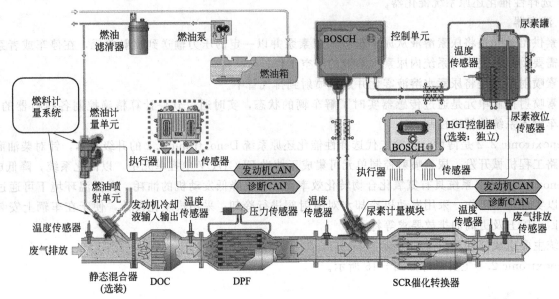

图 5-16 工作原理示意

（1）主动再生 通过发动机缸内后喷燃油或者在排气管中喷入燃油，燃油在 DOC 的作用下被氧化放热，为 DPF 再生提供所需要的热量条件，从而达到减少 DPF 内炭烟（Soot）的目的。

（2）被动再生 废气中的 NO 在 DOC 的作用下生成 NO_2，NO_2 与炭烟（Soot）反应，从而达到减少 DPF 内炭烟（Soot）的目的。

NO_2 对被捕集的颗粒有很强的氧化能力，利用产生的 NO_2 作为氧化剂除去微粒捕集器中的微粒并生成 CO_2，而 NO_2 又被还原为 NO，从而达到去除微粒的目的。

SCR 技术是消除柴油机排气中氮氧化合物的主要后处理技术之一，利用还原剂（NH_3）降低污染物 NO_x 排放以满足欧Ⅵ排放法规对 NO_x 的限值要求。根据功能主要分为控制单元、尿素计量单元和催化反应单元三部分，其中尿素计量单元采用博世的 DeNOx2.2 系统，SCR 系统的组成和总体布局如图 5-17 所示。

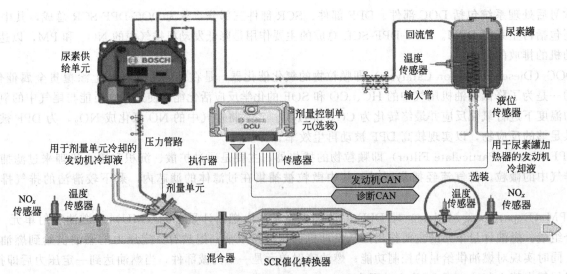

图 5-17 SCR 系统的组成和总体布局

SCR系统的控制单元与发动机的控制单元（ECU）集成在一起，主要用来执行SCR控制策略，并根据环境温度、排气温度、尿素液位、尿素温度、尿素压力、NO_x浓度等传感器信号控制尿素计量单元，根据需求定时定量地将尿素溶液喷射到排气气流中；尿素计量单元主要包括尿素箱、尿素供给单元、尿素喷射单元、加热组件及连接管路和线路，保证尿素溶液的充分雾化和分解；催化反应单元主要包括SCR催化剂及其封装，用来将柴油机排气中的主要有害成分NO_x还原为氮气和水。

SCR系统基本工作原理：排气从增压器涡轮流出后进入排气管中，同时由安装在DPF后的排气管上的尿素喷射单元将适量的尿素水溶液以雾状形态喷入排气管中，尿素液滴在高温废气作用下发生水解和热解反应，生成所需要的还原剂NH_3，NH_3在催化剂的作用下将NO_x有选择性地还原为N_2，其工作原理如图5-18所示。有时为了防止过多的NH_3逃逸造成二次污染，还需要在SCR催化剂后方布置促进氨气氧化成氮气的催化剂（ASC）。

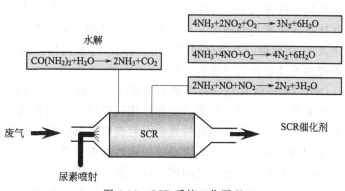

图5-18　SCR系统工作原理

欧Ⅵ后处理系统DOC-DPF-SCR总成主要有箱式和桶式两种形式，箱体上安装有4个高温传感器、1个压差传感器及1个氮氧传感器。

WP9H/WP10H欧Ⅵ柴油机匹配的DOC-DPF-SCR总成为箱式结构，具体如图5-19。

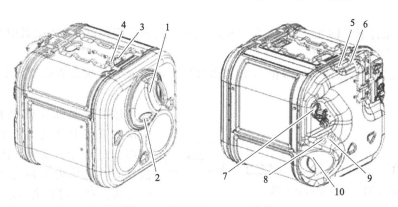

图5-19　DOC-DPF-SCR总成

1—进气口；2—DOC前温度传感器座；3—DOC后温度传感器座；4—DPF前温度传感器座；5—SCR前温度传感器座；
6—DPF后温度传感器座；7—尿素喷嘴座；8—NO_x传感器座；9—SCR后温度传感器座；10—排气口

DOC-DPF-SCR总成整车装配采用L形支架，见图5-20。支架通过螺栓与车架连接，DOC-DPF-SCR总成安装固定示意见图5-21。

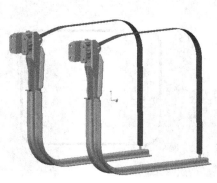

图5-20　L形支架

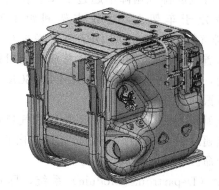

图5-21　DOC-DPF-SCR总成安装固定示意

注意事项：安装时注意轻拿轻放，避免磕碰，防止安装过程中载体破损；安装时防止灰尘或异物从进气口处进入 DOC-DPF-SCR 总成内部；DOC-DPF-SCR 总成上温度传感器、氮氧传感器线束要合理固定，避免接触到筒体上，防止高温将传感器线束烤坏。

当发动机工作时，发动机排气经过进气口进入 DOC-DPF-SCR 总成内部后，在进气口多孔板的作用下使气体均匀性达到一定要求后进入 DOC 部件内部，经过 DOC 处理的气体 HC、CO 和 SOF 会得到有效减少，然后气体进入 DPF 部件内部，经过 DPF 的过滤作用，气体中的 PM 含量和 PN 数会达到要求以下，然后气体进入尿素混合管中，与尿素喷嘴喷射的尿素充分混合，使其分解出氨气，废气与氨气混合均匀的气体进入 SCR 部件，在催化剂的作用下将 NO_x 反应掉，达到降低 NO_x 的目的，最终经过 DOC-DPF-SCR 总成处理的发动机排气再排到大气中。

DOC-DPF-SCR 总成在车辆上安装时，应满足以下几点要求。

在整车上可以像传统消声器那样用钢带固定，但需按图纸上标示的状态安装，按要求确定钢带捆扎位置并可靠限位，错误的捆扎位置会引起表面保温层的损伤或固定不可靠。

支架和车辆大梁的连接需要使用弹性减振装置，这样可使内部载体和催化剂免受剧烈振动。应在涡轮增压器出口和催化转化器之间使用软连接，以避免发动机的振动传到催化转化器内的催化剂载体。

由于 DOC-DPF-SCR 总成重量较大，安装时应检查安装系统的强度，如有必要，需重新设计。

因为 DOC-DPF-SCR 总成内的化学反应依赖于温度，所以 DOC-DPF-SCR 总成应尽可能靠近发动机，以保证 DOC-DPF-SCR 总成的内部温度尽可能接近增压器后排气温度，如果排气管长度超过 1m，必须采取保温隔热措施，以确保增压器出口到 SCR 入口的温度损失小于 20℃，推荐的保温材料为无机纤维复合制品，其特性如下：常温热导率≤0.04W/(m·K)；抗拉强度≥0.72MPa；不可燃性为不燃 A 级；安全使用温度不小于 700℃。

标定功率点运行条件下，DOC-DPF-SCR 总成最大压力损失不应超过 25kPa（其中在涡轮排气出口处测得的最大总系统背压不应超过 30kPa）。

对于 SCR 箱出气管为直管的，如需在 SCR 箱出气管上加延长管，加装管的壁厚不能超过 4mm，长度不能超过 250mm。

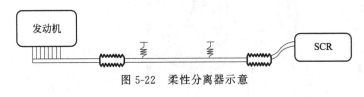

图 5-22　柔性分离器示意

建议发动机端和 DOC-DPF-SCR 总成端的排气管路上分别加装柔性分离器，其示意如图 5-22 所示，实物如图 5-23 所示。柔性分离器能够补偿发动机与 DOC-DPF-SCR 总成的相对位移，可以有效隔离发动机端与 DOC-DPF-SCR 总成端力和振动的传递。且需要保证该排气管由发动机端向 DOC-DPF-SCR 总成端延伸的过程中水平高度逐渐降低，不允许有高点，以避免 DPM 喷嘴喷射的燃油碰壁后凝聚倒流。

排气管路尽量短，最长不应超过 3m，超过 1m 建议加装保温材料以降低结晶风险，保证涡轮出口至尿素喷射点的排气温降不超过 20℃。排气管须通过支架固定于车架上，建议支架间距不宜超过 0.8m。排气管上距离 DOC-DPF-SCR 总成最近的支撑尽量布置在与 DOC-DPF-SCR 总成无相对运动的零部件上，以减少排气管与 DOC-DPF-SCR 总成之间的相对振动。

排气管路对 DOC-DPF-SCR 总成进气口的最大弯矩不应超过 150N·m，以保证 SCR 催化消声器正常使用寿命。

DPM（Departronic Module）系统，即后处理 HC 喷射系统，包括计量单元（MU）和喷射单元

图 5-23　柔性分离器实物

（IU），用于将柴油（HC）喷入发动机排气管中。柴油在 DOC 中燃烧，以提高废气的温度，促使 DPF 内捕集的炭颗粒的氧化（400～600℃）。

在 HC 喷射过程中，为了保证燃油足够的雾化及燃烧转化效率、防止催化剂惰化或污垢的形成，需要对发动机的最低排气温度进行限制（建议 300～350℃）。同时，需要考虑以下因素：壁潮湿、排气管漏气、混合物形成、DOC 老化等对 HC 喷射系统的影响。

若系统检测到错误，DPM 会强制进入安全模式：SV 关闭、DV 关闭、降低油压至 0。

DPM 系统技术参数见表 5-1。

表 5-1 DPM 系统技术参数

项目		技术参数
DPM 系统可应用机型		4.0～18L 发动机
供给电压		24V 直流电压。压力和温度传感器为 4.75～5.25V
油压范围		相对于废气压力 4～8bar
燃油温度		−25～90℃
最大喷射量（压力均为相对压力）	低压管路	176g/min@4bar，371g/min@8bar
	高压管路	248g/min@4bar，518g/min@8bar
	超高压管路	306g/min@4bar，681g/min@4bar
喷雾直径		约为 100μm
雾化角度		约为 50°
冷却液要求		20～70L/h（取决于废气流量，喷嘴的最大承受温度为 230℃）
计量单元和喷射单元的油管要求		硬管，长度为 1～2.5m，直径为 4mm

MU 计量单元包括一个壳体，由切断阀、上游温度压力传感器、下游温度传感器和喷射阀组成。MU 计量单元结构如图 5-24 所示。其中四个接插件都连接在整车线束上，具体针脚定义参考表 5-2。

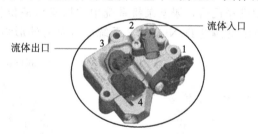

图 5-24 MU 计量单元结构

1—上游压力和温度传感器；2—切断阀；3—下游压力传感器；4—喷射阀

表 5-2 切断阀和喷射阀针脚定义

ECU 针脚	部件名称	接插件针脚	针脚定义	功能
1.13	切断阀	1	正极	
1.16		2	负极	
1.11	喷射阀	1	正极	
1.14		2	负极	
2.21	上游温度压力传感器	1	正极	工作电压：+24V
2.39		2	压力信号	工作频率：10Hz
2.01		3	接地	工作电流：250mA
2.36		4	温度信号	
2.22	下游压力传感器	1	正极	
2.13		2	信号	
2.11		3	接地	

MU 的设计使用时间为 3000h 或最大寿命为 15 年。发生以下任一故障，DPM 就会强制进入安全状态：电控单元故障；液压故障（如燃油持续性的泄露喷射）。

如图 5-25 所示，由于 DPM 传感器单元本身就存在 45°的倾斜角，因此 DPM 上游和下游压力传感器所允许的最大安装倾斜角为 α＝90°。

因此，安装时 DPM 上游压力传感器及下游压力传感器时公头端面应该向上，DPM 进油及出油端面向下。

IU 喷射单元包括喷射阀（IV）和冷却水流道（CA）。喷射阀使柴油雾化，并把雾化的柴油喷入尾气管中。柴油喷嘴结构如图 5-26 所示。

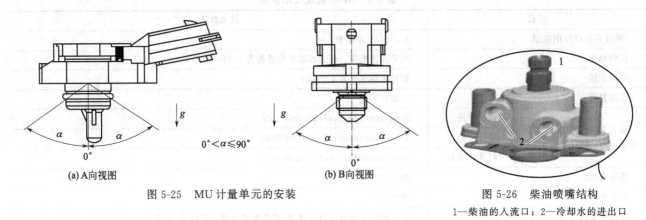

图 5-25　MU 计量单元的安装

图 5-26　柴油喷嘴结构
1—柴油的入流口；2—冷却水的进出口

IU 喷射单元需要装在排气管上，涡轮增压器下游。IU 喷嘴禁止垂直安装，以减少喷嘴处的沉积物、冷凝物及结冰。喷射方向禁止与废气流向相反。

尿素泵负责将尿素箱中的尿素溶液加压并且送往尿素喷嘴，同时将多余的尿素溶液泵回尿素箱，将系统的压力维持在 9bar 左右。发动机停机后，尿素泵将系统中的尿素溶液倒抽回尿素箱，以避免残留的尿素溶液引起系统失效。如图 5-27 所示是博世 DeNO$_x$ 2.2 系统尿素泵的外形结构。

图 5-27　博世 DeNO$_x$ 2.2 系统尿素泵的外形结构

尿素泵有三个液力管路接头，分别是进液管接头、回液管接头和压力管接头。提供尿素水溶液从尿素箱到尿素喷嘴的通路。接头规格满足 SAE J2044 标准，表 5-3 是三个接头的具体规格及定义。

表 5-3　DeNO$_x$ 2.2 尿素泵接头规格及定义

名称	规格	描述
进液管接头	SAE J2044 3/8in	入口，连接尿素吸液管
回液管接头	SAE J2044 3/8in	出口，连接尿素回液管
压力管接头	SAE J2044 5/16in	出口，连接尿素压力管

注：1in＝2.54cm，下同。

在安装尿素管时，一定要确认尿素管接头尺寸是否与泵上的接头匹配，如果接错会导致系统无法工作。

尿素泵内有一个可更换的过滤器，防止尿素溶液中的微尘颗粒（直径>30μm）进入喷射阀，滤芯及其附属平衡元件需定期更换。尿素泵前端密封盖上留有电气接口，供 DCU/ECU 控制接口使用。

尿素泵对清洁度要求非常高，所有接口保护帽仅在安装前才能拿掉。

为了保证系统正常高效地工作，尿素泵需正确安装在车辆上。采用潍柴集成式尿素箱，可将尿素泵直接安装在尿素箱对应位置即可满足尿素泵安装要求。

对于非集成式尿素箱，尿素泵的安装应该满足图 5-28 的要求。在正视图上，尿素泵安装允许角在 45°～315°之间，超过此角度范围，系统将无法正常工作。在侧视图（与重力方向平行）中，尿素泵的安装角度允许在 45°～315°之间，超过此角度范围，尿素会残留在尿素泵中。

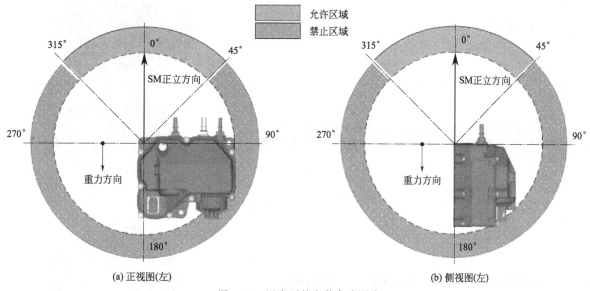

图 5-28 尿素泵的安装角度示意

尿素泵上共有 3 个安装孔，具体位置参考图 5-29。安装螺栓长度最短可用 90mm，需使用防震垫片，表面接触压强为 260MPa，建议安装扭矩为 (19.0±3.8)N·m。

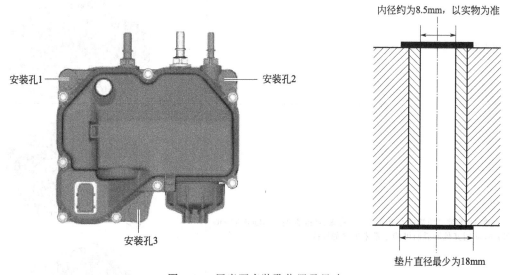

图 5-29 尿素泵安装孔位置及尺寸

DeNO$_x$ 2.2 系统的尿素泵滤芯每使用 3 年或者 10 万千米需要更换。如应用环境恶劣，对尿素水溶液污染较重，则按实际情况更换。更换前，需要对尿素泵外表面进行清洁，并在安装过程中严防滤芯区域被外界污染，过滤器盖旋紧时使用 20N·m+5N·m 的力矩。尿素泵滤芯的更换步骤见表 5-4。

表 5-4 尿素泵滤芯的更换步骤

步骤	操作说明	拆装图示
1	旋开过滤器盖，扳手尺寸 27mm（DIN3124/SO2725-1）	
2	取出平衡器	
3	观察滤芯的颜色，若为灰色，使用专业工具的灰色端；若为黑色，使用黑色端。将正确的工具端伸入滤芯，直到听到"咔嚓"声，表明工具已经安装到位	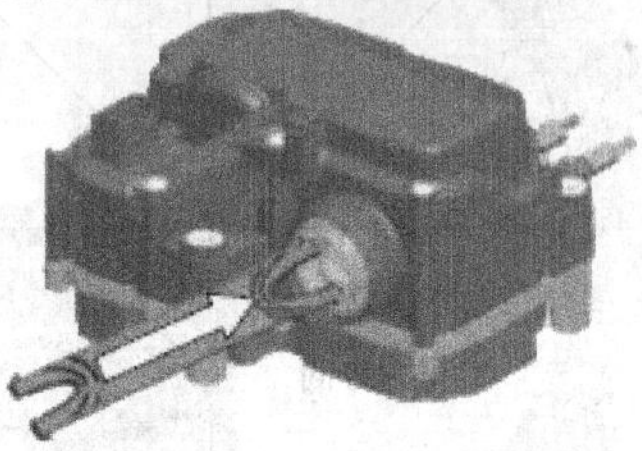
4	将滤芯拔出，必要时可利用工具的卡槽借其他工具帮助拔出	
5	用水清洗滤芯盖外表面	
6	润滑 HCF 滤芯两端的 O 形圈后，安装滤芯（推荐使用 MobilVelocite No.6，使用其他润滑油可能会带来失效的风险）	 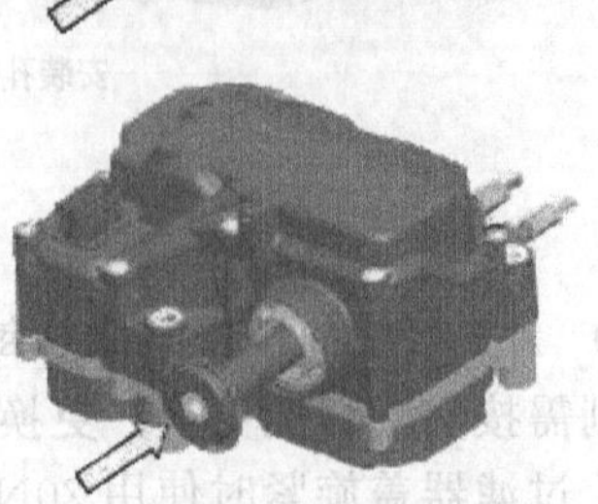

续表

步骤	操作说明	拆装图示
7	旋紧过滤器盖，扭矩 20N·m＋5N·m，扳手尺寸 27mm（DIN3124/ISO2715-1）	

尿素泵线束固定时，要求线束第一固定点到接头的距离小于 200mm，固定点的选择需要与固定的零部件在同一振动源上。

尿素喷嘴将尿素泵加压的尿素喷入尾气中。如图 5-30 所示是尿素喷嘴结构，其中包含 1 个尿素管接头和 2 个冷却水接头，接头规格均满足 SAE J2044 标准。尿素管接头规格为 5/16in，与尿素压力管相连。

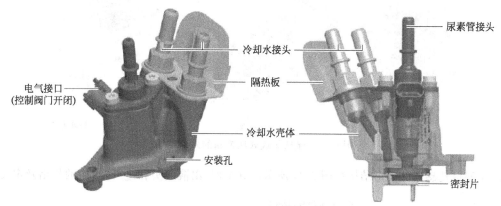

图 5-30 尿素喷嘴结构

两个冷却水接头规格为 3/8in，它们是发动机冷却液对尿素喷嘴进行冷却的进水口和回水口，防止尿素喷嘴高温失效。冷却水接头不区分进水和回水，可互换。尿素喷嘴冷却水在发动机上的取水位置可参考尿素箱加热冷却水的取水和回水位置。

尿素喷嘴对清洁度要求非常高，所有保护帽仅在安装前才能拿掉。

为了保证系统高效工作，尿素喷嘴需正确安装在车辆上。采用潍柴集成式 DOC-DPF-SCR 总成，将尿素喷嘴直接安装在 DOC-DPF-SCR 总成对应位置即可满足尿素喷嘴安装要求。

尿素喷嘴正确的安装顺序如图 5-31 所示，应先固定安装孔 1，后安装孔 2 和 3，接触面（螺母或垫片）直径最小 12mm，最大接触压强 18MPa，建议安装扭矩为 (8±2)N·m（摩擦系数参考值为 0.14），螺栓长度最短选用 20mm。

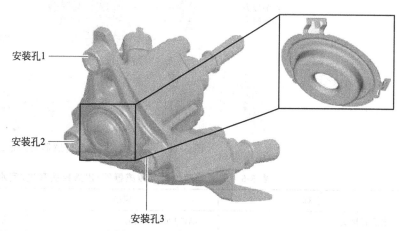

图 5-31 尿素喷嘴正确的安装顺序

尿素喷嘴底部的密封片是一次性部件，故每次拆卸后均需要更换。如图 5-32 所示为尿素喷嘴垫片更换过程。更换时勿使用尖锐的工具撬边缘，应使用镊子拨动三个圆盘触点，取下后清洁密封区域但避免碰触尿素喷嘴，然后重新装上新的密封片。

尿素喷嘴线束固定时，线束第一固定点到接头的距离小于 100mm，线束安装位置必须与尿素喷嘴保持

图 5-32 尿素喷嘴垫片更换过程

同样的振动水平。

尿素箱主要用来存储尿素溶液，潍柴集成式尿素箱将尿素泵集成在了尿素箱上，如图 5-33 所示是潍柴集成式尿素箱的外形结构。

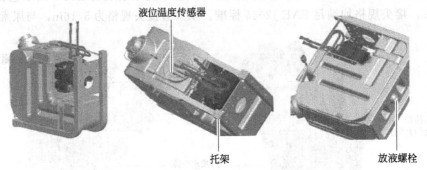

图 5-33 潍柴集成式尿素箱的外形结构

尿素箱液位温度传感器的外形结构如图 5-34 所示，其中回/出液接头和进/回水口的规格及定义见表 5-5。

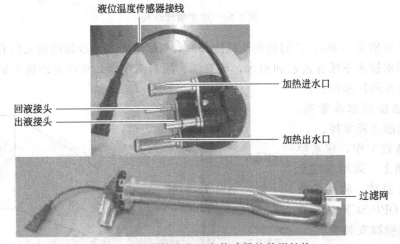

图 5-34 尿素箱液位温度传感器的外形结构

表 5-5 尿素箱液位温度传感器回/出液接头和进/回水口的规格及定义

名称	规格	描述
出液管接头	SAE J2044 3/8in	出口，连接尿素吸液管
回液管接头	SAE J2044 5/16in	入口，连接尿素回液管
加热进水口	外径14mm，内径10mm	进口，连接加热进水
加热出水口	外径14mm，内径10mm	出口，连接加热出水

尿素箱安装前要确认液位温度传感器各个接口防护良好，防止杂物进入系统管路，系统无法工作。

尿素箱在车辆上安装时，应远离热源，尽量避免尿素箱受来自发动机、变速箱、SCR 催化转化器、排气管等热源辐射的影响而导致尿素溶液变质的风险。

尿素溶液的冰点为-11.5℃，系统在低温下时，尿素会结冰导致系统无法工作，因此需要对尿素箱进行解冻，尿素箱采用发动机的冷却水进行解冻和加热，系统加热水路的走向如图5-35所示。

尿素箱最高液位应添加尿素溶液至100%，当尿素溶液消耗到20%时，需要添加尿素溶液；每年发动机进行保养时打开尿素箱底部放水螺塞进行清洗，放出箱内沉淀；不定期检查时如发现通气阀或加液口处出现白色结晶，可用清水冲洗，也可用湿布擦拭，如发现通气阀堵塞，可用清水清洗或更换；2~3年更换箱内滤网；不定期检查插件及管路接头是否良好。

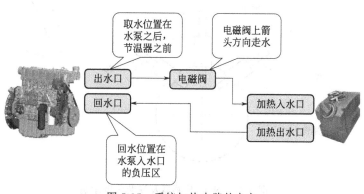

图 5-35　系统加热水路的走向

尿素管路即是尿素的通道，在安装前保证两端防护良好，防止脏物和杂质进入管路，进而进入系统，导致系统失效。

尿素管路安装要对应正确，不正确会导致系统无法工作。安装前确认尿素管接头尺寸，各个快接头型号与箱、泵和尿素喷嘴上的型号匹配正确。尿素管与泵和尿素箱的匹配对应见表5-6。

表 5-6　尿素管与泵和尿素箱的匹配对应

名称	管径/mm	接头规格	描述	描述
尿素吸液管路	外径8，内径6	SAE J2044 3/8in	3/8in 直转弯	箱端直，泵端弯
尿素压力管路	外径8，内径7	SAE J2044 5/16in	5/16in 直转弯	泵端直，嘴端弯
尿素回流管路	外径8，内径7	SAE J2044 5/16in SAE J2044 3/8in	3/8in 弯转 5/16in 直转弯	箱端直，泵端弯

安装时尿素管不能弯折，若管路如图5-36所示弯折严重，将导致系统不能工作。

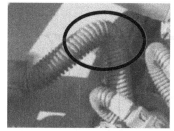 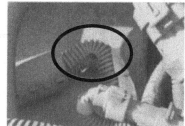 

图 5-36　尿素管路弯折严重

DeNO$_x$ 2.2欧Ⅵ系统与后处理相关的传感器除集成在尿素箱上的液位温度传感器外，还有排温传感器、氮氧传感器和环境温度传感器。

NO$_x$传感器和排温传感器安装方向与气流方向垂直，传感器集成安装以前，为拆卸留足够的间隙；氮氧传感器探头安装时拧紧力矩为50N·m，线束应防止接触高温物体；排温传感器安装力矩为(45±5)N·m。

环境温度传感器要求安装在能够客观反映环境温度的位置，避免整车热源对传感器测量的影响。

氮氧传感器安装在排气尾气管和后处理箱出口处，安装方向应垂直于排气管在-80°~80°之间，如图5-37所示是NO$_x$传感器及安装角度示意。

为避免线束在车辆运行过程中因车辆的振动而造成线束各接插件的松动、损坏，导致信号传输的中断、失败，进而造成系统工作异常，对于余量线束要用卡箍进行固定。固定时，线束的弯曲角度不能太大，否则长时间运行后导线容易损坏。线束的固定要求：L_1>10mm，弧线长度L_2>50mm，α在45°~135°之间，各个参数的定义如图5-38所示。

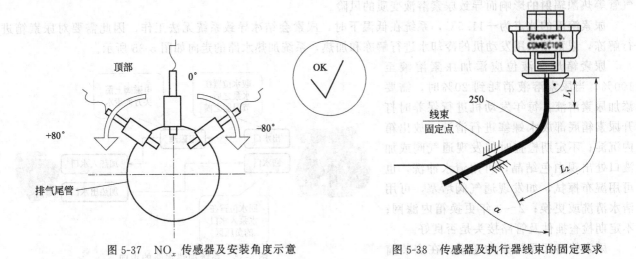

图 5-37 NOx 传感器及安装角度示意

图 5-38 传感器及执行器线束的固定要求

线束固定安装时应注意以下事项：线束电缆到接插件的连接应没有可见导线暴露在空气中，绝缘护套应完整。线束在整车上进行布置时，要做好足够的保护措施，布置时应避免靠近整车上的锋利边缘，防止线束在车辆长期运行过程中造成磨损现象，导致短路等情况的发生。要求插接件要插接到位，以免造成虚插现象，给车辆下线及诊断等工作带来不必要的麻烦，同时为保证信号通信的可靠性，线束应进行有序的捆扎及固定。

在线束插接件处，应保证线束不能过于弯折，且电线接头处不应受到油污、水、碎屑、泥土等杂质的影响。若有金属线头暴露，应使用胶带分别包裹起来，避免出现短路。

$DeNO_x$ 2.2 系统的安装可有多种布局，车型设计定型后，请勿更改。注意：更改布局可能会引起系统功能的变化，更改效果需在实际工作条件下重新验证。

推荐布局一：尿素喷嘴在顶部，尿素箱在底部，尿素泵在中部。该布局缩短了倒抽时间并可避免停机后尿素回流。

推荐布局二：尿素箱和尿素喷嘴均置于尿素泵上方位置，此布局可避免停机后尿素回流。

$DeNO_x$ 2.2 系统推荐布局图如图 5-39 所示。

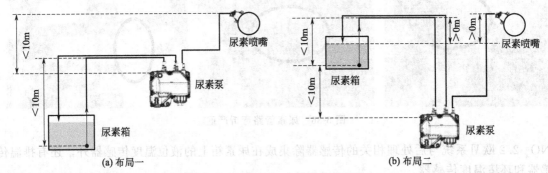

图 5-39 $DeNO_x$ 2.2 系统推荐布局

允许布局一：尿素喷嘴安装于泵之下，为保证停机后尿素喷嘴不被尿素浸泡，在尿素喷嘴近端应引入虹吸。虹吸管的尺寸应足够容纳系统倒抽后残留在压力管中的尿素水溶液。该布局下，尽管尿素喷嘴得到了保护，但是系统倒抽时间较长。

允许布局二：由高到低依次为尿素箱、尿素泵和尿素喷嘴。为了保证停机后尿素喷嘴不被尿素浸泡，在尿素喷嘴近端应引入虹吸。虹吸管的尺寸应足够容纳系统倒抽后残留在压力管中的尿素水溶液。该布局下，尽管尿素喷嘴得到了保护，但是系统倒抽时间较长。

$DeNO_x$ 2.2 系统允许布局图如图 5-40 所示。

限制布局：类似于允许布局二，但尿素喷嘴没有利用虹吸进行保护。如不得已需要如此安装，请验证

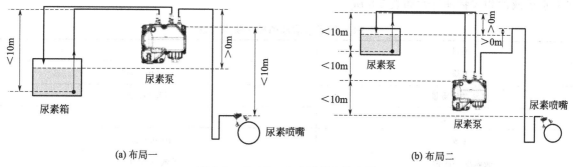

(a) 布局一　　　　　　　　　　　　(b) 布局二

图 5-40　$DeNO_x$ 2.2 系统允许布局

各种可能工况下系统能否正确倒抽。该布局倒抽时间长，停机后尿素有很大的回流至尿素喷嘴的风险等。$DeNO_x$ 2.2 系统限制布局图如图 5-41 所示。

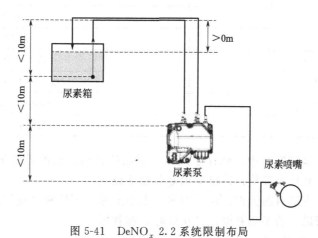

图 5-41　$DeNO_x$ 2.2 系统限制布局

在 $DeNO_x$ 2.2 系统中，使用的是国际上标准的质量分数为 32.5% 的尿素水溶液，其主要成分见表 5-7。

表 5-7　尿素水溶液主要成分

特性	单位	最小值	特征值	最大值
尿素	%	31.8	32.5	33.3
氨	%	—	—	0.2
缩二脲	%	—	—	0.3
不可溶物	mg/kg	—	—	20
磷酸盐	mg/kg	—	—	0.5
钙	mg/kg	—	—	0.5
铁	mg/kg	—	—	0.5
铜	mg/kg	—	—	0.2
锌	mg/kg	—	—	0.2
铬	mg/kg	—	—	0.2
铝	mg/kg	—	—	0.5
镍	mg/kg	—	—	0.2
镁	mg/kg	—	—	0.5
钠	mg/kg	—	—	0.5
钾	mg/kg	—	—	0.5

尿素水溶液的相关物理特性如表5-8所示。

表5-8 尿素水溶液的相关物理特性

项目	参数
溶质	$CO(NH_2)$
溶质摩尔质量	60.06g/mol
溶质浓度	32.5%
密度	1090.0kg/m³
酸碱度(pH值)	弱碱性,9.0~9.5
腐蚀性	高
性状	无色,弱刺激性气味
折射率	1.3829
凝点	-11.5℃
沸点	103℃
黏稠度(25℃)	约1.4mPa·s
导热性(25℃)	约0.570W/(m·K)
比热容(25℃)	约340kJ/(kg·K)
表面张力(20℃)	最低65mN/m

尿素水溶液应该保存在紧闭容器中,储存于阴凉、干燥的仓间,远离强氧化剂存放。加注时,直接倾倒尿素进入尿素箱易溅洒,并污染环境。建议采用专业加注设备。

警示:尿素水溶液对于皮肤有腐蚀性,在添加尿素水溶液时若不慎碰到皮肤或者眼睛,尽快用水冲洗;若持续疼痛,请寻求医疗帮助。若不慎吞服,禁止催吐,速就医。

$DeNO_x$ 2.2系统使用注意事项如下。

按照现行国四OBD法规要求,当尿素箱液位低于10%时,仪表盘相应的指示灯闪烁警告,此时需及时加注尿素水溶液。

尿素水溶液需向授权零售商或专业厂家购买,由于目前加注尿素水溶液的基础设施建设尚不完全,为防止因缺少尿素导致发动机限制转矩,可备用适量的尿素水溶液。禁止使用私自配置或不达标的尿素水溶液,以及其他替代液体,杂质和金属离子会影响系统正常工作,缩短系统寿命。由此带来的损失不在质量保修范围内。

启动柴油发动机时,当发动机转速和排气温度达到设定值后,$DeNO_x$ 2.2系统开始工作,发动机停机后,系统进入倒抽阶段,清空系统内的尿素水溶液,该阶段将持续2~3min,请不要在系统尚处于工作状态时断开电源总开关。

$DeNO_x$ 2.2系统正常关闭(整个倒抽过程结束)后,在-40~25℃的环境中可停机4个月而无须拆卸保存,在较高的温度下,无拆卸停机时间上限会相应缩短。但此期间不得断开液力和电气连接,应避开尿素喷嘴和泵中的尿素水蒸气的蒸发,建议停机前注满尿素箱以减少管路中的蒸发。

超过该时限后,启动系统前应先预运转,以保证能正常启动,步骤如下。

① 尿素箱重新注满尿素水溶液。
② 更换泵中的过滤器。
③ 启动 $DeNO_x$ 2.2系统。

若系统启动异常,则关闭系统,在DCU/ECU主继电器停止后(停止时间以不同应用而异),重启系统,如果仍然启动失败,则须进行故障检修。

检修 $DeNO_x$ 2.2系统需要专业的诊断仪,专业维修站应当配备该诊断仪。

在没有诊断仪的条件下,可进行简单的表观检查。驾驶室仪表盘尿素箱灯亮,表明尿素水溶液剩余不足10%,应及时添加。

若需要更换/拆卸尿素喷嘴，须在发动机完全停机1h，排气管冷却后方可进行，并注意底部的密封片为一次性器件，每次安装均须更换。

车辆每使用3年或者行驶10万千米后，需要更换一次尿素泵的滤芯。

5.2.1.2 奔驰OM471发动机后处理系统

满足欧Ⅵ排放标准的废气再处理系统（EATS）根据新的发动机技术，并与一系列措施配合，以达到减少废气排放的目标。新一代柴油发动机装配了废气再循环和增压压力控制共轨柴油机喷射系统。发动机自身可以实现最大效率和较低的微粒排放。

废气再处理通过以下部件进行。

① 带氨堵塞催化转换器（CAT）的选择性催化还原（SCR）系统。
② 柴油氧化催化转换器（DOC）。
③ 柴油微粒滤清器（DPF）。

以车型963、964搭载的发动机470.9［欧Ⅵ版发动机（代码M5Z）］为例，后处理系统部件分布如图5-42所示。

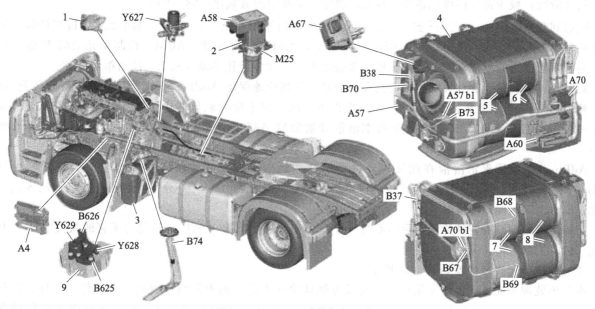

图5-42 后处理系统部件分布

1—柴油微粒滤清器（DPF）A再生喷嘴单元；2—泵模块；3—AdBlue®雾状尿素水溶液箱；4—废气再处理单元；5—氨逃逸催化转换器；6—选择性催化还原（SCR）催化转换器；7—柴油氧化催化转换器（DOC）；8—柴油微粒滤清器（DPF）；9—柴油燃料计量装置；A4—发动机管理系统（MCM）控制单元；A57—氮氧化合物（NO_x）传感器控制单元，废气再处理装置排气口；A57 b1—废气再处理装置排气口氮氧化合物（NO_x）传感器；A58—选择性催化还原（SCR）控制单元；A60—废气再处理（ACM）控制单元；A67—AdBlue®雾状尿素水溶液计量装置；A70—氮氧化合物（NO_x）传感器控制单元，废气再处理装置进气口；A70 b1—废气再处理装置进气口氮氧化合物（NO_x）传感器；B37—柴油机氧化催化转换器上游的排气压力传感器；B38—柴油微粒滤清器下游的废气压力传感器；B67—柴油机氧化催化转换器上游的废气温度传感器；B68—柴油机氧化催化转换器下游的上部废气温度传感器；B69—柴油机氧化催化转换器下游的下部排气温度传感器；B70—柴油微粒滤清器下游的废气温度传感器；B73—选择性催化还原（SCR）催化转换器下游的废气温度传感器；B74—AdBlue®雾状尿素水溶液液位传感器/温度传感器；B625—燃油压力传感器（进口）；B626—燃油压力传感器（出口）；M25—选择性催化还原（SCR）输送泵；Y627—AdBlue®雾状尿素水溶液加热器的冷却液电磁阀；Y628—燃油计量阀；Y629—燃油切断阀

整个废气再处理系统（EATS）的基本功能由发动机管理系统（MCM）控制单元A4和废气再处理（ACM）控制单元A60进行监测及控制。

发动机启动后，发动机管理系统（MCM）控制单元A4会自动在后台启动自动测试常规程序，以检查废气再处理系统（EATS）是否准备就绪。系统成功启用后，集成在泵模块2中的选择性催化还原（SCR）控制单元A58立即被促动。

由此会打开泵模块2中包含的选择性催化还原（SCR）输送泵M25，此时该泵会从AdBlue®雾状尿素水溶液储液罐3中吸入AdBlue®雾状尿素水溶液，并将其通过AdBlue®雾状尿素水溶液供给管路泵送至AdBlue®雾状尿素水溶液计量装置A67。

由于喷射到废气流中的AdBlue®雾状尿素水溶液不连续，因此AdBlue®雾状尿素水溶液会通过AdBlue®雾状尿素水溶液回流管路流回到AdBlue®雾状尿素水溶液箱3中。

无论是否喷射AdBlue®雾状尿素水溶液，该循环都连续进行。因此，实现再循环冷却，以防止直接连接至废气再处理单元4的AdBlue®雾状尿素水溶液计量装置A67过热损坏。

第1阶段：在柴油氧化催化转换器中转化一氧化碳（CO）和碳氢化合物（HC）。

来自排气歧管的废气最初通过废气再处理单元4流入柴油氧化催化转换器7。催化转换器中的碳氢化合物（HC）和一氧化碳（CO）被转化为二氧化碳（CO_2）及水（H_2O）。此外，部分氮氧化合物（NO）被氧化，形成二氧化氮（NO_2）。

第2阶段：降低柴油微粒滤清器中的微粒质量。

柴油微粒滤清器8在柴油氧化催化转换器7后方串联连接。在其多孔式滤清器结构中，微粒通过黏附被分离，然后收集在一起。

第3阶段：减少选择性催化还原（SCR）催化转换器中的氮氧化合物（NO_x）。

喷射到废气流中的AdBlue®雾状尿素水溶液由发动机管理系统（MCM）控制单元A4进行计算。如果需要喷射AdBlue®雾状尿素水溶液，则该控制单元会先向废气再处理（ACM）控制单元A60传送一个信号，后者对数据进行处理，然后促动集成在泵模块中的选择性催化还原（SCR）控制单元A58。

此时，该控制单元会计算喷射正时点和喷油量，并相应地促动AdBlue®雾状尿素水溶液计量装置A67。

喷射AdBlue®雾状尿素水溶液时，会出现以下情况：位于柴油氧化催化转换器7和柴油微粒滤清器8下游的废气路径中的AdBlue®雾状尿素水溶液计量装置A67将AdBlue®雾状尿素水溶液直接喷入废气流中。

AdBlue®雾状尿素水溶液在此处与经过预清洁的废气混合，然后在第一个处理步骤被分解为氨气（NH_3）。由此产生的氨（NH_3）与燃烧过程中产生的氮氧化合物（NO_x）分子一起通过废气流流入选择性催化还原（SCR）催化转换器6。

其蜂房式结构具有特殊涂层，可将氨气（NH_3）和氮氧化合物（NO_x）转化为无害的氮气（N_2）和水蒸气（H_2O）。

废气处理单元安装位置如图5-43所示。

废气再处理单元1固定在车架一侧。废气再处理单元1是车辆中限制排放的主要部件。此外，其作为消声器的功能，也会将噪声排放保持在尽量低。废气再处理单元内部结构如图5-44所示。

来自发动机的废气a流经进气管5到混合管4中。在混合管4，即所谓的水解段中，AdBlue®雾状尿素水溶液由AdBlue®雾状尿素水溶液计量装置A67喷射，在废气再处理单元1后部，废气流方向改变，使其从后方流经选择性催化还原（SCR）催化转换器3和氨逃逸催化转换器2。

在废气再处理单元1前侧，废气再次改变方向，然后通过消声器外壳，清洁的排气最终通过排气管6排放到环境中。总成工作原理示意如图5-45和图5-46所示。

选择性催化还原（SCR）催化转换器3位于废气再处理装置中，并与氨逃逸催化

图5-43　废气再处理单元安装位置
1—废气再处理单元

转换器 2 共同组成一个单元。

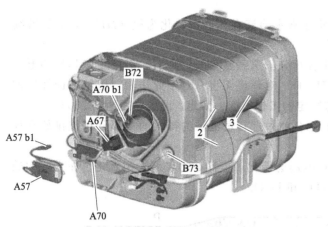

图 5-44 废气再处理单元内部结构

2—氨逃逸催化转换器；3—选择性催化还原（SCR）催化转换器；A57—氮氧化合物（NO_x）传感器控制单元，废气再处理装置排气口；A57 b1—废气再处理装置排气口氮氧化合物（NO_x）传感器；A67—AdBlue® 雾状尿素水溶液计量装置；A70—氮氧化合物（NO_x）传感器控制单元，废气再处理装置进气口；A70 b1—废气再处理装置进气口氮氧化合物（NO_x）传感器；B72—选择性催化还原（SCR）催化转换器上游的废气温度传感器；B73—选择性催化还原（SCR）催化转换器下游的废气温度传感器

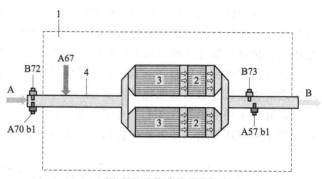

图 5-45 传感器的位置

1—废气再处理单元；2—氨逃逸催化转换器；3—选择性催化还原（SCR）催化转换器；4—混合管（水解段）；A57 b1—废气再处理装置排气口氮氧化合物（NO_x）传感器；A67—AdBlue® 雾状尿素水溶液计量装置；A70 b1—废气再处理装置进气口氮氧化合物（NO_x）传感器；B72—选择性催化还原（SCR）催化转换器上游的废气温度传感器；B73—选择性催化还原（SCR）催化转换器下游的废气温度传感器；A—来自发动机的废气；B—清洁的排气（至大气中）

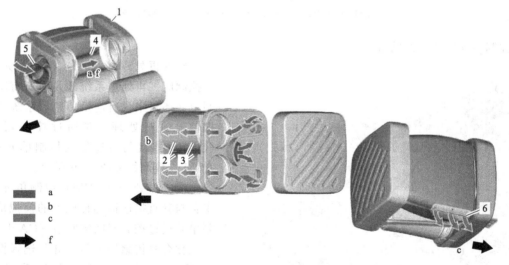

图 5-46 废气再处理单元功能

1—废气再处理单元；2—氨逃逸催化转换器；3—选择性催化还原（SCR）催化转换器；4—混合管（水解段）；5—进气管；6—排气管；a—来自发动机的废气；b—选择性催化还原（SCR）催化转换器和氨逃逸催化转换器中的排气；c—清洁的排气（至大气中）；f—行驶方向

燃烧过程中生成的有毒氮氧化合物（NO_x）在选择性催化还原（SCR）催化转换器 3 中还原为无毒的氮气（N_2）和水（H_2O）。

首先使用氨逃逸催化转换器 2 转换未起反应的氨微粒（NH_3），由于氨的臭味阈值较低，很容易被从车内环境中检测到。

选择性催化还原（SCR）催化转换器 3 和氨逃逸催化转换器 2 包含两个在一个金属板封套中连接成系列的圆柱形催化转换器芯。为允许进行化学反应，该陶瓷体装配了由钛、钨、铂和钒等一系列稀有金属制成的特殊涂层。

废气 A 流通过废气再处理装置的进气管流入混合管，也就是所谓的水解段 B。

废气再处理（ACM）控制单元 A60 基于传感器信息计算出 AdBlue®雾状尿素水溶液剂量，在此处注入。

如图 5-47 所示，在第一个处理步骤，AdBlue®雾状尿素水溶液在此处被转化为氨（NH_3），然后继续沿着选择性催化还原（SCR）催化转换器 3 的方向流动。

第二阶段的还原过程在蜂房式结构中进行：氮氧化合物分子遇到氨分子（NH_3）后能量以热量的形式被释放。化学反应的产物只有氮气（N_2）和水蒸气（H_2O），对环境无害。对于此步骤，也就是选择性催化还原。选择性催化还原（SCR）催化转换器 3 必须有特定的工作温度。为此，温度需要达到 250℃。

已由选择性催化还原（SCR）催化转换器 3 从氮氧化合物中进行过清洁的排气的大部分在被排放到环境中之前也会流过氨逃逸催化转换器 2。

此处，未用尽的氨（NH_3）分子与氧（O_2）分子在氨逃逸催化转换器 2 的表面被铂氧化。在之前的处理步骤中未被还原的一些氮氧化合物分子也被还原为 NO_2 和 H_2O。

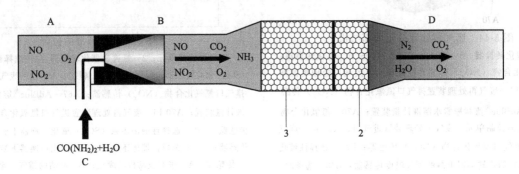

图 5-47 部件功能

2—氨逃逸催化转换器；3—选择性催化还原（SCR）催化转换器；A—废气（来自电动机）；
B—水解段；C-AdBlue®雾状尿素水溶液；D—废气（终端产物）

ACM 控制单元安装位置见图 5-48。

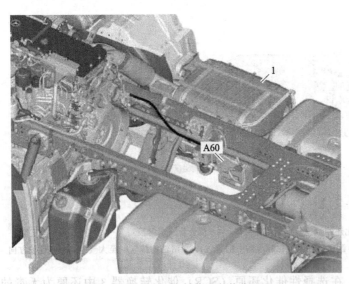

图 5-48 ACM 控制单元安装位置

1—废气再处理单元；A60—废气再处理（ACM）控制单元，紧固在废气再处理装置单元内侧的支架上

废气再处理（ACM）控制单元 A60 调节并控制废气再处理系统的几乎所有功能。该控制单元还对来自所连接传感器系统的数字和模拟信号进行处理，并通过控制器区域网络（CAN）连接与所连接的控制单元进行通信。ACM 连接网络如图 5-49 所示。

废气再处理（ACM）控制单元 A60 接收来自与其直接连接的传感器的模拟信号。该控制单元通过控制器区域网络（CAN）连接接收氮氧化合物传感器信号，并与选择性催化还原（SCR）控制单元 A58 和发动机管理系统（MCM）控制单元 A4 进行通信。

它利用选择性催化还原（SCR）控制单元 A58 和发动机管理系统（MCM）控制单元 A4 提供的数据计算所需的 AdBlue®雾状尿素水溶液量，该信息随后会由选择性催化还原（SCR）控制单元 A58 继续传送至 AdBlue®雾状尿素水溶液计量装置 A67。

柴油微粒滤清器的负载状态由温度和压力传感器监测。如果需要主动再生，则发动机管理系统（MCM）控制单元 A4 会对此发出请求。控制单元联网如图 5-50 所示。

AdBlue®雾状尿素水溶液管路系统包括 AdBlue®雾状尿素水溶液箱、泵模块 2 和 AdBlue®雾状尿素水

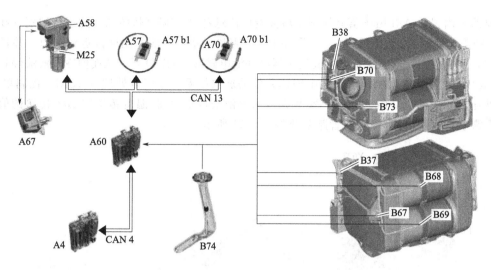

图 5-49 ACM 连接网络

A4—发动机管理（MCM）控制单元；A57—氮氧化合物（NO_x）传感器控制单元，废气再处理装置排气口；A57 b1—废气再处理装置排气口氮氧化合物（NO_x）传感器；A58—选择性催化还原（SCR）控制单元；A60—废气再处理装置（ACM）控制单元；A67—AdBlue®雾状尿素水溶液计量装置；A70—氮氧化合物（NO_x）传感器控制单元，废气再处理装置进气口；A70 b1—废气再处理装置进气口氮氧化合物（NO_x）传感器；B37—柴油机氧化催化转换器上游的排气压力传感器；B38—柴油微粒滤清器下游的废气压力传感器；B67—柴油机氧化催化转换器上游的废气温度传感器；B68—柴油氧化催化转换器下游的上部废气温度传感器；B69—柴油机氧化催化转换器下游的下部排气温度传感器；B70—柴油微粒滤清器下游的废气温度传感器；B73—选择性催化还原（SCR）催化转换器下游的废气温度传感器；B74—AdBlue®雾状尿素水溶液液位传感器/温度传感器；CAN 4—传动系统控制器区域网络；CAN 13—NO_x 控制器区域网络；M25—选择性催化还原（SCR）输送泵

溶液计量装置 A67。

由于 AdBlue®雾状尿素水溶液计量装置 A67 直接安装在废气再处理装置（EATU）上并会因此受到高温，所以当发动机启动时以及在发动机停机进行再循环冷却后的特定运行时间内，AdBlue®雾状尿素水溶液会不断循环。

AdBlue®雾状尿素水溶液在低于约−13℃的温度时会冻结。AdBlue®雾状尿素水溶液加热器可确保对其未工作期间冻结的 AdBlue®雾状尿素水溶液进行加热，并防止 AdBlue®雾状尿素水溶液在车外温度较低的情况下冻结。

从 AdBlue®雾状尿素水溶液箱到泵模块 2 的 AdBlue®雾状尿素水溶液管路与冷却液管路铺设在一起，并进行了隔热处理。泵模块 2 与 AdBlue®雾状尿素水溶液计量装置 A67 之间的 AdBlue®雾状尿素水溶液管路并非通过冷却液加热，而是由集成在管路部分中的电加热元件进行加热。

AdBlue®雾状尿素水溶液加热器由 AdBlue®雾状尿素水溶液加热器冷却液电磁阀 Y627 组成，其位于发动机后端和冷却液管路系统中。AdBlue®雾状尿素水溶液加热器冷却液电磁阀 Y627 由发动机管理系统（MCM）控制单元 A4 促动。其通过 AdBlue®雾状

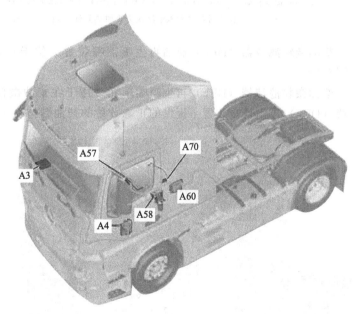

图 5-50 控制单元联网

A3—行驶控制系统（CPC）控制单元；A4—发动机管理系统（MCM）控制单元；A57—氮氧化合物（NO_x）传感器控制单元，废气再处理装置排气口；A58—选择性催化还原（SCR）控制单元（位于泵模块中）；A60—废气再处理（ACM）控制单元；A70—氮氧化合物（NO_x）传感器控制单元，废气再处理装置进气口

尿素水溶液容器中内置的 AdBlue® 雾状尿素水溶液液位传感器 B74/温度传感器对此进行识别（在罐溶液的温度接近于规定的限制值约 8℃ 的情况下）。如果 AdBlue® 雾状尿素水溶液的温度接近该限值，并且冷却液温度已经达到 65℃，则 AdBlue® 雾状尿素水溶液加热器冷却液电磁阀 Y627 打开，从而使冷却液流经管路系统。

集成在 AdBlue® 雾状尿素水溶液管路中加热元件的加热线圈由废气再处理（ACM）控制单元 A60 打开和关闭。此处比较相关的也是由 AdBlue® 雾状尿素水溶液液位传感器/温度传感器 B74 传送的值。

AdBlue® 雾状尿素水溶液/冷却液管路系统如图 5-51 所示。

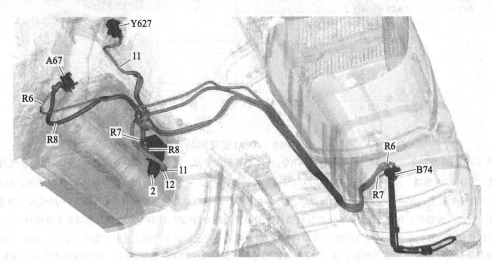

图 5-51 AdBlue® 雾状尿素水溶液/冷却液管路系统

2—泵模块；11—冷却液供给管；12—冷却液回流管；A67—AdBlue® 雾状尿素水溶液计量装置；B74—AdBlue® 雾状尿素水溶液液位传感器/温度传感器；R6—AdBlue® 雾状尿素水溶液回流管路加热元件；R7—AdBlue® 雾状尿素水溶液吸入管道加热元件；R8—AdBlue® 雾状尿素水溶液压力管加热元件；Y627—AdBlue® 雾状尿素水溶液加热器的冷却液电磁阀

柴油微粒滤清器（DPF）燃油再生喷油嘴装置 2 位于发动机右侧，涡轮增压器下游的排气管 4 旁边，见图 5-52。

柴油微粒滤清器（DPF）再生喷嘴单元 2 用于在柴油微粒滤清器（DPF）主动再生期间将柴油微粒滤清器（DPF）再生计量装置 1 提供的正确数量的柴油燃料喷入废气流中。部件结构如图 5-53 所示。

图 5-52 燃油再生喷油嘴位置

1—柴油微粒滤清器（DPF）燃油再生计量装置；2—柴油微粒滤清器（DPF）燃油再生喷嘴装置；3—燃油管路；4—排气管；5—冷却液管路；6—冷却液管路；7—漏油管

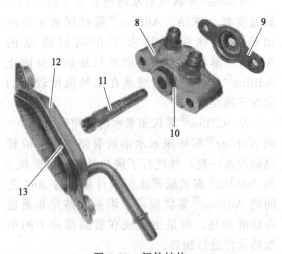

图 5-53 部件结构

8—冷却适配器；9—外壳下部；10—密封圈；11—喷油嘴；12—防护罩；13—密封件

柴油微粒滤清器（DPF）燃油再生喷油嘴装置 2 将喷油嘴 11 处的柴油燃料以微粒雾化形式喷入废气流中，集成式止回阀可防止回流。由于排气管处的温度，可利用来自发动机冷却液回路的冷却液对其进行冷却。柴油燃料计量装置 1 用于在柴油微粒滤清器（DPF）主动再生期间提供喷入排气管 4 中的所需数量的柴油燃料。柴油燃料计量装置 1 是其上分布有燃油通道的总成部件，并且带有一个铝制外壳。位于其上的传感器的测量探针插在燃油通道中。该装置通过燃油管路 3 与用于柴油微粒滤清器（DPF）再生的喷油嘴装置 2 相连接。柴油燃料计量装置管路连接如图 5-54 所示。

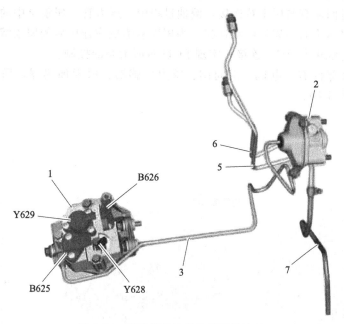

图 5-54　柴油燃料计量装置管路连接

1—柴油燃料计量装置；2—柴油微粒滤清器（DPF）燃油再生喷嘴装置；3—燃油管路；5，6—冷却液管路；7—漏油管；
B625—燃油压力传感器（出口）；B626—燃油压力传感器（入口）；Y628—燃油计量阀；Y629—燃油切断阀

当根据传感器系统提供的值确定柴油微粒滤清器（DPF）需要进行主动再生时，废气再处理（ACM）控制单元 A60a 会向发动机管理系统（MCM）控制单元 A4 发出请求。这会促动燃油切断阀，从而使来自低压回路的柴油燃料进入该部件。燃油计量阀也按指定的间隔打开。

因此，与计算结果相等数量的柴油燃料流入通向柴油微粒滤清器（DPF）燃油再生喷油嘴装置 2 的供油管路中。两个压力传感器提供的数值用于计算阀的打开时间。

5.2.1.3　解放国五发动机与国四发动机后处理系统区别

排放法规从国四到国五，主要是进一步减少 NO_x 的排放，方法为 SCR 系统多喷射一些尿素溶液并提高转化效率。排放升级期间博世尿素泵换代，由 2.2 代更新至 6.5 代，解放重卡搭载博世 6.5 代尿素泵进行国五开发。解放国四与国五发动机后处理系统对比见表 5-9。

表 5-9　解放国四与国五发动机后处理系统对比

对比	项目	国四	国五
相同项	ECU 硬件	EDC17CV44	EDC17CV44
	NO_x 排放超标限扭值/[g/(kW·h)]	7.0	7.0
不同项	ECU 软件	P903V762	P903V400
	尿素泵	2.2 代	6.5 代
	NO_x 排放超标报警限值/[g/(kW·h)]	5.0	3.5
	尿素箱	1160010-51B	1160015-76W
	尿素液位温度传感器	3602525-51B	3602525-76W

6.5代尿素泵与2.2代对比，有以下主要区别。

① 工作压力不同：6.5代为5bar，2.2代为9bar。

② 尿素倒抽结构不同：6.5代为倒抽泵，2.2代为反向阀。

除此之外，两种尿素泵电气、尿素管路接口相同。尿素泵外观如图5-55所示。

外部接口功能如下。

① 吸入管接头：通过吸入管与尿素箱连接，把尿素溶液从尿素箱中吸入尿素泵进行建压。

② 回流管接头：通过回流管与尿素箱连接，倒抽过程中将压力管、尿素泵中的尿素溶液倒抽至尿素箱。

③ 压力管接头：通过压力管与尿素喷嘴连接，为尿素喷嘴供应建压后的尿素溶液。

④ 电气接插口：通过线束与ECU连接，实现ECU对尿素泵的控制。

尿素泵内部电子电气部件有：电机、反向阀、压力传感器、尿素加热器，尿素泵接插件端子分布如图5-56所示，其定义见表5-10。

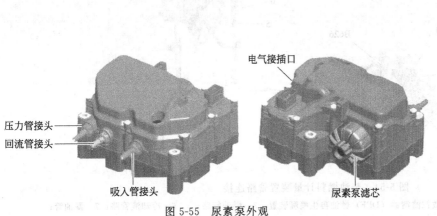

图 5-55 尿素泵外观

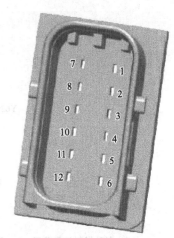

图 5-56 尿素泵接插件端子分布

表 5-10 尿素泵接插件端子定义

部件	定义	2.2泵管脚	6.5泵管脚	对应ECU管脚	ON挡时理论电压/V	理论电阻/Ω
压力传感器	供电(5V)	2	10	K24	5	
	信号	3	9	K78		
	地	4	8	K77	0	
加热器	供电(24V)	5	11	通过继电器与ECU连接	一端为24	6
	驱动	6	12		另一端为0	
电机	地	8	14	K07	0	
	供电	9	3	K73	24	
	PWM驱动	10	2	K93		
倒抽泵（反向阀）	供电	11	5	K30	24	18
	ON/OFF驱动	12	6	K08	24	
预留		1	1	与ECU无连接		
		7	7			

5.2.2 系统故障排除

(1) 故障分析　SCR系统不工作时一般有以下几种情况：

① 尿素管路漏气，结晶堵塞；
② 尿素管接头松动，存在漏气情况，但不漏尿素；
③ 尿素喷射管路和回流管路接反；
④ 尿素泵线束接插件存在短接、断接、接错等情况；
⑤ SCR 系统放置不合理，导致尿素管路有弯折或者线路进水短路的情况；
⑥ 排气温度传感器没接或者断接，或者接错；
⑦ 尿素箱温度传感器异常，导致 SCR 系统处于停止状态；
⑧ ECU 或 ECU 线束有问题，ECU 接插件或传感器接插件退针问题；
⑨ 尿素加热电阻丝保险烧坏，报出加热相关的故障；
⑩ 其他部件包括喷嘴、排气温度传感器、尿素液位传感器故障。

(2) 故障分类　分类如下。

第一类故障：尿素压力建立失败。

第二类故障：尿素消耗少。

第三类故障：OBD 转矩限制与不可清除代码。

第四类故障：MIL 灯。

第五类故障：尿素加热不放行。

第六类故障：NO_x 转化效率低。

第七类故障：NO_x 转化效率监测不放行。

第八类故障：NO_x 值测量不正确。

第九类故障：可闻到氨气味。

第十类故障：尿素结晶。

第十一类故障：其他故障。

(3) 故障排除

① 尿素压力建立失败。

第一步：根据闪码灯读取闪码，确定故障点，重点关注建压相关功能故障和建压相关部件，如喷嘴、反向阀、尿素泵、加热继电器、加热电阻丝、排气温度传感器、尿素箱温度传感器等故障。

第二步：若是在寒冷地区，根据故障码，首先检查尿素加热部件，保证尿素加热功能正常。

第三步：应该可以从第一步中得到相关的故障信息，若没有建压相关功能故障，只有相关部件故障，则检查喷嘴、反向阀、尿素泵、加热继电器、加热电阻丝、排气温度传感器、尿素箱温度传感器等部件及其线束，可能是部件故障引起的系统始终没有尝试建压，加压放行的上游排气温度为180℃。

第四步：断电重启，若系统还是没有尝试建压，则考虑部件之间的线束接反了，进一步检查线束。

第五步：应该可以从第一步中得到相关的故障信息，若有建压相关功能故障，而没有相关部件故障，表示部件没有故障，则检查尿素管的安装，看有无尿素泄漏和堵塞，可能是系统尝试建压，但失败了。

第六步：断电重启，若系统还是尝试建压，但失败了，则考虑部件之间的线束接反了，进一步检查线束。

第七步：信号质量也可导致系统不见压，这样的信号有尿素液位、尿素泵中尿素温度。

第八步：必要的话，检查标定数据。

② 尿素消耗少。

第一步：根据闪码灯读取闪码，确定故障点，重点关注建压相关功能故障和建压相关部件，如喷嘴、反向阀、尿素泵、加热继电器、加热电阻丝、排气温度传感器、尿素箱温度传感器等故障。

第二步：若是在寒冷地区，根据故障码，首先检查尿素加热部件，保证尿素加热功能正常。

第三步：检查尿素压力建立是否正常，若建压失败，则参考第一类故障进行检查。

第四步：若建压成功，则进一步检查喷嘴，将其拆下，观察喷射是否正常，喷嘴的机械卡死是诊断不出来的。

第五步：询问车辆的运行工况，若车辆大部分时间在低负荷区运行，会导致排温偏低，则尿素喷射不放行最低 200℃。

第六步：进一步检查线束，看看部件之间的线束有没有接反。

第七步：必要的话，检查标定数据。

③ OBD 转矩限制与不可清除代码。

第一步：根据闪码灯读取闪码，确定故障点，重点关注引起 OBD 转矩限制与不可清除开发的功能故障和部件故障。

第二步：根据第一步对故障码的结果，锁定是哪个故障引起了 OBD 转矩限制与不可清除代码。

第三步：必要的话，检查标定数据。

第四步：参考故障诊断手册对故障进行逐一排查。

④ MIL 灯。

第一步：根据闪码灯读取闪码，确定故障点，重点关注引起 MIL 灯亮的功能故障和部件故障。

第二步：根据第一步对故障码的结果，锁定是哪个故障引起 MIL 灯亮。

第三步：检查 MIL 灯及其线束，确定 MIL 灯工作正常。

第四步：必要的话，检查标定数据。

第五步：参考故障诊断手册对故障进行逐一排查。

⑤ 尿素加热不放行。

第一步：根据闪码灯读取闪码，确定故障点，重点是尿素加热和环境温度传感器相关故障。

第二步：根据第一步的结果，必要的话，检查环境温度传感器及其线束，确认传感器工作正常。

第三步：根据第一步的结果，必要的话，检查尿素加热继电器、电磁阀及其线束。

第四步：根据第一步的结果，必要的话，检查尿素加热电阻及其线束，尿素箱加热水路。

第五步：若尿素泵加热报故障，且断电重启后，故障仍然存在，必要的话，更换尿素泵。

第六步：必要的话，检查标定数据。

第七步：参考故障诊断手册对故障进行逐一排查。

⑥ NO_x 转化效率低。

第一步：根据闪码灯读取闪码，确定故障点，重点是 NO_x 转化效率相关的故障。

第二步：依次进行如下的检查工作。

a. 检查 NO_x 传感器和排气管，若 NO_x 传感器的测量信号偏大，会导致转化效率故障。

b. 检查尿素喷射，若尿素喷射量偏小，会导致 NO_x 传感器的测量信号偏大，继而导致转化效率故障。

c. 检查喷嘴，若喷嘴故障如机械卡死或卡死一部分，系统无法检测这种机械故障，则尿素喷射量偏小，会导致 NO_x 传感器的测量信号偏大，继而导致转化效率故障。

d. 检查尿素压力，尿素管路有泄漏，则尿素压力控制会偏低，实际尿素喷射量偏小，会导致 NO_x 传感器的测量信号偏大，继而导致转化效率故障。

e. 检查尿素溶液，若尿素溶液质量不合格，如浓度低、杂质多等，会导致 NO_x 传感器的测量信号偏大，继而导致转化效率故障。

f. 检查尿素是否结晶，若结晶在 DOC-DPF-SCR 总成内部，则转化器的转速效率会下降。

g. 检查发动机和 DOC-DPF-SCR 总成，若发动机或者 DOC-DPF-SCR 总成老化严重，会导致 NO_x 原始排放偏大或 NO_x 传感器的测量信号偏大，继而导致转化效率故障。

h. 检查环境相关的因素，若环境温度低、压力传感器损坏，车又在类似"三高"的环境运行，则可能会报转化效率故障，尤其在海拔较高的地方。

第三步：必要的话，检查标定数据，若放行发动机工况的具体条件不合理，可能误报错。

⑦ NO_x 转化效率监测不放行。

第一步：根据闪码灯读取闪码，确定故障点，重点是 NO_x 转化效率相关的故障。

第二步：检查 NO_x 传感器，确认 NO_x 传感器工作正常，ECU 能够读到 NO_x 测量值，且 NO_x 传感器状态为 1。

第三步：检查尿素喷射的放行条件，包括 SCR 状态在剂量控制模式下，尿素压力为 9bar 左右，排温在

200℃以上，确认尿素喷射放行。

第四步：检查尿素喷射状态，确认尿素真的在喷射。

第五步：检查环境温度、环境压力传感器及其线束，确认其工作正常，且环境压力大于900hPa，环境温度高于2℃。

第六步：确认发动机工况在合适的范围内，如排温大于300℃，废气流量大于500kg/h。

第七步：必要的话，检查标定数据，若放行发动机工况的具体标定不合理，则NO_x转化效率监测不放行。

⑧ NO_x值测量不准确。

第一步：根据闪码灯读取闪码，确定故障点，重点是NO_x信号相关的故障。

第二步：检查NO_x传感器和排气管，确认排气管没有太大的漏气，并且NO_x传感器安装正确，详见SCR后处理系统匹配安装规范。

第三步：检查NO_x传感器线束，确认通信正常，供电正常。

第四步：检查排气背压，排气背压影响到进入NO_x传感器的NO_x分子数，继而影响到NO_x测量。

第五步：检查废气中NO与NO_2的比例，若NO_2比例偏高，则测量的NO_x值偏高。

第六步：必要的话，检查标定数据，确认NO_x传感器相关报文的发送和接收放行正确。

⑨ 能闻到氨气味。

第一步：根据闪码灯读取闪码，确定故障点，重点是尿素喷射量相关的故障，包括转速传感器，喷油器，进气压力、温度传感器，排气温度传感器，喷嘴，尿素压力传感器等部件故障。

第二步：检查转速传感器及其线束，转速信号是计算尿素喷射量的依据之一。

第三步：检查喷油器，若实际喷油量比设定喷油量少，则引起尿素喷射量的相对偏大。

第四步：检查进气压力、温度传感器及其线束，进气量是计算尿素喷射量的依据之一。

第五步：检查排气温度传感器及其线束，排温信号是计算尿素喷射量的依据之一。

第六步：检查尿素压力传感器及其线束，若尿素压力信号测量偏差太大，会导致基于尿素压力的尿素喷射量修正偏大，从而引起尿素喷射过量。

第七步：检查喷嘴及其线束，若喷嘴卡死在常开位置，则尿素喷射量超过设定量太多。

第八步：必要的话，检查标定数据，确认发动机原始排放、进气量标定足够精确。

⑩ 尿素结晶。

第一步：根据闪码灯读取闪码，确定故障点，重点是NO_x转化效率、NO_x信号相关故障。

第二步：尿素喷射量大是尿素结晶的原因之一，具体请参考第九类故障的检查方法和步骤。

第三步：检查排气管设计及其材料。

第四步：检查喷嘴底座设计及其材料。

第五步：检查喷嘴的喷射方位是否符合技术要求。

第六步：必要的话，检查标定数据，确认发动机原始排放、进气量标定足够精确。

5.2.2.1 尿素泵故障

尿素泵故障快速排查指引如表5-11所示。

表5-11 尿素泵故障快速排查指引

故障现象	原因分析	故障排除
尿素泵无法正常建压；MIL灯常亮；尿素泵工作一会后，就停止转动；尿素不消耗	尿素进液管严重漏气；尿素进液管漏尿素；尿素进回液管接反；尿素进液管严重弯折	检查尿素吸液管是否接插牢靠，吸液管与回液管是否接反
尿素泵温度不正常；MIL灯常亮；与环境温度相差较大，后处理系统不能进入正常工作状态	尿素泵电源端开路 尿素泵控制端开路	检查尿素泵针脚情况，检查尿素泵端接插件端子插入是否较短或虚插
尿素喷射压力降错误；MIL灯常亮；尿素泵工作一段时间后，停止工作；尿素始终不喷射；后处理系统不能进入正常工作状态	尿素压力管路存在堵塞现象	拆下尿素管，用水进行冲洗，故障解决，在装配过程中主要不要弯折等

故障现象	原因分析	故障排除
尿素换向阀执行高端开路;故障灯、MIL 灯常亮,尿素不消耗	尿素换向阀在尿素泵 12 孔接插件内,由 ECU 控制,它的作用是:为防止尿素溶液残留在管路和泵内,每次发动机熄火后,换向阀工作,90s 内将管路内的尿素溶液倒吸回尿素箱。像这种同时报出多个故障,且在同一个接插件内,接插件出现故障的可能性较大,比如锁片松动导致退针,或者接插件进水等。可能原因:接插件松动或退针;接插件进水;相关线束故障	检查尿素泵接插件;检查接插件内个别针脚是否退针
SCR 尿素压力建立错误:每次车辆行驶几分钟到几十分钟后,故障灯、MIL 灯常亮,就会报出闪码 441SCR(尿素压力建立错误的故障),尿素不消耗。故障机理:尿素喷射前,尿素泵将尿素建立到 9bar 的压力,通过尿素泵内的压力传感器进行检测。当发动机启动之后,尿素泵多次尝试对尿素建压,如尿素压力仍达不到 9bar,就会报出此故障。此故障的导致原因一般为:尿素量过少,尿素管路接反,吸液管堵塞或漏气、压力管泄漏等,极少数是因为尿素泵故障	尿素量过少;吸液管接错、堵塞或漏气;压力管泄漏;尿素泵堵塞或者尿素泵机械故障	检查尿素液位是否足量;检查尿素管路是否接错、接反;检查吸液管是否弯折、堵塞;检查吸液管、压力管是否存在泄漏的痕迹。以上没有问题后,检查尿素泵接口是否有明显堵塞现象

5.2.2.2 尿素箱故障

尿素箱主要包括箱体外壳和液位温度传感器总成,传感器较易出现故障,常见故障为:液位显示不准确,温度显示异常,及故障灯常亮并报出液位温度传感器故障等。引起这类故障的原因主要是:传感器损坏,传感器接插件虚接、短路,及相关线束故障等。有时,液位温度传感器与潍柴要求电气参数不匹配,比如客户自主采购尿素箱会造成液位、温度异常,甚至报出传感器故障。尿素箱接口分布如图 5-57 所示,尿素箱连接管路如图 5-58 所示。尿素箱常见故障快速排查指引见表 5-12。

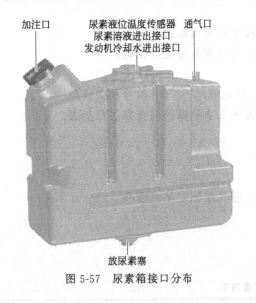

图 5-57 尿素箱接口分布

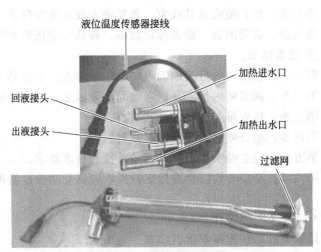

图 5-58 尿素箱连接管路

表 5-12 尿素箱常见故障快速排查指引

故障现象	原因分析	故障排除
尿素液位传感器电压高于上限:故障灯、MIL 灯常亮,报出闪码 445(尿素液位传感器电压高于上限),仪表中尿素液位的显示不准确	如果整车出厂前没有此故障,车辆运行一段时间后报出此故障,一般是由于传感器线束或接插件开路引起的,请检查传感器接插件 1 号针脚是否出现开路、与电源短路的故障。如果不能解决,则进一步检查其他针脚、线束是否有故障。可能原因:传感器接插件或整车线束大插头退针;线束开路或虚接;1 号针脚与电源短路;传感器损坏,或传感器参数与潍柴要求不匹配	从简单入手,检查故障率最高的地方:传感器接插件和线束;拔下传感器接插件,查看针脚;重新固定插针

续表

故障现象	原因分析	故障排除
尿素液位、温度显示异常:尿素液位显示不准确,比如,尿素很少时,仪表显示尿素100%,尿素温度与当前环境温度差别很大,且没有报出相关传感器故障	这种故障一般是由于尿素箱传感器与潍柴指定的不匹配,或者整车最近更换过尿素箱,但尿素箱内部的传感器与原车出厂前的型号不同。传感器的电气参数不同,导致数据标定不匹配,液位温度显示错误。可能原因:客户更换了尿素箱,与原车尿素箱不同;整车厂配套时,自主采购尿素箱,但没有通知潍柴技术人员重新标定数据;传感器或相关线束被损坏,导致电气参数变化这种可能性较小,但没有报出传感器相关故障	检查尿素箱及传感器,核实与原车尿素箱是否相同;检查尿素箱是否属于不同厂家
尿素液位、温度显示异常:尿素液位、温度显示不准确,很少的尿素时,仪表显示尿素液位100%;用EOL测得环境温度21℃时,尿素箱温度却达42℃,明显不符。没有尿素液位传感器的其他故障	这种故障一般是因为尿素箱与潍柴指定产品不符导致,但也有特殊情况,比如线路电阻值过大,ECU内阻过大或者其他电器故障。可能原因:尿素箱与潍柴指定产品不符;传感器相关线束内阻过大;ECU传感器针脚两端内阻过大	检查尿素箱及传感器,核实是否为潍柴指定尿素箱。若尿素箱正常,则检查传感器线束:正常接通,检查电阻是否正常;测量ECU尿素液位温度传感器的电阻值

5.2.2.3 加热部件故障

尿素溶液的冰点为-11℃,系统在低温下工作时,尿素会结冰导致系统无法工作,因此需要对尿素箱进行解冻,尿素箱采用发动机的冷却水进行解冻和加热,加热水路的走向如图5-59所示。

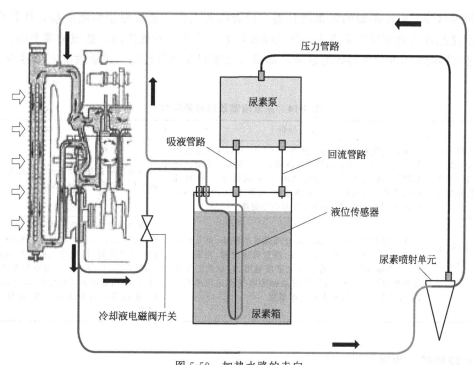

图5-59 加热水路的走向

加热系统包括尿素箱的水加热和尿素泵、尿素管路的电加热,其中电加热由于线束较多、加热电阻丝多,所以故障率较高。主要表现为继电器损坏、加热电阻丝开路及线束开路、短路等。

继电器故障检测:ECU能够检测继电器是否正确安装,如果继电器漏装、损坏或线路故障,就会报出"加热继电器开路、短路等"故障,这时就要检查相关继电器、线束及接插件是否正常。

水加热的故障主要有:水加热电磁阀线束、接插件故障;水加热电磁阀机械故障,比如磨损、卡死等,可能会导致尿素箱加热失效、尿素箱温度过低;也有可能导致尿素箱持续加热、尿素温度过高,尿素挥发导致排放不达标;水加热管路弯曲、堵塞,管路及接口泄漏、堵塞等,会造成加热失效或冷却液泄漏。加热部件故障排查如表5-13所示。

表 5-13 加热部件故障排查

故障现象	原因分析	故障排除
尿素箱过度加热：行车一段时间后，闪码灯、MIL灯常亮，并报出 446（尿素箱过度加热故障）	尿素箱通过发动机冷却液进行加热，由 EDC17 控制水加热的电磁阀。由于尿素在 75℃ 时易挥发，所以尿素箱的温度不可以太高。如果水加热电磁阀不能正常关闭，导致发动机冷却液一直对尿素箱加热，就可能导致尿素箱温度过高，并报出此故障；其他导致尿素温度高的原因，也会报出此故障。可能原因：尿素箱水加热电磁阀卡死，处于常开状态；尿素箱温度传感器故障	检查尿素箱的实际温度，确定温度传感器的真实性；检查尿素箱水加热电磁阀，检查开关状态
尿素管加热继电器开路：故障灯、MIL 灯常亮，并报出尿素加热继电器开路的故障	如果尿素加热继电器漏装或线路损坏，就会报出开路的故障。可能原因：继电器漏装；继电器相关线束、接插件故障	检查继电器安装情况；将继电器正确安装
尿素管加热电阻丝开路：故障灯、MIL 灯常亮，并报出尿素管加热电阻丝、尿素泵加热电阻丝开路的故障	如果尿素管路、尿素泵仅仅接了加热继电器，而没有连接加热电阻丝，或者电阻丝没有完全按照针脚图要求连接，ECU 也能够检测此故障。可能原因：加热电阻丝漏接；没有按照针脚图接线，或者有开路的故障。其他接线没有完全按照针脚图接线要求	检查电阻丝是否安装，如安装检查接插件是否松动；连接电阻丝，检查确认连接正确。电阻丝内部断路，更换加热管路

5.2.2.4 尿素喷嘴故障

喷嘴的结构相对简单，所以涉及的故障也比较典型，主要有以下两类。

（1）喷嘴电磁阀故障　接插件、线束损坏，造成开路、短路等，电磁阀线圈烧毁，可以通过测量电阻进行判断。

（2）喷嘴机械故障　由于添加的尿素质量差，或者喷嘴老化，造成尿素喷嘴磨损，往往会导致尿素消耗高；由于尿素结晶或其他颗粒物质进入，导致喷嘴堵塞；或由于其他原因，造成喷嘴变形、断裂等。

以上，凡是会影响尿素喷射及排放的故障，都有可能限制发动机转矩。尿素喷嘴故障排查指引如表 5-14 所示。

表 5-14 尿素喷嘴故障排查指引

故障现象	原因分析	故障排除
尿素喷嘴驱动高端对电源短路：故障灯、MIL 灯常亮，并报出 453SCR（尿素喷嘴驱动高端对电源短路的故障）	尿素喷嘴电磁阀有两个针脚，1.07、1.10 对应接插件编号 2、1，1.10 指电磁阀的驱动高端，1.07 指驱动低端。此故障指的就是 1.10 针脚与电源短路，请检查 1.10 接插件及线束。可能原因：接插件故障，导致 1.10 电源短路；1.10 相关线束故障，导致与外部电源短路	检查喷嘴接插件，是否损坏或短路；测量 1.10 针脚电压；检查整车线束大插头
尿素消耗量较大：尿素消耗量偏高，与燃油消耗比远大于 8%。没有他其他相关故障	如果没有报故障，能说明后处理系统的线束、电气件等基本正常。可能出现的现象是：尿素管路泄漏、尿素泵泄漏、尿素箱泄漏等，还有就是尿素喷嘴磨损，导致尿素从喷嘴处泄漏。可能原因：管路及相关电气件出现尿素泄漏；喷嘴磨损，导致尿素喷射量增加	检查尿素箱、尿素泵、尿素管路等是否有尿素泄漏的痕迹；如果没有尿素泄漏，则启动车辆，使车辆保持较高功率运行，使排气温度达到尿素泵建压的最低温度 200℃，EOL 检测尿素泵压力直到稳定在 9bar 左右；发动机不要熄火，保持发动机继续怠速运行；将尿素喷嘴取出排气管，观察喷嘴是否有泄漏情况

5.2.2.5 柴油测量单元故障

柴油测量单元包括一个壳体，内含一个切断阀、两个压力传感器、一个温度传感器和一个喷射阀。所涉及的故障主要有：柴油切断阀及喷嘴电磁阀故障，如接插件、线束损坏，造成开路、短路等，电磁阀线圈烧毁，可以通过测量电阻进行判断；传感器故障，如接插件、线束损坏造成传感器开路、短路。柴油测量单元故障排查见表 5-15。

表 5-15 柴油测量单元故障排查

故障现象	原因分析	故障排除
柴油喷射切断阀对电源短路：故障灯、MIL 灯常亮，报出柴油喷射切断阀对电源短路故障，并且柴油测量单元不能给柴油喷嘴提供喷射的燃油	接插件故障，导致 1.16 电源短路；相关线束故障，导致与外部电源短路	检查喷嘴接插件，是否损坏或短路；测量 1.16 针脚电压；检查整车线束大插头

续表

故障现象	原因分析	故障排除
柴油喷射阀对电源短路;故障灯、MIL 灯常亮,并报出柴油喷射阀对电源短路故障;柴油测量单元上游压力传感器正常,但柴油测量单元不能给柴油喷嘴提供喷射的燃油	接插件故障,导致 1.14 电源短路;1.14 相关线束故障,导致与外部电源短路	检查喷嘴接插件,是否损坏或短路;测量 1.14 针脚电压

5.2.2.6 柴油喷嘴故障

柴油喷嘴是机械部件,所涉及的故障主要有:由于燃油质量差,造成柴油喷嘴磨损;颗粒物质进入,导致喷嘴堵塞;或由于高温,造成喷嘴变形、断裂。

故障现象:不能进行正常的燃油喷射。

可能原因:柴油测量单元损坏;柴油测量单元与柴油喷嘴的燃油连接管漏油;柴油喷嘴损坏或堵塞。

排除方法:检查柴油测量单元与柴油喷嘴的燃油连接管是否漏油;检测柴油喷嘴冷却管路是否正常;检查柴油喷嘴是否堵塞或损坏。

5.2.2.7 DOC-DPF-SCR 总成故障

DOC-DPF-SCR 总成内有 SCR 载体和 SCR 催化剂,如果发生故障可能会造成排放不达标,限制发动机转矩等。主要有以下两类。

(1) 催化剂失效 由于 DOC-DPF-SCR 总成被撞击,或者被其他物质污染覆盖,比如黑烟中的颗粒,造成催化还原效率降低,最终造成排放不达标,限制发动机转矩。

(2) DOC-DPF-SCR 总成堵塞 DOC-DPF-SCR 总成变形或因其他原因堵塞,造成排气背压高,严重者会出现冒黑烟、发动机转速抖动、动力不足等故障。

SCR 实际平均转换效率低于阈值 1 阈值 2。

故障现象:故障灯、MIL 灯常亮,尿素喷射正常,没有其他相关故障。

故障分析:这两个故障是指尾气中 NO_x 浓度较大,已经超出了法规要求。如不及时修复,就会导致发动机转矩限制。

可能原因:

① 发动机原始排放劣化;

② 后处理系统上游,从增压器出来后的尾气的排放太差;

③ DOC-DPF-SCR 总成劣化,导致转换效率低;

④ 尿素喷射量误差大,实际喷射量比设定值少;

⑤ 油品不好。

排除方法:

① 首先检查、判断发动机原始排放是否严重恶化,比如严重冒黑烟等;

② 检验油品是否合格;

③ 检查尿素喷嘴是否堵塞、泄漏,导致喷射量控制不准;

④ 检查 DOC-DPF-SCR 总成是否老化或结晶,是否被炭烟覆盖、堵塞等。

5.2.2.8 DOC 失效故障

DOC 在后处理中主要起 NO 转化及柴油喷射起燃的作用,出现的主要故障有:催化剂失效,载体出现裂纹及破裂。造成催化还原效率降低,最终造成排放不达标,限制发动机转矩。

DOC 性能低故障现象为:故障灯、MIL 灯常亮,柴油喷射正常,但排气温度不提高。

可能原因:

① 油品不好;

② 发动机运行环境差,进气空滤匹配不好或者没有及时保养;

③ 由于排气温度高，导致催化剂老化。

排除方法：

① 检查发动机状态是否正常；
② 检查油品是否合格；
③ 检查空气滤清器匹配是否合适，确认进气系统清洁；
④ 检查后处理总成是否有振动，脱落现象；
⑤ 检查 DOC-DPF-SCR 总成是否老化，是否被炭烟覆盖、堵塞等。

5.2.2.9 DPF 堵塞故障

DPF 主要起到降低发动机排气中颗粒的作用，当 DPF 堵塞时，引起的主要现象为发动机排气背压增高，发动机油耗高，DPF 两端的压差信号超出正常值，再生频繁等现象。

原因分析：

① 发动机出现异常，发动机 PM 排放增高；
② 压差传感器脱落，导致不能进行再生；
③ 柴油喷射系统故障，导致再生不能完成；
④ 油品不合格；
⑤ 发动机运行环境差，进气空滤匹配不好或者没有及时保养；
⑥ 长时间没有清灰。

排除方法：

① 检查发动机状态是否正常；
② 检查压差传感器是否正常，压差信号取气管是否脱落；
③ 柴油喷射系统是否正常；
④ 检查油品是否符合要求；
⑤ 检查空气滤清器匹配是否合适，确认进气系统清洁；
⑥ 是否按要求清灰。

5.2.2.10 尿素管路故障

后处理系统共包括 3 段尿素管路，最容易出现 3 类故障：管路堵塞、管路泄漏及管路弯折。管路堵塞：一般由于尿素结晶或者尿素质量差引起，会影响尿素喷射和建压，造成排放不达标。管路泄漏：原因主要两种，管路接口型号不符或者接口密封不好，导致尿素泄漏；管路老化或磨损，造成尿素泄漏。管路弯折：会造成尿素建压失败或者喷射故障，导致排放不达标。尿素管路故障排查见表 5-16。

表 5-16 尿素管路故障排查

故障现象	原因分析	故障排除
SCR 尿素压力建立错误：故障灯、MIL 灯常亮，NO_x 排放超标，尿素不能正常喷射	当排气管温度达到建压的最低温度时，尿素泵就开始尝试建压，并检测所有尿素管路及尿素泵、喷嘴是否存在泄漏或堵塞的故障。如果长时间尿素压力达不到 9bar，ECU 就怀疑有尿素泄漏，并报出此故障，后处理系统停止工作。可能原因：尿素管路接错，或吸液管有尿素泄漏；压力管有泄漏；尿素泵故障	检查吸液管是否有接错、泄漏、弯折的地方；检查压力管是否泄漏；检查压力管与尿素泵接口密封情况
上次驾驶循环 SCR 未排空：T15 上电后，故障灯、闪码灯常亮，读取闪码 447 上次驾驶循环未排空，之前没有此故障	防止尿素残留在管路和泵内结晶，造成堵塞或对尿素泵造成损坏，要求司机熄火后，90s 内不得切断整车电源。在这 90s 内，尿素泵继续工作，将管路、尿素泵内的尿素倒吸回尿素箱。如果司机没有按照要求操作，比如过早关闭整车开关，就会导致此故障。可能原因：司机违规操作	询问司机上次驾驶熄火后，是否等到 90s 后才关闭的整车开关；司机关闭整车开关过早，没有达到 90s；再次启动，下次驾驶循环熄火后，司机正确操作等待 90s 后再关闭整车电源

5.2.2.11 后处理相关传感器故障

这里的传感器主要指排气温度传感器、环境温度传感器、NO_x 传感器和压差传感器。排气温度传感器和环境温度传感器主要有两类故障：一类是传感器电压信号高于上限或者低于下限，高于上限一般是由于线束、接插件开路或与电源短路引起，低于下限一般是线束、接插件与地短路引起；另一类是温度示数不准，这时候就要考虑传感器安装是否到位，安装位置是否合适，或者传感器是否损坏。

环境温度传感器有故障时，会影响尿素的加热功能，造成尿素结晶、尿素泵堵塞等，排气温度传感器出现故障时会造成尿素喷射控制失效、柴油喷射控制失效、尾气排放不达标等。总之，所有造成排放不达标的故障，如果不及时修复，都将导致转矩限制。

NO_x 传感器出现故障时，测得的氮氧浓度无法经过 AT101 报文发送给 EDC17，就会报出"AT101 报文超时的故障"，一般主要由于接线问题引起：NO_x 传感器有 4 根线连接整车线束，分别为电源正、电源负、通信 CAN 地、通信 CAN 高，请检查这 4 根线束及插件的电压是否正常，线束、接插件是否有开路、短路等故障。在保证线束、接插件没有故障的前提下，可以怀疑 NO_x 传感器是否损坏，尝试更换 NO_x 传感器进行确认。NO_x 传感器端子定义见表 5-17。

表 5-17 NO_x 传感器端子定义

传感器连接端子	端子功能定义
1	电源正（+24V）
2	电源负（0V）
3	通讯 CAN 总线低
4	通讯 CAN 总线高

压差传感器出现故障时往往会导致 DPF 不能再生或者压差不可信故障，故障一般是由于压差传感器的接插件松动和传感器部分的管路漏气等原因造成的，需要及时对线路及压差传感器两端及 DPF 的箱体进行检查，确认是否有线路故障和尾气泄漏故障，并确认 DPF 箱体有无破损。传感器故障排查见表 5-18。

表 5-18 传感器故障排查

故障现象	原因分析	故障排除
排气温度传感器电压信号高于上限；故障灯、闪码灯常亮，报上游温度传感器电压信号高于上限故障，使用 EOL 测量排气温度，示数明显不准确，且不变化	排气温度传感器及相关线路、接插件故障，导致传感器开路。当检测到此故障时，EOL 测得排气温度为默认值。可能原因：排气温度传感器接插件、线路开路；传感器老化、损坏；传感器 ECU 大插头线路故障，导致传感器开路	检查排气温度传感器接插件 检查传感器线束是否正常导通
环境温度信号不可信；车辆运行一段时间后，故障灯、闪码灯常亮，并爆出闪码 235（环境温度信号不可信的故障）	环境温度用来表示当前的大气温度，如果 ECU 检测环境温度明显不符，比如过高或者过低，就会报出此故障。此故障的导致原因一般为：环境温度传感器安装位置错误，比如装在发动机舱内、离热源太近、传感器线路电阻异常、传感器本身故障。可能原因：环境温度传感器的安装位置错误；传感器的线路电阻太大；环境温度传感器损坏	检查环境温度传感器安装位置是否符合要求 检查传感器是否靠近热源 按照要求，调整环境温度传感器安装位置
CAN 接受帧 AT101 超时错误；闪码灯、MIL 灯常亮，并报出 421（CAN 接受帧 AT101 超时错误）	氮氧浓度传感器测得 NO_x 浓度后，不断将测量结果通过 CAN 总线中的 AT101 报文发送给 ECU，如果 ECU 接收不到 AT101 报文，就会报出此故障。可能原因：氮氧传感器接线故障，导致 AT101 没有发送出去；氮氧传感器损坏；CAN 总线网络故障	检查氮氧传感器中 4 根针脚电压 1～4 号针脚应分别为 24V、0V、2.2V、2.8V，判断是否存在接错、开路、短路等故障

5.3 天纳克 SCR 系统

5.3.1 系统功能与原理

5.3.1.1 系统概述

Elim-NO$_x$® SCR 尿素喷射系统（以下简称 SCR 系统）是天纳克研发的低成本、高性能的用于 SCR 氮氧排放控制系统，专门用于柴油车辆尾气净化。采用该技术可使发动机达到欧Ⅳ、欧Ⅴ和美国 US 2010 排放标准。SCR 系统允许发动机厂商优化标定从而使发动机降低油耗，排出更少的颗粒。当 SCR 系统被集成到低颗粒排放的发动机上时，其 NO$_x$ 转化率可达到 90%，高的转化率不仅不会导致更高的油耗，发而会使发动机燃烧更充分，从而节省燃油。目前该系统完全支持 OBD 功能。

SCR 系统要求使用尿素含量为 32.5% 的尿素水溶液作为系统反应的还原剂。

SCR 系统的作用是降低柴油发动机排气中的氮氧化物（NO$_x$）。系统采用尿素水溶液作为还原剂。喷射到排气管中的尿素 [(NH$_2$)$_2$CO] 首先会分解为氨气（NH$_3$）和二氧化碳（CO$_2$），在选择性催化剂的作用下氨气会与 NO$_x$ 反应生成氮气（N$_2$）和水（H$_2$O），从而将废气中的 NO$_x$ 还原成无害的氮气（N$_2$）。

化学反应式：$(NH_2)_2CO + H_2O \longrightarrow CO_2 + 2NH_3$；$4NO + 4NH_3 + O_2 \longrightarrow 4N_2 + 6H_2O$；$2NO_2 + 2NO + 4NH_3 \longrightarrow 4N_2 + 6H_2O$。

5.3.1.2 系统组成

SCR 系统由尿素箱总成（有非加热和加热之分，可选用）、SCR 催化器总成、尿素泵总成（分非加热和加热之分，可选用）、DCU、尿素喷射器、喷射器安装组件、传感器（排气温度传感器、氮氧传感器）、加热水阀（加热系统选用件）、系统尿素管路（有非加热和加热之分，可选用）以及线束组成。

SCR 系统组成部件如图 5-60 所示。

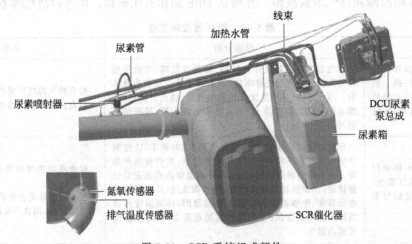

图 5-60 SCR 系统组成部件

5.3.1.3 系统部件

(1) 尿素箱总成　尿素箱用于添加尿素，整体材质为塑料，内部装有液位传感器和温度传感器。其内部可选装加热装置和非加热装置，加热装置利用发动机冷却水加热，在冬天当气温低于 -11℃ 时，尿素会结冰，电控单元可通过此传感器判断尿素是否结冰，如结冰则启动加热装置，发动机冷却水便通过尿素箱顶部流经尿素箱中的不锈钢螺旋管路，从而使尿素逐渐融化。非加热装置无此功能。尿素箱总成外部接口见图 5-61。

一般情况下，尿素的消耗量以车辆/发动机的转速和负载而定。

尿素的液位可由车辆仪表显示。当尿素液位低时仪表会报警，车辆司机应在报警后尽快加注尿素。在加注尿素过程，请注意不要弄脏或污染尿素。

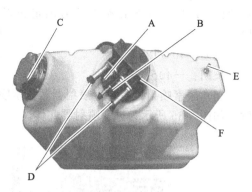

图 5-61 尿素箱总成外部接口
A—尿素进口 1/4in；B—尿素出口 3/8in；C—尿素加注口；D—发动机冷却液循环管；E—放气口；F—尿素液位温度传感器

（2）SCR 催化器总成　SCR 催化器总成具有消声器功能，内装有催化剂涂层、载体。SCR 催化器总成安装位置见图 5-62。

（3）尿素泵总成　尿素泵总成包括尿素泵、尿素过滤器、尿素压力传感器、继电器等。

图 5-62 SCR 催化器总成安装位置

系统工作时，DCU 控制尿素泵从尿素箱中抽取尿素水溶液，经过过滤器，并保持一定的压力，使系统正常工作。两个继电器分别控制 DCU 电源和系统加热组件电源（加热系统在尿素结冰时会启动）。泵和过滤器位于在尿素泵总成内部。当喷射器开始喷射尿素时，泵的工作压力为 5.5bar。过滤器具有 5g 过滤杂质的能力，在使用 50000km 或 1000h 之后（以先到为准），过滤器需要保养。尿素还原剂发生污染时，应增加过滤器清洁保养的频率。

尿素泵具体工作参数：运行温度 -40~105℃；存储温度 -40~125℃；压力范围 0~120psi（1psi=6894.76Pa）；最大允许电流 6A。尿素泵总成接口与内部结构见图 5-63。

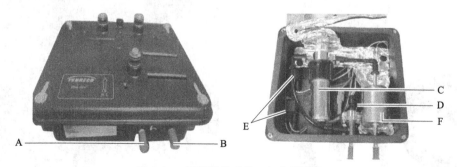

图 5-63 尿素泵总成接口与内部结构
A—尿素出口 5/16in；B—尿素进口 3/8in；C—尿素泵；D—尿素压力传感器；E—继电器；F—尿素过滤器

（4）DCU　DCU 即尿素喷射控制单元，该控制单元采集各传感器的信号，并根据从 CAN 总线传来的发动机工况信息和各传感器信号确定尿素喷射量。分 A 和 B 两个端口，见图 5-64。具体工作环境要求如下。

短期：40～125℃。

长期：-40～85℃。

(5) 尿素喷射器 尿素喷射器是尿素喷射执行单元，该模块将执行喷射功能，与 DCU 一起实现精确喷射。如图 5-65 所示为尿素喷射器实体。

图 5-64 尿素喷射控制单元
A—DCU 端口 A；B—DCU 端口 B

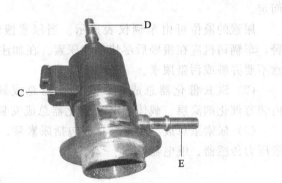

图 5-65 尿素喷射器实体
C—喷射器电气插口；D—尿素出口 1/4；E—尿素进口 5/16in

(6) 传感器 传感器（排气温度传感器、氮氧传感器等）用于测量排气温度，从而使 DCU 判断是否需要喷射，喷射量为多少。具体工作参数：运行温度-40～105℃；存储温度-40～125℃；正常运行电压 0～5V；工作温度范围-40～850℃。排气温度传感器实体见图 5-66。

氮氧传感器见图 5-67，用于测量排气中的氮氧化合物含量并支持 DCU 完成 OBD 功能（注意该传感器在通电时探头会发热）。具体工作参数如下。

运行温度：-40～105℃。

存储温度：-40～125℃。

正常运行电压：18～32V。

工作温度范围：-40～1000℃。

图 5-66 排气温度传感器实体

(7) 加热水阀 加热水阀为加热系统组件。当系统需要加热时，水阀打开，发动机冷却液流入尿素箱 U 形螺旋管内进行热交换，从而达到尿素解冻效果。加热水阀实体如图 5-68 所示。

图 5-67 氮氧传感器

图 5-68 加热水阀实体

(8) 系统尿素管路 系统尿素管分加热型和非加热型，可选用。系统共有 3 个尿素管，分别为：低压管路（连接从尿素箱到尿素泵总成）；压力管路（从尿素泵总成到喷射器）；回流管路（从喷射器到尿素箱）。

低压尿素管路：此管路连接尿素箱到尿素泵总成，长 1m，接口 3/8in。

压力尿素管路：在喷射时此管路中的压力为 5.5bar，未喷射时压力为 2bar，长 3m，接口 5/16in。

回流尿素管路：在喷射时尿素泵总成泵出的尿素水溶液除了供喷射之外，多余的部分经由此管路返回到尿素箱，长 4m，接口 1/4in。

尿素管路类型如图 5-69 所示。

(a) 低压尿素管路　　(b) 压力尿素管路　　(c) 回流尿素管路

图 5-69　尿素管类型

5.3.1.4　工作原理

SCR 系统的工作过程：当车辆的钥匙开关打到 ON 挡时，发动机启动，DCU 开始上电工作，同时尿素供给单元开始从尿素箱中抽取尿素水溶液，系统待机状态下压力为 2bar。当排气温度达到 20℃时，尿素喷射器才会开始向排气管中喷射尿素水溶液，此时系统压力为 5.5bar。尿素水溶液的喷射量由 DCU 根据柴油发动机的工况、催化剂的温度和环境状态来精确计量。尿素水溶液被喷射到排气管中，与发动机尾气进行均匀混合并在消声器的载体上进行化学反应，从而净化排气。

SCR 系统工作状态注解如下。

(1) 初始状态　钥匙开关 ON 挡，系统需 20s 左右排空尿素管空气和尿素建压。

(2) 待机状态　钥匙开关 ON 挡，系统尿素循环，压力保持 2bar。

(3) 工作状态　钥匙开关 ON 挡，系统尿素循环，喷射，压力保持 5.5bar。

(4) 停止状态　钥匙开关 OFF 挡，系统尿素循环 2~6min 冷却喷射器，倒吸 1~2min 排空尿素管中的尿素后尿素泵停止工作。

5.3.1.5　系统使用

操作温度：质量浓度为 32.5% 的尿素水溶液的凝固点为 -11℃。因此，在环境温度低于此温度的地区，系统需要加热。这样即使在低温环境下尿素水溶液也能解冻变成液体状态，从而整个系统能正常工作。

添加尿素：SCR 系统需要使用 32.5% 的尿素水溶液。添加尿素前先打开盖子，清除加注口旁边的异物。同时需要保持加注口和加注容器的清洁性。为了保证后处理系统的正常工作，当尿素液位灯亮起时，请添加标准的尿素。

系统维护：当正常关闭发动机后，SCR 系统仍然会继续运行一段时间，具体时间由标定量所决定，此为正常现象。

尿素泵总成：尿素泵和滤清器都位于尿素泵总成中。尿素泵的压力为 5.5bar。滤清器需要保持清洁以维持正常的喷射压力。滤清器保养更换周期为 50000km 或 1000h。在尿素水溶液被污染的情况下，滤清器的寿命会缩短。

喷射器：每辆车上安装的尿素喷射器与 DCU 是一一对应，切勿互换使用。

线束：冲洗车辆前，必须将电气部件（如 DCU 尿素泵总成等）、传感器、接插件用防水塑料袋等包扎好。如接插件接触不良，系统将不能正常运行，但禁止带电插拔。其后果将导致故障码混乱，给判断实际故障带来困难。插拔时严禁用力直接拉扯线束。

5.3.2 系统故障排除

5.3.2.1 SCR系统传感器检测参数

SCR系统传感器检测参数见表5-19。

表5-19 SCR系统传感器检测参数

部件名	电压值/V
尿素液位传感器输出电压	0.25～4.75
排气背压传感器输出电压	0.25～4.75
尿素压力传感器输出电压	0.25～4.75
尿素喷射器输出电压	16～32
DCU输出电压	4.8～5.2
排气温度传感器输出电压	0.25～4.75
尿素温度传感器输出电压	0.14～4.87
氮氧温度传感器输出电压	16～32

5.3.2.2 SCR系统故障码

当SCR系统的故障灯亮时，说明后SCR系统存在故障。维修步骤：先部件外观检查，后整车故障诊断仪检查。SCR系统故障码说明见表5-20。故障码见表5-21。

表5-20 SCR系统故障码说明

PID	Description/描述 English	中文	使用备注
01	Status Since DTC Clear	故障指示灯状态及当前激活故障码个数	
04	Calculated LOAD Value	发动机计算负荷	
05	Engine Coolant Temperature	发动机冷却液温度	
0C	Engine RPM OBD	发动机转速	(1) P1D2F、P1D2E、U0037在实际监控中不采用，故天纳克提供的参数列表中将此三项监控功能屏蔽。实车使用中此三个故障码不会出现 (2) P1D30、P1D11、P1D12、P1D0B、P1D0C、P1D0E、P1D0F七个故障码与系统的加热或非加热系统相关 (3) P1D20、P0471、P0472、P0473四个故障码与是否选用排气压力传感器相关，如果不选用排气被压传感器，这四项监控将不激活 (4) P0232、P0233、P0545、P0546四个故障码与排气温度相关。Elim-NO$_x$软件在前、后排温传感器都失效后才点亮MIL灯，故障消失的3个驾驶循环后MIL灯熄灭
1C	requirements to which vehicle is designed	车辆代码(可选)	
30	Number of Warmups Since DTC Clear	清除故障码后的暖机循环次数	
3C	Catalyst Temperature Bank 1, Sensor 1	SCR载体前排气温度	
3E	Catalyst Temperature Bank 2, Sesnor 2	SCR载体后排气温度	
41	Monitor Status	OBD监测状态	
4D	Time run by the engine while MIL is activated	MIL灯亮状态时发动机运行时间	
5A	Urea Temperature	尿素溶液温度	
5B	Urea Level	尿素溶液液位	
5C	Urea Pressure	尿素溶液输送压力	
5D	Catalyst Outlet NO$_x$ (ppm)	SCR载体后氮氧化物测量值	

表 5-21 故障码

DTC	Description/描述 English	中文	MIL 和转矩限制动作的激活与恢复				维修指导
			MIL 激活	转矩限制激活	故障恢复后 MIL 熄灭	故障恢复后停止发送转矩限制状态位	
P1D2F	Urea Pump Speed High	尿素溶液输送泵转速高于阈值	无	无	无	无	(1)检测 DCU 内部管路是否存在堵塞或缠绕 (2)检测尿素管路(DCU Box 进口前)是否存在缠绕或阻塞 (3)检测尿素管路是否存在泄漏 (4)检测滤清器是否堵塞 (5)检测尿素泵是否存在问题
P1D2E	Urea Pump Speed Low	尿素溶液输送泵转速低于阈值	无	无	无	无	检查尿素管路(DCU Box 出口后)是否存在缠绕或阻塞
P1D30	Frozen Unheated Hardware	尿素溶液喷射系统结冻(针对不带加热功能的系统)	无	无	无	无	检查系统是否具有加热功能
P1D09	Urea Pump Performance	尿素溶液输送泵功能故障	立即	立即	3 个驾驶循环后	立即	(1)如果属于接插件松动的问题,则重新接插 (2)如果发现线束问题,则维修或更换线束 (3)如果属于传感器问题,则更换尿素压力传感器 (4)如果属于尿素泵问题,则更换尿素泵 (5)如果属于尿素管路问题,则更换尿素管
P1D04	Urea Pressure Sensor Performance	尿素溶液压力传感器功能故障	立即	立即	3 个驾驶循环后	立即	(1)确认尿素泵运行是否正常 (2)如果属于接插件松动的问题,则重新接插 (3)如果测量发现压力传感器的线束端接头 Pin9、Pin11 存在短路或断路,则修复或更换线束 (4)如果属于传感器问题,则更换传感器 (5)如果属于尿素管路问题,则更换尿素管
U0029	Vehicle Bus A Performance	通信 CAN 总线功能故障	立即	立即	3 个驾驶循环后	立即	(1)检查 CAN 线是否断路、开路(ECU、氮氧传感器) (2)检查 ECU、DCU 标定版本是否匹配
P1D20	Catalyst Removed Active	SCR 载体移出故障	第 2 个驾驶循环	无	3 个驾驶循环后	无	(1)检查载体 (2)检查排气背压传感器
P1D18	Excessive NO$_x$ Active	SCR 载体后端氮氧化物超过 7g/(kW·h)	第 2 个驾驶循环	立即	3 个驾驶循环后	立即	(1)SCR 系统是否正常(如喷射、氮氧传感器等) (2)检查尿素箱中的尿素液位和尿素品质 (3)检查 SCR 催化器是否破损
P0471	Exhaust Pressure Sensor Performance Active	排气背压传感器功能故障	第 2 个驾驶循环	无	3 个驾驶循环后	无	(1)检查排气管是否存在破损或堵塞 (2)检查压力传感器的线束端接头 Pin B、Pin C(钥匙 ON 挡发动机不运转),是否分别是 5V 和(0.50±0.25)V (3)电压正确,更换传感器;电压不正确,检查线束
P1D17	High NO$_x$ Active	SCR 载体后端氮氧化物超过 5g/(kW·h)	第 2 个驾驶循环	无	3 个驾驶循环后	无	(1)SCR 系统是否正常(如喷射、氮氧传感器等) (2)检查尿素箱中的尿素液位和尿素品质 (3)检查 SCR 催化器是否破损
P2201	NO$_x$ Sensor Fault	氮氧传感器硬件故障	立即	50h 后	3 个驾驶循环后	无	(1)检查线束 (2)检查氮氧传感器
P1D21	NO$_x$ Sensor Moved Active	氮氧传感器移除故障	第 2 个驾驶循环	50h 后	3 个驾驶循环后	无	(1)检查氮氧传感器是否存在 (2)检查 DCU 标定软件版本是否正确 (3)检查氮氧传感器安装位置
P1D16	Urea Level Sensor Performance	尿素溶液液位传感器功能故障	立即	50h 后	3 个驾驶循环后	无	(1)如果属于接插件松动的问题,则重新接插 (2)如果发现线束问题,则维修或更换线束 (3)检查液位传感器的插头和传感器电阻(电阻随传感器滑块滑动而变化)
P2047	Urea Injector Performance	尿素溶液喷射器功能故障	立即	50h 后	3 个驾驶循环后	无	(1)检查线束 (2)检查组件

续表

DTC	Description/描述		MIL和转矩限制动作的激活与恢复				维修指导
	English	中文	MIL激活	转矩限制激活	故障恢复后MIL熄灭	故障恢复后停止发送转矩限制状态位	
P1D19	Urea Level Empty	尿素溶液耗尽	立即	立即	立即	立即	(1)检查液位 (2)检查传感器的电路和电阻
P2208	NOx Sesnor Heated Fault	氮氧传感器加热部件故障	立即	50h后	3个驾驶循环后	无	(1)检查线束 (2)检查组件
U0037	Vehicle Bus B Circuit	服务诊断CAN总线硬件故障	立即	无	3个驾驶循环后	无	(1)检查熔丝 (2)检查DCU连接器的输出电压。它应该是24V (3)验证在按键开关电压输出为24V时,关键是打开 (4)检查CAN线是否断路、开路
U0028	Vehicle Bus A Circuit	通信CAN总线硬件故障	立即	立即	3个驾驶循环后	立即	(1)检查熔丝 (2)检查在DCU连接器的输出电压。它应该是24V (3)验证在按键开关电压输出为24V时,关键是打开 (4)检查CAN线是否断路,开路
P1D14	Urea Level InputLo	尿素溶液液位传感器开路	立即	50h后	3个驾驶循环后	无	(1)如果属于接插件松动的问题,则重新接插 (2)如果发现线束问题,则维修或更换线束 (3)检查液位传感器的插头和传感器电阻(电阻随传感器滑块滑动而变化)
P1D15	Urea Level InputHi	尿素溶液液位传感器短路	立即	50h后	3个驾驶循环后	无	(1)如果属于接插件松动的问题,则重新接插 (2)如果发现线束问题,则维修或更换线束 (3)检查液位传感器的插头和传感器电阻(电阻随传感器滑块滑动而变化)
P0472	Exhaust Backpress re kPa InputLo	排气背压传感器采集信号电压低于阈值	立即	50h后	3个驾驶循环后	无	(1)如果属于接插件松动的问题,则重新接插 (2)如果测量发现压力传感器的线束端接头PinB、PinC存在短路或断路,则修复或更换线束 (3)如果属于传感器问题,则更换传感器
P0473	Exhaust Backpress urekPa InputHi	排气背压传感器采集信号电压高于阈值	立即	50h后	3个驾驶循环后	无	(1)如果属于接插件松动的问题,则重新接插 (2)如果测量发现压力传感器的线束端接头PinB、PinC存在短路或断路,则修复或更换线束 (3)如果属于传感器问题,则更换传感器
P1D02	Urea Pressure bar InputLo	尿素压力传感器采集信号电压低于阈值	立即	50h后	3个驾驶循环后	无	(1)如果属于接插件松动的问题,则重新接插 (2)如果测量发现压力传感器的线束端接头Pin9、Pin11存在短路或断路,则修复或更换线束 (3)如果属于传感器问题,则更换传感器
P1D03	Urea Pressure bar InputHi	尿素压力传感器采集信号电压高于阈值	立即	50h后	3个驾驶循环后	无	(1)如果属于接插件松动的问题,则重新接插 (2)如果测量发现压力传感器的线束端接头Pin9、Pin11存在短路或断路,则修复或更换线束 (3)如果属于传感器问题,则更换传感器
P0562	Driver Power V InputLo	尿素溶液喷射系统供电电压低于阈值	立即	50h后	3个驾驶循环后	无	(1)测量车辆系统的电压值:①检查蓄电池电压;②检查系统的熔丝是否有问题;③检查系统的线束 (2)测量SCR系统电压:①检查DCU的输入电压是否为24V;②检查钥匙开关打开后的线束的电压是否为24V
P0563	Driver Power V InputHi	尿素溶液喷射系统供电电压高于阈值	立即	50h后	3个驾驶循环后	无	(1)测量车辆系统的电压值:①检查蓄电池电压;②检查系统的熔丝是否有问题;③检查系统的线束 (2)测量SCR系统电压:①检查DCU的输入电压是否为24V;②检查钥匙开关打开后的线束的电压是否为24V
P0642	Transducer Power V InputLo	DCU内部变压模块输出电压低于阈值	立即	50h后	3个驾驶循环后	无	(1)测量车辆系统的电压值:①检查蓄电池电压;②检查系统的熔丝是否有问题;③检查系统的线束 (2)测量SCR系统电压:①检查DCU的输入电压是否为24V;②检查钥匙开关打开后的线束的电压是否为24V;③检查各个传感器的供电电压

续表

DTC	Description/描述		MIL和转矩限制动作的激活与恢复				维修指导
	English	中文	MIL激活	转矩限制激活	故障恢复后MIL熄灭	故障恢复后停止发送转矩限制状态位	
P0643	Transducer Power V InputHi	DCU内部变压模块输出电压高于阈值	立即	50h后	3个驾驶循环后	无	(1)测量车辆系统的电压值：①检查蓄电池电压；②检查系统的熔丝是否有问题；③检查系统的线束 (2)测量SCR系统电压：①检查DCU的输入电压是否为24V；②检查钥匙开关打开后的线束的电压是否为24V；③检查各个传感器的供电电压
P2032	Post Catalyst Temperature C InputLo	SCR载体前温度传感器采集信号电压低于阈值	无	无	无	无	(1)检查线束 (2)检查组件
P2033	Post Catalyst Temperature C InputHi	SCR载体前温度传感器采集信号电压高于阈值	无	无	无	无	(1)检查线束 (2)检查组件
P0545	Pre Catalyst Temperature C InputLo	SCR载体后温度传感器采集信号电压低于阈值	无	无	无	无	(1)如果属于接插件松动的问题，重新接插 (2)如果测量发现温度传感器的线束端接头Pin 1存在短路或断路，则修复或更换线束 (3)如果属于传感器问题，更换传感器
P0546	Pre Catalyst Temperature C InputHi	SCR载体后温度传感器采集信号电压高于阈值	无	无	无	无	(1)如果属于接插件松动的问题，则重新接插 (2)如果测量发现温度传感器的线束端接头Pin 1存在短路或断路，则修复或更换线束 (3)如果属于传感器问题，则更换传感器
P2044	Urea Tank Temperature C InputLo	尿素溶液温度传感器采集信号电压低于阈值	无	无	无	无	(1)检查线束 (2)检查组件
P2045	Urea Tank Temperature C InputHi	尿素溶液温度传感器采集信号电压高于阈值	无	无	无	无	(1)检查线束 (2)检查组件
P1D11	Encl Heater Circuit High Active	Small Box内部加热系统开路	故障发生10min后	无	无	无	(1)如果属于接插件松动的问题，则重新接插 (2)如果发现线束问题，则维修或更换线束 (3)检查DCU内部加热电路的电阻[参考值(14.9±1.0)W] (4)检查DCU内部的加热电路的连接
P1D12	Encl Heater Circuit Low Active	Small Box内部加热系统短路	故障发生10min后	无	无	无	(1)如果属于接插件松动的问题，则重新接插 (2)如果发现线束问题，则维修或更换线束 (3)检查DCU内部加热电路的电阻[参考值(14.9±1.0)W] (4)检查DCU内部的加热电路的连接
P2048	Urea Injector Low Active	尿素喷射器控制针脚接地	故障发生10min后	无	3个驾驶循环后	无	(1)检查线束 (2)检查组件
P2049	Urea Injector High Active	尿素喷射器控制针脚短路或开路	故障发生10min后	无	3个驾驶循环后	无	(1)检查线束 (2)检查组件
P1D0B	Line Heater Circuit High Active	加热尿素管控制针脚接地	故障发生10min后	无	无	无	(1)如果属于接插件松动的问题，则重新接插 (2)如果发现线束问题，则检查线束电阻，正常分别为7.8Ω,11Ω,35Ω,如不是则维修或更换线束
P1D0C	Line Heater Circuit Low Active	加热尿素管控制针脚短路或开路	故障发生10min后	无	无	无	(1)如果属于接插件松动的问题，则重新接插 (2)如果发现线束问题，则检查线束电阻，正常分别为7.8Ω,11Ω,35Ω,如不是则维修或更换线束

续表

DTC	Description/描述		MIL 和转矩限制动作的激活与恢复			维修指导
	English	中文	MIL 激活	转矩限制激活	故障恢复后 MIL 熄灭	故障恢复后停止发送转矩限制状态位	
P1D0E	Coolant Control Solenoid Circuit High Active	发动机冷却液开关控制阀控制针脚短路或开路	故障发生10min后	无	无	无	(1)如果属于接插件松动的问题,则重新接插 (2)如果发现线束问题,则维修或更换线束 (3)如果属于电磁阀问题,则更换电磁阀
P1D0F	Coolant Control Solenoid Circuit Low Active	发动机冷却液开关控制阀控制针脚接地	故障发生10min后	无	无	无	(1)如果属于接插件松动的问题,则重新接插 (2)如果发现线束问题,则维修或更换线束 (3)如果属于电磁阀问题,则更换电磁阀
P1D07	Urea Pump Circuit Low Active	尿素溶液输送泵控制针脚接地	故障发生10min后	无	3个驾驶循环后	无	(1)如果属于接插件松动的问题,则重新接插 (2)如果发现线束问题,则维修或更换线束 (3)如果属于尿素泵问题,则更换尿素泵
P1D08	Urea Pump Circuit High Active	尿素溶液输送泵控制针脚短路或开路	故障发生10min后	无	3个驾驶循环后	无	(1)如果属于接插件松动的问题,则重新接插 (2)如果发现线束问题,则维修或更换线束 (3)如果属于尿素泵问题,则更换尿素泵

5.3.2.3 SCR系统部件故障检测

(1)尿素泵供给模块 尿素泵供给模块相关故障码如表5-22所示,其模块端子分布如图5-70所示,其端子定义见表5-23。

表5-22 尿素泵供给模块相关故障码

故障含义	故障码
后处理系统供电电压过低	P0562
后处理系统供电电压过高	P0563
后处理传感器供电电压过低	P0642
后处理传感器供电电压过高	P0643

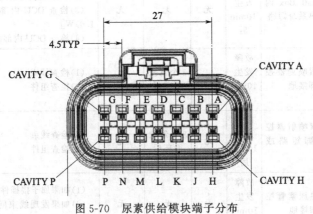

图5-70 尿素供给模块端子分布

表5-23 尿素供给模块端子定义

引脚	定义	DCU引脚
A	尿素泵方向	B-23

续表

引脚	定义	DCU引脚
C	尿素泵PWM驱动	A-17
E	供电地	A-11
K	尿素压力传感器地	B-12
L	供给模块加热器	尿素泵加热继电器之后
M	尿素压力传感器信号	B-13
N	尿素压力传感器供电	B-1
P	24V电源	A-1、A-2

① 基本检查。

a. 车辆打着后，再关闭钥匙门置于OFF挡，观察尿素泵是否有倒吸的声音，如果有，说明尿素泵供电正常。

b. 连接诊断仪，读取后处理传感器信息，如果读数正常，说明DCU供电没有问题。

② 线束检查。

a. 确认接插头无松动，针脚无锈蚀。

b. 钥匙门置于ON挡，观察DCU主继电器是否有"哒哒"的吸合声，如果有，则检查DCU主继电器87端与DCU的A-1、A-2线束连接是否正常；如果没有"哒哒"的吸合声，首先确认继电器是否正常，其次确认线路连接是否正常，最后可更换DCU。

(2) 尿素泵故障　故障码分析：P1D07——尿素泵控制端线束对地短路；P1D08——尿素泵控制端线束短路；P1D09——尿素泵功能故障，与尿素压力传感器功能故障P1D04成对出现，可检查尿素泵是否能正常建压。

钥匙门置于OFF挡。

连接诊断仪，钥匙门置于Start挡，发动机怠速。

读取诊断仪中动态数据流，观察尿素泵压力值：若小于2.2bar，则尿素泵性能下降；若能达到2.2bar，让车辆行驶，观察动态数据流中排气温度传感器数值。当排温大于200℃时，若尿素压力值达到5.5bar，则尿素泵正常；若尿素压力值始终小于5.5bar，则尿素泵性能下降。

钥匙门置于OFF挡，尿素泵仍将工作一段时间，听一下尿素泵是否有抽尿素的声音。

① 线束检查。

a. 确认接插头无松动，针脚无锈蚀。

b. 钥匙门置于OFF挡。

c. 拔掉DCU的A、B接插件和尿素供给模块插头。

d. 测量尿素供给模块接头到DCU相应接头之间的电阻，具体的对应关系如表5-24。

表5-24　连接端子之间阻值参数

泵引脚	ECU引脚	正常值/Ω
A B	23	0
C A	14	0

若不是正常值，则说明线束存在断路故障。

② 短路检查。

a. 钥匙门置于OFF挡。

b. 拔掉DCU的A、B接插件和尿素供给模块插头。

c. 测量供给模块接头的A、C引脚到整车地之间的电阻，正常值大于1MΩ；若不是正常值，说明线束存在对地短路的故障。

（3）尿素压力传感器故障　尿素压力传感器相关故障码见表5-25。

表5-25　尿素压力传感器相关故障码

故障含义	故障码
尿素压力采集电压过低	P1D02
尿素压力采集电压过高	P1D03
尿素压力传感器功能故障	P1D04
后处理传感器供电电压过低	P0642
后处理传感器供电电压过高	P0643

① 诊断仪检测。

a. 钥匙门置于OFF挡。

b. 连接诊断仪，钥匙门至于ON挡，观察尿素压力传感器值应为0。

c. 钥匙门置于Start挡，读取诊断仪中动态数据流，观察尿素压力传感器值是否增加至2.2bar。车辆运行时，观察尿素压力传感器值能否增加至5.5bar。

d. 尿素压力传感器集成在尿素泵里，无法单独更换，需要随尿素泵供给模块总成一同更换。

② 线束检查。

a. 确认接插头无松动，针脚无锈蚀。

b. 钥匙门至于OFF挡。

c. 拔掉DCU的B插头和尿素供给模块插头。

d. 测量尿素供给模块中尿素压力传感器到ECU相应接头之间的电阻，具体的对应关系见表5-26。

表5-26　端子检测参数

传感器引脚	ECU引脚	正常值/Ω
K 地	B-12	0
M 信号	B-13	0
N 供电	B-1	0

若不是正常值，则说明线束存在断路故障。

③ 短路检查。

a. 钥匙门置于OFF挡。

b. 拔掉DCU的B插头和尿素供给模块插头。

c. 测量尿素压力传感器接头三个引脚到整车地之间的电阻，正常值大于1MΩ。若不是正常值，说明线束存在对地短路的故障。

④ 供电检查。

a. 钥匙门置于ON挡。

b. 拔掉尿素供给模块插头。

c. 测量尿素泵供给模块线束端的K与整车地之间是否有5V供电。如果没有，检查DCU供电是否正常。尿素压力传感器压力-电压关系如表5-27所示。

表5-27　尿素压力传感器压力-电压关系

项目	对应值一	对应值二
电压/V	0.5	4.5
压力值/bar	0.5	10.34

（4）尿素泵加热继电器故障（故障码见表5-28）

表 5-28 尿素泵加热继电器故障码

故障含义	故障码
尿素泵加热系统开路	P1D11
尿素泵加热系统短路	P1D12

尿素泵加热继电器在熔丝盒里，尿素泵加热器在尿素泵供给模块内。

① 线束检查。

a. 确认接插头无松动，针脚无锈蚀。

b. 钥匙门置于 OFF 挡。

c. 拔掉 ECU 发动机端 X1 黑色接插件和尿素管路加热继电器。

d. 测量继电器接头到 ECU 相应接头之间的电阻，具体的对应关系见表 5-29。

表 5-29 端子检测参数

继电器引脚	ECU 引脚	正常值/Ω
85 供电	A-1、A-2	0
86 驱动输出	B-18	0

若不是正常值，则说明线束存在断路故障。

② 短路检查。

a. 钥匙门置于 OFF 挡。

b. 拔掉 DCU 端 B 接插件。

c. 测量 DCU 线束端 B-18 到整车地之间的电阻，正常值为 1MΩ。若不是正常值，说明线束存在对地短路的故障。

(5) 尿素箱水加热阀故障（故障码见表 5-30）

表 5-30 尿素箱水加热阀故障码

故障含义	故障码
尿素箱水阀控制针脚短路或开路	P1D0E
尿素箱水阀控制针脚接地	P1D0F

① 线束检查。

a. 确认接插头无松动，针脚无锈蚀。

b. 钥匙门置于 OFF 挡。

c. 拔掉 DCU 的 A 接插件和尿素箱水加热阀插头，测量水阀接头到 DCU 相应接头之间的电阻，具体的对应关系如表 5-31。

表 5-31 传感器端子检测参数

传感器引脚	ECU 引脚	正常值/Ω
1 供电	A-1、A-2	0
2 驱动输出	A-24	0

若不是正常值，则说明线束存在断路故障。

② 短路检查。

a. 钥匙门置于 OFF 挡。

b. 拔掉 DCU 的 A 接插件和尿素箱水加热阀插头。

c. 测量尿素箱水加热阀接头 2 引脚到整车地之间的电阻，正常值为 1MΩ。若不是正常值，说明线束存在对地短路的故障。

③ 性能检查。

a. 关闭钥匙门，拔下尿素箱水加热阀插头。

b. 用万用表测量插头端两个引脚之间的电阻，应为46Ω。若不是46Ω，说明尿素箱水加热阀故障。

(6) 尿素管路加热继电器故障（故障码见表5-32）

表5-32　尿素管路加热继电器故障码

故障含义	故障码
加热尿素管控制针脚短路或开路	P1D0B
加热尿素管控制针脚接地	P1D0C

尿素管路加热继电器在副驾驶仪表盘的熔丝盒里。

① 线束检查。

a. 确认接插头无松动，针脚无锈蚀。

b. 钥匙门置于OFF挡。

c. 拔掉DCU的A接插件和尿素管路加热继电器。

d. 测量继电器接头到DCU相应接头之间的电阻，具体的对应关系如表5-33。

表5-33　继电器检测参数

传感器引脚	ECU引脚	正常值/Ω
85供电	A-1、A-2	0
86驱动输出	B-21	0

若不是正常值，则说明线束存在断路故障。

② 短路检查。

a. 钥匙门置于OFF挡。

b. 拔掉DCU的B接插件和尿素管路加热继电器。

c. 测量DCU B-21引脚到整车地之间的电阻，正常值大于1MΩ。若不是正常值，说明线束存在对地短路的故障。

③ 性能检查。

a. 关闭钥匙门，拔下传感器插头。

b. 用万用表测量继电器线圈之间的电阻，应为(300±5)Ω。若不是，说明尿素管路加热继电器故障。

(7) 尿素喷嘴故障　故障码分析：P2047——与P1D16尿素箱液位传感器功能故障成对出现，原理为尿素实际消耗量与理论消耗量偏差很大。可能为尿素液位传感器故障、喷嘴卡死或常开。首先确认尿素液位及温度传感器匹配是否正确。P2048——尿素喷嘴对地短路，检查线束。P2049——尿素喷嘴对电源短路或开路，首先检查喷嘴保险，再检查线束。

① 诊断仪检测。

a. 钥匙门置于OFF挡。

b. 连接诊断仪，钥匙门置于ON挡。

c. 读取诊断仪中故障码，如果报P2049，请首先检查尿素喷嘴保险是否熔断。

② 线束检查。

a. 确认接插头无松动，针脚无锈蚀。

b. 钥匙门置于OFF挡。

c. 拔掉DCU的B接插件和尿素喷嘴插头。

d. 测量喷嘴接头到DCU相应接头之间的电阻，具体的对应关系见表5-34。

表 5-34　检测参数

喷嘴引脚	ECU 引脚	正常值/Ω
1	24V	0
2	B-16	0

若不是正常值，则说明线束存在断路故障。

③ 短路检查。

a. 钥匙门置于 OFF 挡。

b. 拔掉 DCU 的 B 接插件和尿素喷嘴插头。

c. 测量喷嘴接头两个引脚到整车地之间的电阻，正常值大于 1MΩ；若不是正常值，说明线束存在对地短路的故障。

④ 性能检查。

a. 钥匙门置于 OFF 挡。

b. 拔掉尿素喷嘴插头。

c. 用万用表测量喷嘴端两个引脚之间的电阻应为（1.0±0.1）Ω；若异常，表明尿素喷嘴故障。

d. 钥匙门打到 ON 挡（不用启动发动机），用万用表测量喷嘴插头 1 引脚与整车地之间的电压是否为 24V。若异常，则线束故障，熔丝断。

(8) 排气温度传感器故障（故障码见表 5-35）。

表 5-35　排气温度传感器相关故障码

故障含义	故障码
排温传感器采集电压高于阈值	P2033
排温传感器采集电压低于阈值	P2032

① 诊断仪检测。

a. 钥匙门置于 OFF 挡。

b. 连接诊断仪，钥匙门至于 ON 挡。

c. 读取诊断仪中动态数据流，观察 SCR 入口温度，此时应与外界环境温度相近。

d. 钥匙门至于 START 挡，观察诊断仪中 SCR 入口温度是否上升，踩下踏板，观察传感器温度是否随踏板踩下而上升。

② 线束检查。

a. 确认接插头无松动，针脚无锈蚀。

b. 钥匙门置于 OFF 挡。

c. 拔掉 DCU B 的接插件和 SCR 入口温度传感器插头。

d. 测量传感器接头到 ECU 相应接头之间的电阻，具体的对应关系见表 5-36。

表 5-36　传感器检测参数

传感器引脚	ECU 引脚	正常值/Ω
1 灰色	B-8	0
2 白色地	B-12	0

若不是正常值，则说明线束存在断路故障。

③ 短路检查。

a. 钥匙门置于 OFF 挡。

b. 拔掉 DCU 的 B 接插件和 SCR 入口温度传感器插头。

c. 测量供给 SCR 入口温度传感器接头的灰色引脚到整车地之间的电阻，正常值为 1MΩ。若不是正常值,说明线束存在对地短路的故障。

④ 性能检查。

a. 钥匙门置于 OFF 挡。

b. 拔掉 DCU 的 B 接插件和 SCR 入口温度传感器插头。

c. 用万用表测量供给 SCR 入口温度传感器两个引脚之间的阻值,温度和阻值的对应关系如表 5-37。

表 5-37 温度传感器温度与阻值关系

温度/℃	正常阻值/Ω	最大阻值/Ω	最小阻值/Ω
-40	44373	47492	41255
-30	25572	27209	23935
-20	15141	16022	14260
-10	9202	9689	8716
0	5774	6050	5497
10	3714	3875	3553
20	2448	2544	2353
25	2014	2089	1940
30	1671	1730	1613
40	1150	1186	1114
50	816.7	839.3	794
60	583.1	597.4	568
70	426.7	435.8	417.6
80	315.8	321.6	310
90	238.1	241.8	234.4
100	182.8	185.1	180.4
110	141.2	142.6	139.8
120	110.3	111.8	108.9
130	87.4	88.8	86

若不是正常值,说明排气温度传感器故障。

(9) 尿素箱液位和温度传感器故障(故障码见表 5-38)。

表 5-38 尿素箱液位和温度传感器故障码

故障含义	故障码
尿素液位传感器采集电压过低	P1D14
尿素液位传感器采集电压过高	P1D15
尿素液位传感器功能故障	P1D16
传感器信号采集电压低于阈值	P2044
传感器信号采集电压高于阈值	P2045

① 诊断仪检测。

a. 钥匙门置于 OFF 挡。

b. 连接诊断仪,钥匙门置于 ON 挡。

c. 读取诊断仪中动态数据流,观察尿素箱液位和温度传感器值:尿素箱温度应与环境温度相近。

② 线束检查。

a. 确认接插头无松动，针脚无锈蚀。

b. 钥匙门置于 OFF 挡。

c. 拔掉 DCU 的 B 接插件和尿素箱液位及温度传感器插头，测量传感器接头到 DCU 相应接头之间的电阻，具体的对应关系见表 5-39。

表 5-39　传感器检测参数

传感器引脚	ECU 引脚	正常值/Ω
1 供电 5V	B-1	0
2 液位信号	B-11	0
3 温度信号	B-12	0
4 温度地	B-14	0

若不是正常值，则说明线束存在断路故障。

③ 短路检查。

a. 钥匙门置于 OFF 挡。

b. 拔掉 DCU 的 B 接插件和尿素箱液位和温度传感器插头。

c. 测量尿素箱液位和温度传感器插头的 2、3 引脚到整车地之间的电阻，正常值为 1MΩ。若不是正常值，说明线束存在对地短路的故障。

④ 性能检查。

a. 钥匙门置于 OFF 挡。

b. 拔掉尿素箱液位及温度传感器插头。

c. 用万用表测量供给尿素箱液位和温度传感器 1 和 2 之间、3 和 4 之间的阻值。确认液位，可将传感器从尿素箱内取出，滑动浮子，观察液位对应的阻值是否正确；确认温度，将尿素温度与环境温度对比，是否相近。温度和阻值的对应关系及液位和阻值的对应关系见表 5-40。

表 5-40　温度和阻值的对应关系及液位和阻值的对应关系

温度与阻值的关系		匹配 38L 大尿素箱		匹配 16L 小尿素箱	
阻值/Ω	温度/℃	阻值/Ω	高度/mm	高度	输出阻值/Ω
109600	−40	7800	402	>218	5600
79170	−35	10290	381	218	9500
57820	−30	12900	365	202	13920
42670	−25	15900	349	186	19150
31800	−20	19200	333	170	25050
23930	−15	22600	317	154	32200
18160	−10	26340	301	138	40650
13910	−5	30660	285	122	50650
10740	0	35360	269	106	70650
8362	5	40590	253	90	100050
6558	10	46490	237	74	145350
5181	15	53290	221	58	229850
4121	20	61350	205	42	429850

温度与阻值的关系		匹配38L大尿素箱		匹配16L小尿素箱	
阻值/Ω	温度/℃	阻值/Ω	高度/mm	高度	输出阻值/Ω
3300	25	70550	189		
2660	30	81550	173		
2156	35	94550	157		
1759	40	109950	141		
1443	45	129950	125		
1190	50	156650	109		
986.3	55	190650	93		
821.7	60	239350	77		
687.9	65	319950	61		
578.5	70	443950	45		
488.7	75				
414.6	80				
353.2	85				

若不是正常值，说明尿素箱液位和温度传感器故障。

(10) 大气温度传感器故障（故障码见表5-41）

表5-41 大气温度传感器故障码

故障含义	故障码
采集电压超出上限值	P0073
采集电压低于下限值	P0072
A/D采集故障	P0071

① 诊断仪检测。
a. 钥匙门置于OFF挡。
b. 连接诊断仪，钥匙门置于ON挡。
c. 读取诊断仪中动态数据流，观察大气温度传感器值是否与环境相符。

② 线束检查。
a. 确认接插头无松动，针脚无锈蚀。
b. 钥匙门置于OFF挡。
c. 拔掉ECU整车端大接插件和大气温度传感器插头，测量传感器接头到ECU相应接头之间的电阻，具体的对应关系见表5-42。

表5-42 传感器检测参数

传感器引脚	ECU引脚	正常值/Ω
1信号	45	0
2地	9	0

若不是正常值，则说明线束存在断路故障。

③ 短路检查。
a. 钥匙门置于OFF挡。
b. 拔掉ECU整车端大接插件和大气温度传感器插头。
c. 测量供给大气温度传感器接头的信号引脚到整车地之间的电阻，正常值为1MΩ。若不是正常值，说明线束存在对地短路的故障。

④ 性能检查。

a. 钥匙门置于 OFF 挡。

b. 拔掉大气温度传感器插头，用万用表测量供给大气温度传感器两个引脚之间的阻值，温度和阻值的对应关系见表 5-43。

表 5-43 传感器温度和阻值的对应关系

温度/℃	正常阻值/Ω	最大阻值/Ω	最小阻值/Ω
-40	45300	50136	41360
-30	25600	29540	23496
-20	15080	17184	13904
-10	9200	10376	8520
0	5800	6480	5392
10	3760	4168	3508
20	2500	2752	2340
30	1700	1860	1596
40	1180	1284	1111.4
50	837	905.6	790.2
60	603	649.8	570.6
70	441	473.4	418.2
80	327	349.8	310.8
90	246	262.2	234.2
100	187	198.8	178.6
110	145	153.4	138.8
120	114	120.2	109.2
130	90	94.8	86.4
140	72	75.6	69.2
150	58	60.8	

若不是正常值，则说明线束存在故障。

(11) NO_x 传感器故障（故障码见表 5-44）。

表 5-44 NO_x 传感器故障码

故障含义	故障码
NO_x 传感器硬件故障	P2201
NO_x 传感器加热部件故障	P2208
NO_x 传感器被移除	P1D21

NO_x 传感器无法维修，如果确认传感器故障，只能更换。NO_x 传感器端子分布如图 5-71 所示。

① 线束检查。

a. 钥匙门置于 OFF 挡。

b. 拔掉 ECU 发动机端 X1 黑色接插件和 NO_x 传感器传感器插头。

c. 测量传感器接头到 ECU 相应接头之间的电阻，具体的对应关系见表 5-45。若不是正常值，则说明线束存在断路故障。

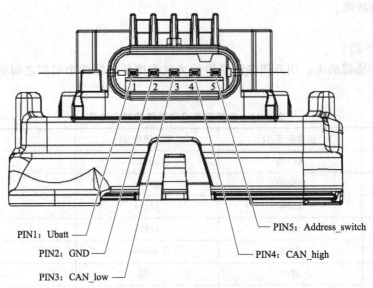

图 5-71 NO_x 传感器端子分布

表 5-45 传感器检测参考值

传感器引脚	ECU 引脚	正常值/Ω
1 供电	X1-05	0
2 地	整车地	0
3 CAN_高	X1-42	0
4 CAN_低	X1-43	0

② 短路检查。

a. 钥匙门置于 OFF 挡。

b. 拔掉 DCU 的 A 接插件和 NO_x 传感器插头。

c. 测量 NO_x 传感器接头 1~4 引脚到整车地之间的电阻,正常值大于 1MΩ。若不是正常值,说明线束存在对地短路的故障。

③ 性能检查。

a. 关闭钥匙门,拔下传感器插头。

b. 用万用表测量 NO_x 传感器插头端的 3、4 之间的电阻,应为 60Ω。若不是 60Ω,说明 CAN 网络故障。

④ 供电检查。

a. 钥匙门置于 OFF 挡。

b. 拔掉 NO_x 传感器插头。

c. 钥匙门置于 ON 挡,无须启动发动机

d. 用万用表测量传感器线束端插头与地之间的电压。线束端插头:引脚 1 与整车地之间应为 24V。

(12) CAN 总线故障 CAN 总线故障码为:U0029——通信 CAN 总线功能故障;U0028——通信 CAN 总线硬件故障。

检查方法:与 DCU 通信 CAN 相连的控制器包括发动机 ECU 和 NO_x 传感器。从诊断仪进入天纳克 DCU,读取数据流中是否有车速和发动机转速信号,如果都有,说明 DCU 与 ECU 之间通信没有问题。需要排查 NO_x 传感器 CAN 线问题,具体排查方法见 NO_x 传感器部件故障检测;如果没有车速和发动机转速信号,怀疑 DCU 与 ECU 之间的 CAN 连接异常。

5.3.2.4 天纳克 1.5 代 SCR 系统故障码与维修指导

天纳克 1.5 代 SCR 系统故障码见表 5-46。

表 5-46 天纳克 1.5 代 SCR 系统故障码

序号	故障码	故障描述	故障原因	排查措施	相关参数
1	P1D2E	尿素溶液输送泵转速低于阈值	尿素管路(尿素泵和DCU总成出口后)存在缠绕或堵塞	检测尿素管路(尿素泵和DCU总成出口后)是否存在缠绕或堵塞	
2	P1D09	尿素溶液输送泵功能故障	(1)插接件松动 (2)线束短路或断路 (3)尿素压力传感器损坏 (4)尿素泵损坏 (5)尿素管损坏	(1)检测插接件是否松动,针脚是否倒下或损坏,端子是否缩入插接件 (2)检测线束是否短路或断路 (3)检测尿素压力传感器是否正常工作 (4)检测尿素泵是否正常,可尝试更换新尿素泵 (5)检测尿素管是否损坏	尿素压力传感器工作电压为5V 尿素压力传感器正常电压输出值为(2.60±0.26)V 电压不太好测,可用诊断仪数据流中尿素压力代替,急速时为(200±10)kPa,超出(200±125)kPa范围即报出该故障;喷射时为(550±10)kPa,超出(550±125)kPa范围即报出该故障
3	P1D04	尿素溶液压力传感器功能故障	(1)尿素泵损坏 (2)插接件松动 (3)线束短路或断路 (4)传感器损坏 (5)尿素管损坏	(1)检测尿素泵是否正常 (2)检测插接件是否松动,针脚是否倒下或损坏,端子是否缩入插接件 (3)检测压力传感器线束端接头Pin9、Pin11是否短路或断路,检测电源线是否正常上电 (4)测量传感器输出电压、检测传感器是否损坏 (5)检测尿素管是否损坏	尿素压力传感器工作电压为5V 尿素压力传感器正常电压输出值为(2.60±0.26)V 电压不太好测,可用诊断仪数据流中尿素压力代替,急速时为(200±10)kPa,超出(200±125)kPa范围即报出该故障;喷射时为(550±10)kPa,超出(550±125)kPa范围即报出该故障
4	U0029	通信CAN总线功能故障	(1)CAN线故障 (2)ECU、DCRDCU标定版本不匹配 (3)CAN节点故障	(1)检测CAN线是否断路、开路(ECU,氮氧传感器),检测CAN线电压、CAN线通断及CAN线终点电阻 (2)检测ECU、DCRDCU标定版本是否匹配 (3)检测CAN线上各个节点是否损坏,检测插接件是否松动	CAN线电压(2.5±0.5)V,CAN-H和CAN-L电压相加约为5V。 CAN线OBD诊断口3和11之间电阻约为60Ω;6和14之间电阻约为120Ω
5	P1D20	SCR载体移除故障	载体移除	检查SCR载体是否存在	
6	P1D18	SCR载体后端氮氧化合物超过7g/(kW·h)	(1)SCR系统是否正常 (2)尿素问题 (3)SCR催化器损坏	(1)检测SCR系统是否正常工作,检测SCR系统是否正常上电,检测SCR系统输出是否正常 (2)检测尿素箱中的尿素液位和尿素品质 (3)检测SCR催化系统是否损坏	
7	P1D17	SCR载体后端氮氧化合物超过5g/(kW·h)	(1)SCR系统是否正常 (2)尿素问题 (3)SCR催化器损坏	(1)检测SCR系统是否正常工作,检测SCR系统是否正常上电,检测SCR系统输出是否正常 (2)检测尿素箱中的尿素液位和尿素品质 (3)检测SCR催化系统是否损坏	
8	P2201	氮氧传感器硬件故障	(1)插接件松动 (2)线束短路或断路 (3)氮氧传感器损坏	(1)检测插接件是否松动,针脚是否倒下或损坏,端子是否缩入插接件 (2)检测传感器线束是否短路或断路,检测传感器电源是否正常,检测CAN线是否正常 (3)如以上均正常,尝试更换氮氧传感器	传感器工作电压24V CAN线电压(2.5±0.5)V,CAN-H和CAN-L电压相加约为5V。CAN线终端电阻约为60Ω
9	P1D21	氮氧传感器移除故障	(1)插接件松动 (2)线束短路或断路 (3)传感器不存在 (4)DCU标定软件版本错误 (5)氮氧传感器安装位置不正确	(1)检测插接件是否松动,针脚是否倒下或损坏,端子是否缩入插接件 (2)检测传感器线束是否短路或断路,检测传感器电源是否正常,检测CAN线是否正常 (3)目视检测氮氧传感器是否丢失,传感器安装位置是否正确 (4)检测DCU标定软件版本是否正确	

序号	故障码	故障描述	故障原因	排查措施	相关参数
10	P1D16	尿素溶液液位传感器功能故障	(1)插接件松动 (2)线束短路或断路 (3)传感器损坏	(1)检测插接件是否松动,针脚是否倒下或损坏,端子是否缩入插接件 (2)检测传感器到DCU线束是否短路或断路 (3)检测液位传感器的接头和传感器电阻 (4)检查尿素管路是否存在泄漏	传感器工作电压为5V 匹配天纳克1.5代尿素液位及温度传感器:3602525-874(小) 3602525-62V(大)液位阻值范围都是5.6~443.95kΩ
11	P2047	尿素溶液喷嘴功能故障	(1)插接件松动 (2)线束短路或断路 (3)尿素喷嘴损坏	(1)检测插接件是否松动,针脚是否倒下或损坏,端子是否缩入插接件 (2)检测尿素喷嘴电源线和地线是否短路或断路,电源是否正常,检测尿素主继电器和相应熔丝是否损坏 (3)检测加热管电阻值 (4)检查尿素管路是否存在泄漏	尿素喷嘴工作电压24V,尿素喷嘴为DCU控制地线工作 尿素喷射单元正常阻值为(1.0±0.1)Ω
12	P1D19	尿素溶液耗尽	(1)尿素液位低液位 (2)传感器损坏 (3)传感器电压错误 (4)传感器匹配错误	(1)检测尿素液位 (2)检测尿素液位传感器输出阻值 (3)检测传感器电压,如不正常请检测线束是否断,检测DCU是否正常工作 (4)核对尿素液位传感器零件号	传感器工作电压为5V 匹配天纳克1.5代尿素液位及温度传感器:3602525-874(小) 3602525-62V(大)液位阻值范围都是5.6~443.95kΩ
13	P2208	氮氧传感器加热部件故障	(1)插接件松动 (2)线束短路或断路 (3)氮氧传感器损坏	(1)检测插接件是否松动,针脚是否倒下或损坏,端子是否缩入插接件 (2)检测传感器线束是否短路或断路,检测传感器电源是否正常,检测CAN线是否正常 (3)如以上均正常,尝试更换氮氧传感器	
14	U0037	服务诊断CAN总线硬件故障	(1)CAN节点故障 (2)线束短路或断路 (3)DCU损坏 (4)CAN线断路、短路	(1)检测CAN线上各节点是否正常工作(ECU、DCU和仪表等) (2)检测DCU线束是否短路或断路 (3)检测DCU是否损坏 (4)检测CAN是否断路或短路	CAN线电压(2.5±0.5)V,CAN-H和CAN-L电压相加约为5V。CAN线OBD诊断口3和11之间电阻约为60Ω;6和14之间电阻约为120Ω
15	U0028	通信CAN总线硬件故障	(1)CAN节点故障 (2)线束短路或断路 (3)DCU损坏 (4)CAN线断路、短路	(1)检测CAN线上各节点是否正常工作(ECU、DCU和仪表等) (2)检测DCU线束是否短路或断路 (3)检测DCU是否损坏 (4)检测CAN是否断路或短路	CAN线电压(2.5±0.5)V,CAN-H和CAN-L电压相加约为5V。CAN线OBD诊断口3和11之间电阻约为60Ω;6和14之间电阻约为120Ω
16	P1D14	尿素溶液液位传感器采集信号电压低于阈值	(1)插接件松动 (2)线束短路或断路 (3)传感器损坏	(1)检测插接件是否松动,针脚是否倒下或损坏,端子是否缩入插接件 (2)检测传感器到DCU线束是否短路或断路 (3)检测液位传感器的接头和传感器电阻	传感器工作电压为5V 匹配天纳克1.5代尿素液位及温度传感器:3602525-874(小) 3602525-62V(大)液位阻值范围都是5.6~443.95kΩ
17	P1D15	尿素溶液液位传感器采集信号电压高于阈值	(1)插接件松动 (2)线束短路或断路 (3)传感器损坏	(1)检测插接件是否松动,针脚是否倒下或损坏,端子是否缩入插接件 (2)检测传感器到DCU线束是否短路或断路 (3)检测液位传感器的接头和传感器电阻	传感器工作电压5V 匹配天纳克1.5代尿素液位及温度传感器:3602525-874(小) 3602525-62V(大)液位阻值范围都是5.6~443.95kΩ
18	P1D02	尿素压力传感器采集信号电压低于阈值	(1)检测插接件是否松动 (2)检测线束是否短路或断路 (3)检测传感器是否损坏	(1)检测插接件是否松动,针脚是否倒下或损坏,端子是否缩入插接件 (2)检测线束是否短路或断路,检测电源线是否正常上电 (3)测量传感器输出电压,检测传感器是否损坏	尿素压力传感器工作电压5V 尿素压力传感器正常电压输出值为(2.60±0.26)V 电压不太好测,可用诊断仪数据流中尿素压力代替,急速时为(200±10)kPa,超出(200±125)kPa范围即报出该故障;喷射时为(550±10)kPa,超出(550±125)kPa范围即报出该故障

续表

序号	故障码	故障描述	故障原因	排查措施	相关参数
19	P1D03	尿素压力传感器采集信号电压高于阈值	(1)检测插接件是否松动 (2)检测线束是否短路或断路 (3)检测传感器是否损坏	(1)检测插接件是否松动,针脚是否倒下或损坏,端子是否缩入插接件 (2)检测线束是否短路或断路,检测电源线是否正常上电 (3)测量传感器输出电压、检测传感器是否损坏	尿素压力传感器工作电压5V 尿素压力传感器正常电压输出值为(2.60±0.26)V 电压不太好测,可用诊断仪数据流中尿素压力代替,急速时为(200±10)kPa,超出(200±125)kPa范围即报出该故障;喷射时为(550±10)kPa,超出(550±125)kPa范围即报出该故障
20	P0562	尿素溶液喷射系统供电电压低于阈值	(1)车辆系统的电压值故障 (2)SCR系统电压值故障	(1)检测车辆系统的电压值 ① 检测蓄电池电压是否正常 ② 检测系统的熔丝和继电器是否损坏 ③ 检测系统线束是否短路或断路 (2)检测SCR系统电压 ① 检测DCU的输入电压是否是24V ② 检测钥匙开关打开后的线束电压是否为24V	
21	P0563	尿素溶液喷射系统供电电压高于阈值	(1)车辆系统的电压值故障 (2)SCR系统电压值故障	(1)检测车辆系统的电压值 ① 检测蓄电池电压是否正常 ② 检测系统的熔丝和继电器是否损坏 ③ 检测系统线束是否短路或断路 (2)检测SCR系统电压 ① 检测DCU的输入电压是否是24V ② 检测钥匙开关打开后的线束电压是否为24V	
22	P0642	DCU内部变压模块输出电压低于阈值	(1)车辆系统的电压值故障 (2)SCR系统电压值故障	(1)检测车辆系统的电压值 ① 检测蓄电池电压是否正常 ② 检测系统的熔丝和继电器是否损坏 ③ 检测系统线束是否短路或断路 (2)检测SCR系统电压 ① 检测DCU的输入电压是否是24V ② 检测钥匙开关打开后的线束电压是否为24V ③ 检测各个传感器的供电电压是否正常,如异常请更换DCU	
23	P0643	DCU内部变压模块输出电压高于阈值	(1)车辆系统的电压值故障 (2)SCR系统电压值故障	(1)检测车辆系统的电压值 ① 检测蓄电池电压是否正常 ② 检测系统的熔丝和继电器是否损坏 ③ 检测系统线束是否短路或断路 (2)检测SCR系统电压 ① 检测DCU的输入电压是否是24V ② 检测钥匙开关打开后的线束电压是否为24V ③ 检测各个传感器的供电电压是否正常,如异常请更换DCU	
24	P0545	SCR载体前温度传感器采集信号压力低于阈值	(1)插接件松动 (2)温度传感器的线束短路或断路 (3)传感器损坏	(1)检测插接件是否松动,针脚是否倒下或损坏,端子是否缩入插接件 (2)检测传感器到DCU线束是否短路或断路 (3)检测高温传感器的接头和传感器电阻	传感器工作电压5V 高温传感器输出电阻范围为170.2~767.3Ω
25	P0546	SCR载体前温度传感器采集信号压力高于阈值	(1)插接件松动 (2)温度传感器的线束短路或断路 (3)传感器损坏	(1)检测插接件是否松动,针脚是否倒下或损坏,端子是否缩入插接件 (2)检测传感器到DCU线束是否短路或断路 (3)检测高温传感器的接头和传感器电阻	传感器工作电压5V 高温传感器输出电阻范围为170.2~767.3Ω

续表

序号	故障码	故障描述	故障原因	排查措施	相关参数
26	P2044	尿素溶液温度传感器采集信号压力低于阈值	(1)插接件松动 (2)线束短路或断路 (3)传感器损坏	(1)检测插接件是否松动,针脚是否倒下或损坏,端子是否缩入插接件 (2)检测传感器到DCU线束是否短路或断路 (3)检测液位传感器的接头和传感器电阻	传感器工作电压5V 匹配天纳克1.5代尿素液位及温度传感器:3602525-874(小) 3602525-62V(大)温度阻值范围都是109.6～353.2kΩ
27	P2045	尿素溶液温度传感器采集信号压力高于阈值	(1)插接件松动 (2)线束短路或断路 (3)传感器损坏	(1)检测插接件是否松动,针脚是否倒下或损坏,端子是否缩入插接件 (2)检测传感器到DCU线束是否短路或断路 (3)检测液位传感器的接头和传感器电阻	传感器工作电压5V 匹配天纳克1.5代尿素液位及温度传感器:3602525-874(小) 3602525-62V(大)温度阻值范围都是109.6～353.2kΩ
28	P1D11	DCU Box内部加热系统开路	(1)插接件是否松动 (2)线束是否短路或断路 (3)尿素泵加热继电器损坏 (4)DCU内部加热电路损坏	(1)检测插接件是否松动,针脚是否倒下或损坏,端子是否缩入插接件 (2)检测加热器的线束是否短路或断路 (3)检测加热器电源是否正常,检测尿素泵加热继电器和相关熔丝是否损坏 (4)检测液位传感器的接头和传感器电阻	正常状态尿素泵加热电阻值为5～7Ω
29	P1D12	DCU Box内部加热系统短路	(1)插接件是否松动 (2)线束是否短路或断路 (3)尿素泵加热继电器损坏 (4)DCU内部加热电路损坏	(1)检测插接件是否松动,针脚是否倒下或损坏,端子是否缩入插接件 (2)检测加热器的线束是否短路或断路 (3)检测加热器电源是否正常,检测尿素泵加热继电器和相关熔丝是否损坏 (4)检测液位传感器的接头和传感器电阻	正常状态尿素泵加热电阻值约为5～7Ω
30	P2048	尿素喷嘴控制针脚接地	(1)插接件松动 (2)线束短路或断路 (3)尿素喷嘴损坏	(1)检测插接件是否松动,针脚是否倒下或损坏,端子是否缩入插接件 (2)检测尿素喷嘴电源线和地线是否短路或断路,电源是否正常,检测尿素主继电器和相应熔丝是否损坏 (3)检测加热管电阻值	尿素喷嘴工作电压24V,尿素喷嘴为DCU控制地线工作 尿素喷射单元正常阻值为(1.0±0.1)Ω
31	P2049	尿素喷嘴控制针脚短路或开路	(1)插接件松动 (2)线束短路或断路 (3)尿素喷嘴损坏	(1)检测插接件是否松动,针脚是否倒下或损坏,端子是否缩入插接件 (2)检测尿素喷嘴电源线和地线是否短路或断路,电源是否正常,检测尿素主继电器和相应熔丝是否损坏 (3)检测加热管电阻值	尿素喷嘴工作电压24V,尿素喷嘴为DCU控制地线工作 尿素喷射单元正常阻值为(1.0±0.1)Ω
32	P1D0B	加热尿素管控制针脚短路或开路	(1)插接件松动 (2)线束短路或断路 (3)加热管损坏	(1)检测插接件是否松动,针脚是否倒下或损坏,端子是否缩入插接件 (2)检测加热管电源线和地线是否短路或断路,检测尿素管加热继电器和相应熔丝是否损坏 (3)检测加热管电阻值	正常状态加热管电阻应分别为7.8Ω、11Ω和35Ω
33	P1D0C	加热尿素管控制针脚接地	(1)插接件松动 (2)线束短路或断路 (3)加热管损坏	(1)检测插接件是否松动,针脚是否倒下或损坏,端子是否缩入插接件 (2)检测加热管电源线和地线是否短路或断路,检测尿素管加热继电器和相应熔丝是否损坏 (3)检测加热管电阻值	正常状态加热管电阻应分别为7.8Ω、11Ω和35Ω
34	P1D0E	发动机冷却液开关控制阀控制针脚短路或开路	(1)插接件松动 (2)线束短路或断路 (3)电磁阀损坏	(1)检测插接件是否松动,针脚是否倒下或损坏,端子是否缩入插接件 (2)检测尿素加热电磁阀电源线和地线是否短路或断路,检测主加热继电器和相应熔丝是否损坏 (3)检测电磁阀是否损坏	电磁阀线圈电阻约为48Ω

续表

序号	故障码	故障描述	故障原因	排查措施	相关参数
35	P1D0F	发动机冷却液开关控制阀控制针脚接地	(1)插接件松动 (2)线束短路或断路 (3)电磁阀损坏	(1)检测插接件是否松动,针脚是否倒下或损坏,端子是否缩入插接件 (2)检测尿素加热电磁阀电源线和地线是否短路或断路,检测主加热继电器和相应熔丝是否损坏 (3)检测电磁阀是否损坏	电磁阀线圈电阻约为48Ω
36	P1D07	尿素溶液输送泵控制针脚接地	(1)插接件松动 (2)线束短路或断路 (3)尿素泵损坏	(1)检测插接件是否松动,针脚是否倒下或损坏,端子是否缩入插接件 (2)检测尿素泵到DCU线束是否短路或断路,检测尿素电压是否正常,检测主继电器和相关保险是否损坏 (3)更换尿素泵,检测尿素泵是否损坏	
37	P1D08	尿素溶液输送泵控制针脚短路或开路	(1)插接件松动 (2)线束短路或断路 (3)尿素泵损坏	(1)检测插接件是否松动,针脚是否倒下或损坏,端子是否缩入插接件 (2)检测尿素泵到DCU线束是否短路或断路,检测尿素电压是否正常,检测主继电器和相关保险是否损坏 (3)更换尿素泵,检测尿素泵是否损坏	

5.3.2.5 天纳克 SCR 系统故障码

天纳克 SCR 系统故障码见表 5-47。

表 5-47 天纳克 SCR 系统故障码

故障码	中文	MIL 激活	转矩限制激活	故障恢复后 MIL 熄灭	故障恢复后停止发送转矩限制状态位
P1D2F	尿素溶液输送泵转速高于阈值	无	无	无	无
P1D2E	尿素溶液输送泵转速低于阈值	无	无	无	无
P1D30	尿素溶液喷射系统结冻(针对不带加热功能的系统)	无	无	无	无
P1D09	尿素溶液输送泵功能故障	立即	立即	3个驾驶循环后	立即
P1D04	尿素溶液压力传感器功能故障	立即	立即	3个驾驶循环后	立即
U0029	通信 CAN 总线功能故障	立即	立即	3个驾驶循环后	立即
P1D20	SCR 载体移出故障	第2个驾驶循环	无	3个驾驶循环后	无
P1D18	SCR 载体后端氮氧化物超过 7g/(kW·h)	第2个驾驶循环	立即	3个驾驶循环后	无
P0471	排气背压传感器功能故障	第2个驾驶循环	无	3个驾驶循环后	无
P1D17	SCR 载体后端氮氧化合物超过 5g/(kW·h)	第2个驾驶循环	无	3个驾驶循环后	无
P2201	氮氧传感器硬件故障	立即	50h后	3个驾驶循环后	无
P1D21	氮氧传感器移除故障	第2个驾驶循环	50h后	3个驾驶循环后	无
P1D16	尿素溶液液位传感器功能故障	立即	50h后	3个驾驶循环后	无
P2047	尿素溶液喷嘴功能故障	立即	50h后	3个驾驶循环后	无
P1D19	尿素溶液耗尽	立即	立即	立即	立即
P2208	氮氧传感器加热部件故障	立即	50h后	3个驾驶循环后	无
U0037	服务诊断 CAN 总线硬件故障	立即	无	3个驾驶循环后	无
U0028	通信 CAN 总线硬件故障	立即	立即	3个驾驶循环后	立即
P1D14	尿素溶液液位传感器采集信号电压低于阈值	立即	50h后	3个驾驶循环后	无
P1D15	尿素溶液液位传感器采集信号电压高于阈值	立即	50h后	3个驾驶循环后	无

续表

故障码	中文	MIL 激活	转矩限制激活	故障恢复后 MIL 熄灭	故障恢复后停止发送转矩限制状态位
P0472	排气背压传感器采集信号电压低于阈值	立即	50h 后	3 个驾驶循环后	无
P0473	排气背压传感器采集信号电压高于阈值	立即	50h 后	3 个驾驶循环后	无
P1D02	尿素压力传感器采集信号电压低于阈值	立即	50h 后	3 个驾驶循环后	无
P1D03	尿素压力传感器采集信号电压高于阈值	立即	50h 后	3 个驾驶循环后	无
P0562	尿素溶液喷射系统供电电压低于阈值	立即	50h 后	3 个驾驶循环后	无
P0563	尿素溶液喷射系统供电电压高于阈值	立即	50h 后	3 个驾驶循环后	无
P0642	DCU 内部变压模块输出电压低于阈值	立即	50h 后	3 个驾驶循环后	无
P0643	DCU 内部变压模块输出电压高于阈值	立即	50h 后	3 个驾驶循环后	无
P2032	SCR 载体前温度传感器采集信号电压低于阈值	无	无	无	无
P2033	SCR 载体前温度传感器采集信号电压高于阈值	无	无	无	无
P0545	SCR 载体后温度传感器采集信号电压低于阈值	无	无	无	无
P0546	SCR 载体后温度传感器采集信号电压高于阈值	无	无	无	无
P2044	尿素溶液温度传感器采集信号电压低于阈值	无	无	无	无
P2045	尿素溶液温度传感器采集信号电压高于阈值	无	无	无	无
P1D11	DCU Box 内部加热系统开路	故障发生 10min 后	无	3 个驾驶循环后	无
P1D12	DCU Box 内部加热系统短路	故障发生 10min 后	无	3 个驾驶循环后	无
P2048	尿素喷嘴控制针脚接地	故障发生 10min 后	无	3 个驾驶循环后	无
P2049	尿素喷嘴控制针脚短路或开路	故障发生 10min 后	无	3 个驾驶循环后	无
P1D0B	加热尿素管控制针脚短路或开路	故障发生 10min 后	无	3 个驾驶循环后	无
P1D0C	加热尿素管控制针脚接地	故障发生 10min 后	无	3 个驾驶循环后	无
P1D0E	发动机冷却液开关控制阀控制针脚短路或开路	故障发生 10min 后	无	3 个驾驶循环后	无
P1D0F	发动机冷却液开关控制阀控制针脚接地	故障发生 10min 后	无	3 个驾驶循环后	无
P1D07	尿素溶液输送泵控制针脚接地	故障发生 10min 后	无	3 个驾驶循环后	无
P1D08	尿素溶液输送泵控制针脚短路或开路	故障发生 10min 后	无	3 个驾驶循环后	无

天纳克 SCR 后处理系统 1.0 代与 1.5 代区别如下。

① 1.0 代系统为第一代产品，1.5 代为 1.0 代升级产品，两代产品功能相同。
② 结构上 1.5 代取消了后排温传感器。
③ DCU 硬件相同，针脚定义不完全相同。
④ 尿素喷嘴改进。
⑤ 1.0 代尿素泵线束接口位于顶端，1.5 代线束接口位于底端。
⑥ 解放公司只安装 1.5 代系统，且所有零件及数据均由解放公司匹配。
⑦ 青岛厂 2014 年 1 月前安装 1.0 代系统，之后安装 1.5 代系统，DDE 匹配部分零件。
⑧ 软件上的区别，1.0 代系统和 1.5 代系统有各自的 ECU 及 DCU 数据，不可混刷，否则会造成系统工作不正常。

第6章 柴油发动机故障检修

6.1 柴油发动机维修方法与思路

6.1.1 常用诊断方法

柴油机故障常用的诊断方法如下。

(1) 观察法　通过观察柴油机的排烟等故障特征，判断故障情况 [图6-1(a)]。

(2) 听诊法　根据柴油机异常声音凭听觉判断故障部位性质及程度 [图6-1(b)]。

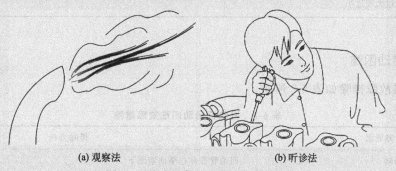

(a) 观察法　　　　　(b) 听诊法

图 6-1　故障诊断的观察法与听诊法

(3) 断缸法　停止某缸工作，借以判断故障是否出现在该缸。断缸法一般是向怀疑出现故障的气缸停止供油，比较断缸前后柴油机的状态变化，为进一步查找故障部位或原因缩小范围。

(4) 比较法　对某些总成或零部件，采用更换的办法确定是否存在故障。

注意：判断柴油机故障形成的原因是一项很仔细工作，在未基本弄清原因之前，对柴油机不得乱拆乱卸，否则不仅不能消除故障，反而会因拆卸后装配不当造成更严重的故障。

对高压油泵、增压器等关键零部件，维修检查不仅要有专用的仪器设备，还需要具有一定经验的人员。

6.1.2 常见故障原因分析与排除方法

6.1.2.1 发动机不能启动

发动机不能启动排除如表6-1所示。

表 6-1 发动机不能启动故障排除

故障现象	故障原因	排除方法
起动机不工作	是否挂空挡	保证挡位手柄在空挡状态
	车下停车开关接通	停车开关处于断开状态
	空挡开关损坏或接线连接不良	试着使用紧急启动(点火开关持续按下5s以上)
	蓄电池电压过低	用故障诊断仪读取实际值"电池电压",一般应为24V
	起动机继电器及接线松动或断裂	检查接线柱表面氧化物是否太多,接线柱表面螺栓是否松动或断裂
	起动机烧坏	用万用表检查起动机继电器是否正常
	点火开关或启动开关已坏	将点火钥匙旋至ON挡,看仪表盘灯是否亮;将点火钥匙旋至启动挡,检查启动机是否有动作
轨压无法建立(起动机能正常工作,但无法启动)	油箱油位过低	加燃油
	手油泵工作异常	用手压动手油泵看是否正常
	低压油路有空气	检查低压油路是否有气,并排空气
	高压油路有泄漏	检查高压油管接头螺母是否有松动,若有则拧紧
	油路堵塞	检查柴油滤清器是否堵塞,建议及时更换柴油滤芯
	轨压传感器损坏或电压不正常	检查轨压传感器初始电压值是否在500mV左右,或设定轨压是否为30~50MPa
	流量计量单元连接不良或损坏	检查流量计量单元是否完好,拔掉流量计量单元接插件尝试再启动
线束断路或短路	发动机线束、整车线束接插件未插好或者线束断路或短路	检查接插件的安装,用万用表(最好接线路检查仪)按照线路图的指针定义检查线路的通断
曲轴信号和凸轮轴信号丧失	传感器损坏,线束短路或断路	检查传感器是否损坏,线束是否连接良好
	传感器固定不牢,造成传感器与感应齿之间间隙过大或过小	检查传感器与感应齿之间间隙,一般应为(1.0±0.5)mm

6.1.2.2 发动机启动困难

发动机启动困难故障排除如表 6-2 所示。

表 6-2 发动机启动困难故障排除

故障原因	排除方法
柴油机较长时间没有运转	回油管要伸在柴油液面下
低压管路有少量空气	检查油管及接头密封性,放气螺钉是否拧紧,排出储留空气
曲轴转速信号、凸轮轴信号太弱,同步判断时间较长	查找具体原因,重新调整
环境温度太低,预热装置失效	检查加热法兰接线是否正常或更换预热装置
柴油、机油品质太差,未达标	更换标准油品
起动机或飞轮齿圈打齿	更换起动机及飞轮齿圈
活塞环、缸套磨损或气门密封不严	更换活塞环、缸套或气门座、气门
排气制动蝶阀卡死在关闭状态,导致排气不畅	更换蝶阀

6.1.2.3 发动机功率不足

发动机功率不足故障排除见表 6-3。

表 6-3 发动机功率不足故障排除

故障现象	故障原因	排除方法
喷油器故障	喷油器机械故障:针阀卡死	检查空滤器和进气管,清理或更换滤芯
	喷油器接线故障	检查喷油器接线,避免连接断开或直接搭在缸盖上与地短接
水温、过高	增水箱水面过低	检查有无漏水处,加水
	风扇转速过慢或不转	检查风扇传动部件
	水箱堵塞	检查水箱,清理或修复
	水泵皮带松弛	按规定调整张紧力
	水泵垫片损坏,水泵叶轮磨损	检查并修复或更换
	节温器故障	更换节温器
	水管密封件损坏,漏入空气	检查水管、接头、垫片等,更换损坏件
机油温度过高	油底壳油面低或缺油	检查油面及漏油处,修复并加油
	水温高	检查上述造成水温高的原因并排除
	机油冷却器流通不畅	检查并清理
进气温度过高	进气温度过高	检查中冷器的散热能力
同步信号出错	传感器的信号失效	通过闪码灯读出闪码,查看闪码表查找具体原因,并排除
流量计量单元故障	流量计量单元故障	检修线路,确认是流量计量单元或轨压传感器故障,通知办事处处理
燃油管路泄漏引起轨压异常波动	轨压异常波动,车速不稳	首先断电1min重新启动,若问题仍然存在则检查燃油管路密封性并排除
传感器故障	进气压力传感器、水温传感器、轨压传感器故障	检查进气温度、压力、水温、轨压传感器,看接插件是否牢靠

6.1.2.4 发动机始终运行在 1000r/min

发动机始终运行在1000r/min故障排除见表6-4。

表 6-4 发动机始终运行在 1000r/min 故障排除

故障原因	排除方法
电子油门踏线松脱或接错	重新拔插或检查油门接线是否正确,重新接线
电子油门接插件进水	用工具把接插件吹干再启动

6.1.2.5 发动机怠速游车

发动机怠速游车故障排除见表6-5。

表 6-5 发动机怠速游车故障排除

故障原因	排除方法
喷油器工作不正常	检查各缸喷油器及线束
具有车速传感器的整车,停车时有车速信号输入	检查车速表及车速传感器信号和接线
燃油质量差、含水或蜡质	清洗燃油系统,更换燃油滤清器
喷油嘴雾化不稳定	检查并修复

6.2 柴油发动机常见故障排除

6.2.1 锡柴 CA6DM3 柴油发动机故障排除

锡柴 CA6DM3 柴油发动机故障排除见表 6-6。

表 6-6 锡柴 CA6DM3 柴油发动机故障排除

故障现象	原因分析	排除方法
柴油机启动困难或不能启动	燃油箱没油	添加燃油
	燃油系统中有空气	排除系统内的空气并检查有无漏气之处
	燃油系统有堵塞现象	拆卸清洗
	喷油泵齿轮安装角不对	检查并调整
	喷油泵喷雾不良或喷油器压力过低	更换喷油器
	活塞环和缸套严重磨损,窜气严重	更换活塞环和缸套
	活塞环结胶卡死失去弹性、断裂等造成密封不严	清洗或更换活塞环
	气门漏气	检查气门和气门座密封锥面磨损情况,修理后重新研磨气门密封面,重新调整气门间隙
	冬季气温低	电阻式空气加热器预热
	蓄电池电压低,使柴油机达不到最低启动转速	重新充电达到规定要求
	电气线路接头脱落	检查接线并牢固
	起动机齿轮不能嵌入飞轮齿圈	检查修理起动机吸铁机构
	制动电磁阀失效	检查制动电磁阀
	启动继电器故障	更换启动继电器
	发动机副停车开关处于闭合状态	断开副停车开关
	传感器故障	查看相关闪码,然后更换相关传感器
	不在空挡状态	把挡位调到空挡
柴油机功率不足	空气滤清器堵塞,进气不足	清除滤芯尘土或更换滤芯
	燃油管路或燃油滤清器堵塞,供油不足	清洗燃油管路或更换滤芯
	气门间隙不对	调整
	喷油器雾化不良,喷孔堵塞,针阀咬死	检查、清洗或更换喷油器
	喷油器供油不足	检查喷油器
	发动机过热	检查冷却系统并清理水垢和积炭
	排气管或消声器积炭严重	清除积炭
	气缸压缩压力不足	检查气门与气门座面的密封性,检查活塞环、气缸套和活塞环的磨损情况,必要时研磨气门密封锥面或更换缸套、活塞环、活塞
	燃油品质低	更换符合使用规格要求的燃油
	环境温度太高或在高海拔地区运转	柴油机在高海拔地区或在环境温度太高的情况下,实际功率下降,因此用户应在使用时降低负荷
	制动电磁阀失效	检查制动电磁阀

续表

故障现象	原因分析		排除方法
柴油机突然停机	燃油系统进入空气		排除燃油系统内的空气
	燃油管道或燃油滤清器堵塞		清洗受阻的零件或更换滤芯
	高压喷油泵总成失效		修复或更换高压喷油泵总成
	曲轴与轴瓦抱死(可以转动曲轴判定)		油压不足或断油所致,修研轴颈和轴瓦,必要时更换零件
	活塞与缸套卡死、拉缸		水泵失灵或燃烧恶化导致排气温度升高,检查水泵及皮带,更换活塞、环及缸套,检查并调整喷油泵喷油器
柴油机运转声音异常	气门和摇臂的间隙过大,气门机构中有金属敲击声		检查并调整气门间隙
	气门弹簧折断		检查并更改
	活塞与气缸内发出撞击声,但随着柴油机渐热而减轻		更换磨损的活塞、活塞环和缸套
	活塞销与连杆小头孔之间间隙过大,声音轻而尖,尤其怠速时更清晰		更换活塞销和连杆小头衬套,保证规定间隙
	主轴瓦和连杆瓦间隙过大,当柴油机转速突然降低时,可以听到金属撞击声,低速时声音沉重而有力		更换主轴瓦、连杆瓦,保证间隙
	齿轮因磨损间隙过大,突然降低转速时,于齿轮室处可听到金属撞击声		更换全套齿轮
	曲轴或凸轮轴轴向间隙过大,怠速时有前后移动的撞击声		更换曲轴或凸轮轴止推片,保证规定间隙
	水泵轴承或发电机轴承损坏,发出连续响声		更换轴承或水泵、发电机总成
	增压器轴弯或叶轮变形造成叶轮与蜗壳摩擦		检查更换
柴油机运转不稳	燃油系统中有空气		排除燃油系统内空气
	柴油中混入较多水分		检查燃油含水量,更换合格柴油
	喷油器工作不良		检查清洗或更换喷油器
	燃油管路密封不良		检查油箱至喷油器各燃油管路的密封性
柴油机过热	冒黑烟	柴油机过载	减轻负荷
		机油冷却器芯子及油道卡滞,堵塞旁通阀,导致失灵	清洗或更换冷却器芯子,检查清洗旁通阀
	冷却水温度过高	散热水箱散热片上灰尘过多	清洗散热水箱的散热片
		冷却液不足	添加冷却液
		节温器失灵,水走小循环	更换节温器
		水泵故障或水泵皮带松	拆检水泵,更换并调整水泵皮带轮张紧度
		冷却水路被脏物阻塞	清理受阻部分
		天气炎热,负载过重	减轻负荷降低车速
柴油机排气烟度不正常	冒黑烟	个别气缸不工作	检查出不工作的气缸,找出不工作的原因并修复
		高压油管接管与喷油器体结合处不密封	重新安装
		超负荷运转	卸去超载的负荷
		喷油器喷油不良	清洗喷油器,必要时更换
		喷油质量太差	换用规定牌号的燃油
		空滤滤芯器堵塞,供气不足	清除空气滤芯尘土或更换滤芯,对增压柴油机检查增加压强的转子旋转是否灵活
		气门间隙不对,气门杆因积垢而在导管中黏滞或气门密封锥面漏气	检查气门间隙,清洗气门与气门导管孔,检查并研磨气门密封锥面

续表

故障现象	原因分析		排除方法
柴油机排气烟度不正常	冒蓝烟	活塞环开口位于同侧	按规定120角度错开重新装配
		活塞环卡死或磨损过大	检查并排除
		气门杆油封脱落或损坏	更换气门导管油封
		增压器润滑油油封密封失效	修复增压器,保持良好密封
		制动电磁阀失效	检查制动电磁阀
	冒白烟	气缸套内渗水	检查气缸垫密封状况,缸盖是否有裂纹,缸套是否有穴蚀穿孔或裂纹
		燃油中水分多	换用规定牌号的燃油
润滑油稀释	活塞环结胶或磨损超过极限值		清洗结胶的活塞环,更换磨损的活塞环
	使用的机油或柴油牌号不符合规定		更换符合规定的油料
	燃油进入油底壳,喷油器喷油压力过低或燃油不雾化		检查或更换喷油器
机油压力过低	油底壳内机油量过少		添加机油
	机油压力表或传感器指示不准		更换机油压力表或压力传感器
	曲轴轴颈与主轴连杆瓦之间间隙过得到大		更换磨损的轴瓦或曲轴
	机油泵齿轮、轴承及壳体平面磨损		更换机油泵
	限压阀或调压弹簧断		清洗调压阀或更换弹簧
	机油黏度低		换用符合规定牌号的机油
	机油滤清器或机油冷却器堵塞		更换机油滤清器总成及机油冷却器总成
	机油收集器堵塞		清洗
机油与冷却水混合	油底壳润滑油面升高并发白	气缸套封水圈损坏	更换封水圈
		气缸盖或机体裂缝	更换气缸盖或机体
		气缸盖垫片烧蚀	更换气缸盖垫片
	冷却水箱中有机油	冷却器总成开裂漏油	更换机油冷却器总成
		冷却器密封垫片损坏	更换密封垫片
增压器故障	冒黑烟	进排气管路漏气	检查进排气管是否开裂,各垫片是否密封
		增压器轴承损坏	更换增压器总成
	增压器异响振动	废气涡轮或压气机叶片变形或损坏	更换增压器总成
		增压器轴承润滑不良,咬轴	更换增压器总成
		增压器叶轮进入异物	更换增压器总成
起动机故障	起动机不转		更换起动机总成
	起动机旋转无力	轴承衬套磨损	更换起动机总成
		电刷接触不良	更换起动机总成
		换向器不洁净或烧毛	更换起动机总成
		线段脱落	更换起动机总成
		摩擦离合器打滑	更换起动机总成
		蓄电池充电不足或容量太小	充电或换蓄电池
	齿轮退回困难,开关接触片烧熔粘牢		更换起动机总成

续表

故障现象	原因分析		排除方法
喷油器故障	喷油少或喷不出油	针阀与阀体咬死	更换喷油器
		针阀与阀体磨损严重	更换喷油器
		电磁阀线圈烧坏	更换喷油器
	严重漏油	复位弹簧断	更换喷油器
		针阀与阀座面损坏	更换喷油器
喷油泵故障	不供油或供油不足	供油系统内有空气	排除空气
		输油泵中泵油齿轮磨损	更换油泵
		出油阀卡滞或弹簧断	拆检清洗或更换弹簧
		出油阀杆身及密封面磨损	更换油泵
		油泵柱塞磨损或弹簧断	更换油泵
		进油压力低	更换柴油滤清器滤芯
		油量控制单元损坏	更换油泵
	喷油泵柱塞芯套内漏,油底壳油面升高		更换油泵
高压油轨故障	传感器失效		更换高压油轨
	泄油阀失效		更换高压油轨
空压泵故障	因排气阀积垢、气阀弹簧折断、活塞环断、缸套磨损而泵气不足		清除积垢,更换坏零件
	因活塞环卡滞或折断、缸套磨损、回油管路堵塞而传出机油过多		拆检,并更换零件
	因空气泵曲轴与轴承磨损严重,活塞碰缸盖而产生异响		拆检,并更换零件
燃油消耗量增大	进气系统阻力增大		检查空滤器滤芯
	燃油系统泄漏严重		检修燃油系统管路密封性
	喷油器有故障		拆检喷油器,修理或更换
	柴油机内部磨损严重		检查缸套、活塞、活塞环的磨损情况,检查气门与气门座的密封性,检查各运动件磨损情况并修复
机油消耗量增大	机油外漏严重		检查柴油机外部各漏油点及曲轴前后,油封等,更换损坏的零件
	空滤器滤芯堵塞,空压泵进气负压大,机油倒窜		清洁或更换空气滤清器滤芯
	气门导管过度磨损		更换气门导管
	空压泵窜机油过多		检修空压泵
	增压器密封环失效		更换增压器密封环
	柴油机缸套、活塞、活塞环及气门密封锥面等处磨损严重		修理柴油机,更换坏件

6.2.2 大柴 BF6M1013 发动机常见故障排除

6.2.2.1 发动机机体组故障

发动机机体组故障排除见表 6-7。

表 6-7　发动机机体组故障排除

故障现象	原因分析	排除方法
机油与冷却水混合	气缸盖或气缸体裂缝	更换气缸盖或气缸体
	气缸盖垫片烧蚀	更换气缸盖垫片
柴油机排气烟度不正常(冒白烟)	气缸套内渗水	检查气缸垫密封状况,气缸盖是否有裂纹,缸套是否有穴蚀,穿孔或裂纹
柴油机功率不足	排气管或消声器积炭严重	清除积炭
增压器故障	进排气管路漏气	检查进排气管是否开裂,各垫片是否密封

6.2.2.2　发动机冷却系统故障

发动机冷却系统故障排除见表 6-8。

表 6-8　发动机冷却系统故障排除

故障现象	原因分析	排除方法
发动机过热	冷却液不足	添加冷却液
	调温器失效	更换调温器
	风扇离合器失效、风扇停转	更换风扇离合器

6.2.2.3　发动机润滑系统故障

发动机润滑系统故障排除见表 6-9。

表 6-9　发动机润滑系统故障排除

故障现象	原因分析		排除方法
润滑油稀释	活塞环结胶或磨损超过极限值		清洗结胶的活塞环,更换磨损的活塞环
	使用的机油或柴油牌号不符合规定		更换符合规定的油料
	燃油进入油底壳,喷油器喷油压力过低或燃油不雾化		检查或更换喷油器
机油压力过低	油底壳内机油量过少		添加机油
	机油压力表或传感器指示有误		更换机油压力表或压力传感器
	曲轴轴颈与主轴连杆瓦之间隙过大		更换磨损的轴瓦或曲轴
	机油泵齿轮轴承及壳体平面磨损		更换机油泵
	限压阀或调压弹簧断		清洗调压阀或更换弹簧
	机油黏度低		换用符合规定牌号的机油
	机油滤清器或机油冷却器堵塞		更换机油滤清器总成及机油冷却器总成
	机油收集器堵塞		清洗
机油与冷却水混合	油底壳润滑油面升高并发白	气缸套封水圈损坏	更换封水圈
		气缸盖或机体裂缝	更换气缸盖或机体
		气缸盖垫片烧蚀	更换气缸盖垫片
	冷却水箱中有机油	冷却器总成开裂漏油	更换机油冷却器总成
		冷却器密封垫片损坏	更换密封垫片
机油消耗量增大	机油外漏严重		检查柴油机外部各漏油点及曲轴前后,油封等,更换损坏的零件
	空滤器滤芯堵塞,空压泵进气负压大,机油倒窜		清洁或更换空气滤清器滤芯

续表

故障现象	原因分析	排除方法
机油消耗量增大	气门导管过度磨损	更换气门导管
	空压泵窜机油过多	检修空压泵
	增压器密封环失效	更换增压器密封环
	柴油机缸套、活塞、活塞环及气门密封面等处磨损严重	修理柴油机,更换坏件

6.2.2.4 发动机燃油供给系统故障

发动机燃油供给系统故障排除见表 6-10。

表 6-10 发动机燃油供给系统故障排除

故障现象	原因分析	排除方法
发动机无法启动	燃油箱中燃油液面过低,油箱中的吸油管吸不上来油	向燃油箱中加入燃油,燃油品质符合 GB/T 19147《车用柴油》的规定
	燃油滤清器阻塞	拆下燃油进油管连接发动机进油口端,使用燃油粗滤器上的手油泵泵油,看是否大量出油,如果不出或很少,则更换燃油滤清器
	供油系统中有空气	检查各连接处密封垫片,按规定力矩拧紧各密封接头;拆下燃油进油管连接发动机进油口端,打动燃油粗滤器上的手油泵,直到有大量燃油流出,这时一边继续打动手动输油泵,一边进行密封连接
	燃油中水分过多	使用符合标准的燃油
	非供油系统因素	检查其他系统
发动机功率不足	低压油路压力不够 在发动机低压油管进口处,即连接各单体泵钢管进口处,检测油路压力,在发动机转速为 2300r/min 时,压力≥4.5bar	若油路压力低于 4.5bar,则要检测回油阀、燃油输油泵、燃油滤清器
	供油量不够 在发动机高怠速时,回油管处应至少有 8L/min 的回油量	若回油量不足,分别检测燃油输油泵,燃油滤清器,喷油器总成
	喷油嘴雾化不好	拆下喷油器检测并更换
	喷油嘴积炭过多	拆下喷油器检测并更换
	喷油嘴滴油	拆下喷油器检测并更换
	发动机缺缸	拆下喷油器检测并更换
发动机油耗高	喷油嘴雾化不好	拆下喷油器检测并更换
	喷油嘴积炭过多	拆下喷油器检测并更换
	喷油嘴滴油	拆下喷油器检测并更换
发动机缺缸	单体泵损坏	拆下单体泵检测并更换
	喷油器工作异常	拆下喷油器检测并更换
输油泵漏油	泵盖处 O 形圈损坏	拆开输油泵泵盖,更换 O 形圈
燃油滤清器总成漏油	密封圈遗失或损坏	更换新件

6.2.2.5 发动机充电系统故障

发动机充电系统故障排除见表 6-11。

表 6-11 发动机充电系统故障排除

故障现象	原因分析	排除方法
发动机运行过程中，充电指示灯常亮	发电机皮带过松、皮带过度磨损、皮带出现打滑现象	张紧或更换皮带
	发电机皮带轮空转	紧固皮带轮锁紧螺母或更换发电机
	仪表至发电机"D+"端之间连接线路有搭铁	拆下发电机接线插头，充电指示灯仍亮，检查线路
	发电机故障	常温下，打开空调，从怠速到全速过程中，发电机"B+"输出端低压失效判断电压<26V，更换发电机
充电电压过高	发电机输出线路接触不良、虚接	检查线路
	蓄电池老化、断格	更换蓄电池
	发电机故障	常温下，打开前大灯，从怠速到全速过程中，发电机"B+"输出端过电压失效判断电压，若<26V，更换发电机
仪表充电指示灯时亮时灭	蓄电池、仪表与发电机之间连接导线接触不良	检查线路
	仪表故障	检查仪表
	发电机皮带过松、皮带过度磨损、皮带出现打滑现象	张紧或更换皮带
	发电机故障	更换发电机
点火开关打到ON挡，充电指示灯不亮	蓄电池亏电	测量蓄电池电压
	仪表故障，蓄电池、仪表及发电机间连接线路断路或接触不良	打开点火开关到ON挡，发动机未启动前，充电指示灯不亮，拆下发电机"D+"接线，测量"D+"接线端无电压，检查仪表及连接线路
	发电机故障	更换发电机
发电机运行时有异常声响	发电机安装紧固螺栓松动	检查并紧固发电机安装紧固螺栓
	皮带松动，运转时有晃动	张紧或更换皮带
	异物进入电机内部	取出异物并修理受损处或更换发电机
	外伤导致风扇等变形	修理或更换发电机
	发电机轴承损坏，电机扫膛	用手托起发电机，转动皮带轮，手感有震动并带有机械摩擦声，更换发电机

6.2.2.6 发动机启动系统故障

发动机启动系统故障排除见表6-12。

表 6-12 发动机启动系统故障排除

故障现象	原因分析		排除方法
起动机不转	当电路接通时，仪表有显示，但是进行启动操作时起动机不工作（没有声音）	蓄电池亏电严重或损坏	检查蓄电池电压，更换电量充足的蓄电池
		起动机外电路断路	检查起动机30端子、50端子、C端子电压，无电压，检查线路 检查搭铁线是否接触良好
		线路压降大（30端未拧紧，接触不良；蓄电池正负极连接端子接触不良；搭铁线接触不良）	检查线路

续表

故障现象		原因分析	排除方法
起动机不转	当电路接通时,仪表有显示,但是进行启动操作时起动机不工作(没有声音)	启动主电路因受到强制保护而切断	检查变速箱是否处于空挡位置、空挡开关状态
		起动机故障	更换起动机
	进行启动操作时可以看到起动机接线处有火花闪现,但是起动机不工作	起动机内部短路	更换起动机
	启动时可以听见起动机部分发出的"咔嗒"声,但起动机未见转动	蓄电池亏电	更换电量充足的蓄电池
		主回路压降大	检查线路
		起动机故障	更换起动机
	启动时可以听到起动机发出"咔嗒"声,可以感觉到起动机伴随声音有振动	起动机驱动齿轮与发动机飞轮齿面相顶无法啮合	再启动发动机,错开顶齿位置
		接线松动,接触不良	检查接线柱接线,紧固或清洁接线柱后紧固
		起动机故障	更换起动机
起动机空转	启动操作时可以察觉到起动机工作,但是发动机没有发生转动	发动机飞轮齿圈异常磨损	更换飞轮齿圈
		起动机轴上油污过多,造成单向器卡滞	清洁起动机轴
		起动机单向器故障	起动机拆下后,用手双向拨动驱动齿轮,如齿轮双向均能转动,必须更换起动机
	启动操作时可以听见剧烈的金属摩擦声,但是发动机没有转动	电磁开关提前闭合造成起动机驱动齿轮在高速空转状态下与发动机飞轮接触	更换起动机
		发动机飞轮齿环或起动机驱动齿轮磨损严重	更换发动机飞轮齿环或起动机
启动无力	启动时发动机在起动机带动下发生转动,启动无力,发动机转速低	蓄电池亏电严重	更换电量充足的蓄电池
		主回路压降大	检查线路
		低温下发动机启动阻力矩大	检查发动机用燃油、机油是否满足低温工作环境要求
		起动机故障	更换起动机
	起动机拖动发动机轻微转动后即停止转动	蓄电池亏电	检查蓄电池电压
		发动机搭铁线接触不良	检查搭铁线
		控制电路故障	检查控制电路(检查点火开关控制启动是否正常)
		起动机电磁开关故障	更换起动机
发动机不点火	启动操作时发动机在起动机带动下转动,并且转速超过100r/min,但是发动机不点火	发动机燃料供给系统存在故障,无燃料供给	检查燃料系统
		低温环境下发动机预热器不工作	检查发动机预热系统
起动机抖动	启动过程中起动机有明显的停顿,但瞬间又恢复工作,并反复数次	启动控制电路提前切断起动机控制电源	检查点火开关控制启动是否正常
		线路电压下降过大	检查连接线路、搭铁线连接是否良好
起动机不停止转动	发动机启动后,松开点火开关启动挡,起动机仍连续运转	起动机驱动齿轮与发动机飞轮"咬合";点火开关故障;启动继电器触点短路;起动机控制端与电源短路	切断电源,检查启动继电器、点火开关,起动机接线端,确定故障点,进一步检修
		起动机故障(起动机控制继电器触点短路、起动机电磁开关触点短路、单向离合器卡死)	更换起动机

第 7 章

气体发动机

7.1 气体发动机构造与原理

7.1.1 气体燃料特性

7.1.1.1 CNG 与 LNG 的区别

压缩天然气（Compressed Natural Gas，CNG）是天然气加压（一般加压到 20MPa）并以气态储存在压力容器中，加压过程中要脱水、脱硫除杂质。CNG 属于高压气态燃料。

液化天然气（Liquefied Natural Gas，LNG）是将天然气采用节流膨胀、混合冷源制冷等深冷工艺将气体冷却到 −162℃，使甲烷变成液态，成为液化天然气。其体积约为同量气态天然气体积的 1/600。LNG 属于低温液态燃料。

LNG 是一种约由 90% 甲烷和 9% 乙烷构成的燃油。在大气压力下，天然气在 −162℃ 时从气态变为液态。在 10bar 压力下，天然气在 −130℃ 时开始液化。从气态转变为液态可以将体积减小 600 倍左右。之后，液体可蒸发并当作天然气使用。

LNG 液体无色、无毒、无味且无腐蚀性。如果液体泄漏，则会迅速蒸发，由于甲烷比空气轻，因此燃气会在大气中上升。空气中的水粒子会凝固形成可见的"白云"，并会不断上升直至消失在大气中。少量泄漏会迅速转变成气体而上升。大量泄漏则会留在地面并蒸发。蒸发强度取决于地面温度和液体的表面积。

LNG 气体（甲烷）吸入无毒，但在密闭空间内可能会导致窒息。燃气无味。直接接触 LNG 液体可能会导致冻伤。

LNG 不会燃烧。为了能点燃 LNG，必须先让液体蒸发出来，并且要求天然气和空气达到一定比例。然后，必须让能点燃燃气的物质与其接触。因此，只有 LNG 转变成气态的甲烷气体才能燃烧。LNG 的可燃范围很窄，只有当空气中的甲烷含量在 5%～15% 之间时才能燃烧。

对于同款发动机来讲，压缩天然气和液化天然气对发动机的硬件系统是没有区别的。

7.1.1.2 CNG 气体充注特点

车辆必须充装符合 GB 18047—2000 要求的车用压缩天然气。否则，可能造成车辆动力不足和发动机使用寿命缩短。

充气过程中气瓶温度会升高，用手触摸感觉明显，但不烫手。这是由于充气时气体被压缩而释放出热量，属正常现象。

充完气的车辆（充气至20MPa）放置一段时间，压力会有所降低，是正常现象，原因是气瓶内的气体温度下降所致。

加气时，应严格执行CNG加气站的操作规程，CNG的充气压力不得高于20MPa。

新气瓶或气瓶进入空气时，应对瓶内的空气进行"置换"。最好到气瓶检测站用氮气进行置换，若实施有困难，也可将天然气充入气瓶使气瓶压力达到0.5~0.6MPa，然后放气减压至0.2~0.3MPa，反复三次才能达到置换要求；气瓶进行空气置换后，第一次充装天然气的压力不得超过5MPa。经检查确认无泄漏或其他异常情况后，再充气到额定工作压力20MPa。

气瓶严禁超装、错装、混装气体。

7.1.1.3 LNG气体加注特点

充液过程是把天然气以液态的形式充装入气瓶。由于LNG储存于一个封闭的储罐中，因此无法用目测的方法检测LNG的存量。此时必须依靠LNG燃料测量表和加气站计量器对储罐内LNG的容量进行测量。

由于液化天然气经由充液管线进入储罐内部，因此在此过程中会有些液态天然气由于升温而被气化，这种由液态到气态的变化会提高LNG储罐内的蒸气压力。储罐的压力表只显示储罐内部的蒸气压力而无法显示液体容量。LNG充液过程取决于储罐和加气站的压力差。

充液程序会因为LNG储罐的不同压力而改变。加气站的类型和燃料质量（LNG浓度）也会影响充液程序和充液时间。

LNG燃料罐通常为单管充液设计。在正常的操作中，充液加气站输出的低温LNG会将罐体内部的天然气蒸气凝缩于储罐内部，从而消除了排气的必要。LNG储罐内部的防过充空间防止了充液过量。不过，也有些加气站仍然要求储罐放空。如果需要放空，可以通过独立的排气口连接器来完成。LNG加气过程是经过严格控制的，因此相当安全。LNG加气站与其他的加气站相比会有更多的安全特性。

LNG储罐配备安装了压力计，能够读取储罐内部的蒸气压力。充气的最高压力因加气站而异，但一般都不超过1.24MPa。在气压达到1.75MPa时，主安全阀打开，充气过程无法实现。

汽车液化天然气的充装通过一根独立的软管完成。首先将加气枪与加液口连接，然后启动加气机充液开关，液化天然气将通过连接软管等进入气瓶内胆。通过内胆顶部进液管对瓶内进行再液化，降低瓶内压力，使充液快速完成。充装阀是一个单向阀，充液时液体在压力作用下自动打开，无须手动开关。当充液达到额定量时，充液自动停止，单向阀关闭。其作用原理是当喷孔背压迅速升高并与充液压力平衡，压力达到加气机设定的停止压力，此时加气机停止充液。

汽车液化天然气的充装通过两根软管完成。首先将加气枪与加液口连接，然后将回气枪与回气口连接，打开气相阀，启动加气机充液开关，液化天然气将通过连接软管等进入气瓶内胆。气瓶内部气体通过回气口回到加气站储罐中，降低瓶内压力，使充液快速完成。

通常将首次充装LNG和停止工作两周以上的瓶称为"热瓶"。热瓶充装程序如下：

① 首先向瓶内充入大约30L的LNG，静置10min左右，在瓶内LNG气化升压的过程中，瓶内胆也得到冷却；

② 当瓶内压力达到正常工作压力后，进行系统的检漏；

③ 通过回气口排放天然气降低压力后，即可按常规充装程序进行操作。

注意：

① 在充装前应当观看气瓶外表是否有结露或结霜现象，建议有此现象的气瓶不要进行充装，应当送回厂家进行修理；

② 查看气瓶是否有压力，如果压力为零，应当对气瓶进行吹扫、气密性试验，合格后，再进行充装；

③ 一个完全充满的气瓶其压力上升十分迅速，可能导致安全阀开启，因此完全充满的气瓶应尽快使用，禁止长时间储存；

④ 建议燃料表盘显示1/4左右时，尽快到加气站充气。

警告:

① 在充液前应当检查低温进液口内是否有水分、杂质,应当确保充液时水分和杂质完全被清除干净。

② 如果有水分,在充液时,水分会迅速凝结成冰块。冰块有可能堵塞进液单向阀、低温进液口甚至进入瓶内。堵塞造成低温进液口、进液单向阀关闭不严产生泄漏,甚至造成密封面的损坏。如果冰块进入气瓶内部,可能会在出液过程中堵塞在出液单向阀处,造成供液不畅,使得发动机动力不足甚至无法开动。

③ 如果有杂质,在充液时,杂质可能造成进液单向阀、低温进液口关闭不严,甚至造成密封面的损坏。同时,如果发动机前端没有装设过滤器,杂质可能造成发动机损坏。

④ 向大气放空时,应当将放空的气体引到安全的地方,否则将有引起火灾和爆炸的危险。

气瓶不用时瓶内的液体应遗留 10L 为宜,使瓶处于冷态,不会转变为"热瓶"。

在加气过程中,会发现储罐压力先上升,然后再下降到接近于加气站的压力。如果压力维持较高水平并无回落现象,则表示加气失败。

如果加气失败,则立即停止填充并排放储罐压力,待压力降低后再重新开始填充。当充气过程结束后,请确保充液管线被正确移除,在车辆运行之前请确保充液接头防尘保护罩被重新盖好。

7.1.2 气体发动机主要组成

7.1.2.1 重汽 MT13 气体发动机

重汽 MT13 气体发动机采用电控调压系统和电子控制管理单元系统。发动机的监控通过各种传感器实现,比如转速传感器、压力传感器、温度传感器等,它们将发动机的各种工作条件和工作状态信息传递给发动机控制单元,由发动机控制单元处理来自传感器的信息并对输出信号进行控制,输出信号将被传递给执行元件。执行元件将输出信号转换为机械变量,从而控制发动机的整体工作状态。

MT13 气体发动机电控系统部件安装位置见图 7-1。

气体发动机部件功能与装配说明见表 7-1。

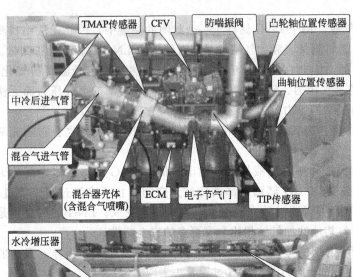

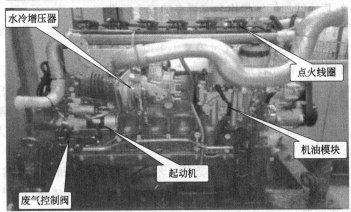

图 7-1 MT13 气体发动机电控系统部件安装位置

表 7-1 气体发动机部件功能与装配说明

部件名称	主要功能	装配要求
ECM(电子控制管理单元)	发动机控制模块(ECM)是 ECI HD 燃料系统的中心零件。主要通过接收各传感器监控的数值来调节发动机运行状态	(1)最大允许震动级:ECM-8G;防震架-20G (2)ECM 端部插脚必须水平或朝下摆放;无论端部连接器处于哪个方向,绝对不允许液体进入连接器组件中 (3)4 个防震架必须全部加以利用,不允许漏装或用普通的防震架替代
电子节气门	电子节气门控制器用来控制进入发动机的空气的速率,以此来辅助实现负载控制和调节功能。在车辆日常使用过程中,电子节气门内部会逐渐积累灰尘、油泥,影响车辆的使用舒适性,因此,对于电子节气门,在车辆行驶约 20000km 时,必须对电子节气门进行清洗	(1)安装位置必须确保节气门阀温度始终介于 -40~140℃ (2)用 6×50、6×55 内六方螺栓配以弹垫、平垫将电子节气门隔密封垫到装到混合器壳体上,紧固时,开始拧紧的两颗螺栓相隔 180°,力矩 10N·m (3)固定线束接头时,线束接头与节气门连接处的距离必须小于 10cm,必须用节气门上提供的卡槽来固定电缆接头

续表

部件名称	主要功能	装配要求
CFV气体燃料控制阀	CFV(Continuous Flow Valve)是EControls第四代的气体燃料控制阀。CFV包含电子压力调节器和精密连续流量阀。CFV从ECM接收质量流令,快速、精确地调节燃气压力和计量阀,以达到所需的质量流量。CFV可以进行精确的燃料控制,提高动力性、经济性和降低排放。ECM根据进气量计算出所需燃气质量流量并通过CAN通信发送给CFV,CFV接收ECM发出的流量数据包,精确控制燃气压力和针阀位置,从而达到发动机所需燃气流量。CFV自身能够根据燃气压力和温度进行流量修正,同时也能接收ECM发出的流量修正指令	(1)最大允许震动级:8G (2)安装方向 ① 竖直方向±5° ② 水平方向−15~5° ③ 垂直面必须平行于发动机曲轴 注意: (1)安装CFV时,必须做好防护工作,防止灰尘异物进入CFV内部 (2)CFV入口工作压力推荐值:585kPa,CFV最大入口压力为1030kPa严禁超过此压力
混合器	混合器主要由壳体和高压喷嘴组成,天然气经过CFV调压后,通过高压喷嘴喷射进壳体内,与中冷后的空气进行混合	—
点火线圈	点火线圈接收来自ECM点火指令,将24V低压电变为几万伏的高压电并将高压电传递给火花塞。点火线圈能根据ECM指令控制点火时刻,使发动机实现低排放、低气耗。点火线圈由线圈、胶棒和高压弹簧组成	安装时要将胶套上的污物擦拭干净,并拧紧点火线圈安装螺栓,以保证点火线圈胶套内弹簧与火花塞头部紧密接触
火花塞	火花塞接收来自点火线圈的高电压,产生火花,点燃天然气。正常间隙:0.254~0.406mm	安装火花塞时,先用干净的棉布把火花塞擦拭干净,再用点火线圈胶套将火花塞套上,送到火花塞衬套内部,然后旋转至火花塞碰到密封垫圈,再按照扭矩安装。严禁用手直接将火花塞送入点火线圈衬套 注:拧紧火花塞必须使用16#加长套筒
废气控制阀	废气控制阀相当于一个比例三通机电式电磁阀,由ECM调节脉冲宽度能实现在任何情况下的精确升压控制。废气控制阀与增压器的压力调节器连接在一定压力范围内控制废气阀的开度,从而达到控制发动机增压力的目的。由于废气控制阀与空滤后空气相通,空气中灰尘杂质较多时,会导致废气控制阀管路堵塞,影响车辆行驶性能,因此必须保持空滤无堵塞无变形	由于废气控制阀内部通道直径较小,在安装时,各接头禁止使用生料带和胶,以免进入废气控制阀内部造成堵塞
防喘振阀	防喘振阀是涡轮增压器的保护装置。防喘振阀通常情况下处于关闭状态;当开启时,涡轮增压器下游的高压流回流到进气流中,这样可以防止增压器部件的加速磨损和疲劳	—
高压减压器	高压减压器是减压装置,为CNG车专用零件,MT13车辆所装配的为活塞式高压减压器。活塞式高压减压器集减压和断燃料功能为一体,减压器是250bar的高压气体减压至8bar,并保证提供给CFV的压力;高压电磁阀是当发动机停车时,用于切断减压器下游的燃料	减压器安装位置应低于发动机主水箱,以确保减压器中有充足的发动机冷却液提供热量对减压器进行加热
低压电磁阀	低压电磁阀是由线圈驱动阀芯,由ECM控制其开合。停车时发动机将CFV及所有下游的部件和上游的燃料压力阻断以减少下游燃料的聚集量。停机状态下处于常闭。低压电磁阀内部存在一张膜片,主要通过膜片上下之间的压差进行打开和闭合	(1)安装时要保证气流方向与箭头方向一致 (2)安装时接头处禁止使用生料带或胶
低压过滤器	低压过滤器过滤燃气中的油、水及固体颗粒等杂质,保护CFV、混合器、电子节气门不受损坏。低压过滤器内部放置一个滤芯,由于天然气发动机对燃气质量要求非常高,因此每10000km要求更换滤芯,每2000km进行排污。因管路中存在高压天然气,因此在进行排污或更换滤芯操作前,必须关闭气瓶总阀门并启动车辆直到发动机自动熄火,将管道内的气体排空	放水口朝下,按箭头所指的气流方向安装,切忌装反,外壳拧紧力矩为(45±2)N·m
高压过滤器	高压过滤器和低压过滤器一样,也用于过滤气体中的水和油等杂质,以保气路的畅通,但它为CNG车专用零部件。每10000km要求更换滤芯,每2000km进行排污。在排污或更换滤芯时,要将管道内的气体排空	放水口朝下,按箭头所指的气流方向安装,切忌装反,外壳拧紧力矩为(45±2)N·m
稳压器	稳压器为LNG车辆专用零部件,安装在CFV之前的燃气管路上,主要用来稳定进入CFV的燃气压力	(1)稳压器需水平放置安装 (2)接口处禁止使用生料带或胶 注意:使用过程中应保证稳压器上的防尘帽不被灰尘堵塞,否则可能会导致稳压器稳压出现偏差。如果发现防尘帽被堵塞,可拆下,用压缩空气冲洗干净后再安装

第7章 气体发动机

部件名称	主要功能
氧传感器	氧传感器是实现稀薄燃烧闭环空燃比控制的关键传感器,它安装在涡轮增压器后的排气管上,通过检测尾气中的氧浓度信号反馈至ECM,从而实时调节发动机的空燃比,使发动机在各工况段处于最佳的燃烧状态。氧传感器的线束应固定好,以免排气管烫伤
爆震传感器	爆震传感器安装在曲轴箱上,爆震传感器向ECM提供有关发动机爆震的信息,ECM会以此就适合的动作发出指令,避免发动机产生工作失常或者损坏。MT13天然气发动机配备了两个爆震传感器进行精确的爆震控制。自适应点火控制使燃料经济性达到最大化,同时防止爆震损害发动机
环境温湿度传感器	环境温湿度传感器提供空气温度、湿度和大气压力等信息。ECM可根据环境的湿度来优化点火时刻、燃料供给量和增压水平。大气压力和大气温度的回馈信号被用来调整宽域氧传感器的读数
凸轮轴位置传感器(CAM)和曲轴位置传感器(CNP)	曲轴位置传感器提供发动机转速信号,凸轮轴位置传感器给ECM提供点火信号,ECM只在点火时给点火线圈通电。此两个传感器为同一款型号,可以互换使用
TIP(节气门前压力传感器)和MAP(温度和进气歧管压力传感器)	TIP传感器测量混合器前的增压中冷后空气压力,用于准确计算出气流值并控制涡轮增压器废气门。MAP用来采集进气歧管内的温度和绝对压力,从MAP得到的温度信息可用作计算流量中的温度修正系数。这些传感器采集的信息被用于增压控制、节气门控制、点火时刻和燃料计量
水温传感器	主要测量水温。ECM根据内部储存的数据来修正各个水温下怠速转速、点火提前角、最大增压压力以及混合气的浓度等
机油压力传感器	采用电子式的机油压力传感器,将压力信号传至ECM以便保护发动机

7.1.2.2 斯堪尼亚重卡欧6燃气发动机

欧6燃气发动机LNG燃气从燃气罐到发动机的路线如图7-2所示,燃气系统部件功能介绍见表7-2。

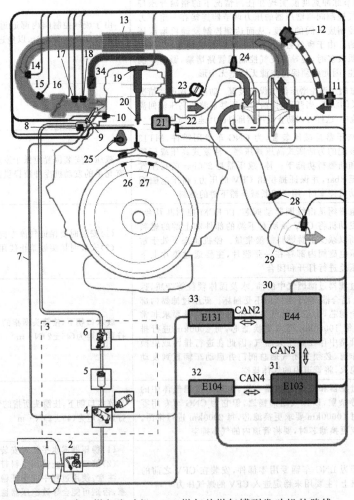

图7-2 欧6燃气发动机LNG燃气从燃气罐到发动机的路线

表 7-2 燃气系统部件功能

序号	部件	主要功能
1	油箱	LNG 油箱有单油箱和双油箱两种设计。每个油箱内安装有内部控制设备和开关控制阀。液态燃气的温度大约为-130℃或更低。在燃油离开油箱之前,燃油经加热并变成气态。输出燃气压力调节至最大 16bar
2	高压电磁阀 V1041、V1042	每个油箱的下游有一个电磁阀,当启动电机启动并且飞轮和凸轮轴位置传感器检测到运动时,该电磁阀将气流引向燃气面板。当发动机熄火时,电磁阀关闭
3	燃气面板	燃气面板是一个组合件,燃气在此经过压力调节和过滤,再进入发动机
4	调压阀	电磁阀下游有一个调压阀。该调压阀使用来自进气歧管的参考压力将输出燃气压力调节至比进气歧管压力高 7.3bar。如果高输入燃气压力阻止压力调节,会有一个限压阀排出多余的燃气。压力传感器 T140 安装在调压阀中,用于监测来自油箱的燃气压力
5	燃油滤清器	燃油滤清器可防止粒状物和机油进入发动机
6	低压电磁阀 V175	根据发动机控制单元 GSC-E131 传来的信号打开和关闭供应至发动机的燃气流。电磁阀还用于诊断系统内是否泄漏
7	参考压力管	调压阀收到来自进气歧管的反馈,将其作为燃气压力调节的参考
8	整体式传感器	该传感器向 GSC-E103 发送燃油压力和温度的相关信息
9	喷油器 V164~V173、V201、V202	每个气缸两个喷油器,用于将进气与燃油混合。喷油器由 OCS-E103 控制
10	爆震传感器 T132、T133、T174	这些传感器用于监测燃油混合物自燃。GSC-E103 通过控制单元 ICM-E104 单独调节每个气缸的点火位置
11	流量传感器 T126	将进气流量和温度发送至 OCS-E103
12	放泄阀 V127	在进气歧管节气门关闭时防止涡轮增压器承受有害过压。由 OCS-E103 控制
13	进气冷却器	涡轮增压器下游的进气非常热并且密度很低,因此氧含量也很低。进气冷却器冷却进气,使其密度增大、氧含量升高。这也增加了每次点火时燃烧的燃油量
14	节气门上游进气温度传感器 T168	—
15	节气门上游进气压力传感器 T166	—
16	节气门 M34	Otto 发动机对燃油空气比采取主动控制,以便在调压阀处提供最佳混合物。因此,节气门通过限制可用空气量影响 Otto 发动机的输出转矩
17	节气门下游进气温度传感器 T121	—
18	节气门上游进气压力传感器 T122	—
19	点火线圈 A1~A3、A9~A11	—
20	火花塞 A4~A8、A12	—
21	阀组 V107	用于控制 EGR 阀和排气泄压阀
22	冷却液温度传感器 T33	—
23	排气泄压阀	用于调节节气门上游的进气压力
24	排气温度传感器 T217	—
25	凸轮轴位置传感器 T135	连接至 OCS1-E103
26	转速传感器 T75	连接至 EMO2-E44
27	转速传感器 T74	连接至 OCS1-E103
28	氧传感器 T137、T772	—
29	催化剂转换器	—
30	发动机控制单元 EMO2-E44	发动机管理 Otto
31	额外发动机控制单元,OCS1-E103	Otto 控制系统
32	控制单元 ICM-E104	点火控制模块
33	燃气供应控制系统 GSC-E131	燃气供应控制器
34	EGR 阀	—

7.1.3 气体发动机工作原理

7.1.3.1 EVB 排气门制动原理

MT13 天然气发动机标配了排气门制动（EVB）。相比传统的天然气发动机蝶阀制动，EVB 制动的制动效果提高了约 60%。当天然气发动机停止供气、排气管蝶阀关闭，排气管中的废气压力急剧上升，相邻气缸的排气产生的压力波，克服了来自气缸内和气门弹簧预紧力。

使吸气冲程中位于下止点附近的气缸的排气门被打开约 2mm，一旦排气门被压力波冲开，机油便沿着机油道充满活塞腔，经过增压的机油作用在排气门桥总成的活塞上，阻止排气门关闭，保持 1～2mm 行程；实现了在压缩和做功冲程对排气门行程的控制，从而避免活塞压缩做功再次驱动曲轴。当天然气发动机在排气冲程时，排气门桥总成的活塞腔内机油从泄油孔喷出，活塞在回位弹簧的作用下缩回排气门桥内。上述过程循环往复进行，从而增加天然气发动机的制动功率。排气门制动原理见图 7-3。

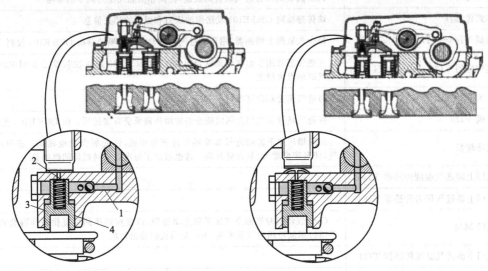

图 7-3 排气门制动原理
1—机油道；2—泄压孔；3—排气桥总成；4—活塞

7.1.3.2 CNG 车辆供气系统

天然气车供气系统主要由气瓶、管路、集成控制面板、高压过滤器、高压电磁阀、高压减压器、低压过滤器等组成。如图 7-4 所示为天然气汽车燃气供给系统原理。

注：气瓶应定期到相关部门检查，管路定期检查是否漏气。

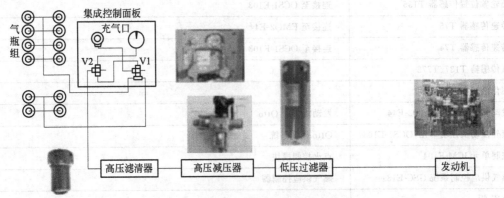

图 7-4 天然气汽车燃气供给系统原理

集成控制面板是将充气截止阀、总截止阀、气瓶压力表、充气口集中在一块面板上,将充气、切断等功能进行集成。CNG集成控制面板如图7-5所示。

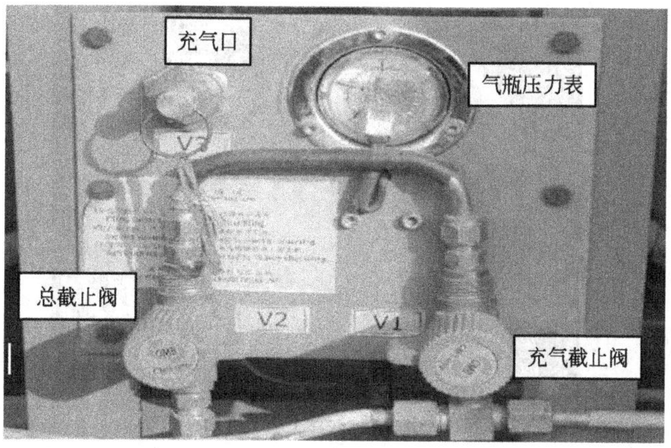

充气口的功能是实现快速安全充装天然气。充气口内置单向阀防止气体泄漏,当单向阀的橡胶圈老化或者损坏时,使用专用工具更换,以免损坏充气阀体。

总截止阀的功能是手动截断气瓶与发动机间的气体流动。当车辆停放时间较长或是长时间不用时,应关闭此阀,以切断气瓶向发动机提供燃料的通道。"Close"为关,"Open"为开。

图7-5 CNG集成控制面板

充气截止阀的功能是手动截断充气口与气瓶间的气体流动。当气瓶充气时打开此阀,充气完毕时关闭此阀。"Close"为关,"Open"为开。

注意:为防止总截止阀与充气截止阀损坏,需轻开轻关。

气瓶压力表功用:用于显示气瓶内的压力,此压力表显示为V2阀出口的压力。额定工作电压:DC24V。

7.1.3.3 LNG车辆供气系统

LNG供给系统组成、技术参数及使用要求　LNG供气系统由LNG车用瓶、水浴式汽化器、低温升压阀、缓冲罐、管路系统、安全系统、液化充装装置和安全装置组成。如图7-6所示为LNG车辆供气系统主要部件。

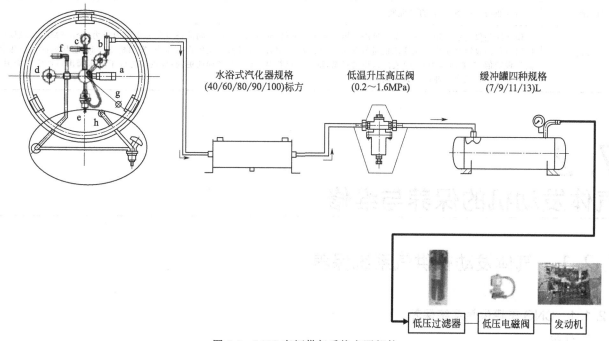

图7-6 LNG车辆供气系统主要部件

以富瑞为例:LNG气瓶设计压力为3.18MPa,工作压力为1.59MPa,设计温度为-196℃,工作温度为-162℃,充装系数为0.9。气瓶组主要部件名称如图7-7所示。气瓶接口与相关部件如图7-8所示。

供气系统部件功能见表7-3。

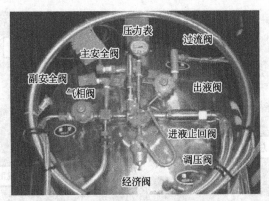

图 7-7 气瓶组主要部件名称

图 7-8 气瓶接口与相关部件

表 7-3 供气系统部件功能

部件	功能
压力表	显示气瓶内的压力
主安全阀	在气瓶超压情况下,主安全阀打开,开启压力为 1.75MPa
副安全阀	在主安全阀失灵或发生故障时,开启压力为 2.9MPa
经济阀	在使用过程中(长时间停驶除外)经济阀能够优先使用气瓶内胆顶部由于自然蒸发被气化而形成的天然气蒸气
过流阀	当外部管路发生破裂,管路流量大于设定值时,过流阀自动关闭
出液截止阀	手动截断气瓶与发动机间的气体流动。当车辆停放时间较长或是长时间不用时,应关闭此阀,以切断气瓶向发动机提供燃料的通道。"Close"为关,"Open"为开
放空截止阀(气相阀)	当气瓶需要放空时,打开此阀门,放空后关闭此阀门。"Close"为关,"Open"为开
调压阀	当气瓶需要自增压时,打开此阀
稳压阀	稳压阀是供气系统稳定供给发动机用气压力的关键元件,在工作时,稳压阀的进口压力为瓶内压力(≥0.8MPa),稳压阀的出口压力设定高于发动机要求的进气压力(一般为 0.65MPa),但低于瓶内设定压力;发动机工作时,稳压阀的出口压力高于设定值(与瓶内压力相同)或出口压力过低,则此阀已损坏,应立即修理或更换;瓶内压力低于稳压阀出口设定压力时,稳压阀进出口压力与瓶内压力相同为正常

7.2 气体发动机的保养与维修

7.2.1 气体发动机供气系统保养

7.2.1.1 CNG 车辆供气系统保养

① 气瓶。

a. 气瓶压力每半年校验一次。

b. 特别注意:CNG 钢瓶每满三年进行一次气密和强度检测;复合材料瓶(钢内胆玻璃纤维缠绕瓶)每满三年进行检测,超过六年,则每满两年检测一次。

c. 气瓶口密封检测:用检漏仪检测或发泡液检漏,发现泄漏,进行修复或更换。

② 集成控制面板。清洁面板外表面，充气口是否有渗漏现象，充气口护套或插销上的密封环是否破损，发现问题立即予以维修或更换。截止阀转动是否灵活。

③ 高压过滤器。车辆运行 2000km，进行排污，车辆运行 10000km 更换滤芯，更换滤芯时要根据高压过滤器上的使用说明对滤芯进行更换，同时更换壳体橡胶密封圈，装复后的过滤器及接头做泄漏检查。

警告：在压力下切勿保养或排污，这样做可能会造成严重伤害。

注：根据使用地的天然气气质情况，可适当缩短或延长排污和更换滤芯保养里程。每次排污后应对排污螺塞口进行检漏。

④ 高压减压器。每天检查发动机的冷却液是否正常供给高压减压器。高压减压器接口分布如图 7-9 所示。

⑤ 低压过滤器（见图 7-10）。车辆运行 2000km 排污，车辆运行 10000km 更换滤芯，根据实际情况适当缩短保养里程。

警告：在压力下切勿保养或排污，这样做可能会造成严重伤害。

注：根据使用地的天然气气质情况，可适当缩短或延长排污和更换滤芯保养里程。外壳拧紧力为 $(40\pm7)N\cdot m$。

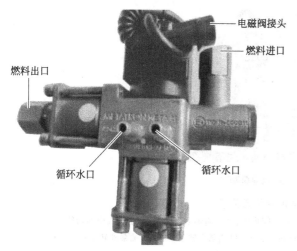

图 7-9　高压减压器接口分布

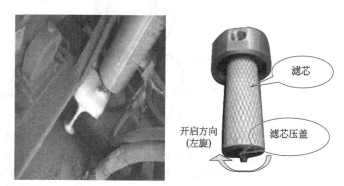

图 7-10　低压过滤器部件

⑥ 供气管路检漏。每三个月使用中性发泡液（洗洁精或者中心沐浴露）或天然气检漏仪检测燃气管路接头是否密封良好。

7.2.1.2　LNG 车辆供气系统保养

(1) 检漏方法　可以用便携式甲烷探测器对车辆燃气系统的天然气泄漏点进行检查（应遵照探测器制造商的说明书正确使用）。为确保车辆正常运行，应定期进行系统检漏，如果发现漏点应立即进行维修。在一些特殊条件下用探测器难以准确判断泄漏点时，可以借助发泡液检查漏点。

(2) 管路泄漏

① 关闭气瓶气相阀及出液阀。

② 对漏点进行严格维修、复检。

③ 确认完全修复后，才能继续行驶。

警告：一旦燃料泄漏，就存在安全隐患，所以发现供气系统有泄漏时车辆要立即停止行驶，远离火种，由专业维修人员进行维修。

(3) 气瓶组件泄漏

① 如果在气相回路发现漏点，必须在开始维修之前将气瓶内的压力放空至零。

② 如果在液相回路发现漏点，则必须将瓶内液体排尽后才能开始维修。

其余部件参照 CNG 部分进行保养。

7.2.2 气体发动机主要总成拆装

7.2.1.1 重汽MT13气体发动机正时

MT13天然气发动机正时的确定：曲轴后齿轮6上的标记点和大中间齿轮5上的标记对齐，同时凸轮轴齿轮1标记点要和缸盖平面10平齐。所有的齿轮都是直齿。MT13发动机传动齿轮位置关系如图7-11所示。

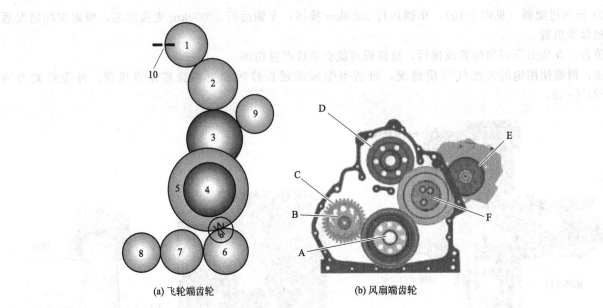

图 7-11 MT13发动机传动齿轮位置关系

1—凸轮轴齿轮；2—缸盖中间齿轮；3—曲轴箱中间齿轮；4,5—大中间齿轮；6—曲轴后齿轮；7—空压机中间齿轮；8—空压机齿轮；9—取力器齿轮；10—缸盖平面；A—曲轴前齿轮；B—机油泵内转子；C—机油泵外转子；D—风扇齿轮；E—高压油泵齿轮；F—中间齿轮

7.2.1.2 重汽MT13发动机CFV模块拆装

(1) 拆卸CFV模块操作步骤

① 拆卸CFV出气口胶管卡箍及进气胶管，见图7-12。

② 拔下CFV线束插头，见图7-13。

图 7-12 拆卸CFV出气口胶管卡箍及进气胶管

图 7-13 拔下CFV线束插头

③ 如图 7-14 所示拆卸 CFV 下支撑的 4 颗固定螺栓，取下 CFV。

(2) CFV 安装步骤

① 将 CFV 放在 CFV 下支撑上，将 4 颗螺栓拧紧，见图 7-15，拧紧力矩为 35N·m，CFV 出气口接头插入胶管内，用一字螺丝刀拧紧卡箍，见图 7-16。

图 7-14 拆卸固定螺栓

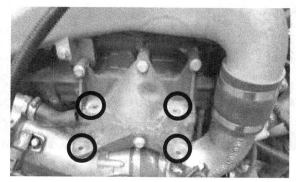

图 7-15 安装下支撑

② 连接 CFV 进气胶管，螺纹处涂 243 密封胶；插上 CFV 线束，见图 7-17。

图 7-16 安装出气口接头

图 7-17 插上线束

(3) 注意事项　拆装 CFV 过程中 CFV 进出气口不要进入异物。安装好 CFV 进出口胶管后，启动发动机进行管路试漏。

7.2.1.3 重汽 MT13 发动机混合器拆装

(1) 拆卸混合器操作步骤

① 松卸混合器壳体上的胶管卡箍及混合器进气口进气胶管卡箍，拆下进气压力传感器，拆下混合器壳体上的胶管接头，见图 7-18。

② 拆下固定节气门的 4 颗内六角螺栓及节气门垫片，见图 7-19。

③ 用 M13 套头拆下固定混合器壳体下部的 4 颗固定螺栓，取下混合器壳体，见图 7-20。

(2) 安装混合器

① 如图 7-21 所示将 O 形圈装入喷嘴总成中。

② 用 4 颗十字槽沉头螺钉将喷嘴总成紧固在混合器进气端盖上，见图 7-22。力矩为 2N·m。

图 7-18 拆下传感器与胶管接头

图 7-19 拆下固定螺栓

图 7-20 取下固定螺栓

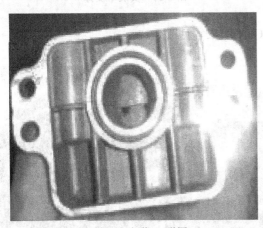

图 7-21 安装 O 形圈

图 7-22 安装喷嘴总成

③ 将盖板密封圈安装至混合器进气端盖密封槽内，见图 7-23。用 4 颗 M6 螺栓将其紧固在混合器壳体上，力矩为 15N·m。

④ 将混合器壳体固定到混合器壳体支架上，拧紧力矩为 35N·m，卡箍拧紧力矩为 2~5N·m。

⑤ 然后将接头拧紧至混合气壳体上，力矩为 30N·m；将压力传感器装至混合气壳体上，见图 7-24，力矩为 15N·m。

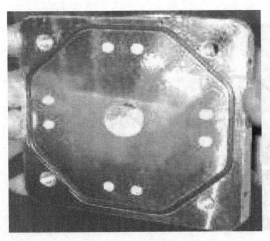

图 7-23 安装进气端盖板

图 7-24 安装压力传感器

⑥ 将电子节气门安装在混合器壳体上，用内六角螺栓隔平垫、弹垫拧紧，拧紧力矩为10N·m。

（3）注意事项　拆装混合器过程中，混合器壳体内及中冷管内不要进入异物。压力传感器线束要安装到位，避免出现插头虚接。混合器进气接头处安装后启动发动机进行管路试漏。

7.2.3　气体发动机故障检修

7.2.3.1　CNG 气体发动机供气系统

天然气供给（管路）系统常见故障及判别方法如下。

（1）发动机不着车　在管路上依次进行如下检查。

① V2 阀：开关是否打开。

② 高压电磁阀：拆开出气口接头，发动机启动，看出气口是否过气，可能故障为线圈损坏或阀芯卡死。

③ 高压减压器：拆开出气口接头，发动机启动，看出气口是否过气，可能故障为内部滤芯堵死造成不过气。

④ 低压电磁阀：拆开出气口接头，发动机启动，看出气口是否过气，可能故障为内部阀芯卡死。

（2）加气站加气时加不进气　检修方法如下。

① 检查充气截止阀是否打开。

② 检查气瓶阀是否打开。

③ 充气截止阀、气瓶阀故障。

（3）充气口漏气　检修方法：充气口单向阀密封胶圈是否损坏。

7.2.3.2　LNG 供气系统故障排除

LNG 供气系统故障排除见表 7-4。

表 7-4　LNG 供气系统故障排除

故障现象	原因分析	解决方案
用气时瓶内压力过高	经济阀调节不当	将经济阀调至适当压力
	经济阀失灵、损坏	维修或更换经济阀
充装后升压很快	过量充装	按额定量进行充装
	真空丧失	更换气瓶
瓶内压力过低	经济阀调节不当	将经济阀调至适当压力
	气相管及管件泄漏	修复管路、管件，并再次检漏
瓶体冒汗或结霜	环境温度过低、空气湿度大	正常现象
	真空失效	更换气瓶
安全阀开启	液体存放时间过长	立即用气或放空
	增压快	检查气瓶是否正常
	安全阀故障	按操作规程更换安全阀
液位显示为零	气瓶内液体已用完	往气瓶内按规定量充液
	转换器设置不当	重新设置转换器电容值
	显示器或转换器损坏	检查各部件，维修或更换
瓶内液体用完后液位显示满位	转换器设置不当	重新设置转换器电容值
	显示器或转换器损坏	检查各部件，维修或更换
	导线断路或连接口等渗水	检查导线，水分弄干，重新设置连接
供气压力过高或过低	经济阀、管路调压阀故障	检查设定压力是否准确

7.2.3.3 CFV 故障诊断流程

EControls 第四代气体燃料控制装置简称 CFV。与 CFV 相关的故障码包括 1171、1172、1173、1174、1175、1176、1177、1178、1179 和 1180。CFV 系统故障码的解释见表 7-5。

表 7-5 CFV 系统故障码的解释

故障码	故障名称	故障中文含义
1171	CFV regulation pressure higher than expected	CFV 调节压力高于设定值
1172	CFV regulation pressure lower than expected	CFV 调节压力低于设定值
1173	CFV comm lost	CFV 通信丢失
1174	CFV voltage supply high	CFV 供电电压高
1175	CFV voltage supply low	CFV 供电电压低
1176	CFV internal actuator fault detection	CFV 执行器故障
1177	CFV internal circuitry fault detection	CFV 内部电路故障
1178	CFV internal comm fault detection	CFV 内部通信故障
1179	CFV flow higher than commanded	CFV 流量高于设定值
1180	CFV flow lower than commanded	CFV 流量低于设定值

注意：
① 发动机报上述故障码时并不能说明 CFV 损坏，需要进一步检测；
② 发动机会报 9999 故障码。该故障码属于综合故障码，要根据它后面的英文注释与上述故障码进行对照，确定具体故障。

故障码 1171 检修流程见图 7-25。

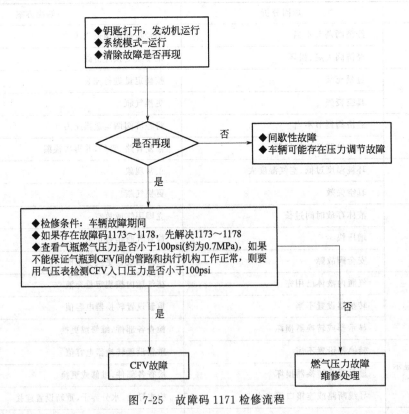

图 7-25 故障码 1171 检修流程

故障码 1172 检修流程见图 7-26。

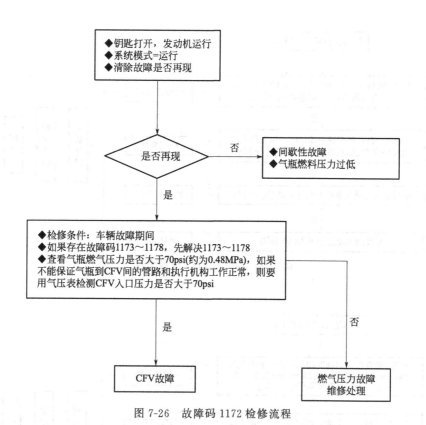

图 7-26　故障码 1172 检修流程

故障码 1173 检修流程见图 7-27。

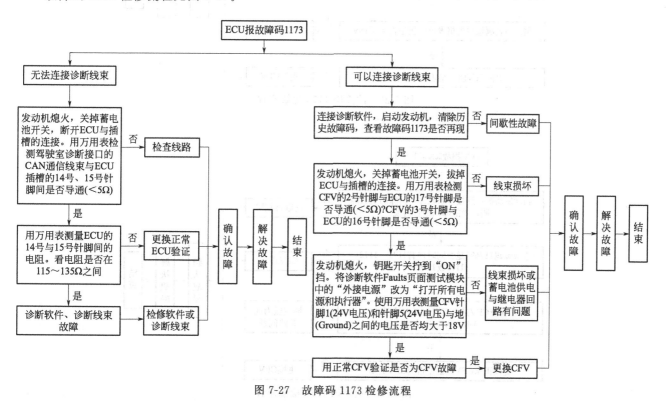

图 7-27　故障码 1173 检修流程

故障码 1174 检修流程见图 7-28。
故障码 1175 检修流程见图 7-29。
故障码 1176 检修流程见图 7-30。

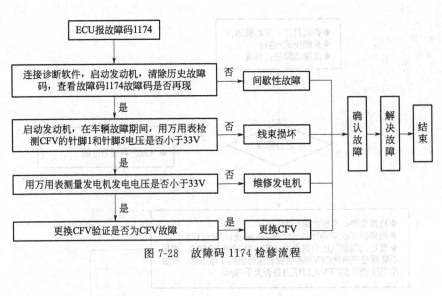

图 7-28 故障码 1174 检修流程

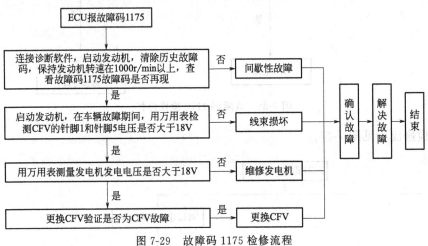

图 7-29 故障码 1175 检修流程

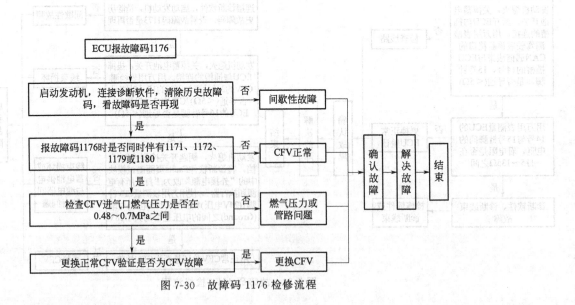

图 7-30 故障码 1176 检修流程

故障码 1177 检修流程见图 7-31。
故障码 1178 检修流程见图 7-32。
故障码 1179 检修流程见图 7-33。

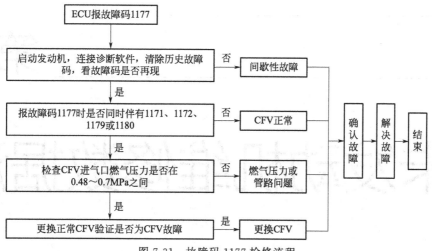

图 7-31 故障码 1177 检修流程

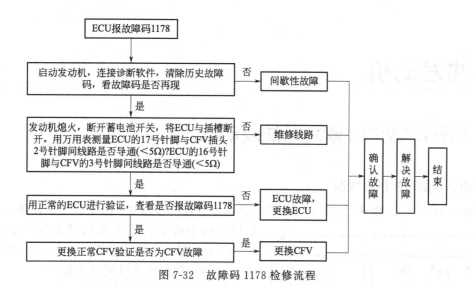

图 7-32 故障码 1178 检修流程

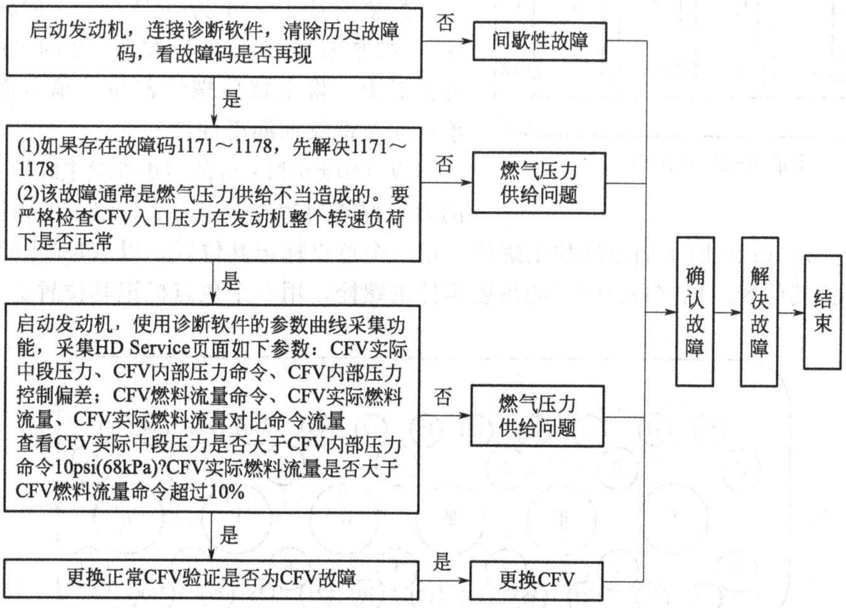

图 7-33 故障码 1179 检修流程

第8章 重卡发动机维修数据汇总

8.1 潍柴柴油发动机

8.1.1 WP12/WP13 欧六柴油发动机

8.1.1.1 发动机紧固螺栓扭矩数据

主轴承螺栓：14 根 M18 螺栓螺纹及承压面装配前涂润滑油，按图 8-1 次序分 5 次拧紧。第 1 次用低扭矩风动扳手拧紧；第 2 次达到 80N·m；第 3 次达到 140N·m；第 4 次按次序旋扭 90°；第 5 次按次序再旋扭 60°。主轴承螺栓可重复使用 2 次。

气缸盖螺栓拧紧顺序为图 8-2。

拧紧编号 1～14 为 M12×1.5 的辅助螺栓（双头螺柱），拧紧编号 15～38 为 M14×2 的主螺栓。按顺序将气缸盖对中，将主螺栓螺纹部位、承压面、辅助螺栓螺母承压面及螺纹加润滑油。

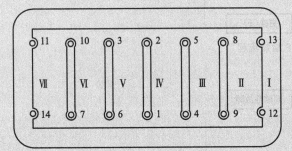

图 8-1 主轴承螺拧紧次序

以 (60±6)N·m 的力矩拧紧主螺栓。以 (25±3)N·m 的力矩拧紧副螺母。以 (120±5)°的角度拧副螺母，用一个色点标记其位置。以 (120±5)°的角度拧主螺栓，用一个色点标记其位置。以 (120±5)°的角度再拧副螺母，用一个色点标记其位置。以 (120±5)°的角度再拧主螺栓，用一个色点标记其位置。

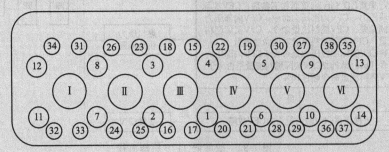

图 8-2 气缸盖螺栓拧紧顺序

连杆螺栓拧紧方法如下。

① 手拧紧：先拧靠，再用115N·m的力矩对称拧紧，最后各转（90±5）°。

② 自动扳手拧紧：先拧靠，再用80N·m的力矩对称拧紧，最后各转（153±5）°。

注意：不允许重复使用。连杆螺栓拧紧到位后，漆封。漆封方法由工艺确定（防止螺栓被重复使用）。

飞轮螺栓拧紧方法如下。

手拧紧：飞轮螺栓在螺纹及承压面加润滑油后，装入螺纹孔对角拧靠，拧紧力矩为（105+20）N·m，然后转（270±5）°角。

对扭转角度后达不到扭矩的应予以更换，重复可用2次。

高负载螺栓扭紧技术要求见表8-1。

表8-1 高负载螺栓扭紧技术要求

螺栓名称	螺栓规格	扭紧技术要求	螺栓长度/mm	允许使用次数（包括首次安装）
主轴承螺栓	M18-10.9	140N·m+150°	169	4（螺栓伸长后长度应小于172mm）
曲轴箱副螺栓	DIN 912；M8-8.8	(20~25)N·m	25,110	2
缸盖主螺栓	M14-10.9	60N·m+2×120°	185	3
缸盖副螺栓	M12×1.5-8.8	(20+10)N·m，用潍柴专用262密封	195，最少超出机体175	3
缸盖副螺母		25N·m+2×120°		3
曲轴皮带轮螺栓	M12×1.5-10.9	45N·m+135°	75	2
扭振减振器螺栓	DIN 933；M10-10.9	60~70N·m	30	2
飞轮螺栓	M16×1.5-10.9	105N·m+270°	120	2
连杆螺栓	M14×1.5	手动扭紧：115N·m+90°	67.5	
		自动扭紧：80N·m+153°		
空压机紧固螺栓	DIN 912；M10-8.8	40N·m	1×30 板 2×40 飞轮壳	
空压机齿轮固定螺母（1和2缸）	M20×1.5	(200+50)N·m		2
惰齿轮螺栓	DIN 931；M12×1.5-10.9	105N·m	90	
共轨泵齿轮固定螺母	M24	(250+50)N·m		2
喷油器夹紧螺栓	DIN 933；M8-8.8	8N·m+90°	50	3
凸轮轴齿轮螺栓	DIN 933；M8-10.9	8N·m+120°	30	
活塞喷嘴螺栓	DIN6921；M14×1.5-8.8	30N·m	25	
排气歧管螺栓	M10	60~70N·m	65	2
水泵螺栓（连接水泵壳-中间壳）	DIN 931；M10-8.8	40~46N·m	4×80	

各种不同规格型号的螺栓参数见表8-2。

表8-2 各种不同规格型号的螺栓参数

摩擦系数	0.125(镀锌)				0.14(光亮的)			
强度等级	6.9	8.8	10.9	12.9	6.9	8.8	10.9	12.9
螺栓规格	推荐扭矩/N·m							
M4	2.3	2.7	3.8	4.6	2.4	2.9	4.1	4.9
M5	4.7	5.5	8.0	9.5	5.0	6.0	8.5	10
M6	8.0	9.5	13.0	16.0	8.5	10	14.0	17

续表

摩擦系数	0.125(镀锌)				0.14(光亮的)			
强度等级	6.9	8.8	10.9	12.9	6.9	8.8	10.9	12.9
螺栓规格	推荐扭矩/N·m							
M8	19	23	32	39	21	25	35	41
M10	39	46	64	77	41	49	69	83
M12	67	80	110	135	72	86	120	145
M14	105	125	180	215	115	135	190	230
M16	165	195	275	330	180	210	295	355
M18	225	270	390	455	245	290	405	485
M20	325	385	540	650	345	410	580	690
M22	435	510	720	870	465	550	780	930
M24	560	660	930	1100	600	710	1000	1200
M27	830	980	1400	1650	890	1050	1500	1800
M30	1100	1350	1850	2250	1200	1450	2000	2400
M8×1	21	25	35	42	23	27	38	45
M10×1.25	41	49	66	82	44	52	73	88
M12×1.25	74	88	125	150	80	95	135	155
M12×1.5	70	83	115	140	76	90	125	150
M14×1.5	115	140	195	235	125	150	210	250
M16×1.5	175	210	295	350	190	225	315	380
M18×1.5	255	305	425	510	275	325	460	550
M20×1.5	360	425	600	720	385	460	640	770
M22×1.5	480	570	800	960	520	610	860	1050
M24×1.5	610	720	1000	1200	650	780	1100	1300
M27×1.5	890	1050	1500	1800	970	1150	1600	1950
M30×1.5	1250	1450	2050	2500	1350	1600	2250	2700

注：1. 角度值为扭紧到规定力矩后再扭转的角度。
2. 本机上各部位所用螺栓、螺母的强度等级都有相应要求，相同规格不同强度等级的螺栓、螺母不得任意错装、调换。不允许超过重复使用次数，否则会造成严重后果。

8.1.1.2 发动机机械部件检修参数

柴油机主要零件的配合间隙（参考值）见表 8-3，柴油机主要摩擦副磨损量评价基准（参考值）见表 8-4。

表 8-3 柴油机主要零件的配合间隙（参考值）

序号	项目		理论值/mm
1	主轴承间隙		0.063~0.138
2	连杆轴承间隙		0.050~0.125
3	曲轴轴向间隙		0.052~0.255
4	连杆平面轴向间隙		0.15~0.35
5	冷态活塞环开口工作间隙	油环	0.35~0.55
		第一环	0.60~0.70
		第二环	0.30~0.50
6	气门间隙进气/排气（冷态）		0.4/0.6
7	EVB 系统		0.4
8	凸轮轴轴向间隙		0.1~0.4

表 8-4　柴油机主要摩擦副磨损量评价基准（参考值）

检测	磨损极限/mm	极限间隙/mm
一环闭口间隙	1.70	—
一环高度	0.10	—
二环闭口间隙	1.50	—
二环高度	0.10	—
油环闭口间隙	1.50	—
油环高度	0.15	—
活塞裙部外径	0.25	0.60
缸套内径	0.50	
活塞销外径	0.04	0.10
活塞销孔内径	0.08	
连杆小头衬套内径	0.08	
凸轮轴主轴颈外径	0.06	0.10
凸轮轴衬套内径	0.06	
凸轮桃尖高度	2.00	—
凸轮基圆外径	0.05	—
曲轴连杆轴颈外径	0.12	0.15
连杆轴承内径	0.10	
曲轴主轴颈外径	0.08	0.15
主轴承内径	0.10	
止推轴承厚度	0.40	—
进气门下沉量	$0.04d$[①]	—
进气门密封圈	0.75	—
进气门座圈	0.75	—
排气门下沉量	$0.04d$	—
排气门密封圈	0.85	—
排气门座圈	0.85	—
进气门导管内径	0.06	0.1
进气门杆外径	0.06	
排气门导管内径	0.06	0.1
排气门杆外径	0.06	
摇臂轴衬套内径	0.10	0.12
摇臂轴外径	0.05	

① d 为进气门或者排气门盘部直径。

8.1.2　WP9H/WP10H 欧六柴油发动机

8.1.2.1　发动机机构检修数据

柴油机主要零件的配合间隙见表 8-5。

表 8-5 柴油机主要零件的配合间隙

序号	项目		理论值/mm
1	主轴承间隙		0.068～0.136
2	曲轴轴向间隙		0.12～0.309
3	连杆平面轴向间隙		0.15～0.35
4	凸轮轴轴向间隙		0.1～0.4
5	摇臂与摇臂轴间隙		0.025～0.066
6	冷态气门间隙	进气门间隙	0.40±0.03
		排气摇臂与排气推杆处	0
		排气摇臂与排气门桥处	1.35
		排气摇臂制动阀处	0.5
		排气摇臂制动阀处	1.35±0.05
7	冷态活塞环开口工作间隙	第一环	0.30～0.50(仪征 0.30～0.45)
		第二环	0.5～0.7(仪征 0.70～0.90)
		油环	0.30～0.50(仪征 0.30～0.55)
8	冷态活塞环端面间隙	油环	0.07～0.11
		第二环	0.04～0.08
9	进气阀杆与气门导管间隙		0.02～0.049
10	排气阀杆与气门导管间隙		0.03～0.055
11	气阀底面凹入缸头平面值	进气门	－0.218～0.195(负号表示气门高出缸盖)
		排气门	0.87～1.281
12	缸套凸出量		0.04～0.09
13	相邻两缸缸套凸出量差值		≤0.02
14	连杆轴承间隙		0.055～0.123
15	凸轮轴轴承间隙		0.04～0.116
16	挺柱与挺柱孔间隙		0.03～0.075
17	连杆小头衬套与活塞销间隙		0.048～0.068
18	曲轴齿轮与凸轮轴齿轮的侧隙		0.030～0.328
19	凸轮轴齿轮与油泵齿轮的侧隙		0.037～0.363
20	曲轴齿轮与机油泵中间齿轮的侧隙		0.034～0.306
21	曲轴齿轮与空压机中间齿轮的侧隙		0.032～0.310
22	中间齿轮与空压机齿轮的侧隙		0.037～0.285
23	中间齿轮与机油泵齿轮的侧隙		0.038～0.282
24	中间齿轮与后取力驱动齿轮侧隙		0.038～0.282

8.1.2.2 发动机螺栓紧固力矩

柴油机其他主要螺栓拧紧力矩见表 8-6。

表 8-6 柴油机其他主要螺栓拧紧力矩

螺栓名称	螺栓规格	力矩大小/N·m
机油泵紧固螺栓	M8	23～28

续表

螺栓名称	螺栓规格	力矩大小/N·m
高压油泵紧固螺栓	M10	46~51
摇臂座紧固螺栓	M10(10.9级)	64~70
自动胀紧轮安装螺栓	M10(10.9级)	45~55
前端惰轮螺栓	M12(10.9级)	100~110
油泵齿轮紧固螺母	M24×1.5	250~300
凸轮轴齿轮螺栓	M10×1.25	47~55
空压机齿轮紧固螺母	M20×1.5	200~250
气门间隙调整螺母	M10×1	40~50
水泵紧固螺栓	M8	30~40
制动电磁阀紧固螺栓	M6(10.9级)	11~14
前端盖紧固螺栓	M8	23~28
气缸盖罩紧固螺栓	M8(10.9级)	32~37
凸轮轴止推片紧固螺栓	M8(10.9级)	32~37
喷油器线束支架紧固螺栓	M8	23~28
喷油器线束支架紧固螺栓	M6	9~11
ECU支架紧固螺栓	M8	23~28
ECU紧固螺栓	M6	9~11
发电机支架紧固螺栓	M10(10.9级)	64~70
空调压缩机支架紧固螺栓	M10(10.9级)	64~70
凸轮轴盖板紧固螺栓	M10	46~51
惰轮支架紧固螺栓	M10	46~51
后取力器紧固螺栓	M12(10.9级)	110~120
机体加强板紧固螺栓	M12(10.9级)	110~120
后取力总成安装螺栓	M12(10.9级)	110~120
缸内制动气门间隙调整螺母	M8	19~22
飞轮壳(铸铝)双头螺柱	M10	13~17

8.1.3 WP6国五柴油发动机

8.1.3.1 发动机主要零件配件间隙

发动机主要零件配件间隙见表8-7。

表8-7 发动机主要零件配件间隙

序号	项目	理论值/mm
1	主轴承间隙	0.08~0.11
2	连杆轴承间隙	0.07~0.10
3	曲轴轴向间隙	0.04~0.25
4	连杆平面轴向间隙	0.30~0.50
5	连杆小头衬套与活塞销间隙	0.03~0.08

续表

序号	项目		理论值/mm
6	活塞销座与活塞销间隙		0.003~0.015
7	气门杆与气门导管间隙		0.03~0.06
8	冷态活塞环开口工作间隙	第一环	0.35~0.55
		第二环	0.75~1.05
		油环	0.3~0.6
9	冷态活塞环端面间隙	第一环	0.06~0.095
		第二环	
		油环	0.05~0.085
10	气阀底面凹入缸头平面值		1.0~1.45
11	缸套顶高出机身上平面值		0.05~0.10
12	凸轮轴轴向间隙		0.10~0.29
13	凸轮轴轴承间隙		0.04~0.08
14	气门挺柱与挺柱孔间隙		0.006~0.035
15	活塞顶与缸盖底平面间隙(压缩余隙)		0.88~1.11
16	活塞顶高出机体上平面值		0.25~0.57
17	气门间隙(冷态)	进气	0.2~0.3
		排气	0.3~0.4
18	摇臂与摇臂轴间隙		0.016~0.052
19	正时齿轮与中间齿轮侧隙		0.07~0.24

8.1.3.2 发动机主要摩擦副磨损量评价基准

发动机主要摩擦副磨损量评价基准见表8-8。

表8-8 发动机主要摩擦副磨损量评价基准

名称	磨损极限/mm	极限间隙/mm
一环闭口间隙	1.70	—
一环高度	0.10	—
二环闭口间隙	1.50	
二环高度	0.10	
油环闭口间隙	1.50	—
油环高度	0.15	
活塞裙部外径	0.25	0.60
缸套内径	0.50	
活塞销外径	0.04	0.10
活塞销孔内径	0.08	
连杆小头衬套内径	0.08	
凸轮轴主轴颈外径	0.06	0.10
凸轮轴衬套内径	0.06	
凸轮桃尖高度	2.00	—

续表

名称	磨损极限/mm	极限间隙/mm
凸轮基圆外径	0.05	—
曲轴连杆轴颈外径	0.12	0.15
连杆轴承内径	0.10	
曲轴主轴颈外径	0.08	0.15
主轴承内径	0.10	
止推轴承厚度	0.40	—
进气门下沉量	$0.04d$ [①]	—
进气门密封圈	0.75	—
进气门座圈	0.75	—
排气门下沉量	$0.04d$ [①]	—
排气门密封圈	0.85	—
排气门座圈	0.85	—
进气门导管内径	0.06	0.1
进气门杆外径	0.06	
排气门导管内径	0.06	0.1
排气门杆外径	0.06	
摇臂轴衬套内径	0.10	0.12
摇臂轴外径	0.05	

① d 为进气门或者排气门盘部直径。

8.2 重汽气体与柴油发动机

8.2.1 重汽MT13气体发动机

8.2.1.1 发动机控制系统故障码

发动机控制系统故障码表见表8-9。

表8-9 发动机控制系统故障码

故障代码	中文释义	故障代码	中文释义
108	MAP压力高	112	进气温度电压低
107	MAP传感器电压低	2229	环境压力过高
118	水温传感器电压高	129	环境压力过低
117	水温传感器电压低	563	蓄电池电压高
116	水温超过一级温度报警限制	562	蓄电池电压低
113	进气温度电压高	123	TPS1电压高

故障代码	中文释义	故障代码	中文释义
122	TPS1 电压低	1531	GOV1/2/31 互锁失败
223	TPS2 电压高	342	凸轮轴输入信号丢失
222	TPS2 电压低	341	凸轮轴输入信号噪声
221	TPS1-2 开度大于设定值	336	曲轴传感器输入信号噪声
121	PPS1-2 开度小于设定值	16	启动过程中，曲轴和凸轮轴无法同步
2122	FPP1 电压高	326	爆震传感器信号不稳
2123	FPP1 电压低	219	转速超过最大值
2128	FPP2 电压高	134	氧传感器 1 开环或失效
2127	FPP2 电压低	154	氧传感器 2 开环或失效
2115	FPP1 大于 IVS	1521	缸盖温度高于 1 级设定值
2139	FPP1 小于 IVS	1522	缸盖温度高于 2 级设定值
2116	FPP2 大于 IVS	1621	变速箱无输入脉冲
2140	FPP2 小于 IVS	1622	变速箱输入脉冲噪声
2126	FPP1-2 开度大于设定值	1623	变速箱信息包格式错误
2121	FPP1-2 开度小于设定值	1624	变速箱远程停止请求
0524	机油压力过低	238	TIP 传感器电压高
1153	NG 闭环值高	237	TIP 传感器电压低
1154	NG 闭环值低	92	燃料压力传感器电压高
1163	NG 自适应值高	91	燃料压力传感器电压低
1164	NG 自适应值低	1171	CFV 调节压力高于设定值
2300	1 缸点火线圈开路或接地	1172	CFV 调节压力低于设定值
2303	2 缸点火线圈开路或接地	1173	CFV 通信丢失
2306	3 缸点火线圈开路或接地	1174	CFV 供电电压过高
2309	4 缸点火线圈开路或接地	1175	CFV 供电电压过低
2312	5 缸点火线圈开路或接地	1176	CFV 执行器故障
2315	6 缸点火线圈开路或接地	1177	CFV 内部电路故障
2301	1 缸点火线圈短路	1178	CFV 内部通信故障
2304	2 缸点火线圈短路	1179	CFV 流量高于命令值
2307	3 缸点火线圈短路	1180	CFV 流量高于命令值
2310	4 缸点火线圈短路	1131	废气放气阀电压高
2313	5 缸点火线圈短路	1132	废气放气阀电压低
2316	6 缸点火线圈短路	234	增压器增压压力过高
0217	水温高于 2 级设定值	299	增压器增压压力过低
0111	进气温度高于 1 级设定值	183	燃料温度高
0127	进气温度高于 2 级设定值	182	燃料温度低
0327	爆震传感器 1 开路或未装	524	机油压力低
2112	TPS 开度无法更大	521	机油压力高
2111	TPS 开度无法更小	523	机油压力传感器电压高

续表

故障代码	中文释义	故障代码	中文释义
522	机油压力传感器电压低	1551	离合器信号电压高
337	曲轴信号丢失	1552	离合器信号电压低
601	微处理器失效(闪存部分)	1553	空挡位置信号电压高
604	微处理器失效(随机存储器部分)	1554	空挡位置信号电压低
606	微处理器失效(COP部分)	1555	脚刹信号电压高
1625	J1939停止请求	1556	脚刹信号低压低
1626	CAN-J1939 Tx错误	1629	J1939 TSC1信息接受丢失
1627	CAN-J1939 Rx错误	1630	J1939水温信息接受丢失
686	主继电器接地	502	车速输入信号丢失
685	主继电器线圈开路	1411	排气管冷却水温度传感器1电压高
687	主继电器线圈短路	1412	排气管冷却水温度传感器2电压高
616	启动继电器接地	1413	排气管冷却水温度传感器1电压低
615	启动继电器线圈开路	1414	排气管冷却水温度传感器2电压低
617	启动继电器线圈短路	1415	排气管冷却水温高于1级设定值
1641	蜂鸣控制器接地	1417	排气管冷却水温度高于2级设定值
1642	蜂鸣器开路	642	输出5V参考电低于预设值
1643	蜂鸣控制器短路	643	输出5V参考电压高于预设值
1644	故障灯接地	1111	发动机转速高于燃料预设限制
650	故障灯开路	1112	发动机转速高于点火转速限制
1645	故障灯短路	3025	UEGO泵单元故障
2618	转速输出接地	3011	UEGO电流错误
2619	转速输出短路	3026	UEGO加热单元故障
332	爆震传感器2开路或未装	3999	UEGO CAN通信错误
331	爆震传感器2信号不稳定	3013	UEGO供给电压低
2428	排气温度过高	3012	UEGO供给电压高
1628	J1939 CAN地址/发动机号冲突		

8.2.1.2 发动机ECM端子定义

发动机ECM端子定义见表8-10。

表8-10 发动机ECM端子定义

端子	英文名称	端子定义	端子	英文名称	端子定义
1	SPK_COIL 1a	控制第1缸点火	8	AUX_ana_PUD2	车门互锁功能
2	SPK_COIL 1b	控制第6缸点火	9	AUX_ana_PUD3	—
3	SPK_COIL 2a	控制第5缸点火	10	AUX_ana_PD3	X-NGTP气瓶压力
4	SPK_GND	接地	11	AUX_ana_PUD1	TIP传感器压力信号
5	SPK_COIL 2b	控制第2缸点火	12	AUX_ana_PD1	废气放气控制阀压力信号
6	SPK_COIL 3a	控制第3缸点火	13	AUX_ana_PD2	PTO比例旋钮
7	SPK_COIL 3b	控制第4缸点火	14	CAN1+	CAN1+

续表

端子	英文名称	端子定义	端子	英文名称	端子定义
15	CAN1−	CAN1−	53	FPP1	油门踏板信号1
16	CAN2−/AUX DIG5	CAN2+	54	FPP2-IVS	油门踏板信号2-急速开关
17	CAN2+/AUX DIG6	CAN2−	55	CRK_POS	曲轴转速传感器+
18	EGO_2/UEGOS	—	56	CRK_NEG	曲轴转速传感器−
19	5V_ext1	5V+	57	KNK2+	爆震传感器2+
20	5V_rtn1	5V−	58	KNK2−	爆震传感器2−
21	EGO_1/AUX_DIG9	PTO使能开关	59	Vbat	电源
22	AUX_DIG10	定速巡航设置+	60	Vbat	电源
23	MAP	TMAP传感器进气压力信号	61	AUX_DIG12	诊断开关
24	UEGOC	UEGO地-接2#	62	EGOH1/AUXPWM3	
25	AUX_DIG7	定速巡航设置−	63	Vbat/inj_HS	
26	AUX_DIG8	定速巡航复位开关	64	INJ1_LS	
27	CAM_POS	凸轮轴信号+	65	INJ2_LS	
28	CAM_NEG	凸轮轴信号−	66	INJ3_LS	
29	RS_POS	变速箱脉冲信号+	67	INJ4_LS	
30	RS_NEG	变数箱脉冲信号−	68	INJ5_LS	
31	5V_ext2	—	69	GROUND	接地
32	5V_rtn2	—	70	INJ6_LS	
33	PULSE_in		71	AUX_PWM9	
34	GOV1	空调开关信号	72	STARTER	启动信号
35	OILP	机油压力信号	73	RELAY	主继电器
36	IAT	TMAP传感器进气温度信号	74	MIL	故障灯
37	ECT	水温信号	75	UEGOH/EGOH_2	—
38	AUX_ana_PU1	电子智能省气开关	76	AUX_PWM8	排气制动
39	AUX_ana_PU2		77	LOCK_OFF	副低压电磁阀(LNG气路上)
40	AUX_ana_PU3	车下停机	78	AUX_PWM6	
41	AUX_DIG3	脚刹信号	79	Vbat	电源
42	AUX_DIG4	手刹信号	80	DBW+	节气门+
43	TACH	发动机转速输出	81	Ground	接地
44	Vswitch	电源钥匙开关信号	82	DBW−	节气门−
45	UEGOR	—	83	AUX_PWM5_Rec	主继电器后电源
46	UEGOP		84	AUX-PWM5(WG Ctrl)	废气放气阀控制
47	TPS1	节气门位置传感器	85	AUX_PWM1	
48	TPS2	节气门位置传感器	86	AUX_PWM4	
49	AUX_DIG1	离合器信号	87	AUX_PWM2	
50	AUX_DIG2	空挡位置信号	88	AUX_PWM4_Rec	
51	KNK1+	爆震传感器1+	89	AUX_PWM3_Rec	主继电器后电源
52	KNK1−	爆震传感器1−	90	AUX_DIG11	定速巡航使能开关

8.2.2 重汽 MC11 柴油发动机

8.2.2.1 发动机主要零部件配合间隙参数

发动机主要零部件配合间隙参数见表 8-11。

表 8-11 发动机主要零部件配合间隙参数

序号	项目	配合值/mm
1	活塞凸出曲轴箱顶面值	0.0235~0.3435
2	活塞凸出气缸套顶面值	−0.0615~0.3085
3	气缸套凸出曲轴箱顶面值	0.035~0.085
4	曲轴轴向间隙	0.200~0.401
5	主轴承径向间隙	0.044~0.110
6	连杆轴承径向间隙	0.044~0.106
7	连杆轴向间隙	0.130~0.330
8	连杆小头衬套与活塞销径向间隙	0.055~0.073
9	活塞销与活塞销座孔径向间隙	0.010~0.024
10	活塞与气缸套径向间隙	Min 0.101
11	进排气门导管凸出量	16.1~16.5
12	凸轮轴径向间隙	0.024~0.090
13	凸轮轴轴向间隙	0.05~0.85
14	摇臂径向间隙	0.030~0.066
15	进气门杆径向间隙	0.023~0.052
16	排气门杆径向间隙	0.036~0.065
17	进气门凹入量	0.5~0.8
18	排气门凹入量	0.5~0.8
19	冷态进气门间隙	0.47~0.53
20	冷态排气门间隙	0.77~0.83
21	EVB 间隙	0.57~0.63
22	机油泵外转子轴向间隙	0.030~0.093
23	机油泵外转子径向间隙	0.10~0.210
24	机油泵内转子轴向间隙	0.030~0.090
25	机油泵内转子径向间隙	0.02~0.10
26	水泵壳体与叶轮间隙	3.7~4.3
27	进气门开	上止点前 24CA
28	进气门关	上止点后 12CA
29	排气门开	上止点前 60CA
30	排气门关	上止点后 30CA
31	风扇驱动轴轴向间隙	0.2~0.55
32	风扇驱动轴径向间隙	0.035~0.076
33	曲轴后齿轮与后端中间大齿轮侧隙	0.052~0.176
34	后端中间小齿轮与曲轴箱中间齿轮侧隙	0.052~0.176

续表

序号	项目	配合值/mm
35	曲轴箱中间齿轮与气缸盖中间齿轮侧隙	0.052~0.232
36	气缸盖中间齿轮与凸轮轴齿轮侧隙	0.054~0.180
37	曲轴后齿轮与空压机中间齿轮侧隙	0.051~0.177
38	空压机中间齿轮与空压机齿轮	0.051~0.177
39	空压机齿轮与转向助力泵齿轮侧隙	0.050~0.244
40	后端中间大齿轮与PTO齿轮侧隙	0.051~0.177
41	曲轴前齿轮与前端中间齿轮侧隙	0.057~0.183
42	前端中间齿轮与高压油泵齿轮侧隙	0.053~0.247
43	前端中间齿轮与风扇齿轮侧隙	0.054~0.246
44	曲轴前齿轮与机油泵外转子侧隙	0.092~0.272
45	后端中间齿轮总成的径向间隙	0.060~0.109
46	后端中间齿轮总成的轴向间隙	0.100~0.290
47	曲轴箱中间齿轮及气缸盖中间齿轮径向间隙	0.06~0.109
48	曲轴箱中间齿轮轴向间隙	0.100~0.290
49	气缸盖中间齿轮轴向间隙	0.200~0.390
50	空压机中间齿轮径向间隙	0.060~0.109
51	空压机中间齿轮轴向间隙	0.100~0.240
52	前端中间齿轮径向间隙	0.060~0.109
53	前端中间齿轮轴向间隙	0.100~0.290
54	高压油泵传动轴轴向间隙	0.200~0.700
55	高压油泵传动轴径向间隙	0.035~0.076
56	空压机取力器轴轴向间隙	0.100~0.700
57	空压机取力器轴径向间隙	0.040~0.100
58	空压机轴轴向间隙	0.100~0.400
59	空压机轴径向间隙	0.040~0.100

8.2.2.2 发动机密封胶规格

发动机密封胶规格见表8-12。

表8-12 发动机密封胶规格

用胶牌号	颜色	作用	施胶部位
密封胶5900	灰色	密封	高压油泵驱动壳体与曲轴箱结合面,空压机结合面,曲轴箱后端面,制冷压缩机结合面,高压油泵皮带轮与驱动轴之间风扇轮毂和螺栓之间,高压油泵驱动轴曲轴箱前端面,PTO中间齿轮总成,中冷后进气管与气缸盖结合面
乐泰胶243	天蓝	防松	油气分离器回油管过渡接头,EVB排气门桥总成的螺栓
乐泰胶2701	红	密封	发电机皮带轮与传动轴
White T润滑脂	白	防磨	缸盖再次装配时,缸盖螺栓支撑面;涂少量White T润滑脂

注:颜色可能会因生产厂家的不同而不同。

8.2.2.3 发动机主要部件紧固力矩

发动机主要部件紧固力矩见表8-13。

表 8-13 发动机主要部件紧固力矩

序号	名称	螺栓规格/mm	拧紧力矩/N·m	预紧力矩/N·m	拧紧角度/(°)
1	主轴承螺栓	M18×2		50;150;300+30	90+10
2	曲轴箱处锁紧螺栓	M22×1.5	80+5		
3	连杆螺栓	M13×1.5		100±10	90+10
4	减振器与轮毂连接螺栓	M10	50+5		
5	减振器与曲轴连接螺栓	M16×1.5		150+10	90+10
6	飞轮螺栓	M16×1.5		100+10	180+10
7	气缸盖螺栓	M18×2		10;150;300	3×90
8	气缸盖螺塞	M16×1.5	40		
9	摇臂座螺钉	M12	105+10		
10	摇臂调节螺母	M10×1	45		
11	EVB压板调节螺母	M14×1	45		
12	凸轮轴齿轮螺栓	M8		15	90
13	后端中间齿轮总成轴	M14		150+10	90
14	油底壳放油螺塞	M22×1.5	80		
15	机油模块螺塞	M16×1.5	25+5		
16	机油模块螺塞	M33×2	80+10		
17	机油模块螺塞	M38×1.5	80+10		
18	限压阀	M27×1.5	40+5		
19	机油滤清器	M20	40+10		
20	油气分离器回油接管	M24×1.5	4.0±0.5		
21	加油口接管	M38×1.5	35		
22	风扇轮毂与风扇轴连接螺栓	M16×1.5-LH		100	90+10
23	分配壳螺塞	M14×1.5	30		
24	短排气歧管螺栓	M10		60+5	90+10
25	长排气歧管螺栓	M10		60+5	90+10
26	增压器紧固螺母	M10		10+5	90+10
27	喷油器压板螺栓	M8		1~2;25	90+10
28	进油接管压紧螺母	M24×1.5		10;20	60
29	共轨组件固定螺栓	M8	35±5		
30	1~6缸高压油管螺母	M14×1.5		10	60
31	泵到轨高压油管	M14×1.5		10	60
32	喷油器线束	M4	1.8+0.25		
33	EDC支架固定螺栓	M8	12~14		
34	EDC固定螺栓	M6	10±2		
35	高压油泵与传动箱连接螺栓	M10	60~70		
36	燃油滤清器盖	SW39	25+5		
37	燃油粗滤器帽盖	SW19	10+5		
38	低压油路选入式接头	M14×1.5	30~35		
39	水温传感器	M16×1.5	45~50		
40	转速传感器	M6	8~10		
41	发动机前支架	M14	230		

续表

序号	名称	螺栓规格/mm	拧紧力矩/N·m	预紧力矩/N·m	拧紧角度/(°)
42	空压机旋入式直通接头（NG12）	M16×1.5	30～35		
43	空压机用卡套式直通接头	M26×1.5	45～50		
44	自动张紧轮紧固埋头螺钉	M10	42～52		
45	惰轮紧固螺栓	M12	50～70		
46	高压油泵传动箱处加油接管	M38×1.5	35		
47	机油尺管过渡接头	M14×1.5	30		

8.2.2.4 发动机机械部件技术参数

发动机机械部件技术参数见表8-14。

表8-14 发动机机械部件技术参数

部件名称	检测项目	技术参数
缸盖	进气门间隙	0.50±0.03mm
	排气门间隙	0.80±0.03mm
	EVB压块调整间隙	0.60±0.03mm
凸轮轴	凸轮轴轴向间隙	0.05～0.85mm
	凸轮轴轴颈直径	φ39.925～39.950mm
	凸轮轴瓦深度	42.095～42.150mm
	凸轮轴齿轮安装深度	9.000～9.100mm
	第七道凸轮轴瓦座宽度	32.500～32.700mm
	凸轮轴轴瓦宽度	25.700～26.000mm
	摇臂径向间隙	0.030～0.066mm
	摇臂座内径	φ32.005～32.025mm
	摇臂轴外径	φ31.959～91.975mm
后正时齿轮	后端中间齿轮总成-后曲轴齿轮齿隙	0.052～0.176mm
	后端中间齿轮总成-曲轴箱中间齿轮齿隙	0.052～0.176mm
	空压机中间齿轮轴向间隙	0.100～0.240mm
	空压机中间齿轮高度	25.900～26.000mm
	空压机中间齿轮止推垫片高度	4.800～5.000mm
	空压机中间齿轮内径	φ60.00～60.03mm
	空压机中间齿轮轴外径	φ59.921～59.940mm
	空压机中间齿轮轴高度	26.100～26.140mm
	后端中间齿轮总成轴向间隙	0.100～0.290mm
	后端中间齿轮总成径向间隙	0.060～0.109mm
	后端中间齿轮总成高度	52.950～53.000mm
	后端中间齿轮总成内径	φ80.000～80.030mm
	后端中间齿轮总成轴外径	φ79.921～79.940mm
	后端中间齿轮总成高度	56.200～56.240mm
	曲轴箱中间齿轮轴向间隙	0.100～0.290mm

续表

部件名称	检测项目	技术参数
后正时齿轮	曲轴箱中间齿轮径向间隙	0.060~0.109mm
	曲轴箱中间齿轮高度	17.950~18.000mm
	曲轴箱中间齿轮内径	ϕ60.000~60.030mm
	曲轴箱中间齿轮轴外径	ϕ59.921~59.940mm
	曲轴箱中间齿轮轴高度	21.200~21.240mm
机油泵	齿圈(外转子)-曲轴齿轮齿隙	0.092~0.272mm
	齿圈(外转子)轴向间隙	0.030~0.093mm
	齿圈(外转子)径向间隙	0.1~0.210mm
	齿圈(外转子)轴承外径	96.853~96.888mm
	齿圈(外转子)的高度	29.952~29.970mm
	轴外径	36.950~36.965mm
	机油泵小齿轮(内转子)的高度	29.955~25.970mm
	机油泵小齿轮(内转子)的内径	36.985~37.050mm
气缸套	气缸套凸出量	0.035~0.085mm
	曲轴箱缸套座深度	8.000±0.015mm
	下O形圈区域的孔	ϕ139.500~139.540mm
飞轮	飞轮齿圈安装温度	200~230℃
	飞轮壁到摩擦面尺寸(最大尺寸)	最大9.5mm
连杆	连杆轴向间隙	0.130~0.330mm
	连杆径向间隙	0.044~0.106mm
	活塞销衬套的内径	ϕ52.060~52.065mm
	连杆宽度	43.170~43.270mm
	连杆中的连杆瓦孔	ϕ95.000~95.022mm
	发动机中每组连杆的质量差异	最大50g
	连杆瓦的失圆度	最大2.0mm
	连杆瓦标准尺寸	ϕ90.060~90.102mm
	连杆瓦标准尺寸的壁厚	2.468+0.010mm
活塞	活塞环开口间隙(梯形环)	0.40~0.55mm
	活塞环开口间隙(锥面环)	0.9~1.1mm
	轴向间隙	0.08~0.13mm
	活塞环开口间隙(油环)(双斜面环)	0.25~0.55mm
	轴向间隙	0.03~0.07mm
	发动机中每组活塞的质量差异	最大60g
	活塞销	ϕ51.992~52.000mm
	活塞凸出量(曲轴箱-活塞)	0.0235~0.3435mm
曲轴	曲轴轴向间隙	0.200~0.401mm
	曲轴轴颈,定心,曲轴前齿轮	99.975~99.995mm
	曲轴轴颈,标准尺寸	ϕ103.980~104.000mm

续表

部件名称	检测项目	技术参数
曲轴	曲轴轴瓦,标准尺寸	$\phi104.044\sim104.090$mm
	曲轴轴瓦壁厚,标准尺寸	$3.466+0.012$mm
	曲轴瓦失圆度	最大1.2mm
	连杆轴颈,标准尺寸	$\phi89.980\sim90.000$mm
	止推垫片厚度,标准尺寸	$3.350\sim3.400$mm
前驱动齿轮	齿轮间隙,曲轴齿轮-高压泵驱动中间齿轮	$0.057\sim0.183$mm
	高压泵驱动中间齿轮轴向间隙	$0.100\sim0.029$mm
	高压泵驱动中间齿轮径向间隙	$0.060\sim0.109$mm
	高度,高压泵驱动中间齿轮	$21.950\sim22.000$mm
	内径,高压泵驱动中间齿轮	$\phi60.000\sim60.030$mm
	外径,中间齿轮轴	$\phi59.921\sim59.940$mm
	高度,中间齿轮轴	$27.200\sim27.240$mm

8.2.3 重汽MT07气体发动机

8.2.3.1 发动机主要部件拧紧力矩

发动机主要部件拧紧力矩见表8-15。

表8-15 发动机主要部件拧紧力矩

序号	名称/部位	规格	拧紧力矩/N·m	预紧力矩/N·m	扭转角/(°)
1	主轴承盖螺栓	M14		115	90+10
2	机油喷嘴压力阀	M12	38~42		
3	曲轴箱处螺塞	M30×1.5	40		
4	曲轴箱处螺塞	M10×1	30		
5	凸轮轴法兰螺栓	M10×1.25	65		
6	连杆螺栓	M11×1.5		50+10	90+10
7	正时齿轮室固定螺栓	M8	35		
8	正时齿轮室固定螺栓	M10	65		
9	正时齿轮室盖固定螺栓	M8	35		
10	加油短管	M38×1.5	35		
11	中间齿轮轴1固定螺栓	M12×50	115		
12	中间齿轮轴2固定螺栓	M8×40	30		
13	凸轮轴驱动齿轮固定螺栓	M10×1.25×38	65		
14	机油泵驱动齿轮固定螺母	M12×1.5	45±2		
15	减振器固定螺栓	M14×1.5		150	90+10
16	飞轮壳螺栓	M12×30	105		
17	飞轮壳螺栓	M14×90	170		
18	飞轮螺栓	M14×1.5		100	90+10

续表

序号	名称/部位	规格	拧紧力矩/N·m	预紧力矩/N·m	扭转角/(°)
19	限压阀螺塞	M24×1.5	60		
20	油底壳固定螺栓	M8	35		
21	油底壳放油螺塞	M22×1.5	65		
22	气缸盖螺栓	M14×2		80;150	90;90;90
23	喷油器压紧块螺栓	M8×45	10	30	
24	压紧螺母	M22×1.5	10	50~55	
25	摇臂支撑座固定螺栓	M8	24		
26	锁紧螺母(气门间隙)	M10×1	40		
27	冷却液弯管螺栓	M8	35		
28	水泵固定螺栓	M8	35		
29	水泵皮带轮固定螺栓	M8×12	24		
30	排气歧管双头螺柱	M8×40	25		
31	排气歧管固定螺栓	M8×40		25	45;45
32	排气歧管固定螺栓	M8×80		25	45;45
33	排气歧管六角螺母	M8		25	45;45
34	增压器双头螺柱	M10×25	40		
35	排气弯管固定螺栓	M10	65		
36	中冷管闭锁螺栓	M30×1.5	40		
37	进气管固定螺栓	M8	35		
38	进气弯管固定螺栓	M8	35		
39	进气温度压力传感器固定螺栓	M4×14	4		
40	电子机油压力传感器固定螺栓		50		
41	出水管固定螺栓	M8×55	35		
42	节温器壳体固定螺栓	M8×65	35		
43	节温器壳体固定螺栓	M8×90	35		
44	机油模块固定螺栓	M8	35		
45	机油模块闭锁螺塞	M10×1	30		
46	机油模块滤清器盖		25		
47	ECM托架固定螺栓	M8×35	15		
48	ECM固定螺栓	M6×30	11		
49	空压机驱动齿轮固定螺栓	M18×1.5		90~11;0	90+10/-5
50	空压机驱动皮带轮固定螺母	M16×1.5LH×45 左旋螺纹		100	90+10
51	发电机托架固定螺栓	M10×65	65		
52	发电机支架固定螺栓	M10×65	65		
53	自动张紧轮沉头螺栓	M10×70	50		
54	发电机固定螺栓	M10×65	65		
55	发电机固定螺栓	M12×40	125		
56	发电机上电池组的"+""-"接头	M8	15		
57	起动机固定螺栓	M10	50		

续表

序号	名称/部位	规格	拧紧力矩/N·m	预紧力矩/N·m	扭转角/(°)
58	曲轴箱上发动机支架固定螺栓	M12	120		
59	飞轮壳上发动机支架固定螺栓	M16		50	90
60	火花塞	M14	15~20		
61	点火线圈固定螺栓	M6	10±2		
62	点火线圈衬套		35		
63	电子节气门固定螺栓	M6×55	10		
64	爆震传感器固定螺栓	M8×25	20±5		
65	喷嘴固定螺栓	M4×0.7	2.1		
66	混合器端盖	M6	10		

8.2.3.2 发动机主要零部件配合间隙

发动机主要零部件配合间隙见表8-16。

表8-16 发动机主要零部件配合间隙

序号	名称/部位	参数
1	活塞伸出曲轴箱上端面距离	0.087~0.389mm
2	曲轴轴向	0.200~0.395mm
3	主轴承径向	0.040~0.105mm
4	连杆轴承径向	0.026~0.088mm
5	连杆轴向	0.220~0.520mm
6	活塞销径向(在连杆内)	0.05~0.072mm
7	活塞销径向(在活塞内)	0.006~0.021mm
8	活塞裙部间隙	0.241~0.281mm
9	每种发动机布置的连杆质量差	最大50g
10	每种发动机布置的活塞质量差	最大40g
11	进气门导管伸出量	20.7~21.1mm
12	排气门导管伸出量	22.7~23.1mm
13	凸轮轴径向	0.060~0.120mm
14	凸轮轴轴向	0.140~0.270mm
15	气门挺住径向	0.035~0.077mm
16	摇臂径向	0.030~0.064mm
17	进气门杆径向	0.020~0.049mm
18	排气门杆径向	0.035~0.069mm
19	进气门间隙	0.3~0.6mm
20	排气门间隙	0.6~0.9mm
21	进气门冷间隙	0.5mm
22	排气门冷间隙	0.5mm
23	机油泵齿轮轴向(W=32)	0.050~0.114mm
24	机油泵齿轮轴径向	0.050~0.078mm

续表

序号	名称/部位	参数
25	曲轴齿轮与凸轮轴齿轮	0.051～0.149mm
26	凸轮轴齿轮与空压机齿轮	0.051～0.185mm
27	曲轴齿轮与惰轮1	0.050～0.187mm
28	惰轮1与机油泵齿轮	0.053～0.190mm
29	机油泵齿轮系	0.100～0.220mm

8.3 其他品牌柴油发动机

8.3.1 日野 E13C 发动机技术数据

日野 E13C 发动机技术数据见表 8-17。

表 8-17　日野 E13C 发动机技术数据

型号		E13C-TM,TR
类型		柴油机,4工作循环、立式、6气缸,直列顶置凸轮轴,水冷、直喷
抽吸		涡轮增压式,带中间冷却器
缸径与冲程		137mm×146mm
活塞位移		12.913L
压缩率		17.5∶1
点火次序		1-4-2-6-3-5(气缸序号顺序是从凸轮轴皮带轮方向数起)
旋转方向		从飞轮看,逆时针方向
压缩压力		3.1～3.2MPa,转速 200r/min
最大转速(无荷载)		2300r/min
空转转数		500r/min
干重		1250kg
气门座角度	进口	30°
	排泄	45°
气门座角度	进口	30°
	排泄	45°
气门正时 (飞轮运行)	进口打开	上止点前 12.5°
	进口关闭	下止点后 60°
	排气口打开	下止点前 56°
	排气口关闭	上止点后 19°
阀门间隙(冷)	进口	0.28mm
	排泄	0.49mm

机油泵	类型	齿轮泵全强迫式压力输送
	驱动	通过齿轮
机油冷却器		多盘式、水冷
喷油嘴		多孔喷嘴型
冷却液泵	类型	螺旋泵强制循环
	驱动	通过三角带
恒温器类型		增大型、底部旁路系统
喷射正时(飞轮运行)		位于1号压缩行程汽缸上止点的0°角
型号		E13C-UR,UN
类型		柴油机,4工作循环、立式、6气缸,直列顶置凸轮轴,水冷、直喷
抽吸		涡轮增压式、带中间冷却器
缸径与冲程		137mm×146mm
活塞位移		12.913L
压缩率		17.0∶1
点火次序		1-4-2-6-3-5(气缸序号顺序是从凸轮轴皮带轮方向数起)
旋转方向		从飞轮看,逆时针方向
压缩压力		3.1~3.2MPa,转速200r/min
最大转速(无荷载)		1800r/min
空转转数		500r/min
干重		1310kg
气门座角度	进口	30°
	排泄	45°
气门座角度	进口	30°
	排泄	45°
气门正时(飞轮运行)	进口打开	上止点前12.5°
	进口关闭	下止点后42°
	排气口打开	下止点前56°
	排气口关闭	上止点后19°
阀门间隙(冷)	进口	0.28mm
	排泄	0.49mm
机油泵	类型	齿轮泵全强迫式压力输送
	驱动	通过齿轮
机油冷却器		多盘式、水冷
喷油嘴		多孔喷嘴型
冷却液泵	类型	螺旋泵强制循环
	驱动	通过三角带
恒温器类型		增大型、底部旁路系统
喷射正时(飞轮运行)		位于1号压缩行程气缸上止点的0°角

8.3.2 日野 P11C 发动机技术数据

日野 P11C 发动机技术数据见表 8-18。

表 8-18　日野 P11C 发动机技术数据

型号		P11C-UJ	P11C-UR
类型		4 冲程、直列 6 缸、四气门、水冷、直喷柴油机	
进气方式		涡轮增压，带中冷器	
缸径		122mm×150mm	
排量		10.520L	
压缩比		17：1	16：1
点火次序		1-4-2-6-3-5（从正时齿轮侧开始按顺序计算气缸数）	
旋转方向		从飞轮看，逆时针方向	
压缩压力		3.2～3.4MPa，转速 200r/min	3.2～3.4MPa，转速 200r/min
最大转速（全负荷）		2400r/min	2500r/min
急速转速		500～550r/min	
净重		约 1014kg	
气门座锥角	进气	30°	
	排气	45°	
气门锥角	进气	30°	
	排气	45°	
气门正时（飞轮运行）	进气门开启	上止点前 10°	
	进气门关闭	下止点后 22°	
	排气口开启	下止点前 59°	
	排气口关闭	上止点后 13°	
气门间隙（冷态时）	进气	0.45mm	
	排气	0.60mm	
发动机机油泵	型式	齿轮泵强制压力供油	
	驱动	齿轮驱动	
发动机机油冷却器		多片式、水冷	
喷油器		多孔喷油器	
水泵	型式	离心泵强制循环	
	驱动	V 形皮带	
节温器型式		蜡式、底部旁通式系统	
喷油正时（飞轮转角）		第一缸压缩行程上止点前 7°	
型号		P11C-VA	P11C-VB
类型		4 冲程、直列 6 缸、四气门、水冷、直喷柴油机	
进气方式		涡轮增压，带中冷器	
缸径		122mm×150mm	
排量		10.520L	
压缩比		16：1	
点火次序		1-4-2-6-3-5（从定时齿轮侧开始按顺序计算气缸数）	

续表

旋转方向		从飞轮看,逆时针方向
压缩压力		3.2～3.4MPa,转速 200r/min
最大转速(全负荷)		2100r/min
急速转速		500r/min
净重		约1127kg
气门座锥角	进气	30°
	排气	45°
气门锥角	进气	30°
	排气	45°
气门正时 (飞轮运行)	进气门开启	上止点前 10°
	进气门关闭	下止点后 22°
	排气口开启	下止点前 59°
	排气口关闭	上止点后 13°
气门间隙 (冷态时)	进气	0.45mm
	排气	0.60mm
发动机机油泵	型式	齿轮泵强制压力供油
	驱动	齿轮驱动
发动机机油冷却器		多片式、水冷
喷油器		多孔喷油器
水泵	型式	离心式泵强制循环
	驱动	V形皮带
节温器型式		蜡式、底部旁通式系统
喷油正时(飞轮转角)		第一缸压缩行程上止点前 0°

8.3.3 沃尔沃 D13C460 发动机技术数据

8.3.3.1 发动机机械部件检测数据

发动机机械部件检测数据见表 8-19。

表 8-19 发动机机械部件检测数据

部件	检测项目	参数
气缸盖	气缸盖,最大平整度偏差	0.1mm
	气缸盖,螺钉数量	38件(尺寸 M16)
	气缸体,长度	1052mm
	气缸体,上缸体平面高度-曲轴中心	422mm
	气缸体,高度(缸体下表面与曲轴中央相对)	120mm
	缸套,高度(高于缸体)	(0.18±0.03)mm
	气缸衬垫类型	湿式,可更换
	每个气缸衬垫的密封环数量	3个

续表

部件	检测项目	参数
活塞,活塞环	活塞,高度超过气缸体平面(铝活塞)	0.1～0.5mm
	活塞,高度超过气缸体平面(钢质活塞)	0.1～0.7mm
	活塞,环槽数量	3个
	活塞,前部标记	箭头向前
	压缩环,数量	2个
	刮油环,数量	1个
	活塞环,标记	向上(颜色标记朝向开口的左侧)
	上部压缩环,间隙	≤0.7mm
	下部压缩环,间隙	≤1.7mm
	上部压缩环,间隙(位于活塞环凹槽中)	梯形(零间隙)
	下部压缩环,活塞环槽中的间隙	0.09～0.14mm
	刮油环,间隙	≤0.7mm
	刮油环,间隙(位于活塞环凹槽中)	0.05～0.1mm
气门	进气阀,直径	42mm
	排气阀,直径	40mm
	排气门杆,直径	8mm
	进气门杆,直径	8mm
	进气阀,摇轴臂,间隙	(0.20±0.05)mm
	排气阀,摇轴臂,间隙	(0.80±0.05)mm
	排气制动器,摇臂,间隙	(2.85±0.07)mm
	排气制动器,摇臂,间隙(重新检查)	3.20mm
阀的气门座角度	进气门,气门座角度 A	(24.5±0.2)°
	排气门,气门座角度 A	39.5°
	进气阀,气缸盖中的阀座角度 B	25°
	排气门,气缸盖中的气门座角度 B	40°
气门座位置	阀座位置,进气阀,直径 A	(45.000±0.025)mm
	阀座位置,排气阀,直径 A	(43.000±0.025)mm
	气门座位置,进气门,深度 B	11.8mm
	气门座位置,排气门,深度 B	11.2mm
	阀座,进气/排气阀,最大底部半径 R	0.8mm
气门座尺寸	气门座,进气门,外径 A	45.1mm
	气门座,排气门,外径 A	43.1mm
	气门座,进气门,高度 B	6.05mm
	气门座,排气门,高度 B	6.0mm
	说明:于2013年之后生产的气缸盖连接的阀座高度为6.0～6.05mm;于2013之前生产的气缸盖连接的阀座高度为7.5～7.55mm	

续表

部件	检测项目	参数
气门和气缸盖之间的气门进深	气门进深进气口最小（新部件）	1.00mm
	气门进深排气口最小（新部件）	1.35mm
	气门进深进气口最大（新部件）	1.50mm
	气门进深排气口最大（新部件）	1.85mm
	气门进深进气口最小（再造部件）	1.00mm
	气门进深排气口最小（再造部件）	1.35mm
	气门进深进气口最大（再造部件）	1.80mm
	气门进深排气口最大（再造部件）	2.20mm
	已使用的零件的进深限值：（如果数值超出限值，务必更换阀门和阀座）进气口气门最长进深	2.10mm
气门导管	阀导轨，进气/排气，长度	83.5mm
	阀导轨，进气/排气，内径	8mm
	气门导管，进气/排气，气缸盖弹簧面上方的高度	(24.5±0.2)mm
阀导轨间隙	最大间隙，气门导管，进气门	0.5mm
	最大间隙，阀导轨，排气阀	0.5mm
摇臂间隙	摇臂，最大轴承间隙 A	0.1mm
	摇轴臂，滚轴，最大间隙 B	0.1mm
气门弹簧	进气阀，弹簧，长度（未压缩）	73.5～74.0mm
	排气阀，外弹簧，长度（未压缩）	73.5～74.0mm
	排气阀，内弹簧，长度（未压缩）	70.0～71.0mm
凸轮轴	驱动类型	齿轮
	轴承数量	7个
	飞轮，凸轮轴设置位置6°	(1.6±0.3)mm
	凸轮轴，驱动齿轮，齿面间隙调节	0.05～0.15mm
	惰轮，齿面间隙	0.05～0.17mm
	惰轮，径向间隙	0.05mm
	凸轮轴，轴颈，标准直径	70.0mm
	凸轮轴，所允许的最大磨损（整个剖面）	0.1mm
	凸轮轴，最大轴向间隙	0.2mm
	凸轮轴，轴承，所允许的最大磨损（径向）	0.1mm
	凸轮轴轴承，厚度，标准	1.9mm

续表

部件	检测项目	参数
曲轴	曲轴,轴向间隙,最大磨损值	0.4mm
	曲轴,主轴承和大端轴颈,所允许的最大加工椭圆度	0.01mm
	最大允许曲轴、主轴承和大端轴颈机加工圆锥度	0.02mm
	曲轴,轴承,所允许的最大跳动量	0.15mm
	大端轴颈,表面质量	0.25μm
	大端轴颈,半径,表面质量	0.4μm
	连杆,连杆和曲轴之间的最大轴向间隙	0.3mm
	大端轴承,最大径向间隙	0.12mm
曲轴,主轴承和止推垫圈,尺寸	大端轴颈,直径 ϕA	99mm
	曲轴,主轴颈,直径(标准) ϕB	108.0mm
	大端轴颈,宽度 C	57mm
	曲轴,轴向轴颈,宽度 D	47mm
	曲轴,主轴承壳,厚度 E	2.4mm
	轴向轴承,推进垫圈,宽度 F	3.2mm
	曲轴,主轴颈,圆角半径 R	4.0mm
飞轮	飞轮,齿轮环,最大轴向跳动(已安装)150mm	0.2mm
	飞轮壳最大轴向跳动 A	0.2mm
	飞轮壳最大径向跳动 B	0.2mm

8.3.3.2 发动机部件紧固力矩

发动机部件紧固力矩见表 8-20。

表 8-20 发动机部件紧固力矩

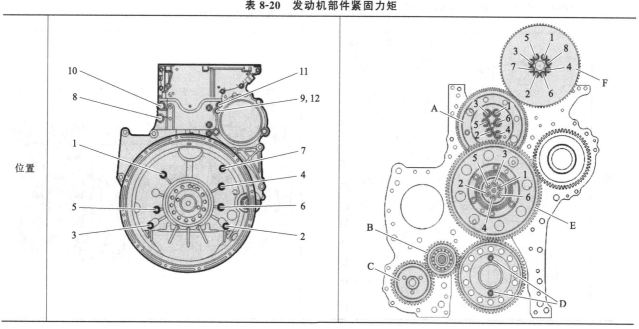

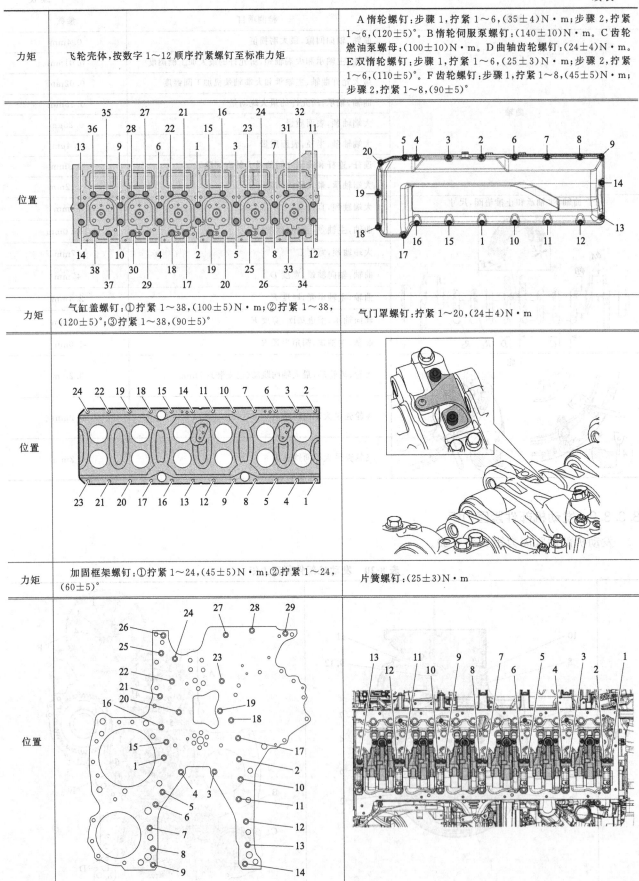

力矩	飞轮壳体,按数字1~12顺序拧紧螺钉至标准力矩		A惰轮螺钉:步骤1,拧紧1~6,(35±4)N·m;步骤2,拧紧1~6,(120±5)°。B惰轮伺服泵螺钉:(140±10)N·m。C齿轮燃油泵螺母:(100±10)N·m。D曲轴齿轮螺钉:(24±4)N·m。E双惰轮螺钉:步骤1,拧紧1~6,(25±3)N·m;步骤2,拧紧1~6,(110±5)°。F齿轮螺钉:步骤1,拧紧1~8,(45±5)N·m;步骤2,拧紧1~8,(90±5)°
位置			
力矩	气缸盖螺钉:①拧紧1~38,(100±5)N·m;②拧紧1~38,(120±5)°;③拧紧1~38,(90±5)°		气门罩螺钉:拧紧1~20,(24±4)N·m
位置			
力矩	加固框架螺钉:①拧紧1~24,(45±5)N·m;②拧紧1~24,(60±5)°		片簧螺钉:(25±3)N·m
位置			

续表

力矩	正时齿轮板螺钉：拧紧1~29，(28±4)N·m	摇臂轴：①重复拧紧顺序，直至摇臂轴接触轴承壳，拧紧 8-6-10-4-12-2-13，(60±5)N·m；②拧紧 1-3-5-7-9-11，(40±3)N·m；③拧紧 1-3-5-7-9-11，(120±5)°；④松开螺钉 2-4-6-8-10-12，共6件；⑤拧紧 2-4-6-8-10-12，(40±3)N·m；⑥拧紧 2-4-6-8-10-12-13，(120±5)°
位置	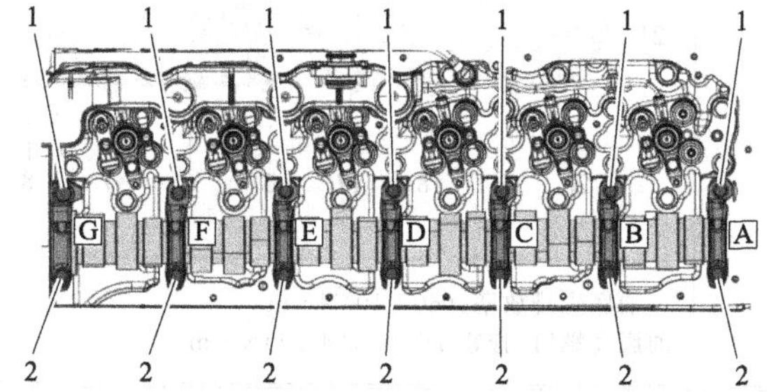	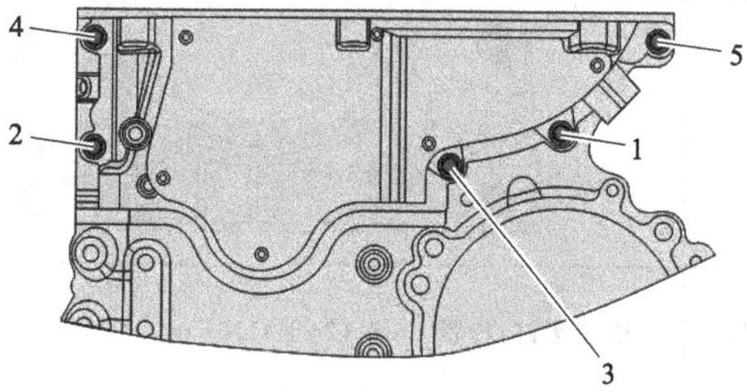
力矩	在对下一个轴承盖执行操作前，按下面给定的顺序拧紧每个轴承盖上的螺钉。按字母顺序拧紧轴承盖 凸轮轴轴承盖螺钉：①螺钉2，(40±3)N·m；②螺钉1，60 N·m；③螺钉2，(90±5)°	上部正时齿轮护套螺钉：拧紧1~5，(27±3)N·m
位置	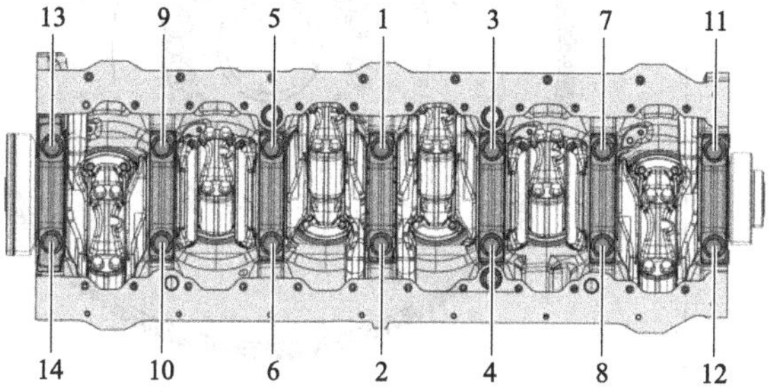	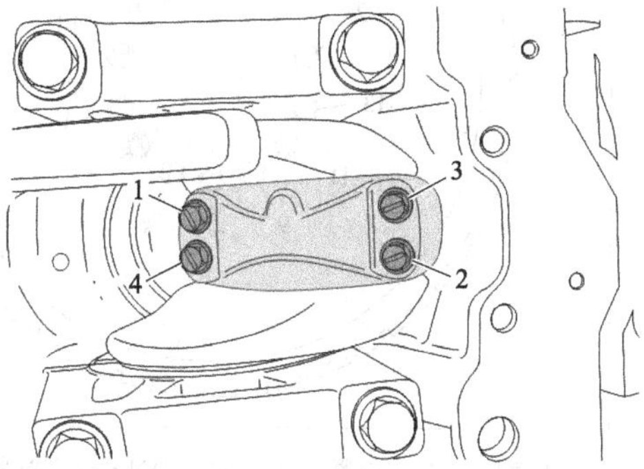
力矩	主轴承盖螺钉：①拧紧1~14，(150±20)N·m；②拧紧1~14，(120±5)°	连杆盖螺钉：①拧紧1~4，(20±3)N·m；②拧紧1~4，(60±3)N·m；③拧紧1~4，(90±5)°
位置	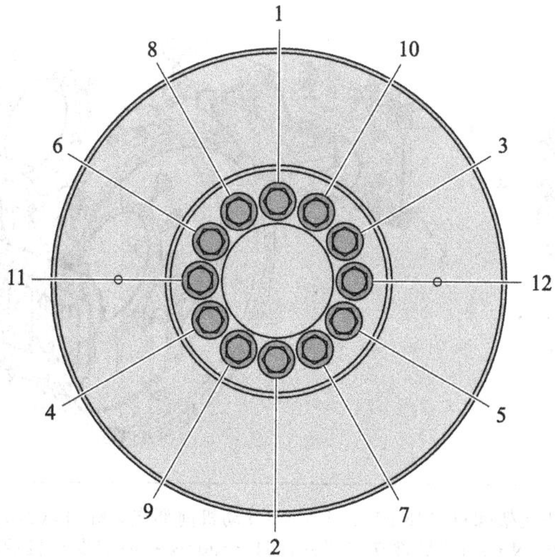	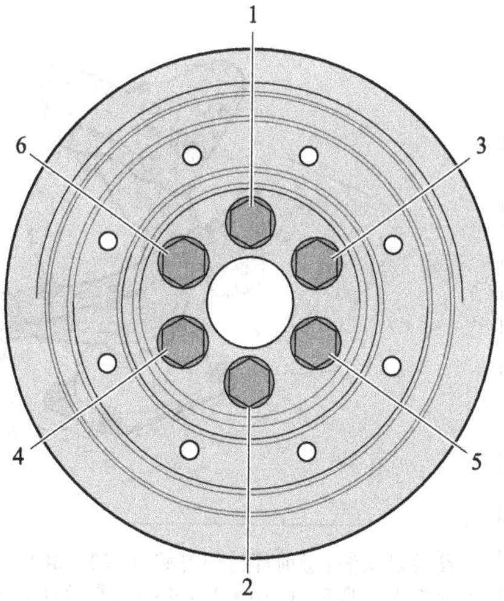
力矩	减振器滑轮螺钉：①拧紧1~12，(35±5)N·m；②继续拧紧(90±10)N·m	减振器滑轮螺钉：①拧紧1~6，(35±5)N·m；②继续拧紧(90±10)N·m

第 **8** 章　重卡发动机维修数据汇总　369

位置	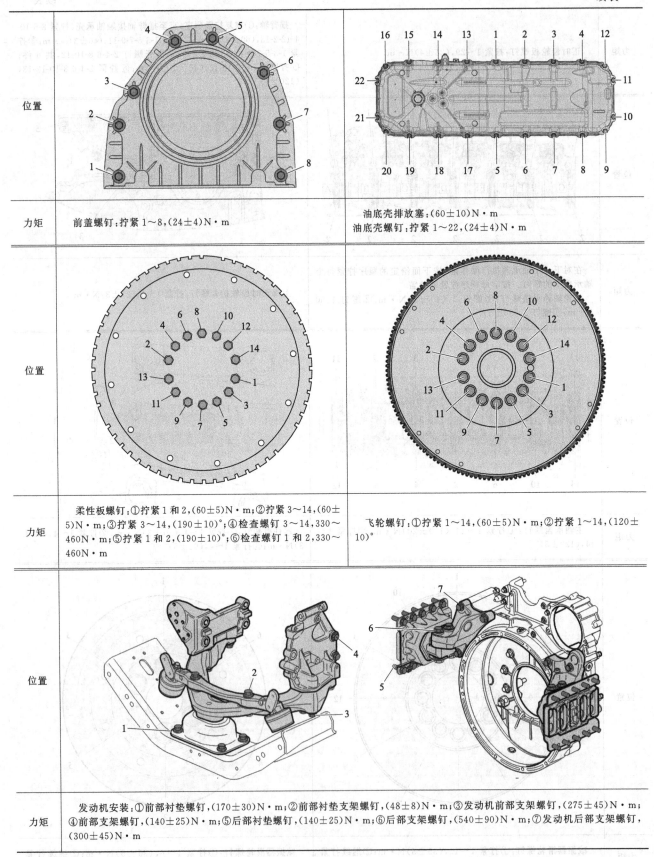	
力矩	前盖螺钉:拧紧1~8,(24±4)N·m	油底壳排放塞:(60±10)N·m 油底壳螺钉:拧紧1~22,(24±4)N·m
位置		
力矩	柔性板螺钉:①拧紧1和2,(60±5)N·m;②拧紧3~14,(60±5)N·m;③拧紧3~14,(190±10)°;④检查螺钉3~14,330~460N·m;⑤拧紧1和2,(190±10)°;⑥检查螺钉1和2,330~460N·m	飞轮螺钉:①拧紧1~14,(60±5)N·m;②拧紧1~14,(120±10)°
位置		
力矩	发动机安装:①前部衬垫螺钉,(170±30)N·m;②前部衬垫支架螺钉,(48±8)N·m;③发动机前部支架螺钉,(275±45)N·m;④前部支架螺钉,(140±25)N·m;⑤后部衬垫螺钉,(140±25)N·m;⑥后部支架螺钉,(540±90)N·m;⑦发动机后部支架螺钉,(300±45)N·m	